Theory and Practice for Reading Coach

독서지도, 어떻게 할 것인가 1

황정현 · 이상진 외

에피스테메
EPISTEME

독서지도, 어떻게 할 것인가 1

ⓒ 황정현·이상진·김경선·김명석·김현희·박선희·박주현·소진권·우미라
　유성호·이송은·이수진·이승윤·이영호·이재승·정옥년·한명숙·허득실, 2008

초판 1쇄 발행 / 2008. 10. 8.
초판 5쇄 발행 / 2013. 10. 1.

지은이 / 황정현·이상진 외 16인
펴낸이 / 조남철
펴낸곳 / 한국방송통신대학교출판문화원
　　　　주소　서울특별시 종로구 이화장길 54 (110-500)
　　　　대표전화　1644-1232
　　　　팩스　(02) 741-4570
　　　　http://press.knou.ac.kr
　　　　출판등록　1982. 6. 7. 제1-491호

편집·조판 / 하람커뮤니케이션
표지 디자인 / 하람커뮤니케이션
인쇄·제본 / 한국소문사

ISBN　978-89-20-92816-1　03020
　　　　978-89-20-92818-5　(전2권)
값　15,000원

차 례

차 례

차 례

제 6 장 갈래별 독서지도(2)
−옛이야기, 그림동화, 동화, 전래동요와 시 한명숙 | 201

차 례

제 9 장 아동의 발달 단계에 따른 독서지도(2)
−초등, 청소년 이상진 | 327

차 례

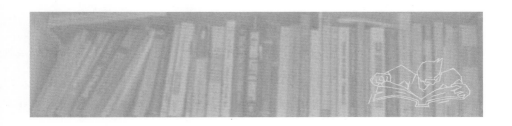

차 례

제 16 장 주제통합형 독서지도 소진권 | 215

차 례

21세기 사회와 독서·토론
- 창의적 사고력 계발을 중심으로

Ⅰ. 창의적 사고를 위한 교육의 방향

21세기를 직면한 현 시점에서 21세기가 어떤 시대로 진행될 것인가, 그리고 21세기를 살아갈 학생들에게 어떤 교육을 해야 할 것인가 하는 문제는 교육에 종사하는 모든 사람들이 다시 한 번 되돌아보아야 할 것이다.

흔히 21세기의 성격을, 일부 논자들은 19세기를 A시대, 20세기를 B시대, 21세기를 C시대라고 규정한다. 이것은 19세기는 군사 강대국이 세계를 지배했던 'Army 시대'로, 20세기는 경제 강대국이 세계를 지배했던 'Business 시대'로, 그리고 앞으로의 21세기는 문화 강대국들이 세계를 지배할 것이라는 'Culture 시대'가 될 것이라고 전망한다. 이것을 개인에게 적용한다면 문화적 재생산력이 강한 사람이 그 사회의 지도자가 될 것이라는 말과 상통한다.

21세기가 문화 강대국이 세계를 주도할 것이라는 근거는 이미 20세기 말에 나타나기 시작하였다고 본다. 그것은 20세기 산업사회의 기반은 자연과학을 기초로 한 중공업 산업이 중심이었는 데 비해 20세기 말에서 이러한 산업의 판도가 인지과학 기반의 지식정보화 산업으로 이동되고 있다는 점이다(예: 자동차와 컴퓨터 소프트웨어의 비교).

이렇게 중세기까지 농경사회의 경험과학 기반 사회에서 자연과학 기반의 산업사회로 전환함에 있어 '코페르니쿠스 의식 전환'이 필요하듯이 이제는 산업사회에서 지식정보 기반 사회로의 전환에 있어 '패러다임의 의식 전환'이 필요하게 되었다.

이러한 21세기의 전망과 더불어 교육에 대한 새로운 인식이 요구되고 있다. 교육에서 다루는 기존의 지식 개념 역시 변할 수밖에 없는데, 그것은 다음과 같은 두 가지 방향에서 기존의 지식의 개념과 구별된다.

첫째, 기존의 지식은 지식의 내용을 중심으로 분류하는 데 비해 21세기 이후 사회에서의 지식 분류는 지식의 내용이 아니라 정보 처리 방법에 따라 새롭게 분류함에 따라 기존의 지식 상호간의 벽이 무너지면서 지식의 통합이 이루어지고 있다는 점이다. 지금까지 서로 영역이 전혀 다르다고 생각해 본 지식의 벽이 무너지고 통합됨에 따라 새로운 지식이 생겨난다는 점이다(예 : 유전공학, 생명공학 등). 서로 다른 영역의 지식을 하나로 통합하여 새로운 지식을 만들어 내는 사고력이 필요한데, 이것이 창의적 사고력이다.

둘째, 지식의 유통 기간이 인간의 수명보다 점점 짧아지고 있다는 점을 들 수 있다. 지식의 유통 기간이 인간의 수명보다 길었을 때 우리는 지식이 변하지 않고 객관적인 의미가 있는 독립된 객체로 지식을 인식하였는데, 이런 지식관을 지식의 객관주의라고 한다. 그러나 21세기에 접어들면서 지식의 유통 기간이 인간의 수명보다 점점 짧아지고 있다는 데 교육의 문제가 생긴다. 즉, 교실에서 학생들에게 기존의 지식을 단순 암기만 하도록 강요할 수 없게 되었다는 점이다. 열심히 학습내용을 외웠는데 그것을 활용할 시점에서 새로운 지식이 등장하여 그 지식은 용도 폐기될 수밖에 없고, 따라서 지식은 더 이상 변하지 않고 독립된 객체적인 의미를 가지고 있는 것이 아니라 학습자에 의해 새롭게 구성될 수밖에 없게 되었다는 점이다. 이런 지식관을 지식의 구성주의라고 한다. 즉, 기존의 지식을 기반으로 자신의 아이디어를 활용하여 새로운 지식으로 구성해 내는 사고 능력이 필요하게 되었는데, 이것이 바로 창의적 사고력이다.

1997년 공포 시행한 제7차 교육과정에서 교육방향을 '창의적 사고력 계발'이라고 설정한 후 2007년 공포·시행한 제7차 개정 교육과정에서도 역시 제7차

교육과정의 교육방향을 계승하고 있는 이유가 바로 위와 같은 21세기 사회의 전망을 반영하고 있기 때문이다.

II. 창의적 사고와 언어 활동

1. 창의적 사고와 언어의 본질

창의적 사고라는 용어에서 '창의적'이란, 개념의 규정이 언어 활동의 방향을 결정짓는 중요한 단서가 된다. 그러나 '창의성'의 개념 정의는 단순하지 않다.

창의성을 말할 때 특별한 구분 없이 사용하는 용어로 상상력, 독창성, 확산적 사고, 창조성, 발명, 직관, 모험적 사고, 창출, 탐구, 창안, 신기성, 그리고 영재성 등이 있다. 이루 헤아리기 힘들 정도로 많은 용어를 이 창의성과 유사한 용어로 쓰이고 있는 것이다. 창의성의 개념이 이렇듯 혼란스러운 상황을 골드만(R. J. Goldman)은 "창의성이란 용어는 '우산과 같은 용어'라서 그 밑에 모든 것들이 다 들어올 수 있다. 그러나 정작 그 밑에는 아무것도 없다"라는 말로 요약한 바 있다.[1] 따라서 창의적 사고에 대해 인지학자 헤이스(Hayes)는 창의적 해결은 문제 해결 행위이며, 특별히 그것은 잘 정의되지 않은 문제의 해결이라고 하면서 창의적 사고에 있어서 주요 인지 조작은 문제 해결의 모든 부분이라고 할 수 있는 문제의 발견, 아이디어의 생성, 계획의 수립이라고 하였다. 말하자면 창의적 사고는 언어로 개념을 규정할 수 있는 것이 아니라 인식론의 문제로 보아야 한다는 것이다. 인식 대상과 인식 주체 사이에서 인식 대상과 인식 주체의 관계를 어떻게 이해하느냐에 따라 창의적인 사고를 할 수 있기도 하고 창의적 사고를 못할 수 있기도 하다는 것이다. 예를 들면, 인식의 대상이 창의적이기 때문에 인식 주체가 그것을 창의적으로 인식하느냐, 아니면 인식 대상이 진부하다 하더라고 인식 주체가 그 대상을 다른 관점에서 새로운 의미를 발견하고 지식을 구성해 내느

---

1) 임선하(1996: 26).

냐 하는 것이다. 헤이스는 후자의 경우를 창의적 사고로 보고 있다(예 : 에디슨의 경우).

　여기에서는 창의성의 개념을 언어 활동에 좁혀 적용해 보기로 하자. 언어 철학자 훔볼트(Humboldt)는 언어의 본질을 정신의 창조적 활동으로 보았다. 그는 언어란, 인간이 의사 소통을 하기 위한 수단이기보다는 정신 활동을 통하여 세계를 발견하기 위한 수단으로 보았다. 이것은 언어를 사용하는 사람의 언어에 대한 인식 방법과 사용이 '창의적'인가 하는 문제로 귀결될 것이다. 이 문제는 언어의 본질을 어떻게 보는가에 따라 달라지며, 또 그에 의해 교육 방식도 다를 수밖에 없다. 따라서 우리는 언어의 본질을 사고(思考)의 본질로 보는 관점을 들 수 있다.

　이런 관점에서 언어를 보면 언어는 세계를 인식하는 사유 방법으로 언어에 의해 세계에 대한 해석이 달라진다. 다시 말하면, 언어는 존재의 기호 체계일 뿐만 아니라 기호로 제작되는 과정의 사유 형식이라는 점이다. 따라서 어떤 식으로 사유하느냐에 따라 언어를 통한 세계의 해석이 달라질 수밖에 없는 것이다. 그런 의미에서 언어 사용자에 따라 창의적일 수 있다. 예를 들면, '의자'라는 기호는 구체적인 존재의 대상물을 가리키기도 하지만, 언어가 그 구체적인 대상의 기호 이전에 '의자'라는 대상의 이데아(idea)를 가리키기도 한다. 따라서 의자의 이데아에 대한 언어 사용자의 의식이 의자를 해석해 내는 데 있어 '재생산적'이라는 점이다. 따라서 이런 관점에서의 언어 교육은 지식과 인간 간의 '상호성'을 바탕으로 기존의 지식을 새로운 지식으로 전환시키게 된다. 말하자면, 인간은 언어를 통해 세계에 질서를 부여하고, 해석해 내고 그것을 다시 재해석하며 새로운 세계를 끊임없이 창조해 나가는 것이다. 결국 창의적인 언어 활동은 창의적인 사고 활동에서 비롯된다고 볼 수 있다. 그렇다면 창의적 언어 활동은 창의적 사고를 계발하는 방향으로 전개되어야 할 것이다.

　언어의 본질을 인식 주체가 어떤 관점에서 보느냐에 따라 언어를 창의적으로 사용할 수 있기도 하고 그렇지 못할 수도 있다. 앞에서 언급하였듯이, 언어의 본질을 존재의 기호 체계일 수도 있지만 동시에 언어는 사고를 표현하고 이해하는 도구로 볼 수도 있다. 따라서 다음은 언어의 기능을 두 가지 관점에서 살펴보도록 한다.

2. 언어의 기능

위에서 말한 바와 같이 언어의 본질을 존재의 기호 체계로 규정하는 언어와 있어야 할 것을 '존재' 하게 하는 언어로 구분할 때, 다음 그림에서 존재의 기호 체계로 규정하는 언어는 ①의 기능을 담당하는 언어로 볼 수 있으며, 언어의 본질을 사고(idea)로 보고 이것을 통해 있어야 할 것을 '존재' 하게 하는 언어는 ①을 포함한 ②의 기능을 담당한다고 볼 수 있을 것이다. 창의적 관점에서 언어의 본질은 후자를 의미한다. 다음 그림을 통해 언어의 기능을 살펴보도록 하자.

[그림 1] 언어의 두 가지 기능

(1) 제1언어의 기능

①의 관계를 가리킨다. 이것은 언어를 존재의 기호체계로 보는 관점이다. 존재하고 있는 구체적 대상물을 정보 처리하기에 편리하도록 기호로 바꾸어 놓은 것이다. 따라서 음성 기호는 음성언어로, 문자기호를 문자언어로 명명하고 음성언어를 활용하기 위해서는 듣기·말하기 기능이 필요하며, 문자언어를 활용하기 위해서는 읽기·쓰기 기능이 필요하다. 이 언어는 기호로 표기되기 때문에 '기호언어' 라 할 수 있으며, 동시에 기능은 말하기·듣기·읽기·쓰기로 나눌 수 있고 현행 국어 교과서가 이런 관점에서 분류되고 국어교육 또한 그렇게 시행하고 있다.

(2) 제2언어의 기능

②의 관계를 가리킨다. 이것은 ①의 관계를 포함하고 있으며 동시에 언어의 본질을 사고(思考)로 보는 관점을 들 수 있다. 즉, 언어는 생각을 표현하고 이해하는 도구라면 모두 언어라고 볼 수 있다는 점이다. 이런 관점에서 언어를 보면

기존의 말과 글뿐만 아니라 생각을 드러내는 세계에 대한 이해와 표현을 담당하는 것은 모두 언어라고 볼 수 있다. 말하자면, 이미지 언어, 신체언어, 소리언어 등은 모두 '비기호 언어'에 포함되고 그 기능은 '듣기·말하기·읽기·쓰기·보기·보이기' 등의 기능으로 확대할 수 있다. 따라서 이런 관점의 언어는 세계를 인식하는 사유 방법으로 언어에 의해 세계에 대한 해석이 달라진다.

Ⅲ. 창의적 사고력 계발을 위한 독서·토론 교육

언어를 단순히 존재의 기호 체계로 이해하느냐, 아니면 존재를 존재하게 하는 사고로 이해하느냐에 따라 독서교육의 방향이 달라진다. 다음 그림은 독서의 두 가지 의사 소통을 보여 준다. 하나는 독자와 텍스트 사이의 관계, 즉 텍스트의 내용이 문자언어로 기록된 기호 체계로 보고 기호 체계의 정보를 학습자가 텍스트 중심으로 하는 독서과정이고, 다른 하나는 텍스트를 매개로 텍스트 뒤에 숨어 있는 작자의 사고와 의사 소통하는 학습자 중심의 독서과정이다.

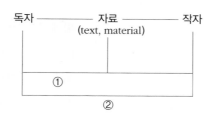

[그림 2] 독서의 두 가지 과정

①의 관계 : 텍스트 중심 독서방법 - 소극적 독서
②의 관계 : 독자 중심 독서방법 - 적극적 독서

①의 관계는 텍스트 중심의 독서방법으로, 작자가 써 놓은 의미를 일방적으로 수용하고 독자는 텍스트에 종속되는 관계로 독자와 작자 사이에 의미 협상 과정이 없다. 따라서 주어진 자료의 지식만 소극적으로 얻는 것이다.

②의 관계는 학습자 중심의 독서방법으로, 텍스트를 중심으로 독자와 작자 사이의 의사 소통을 보여 준다. 따라서 독자와 작자 사이의 의미 협상 과정이 전제가 된다. 이러한 의미 협상 과정에서 텍스트와 작자에 대한 독자의 의문은 하나의 해석적 질문을 낳고, 그 해석적 질문을 통하여 텍스트의 미완성 공간을 독자들이 메워 읽게 되는 것이다. 따라서 학습자는 텍스트를 주체적으로 수용하고 나아가 새로운 의미를 발견할 수 있는 것이다.

다음은 창의력 계발을 위한 독서 · 토론 교육의 철학적 관점에 대해 알아보고자 한다.

Ⅳ. 21세기 사회에서의 독서 · 토론의 철학적 관점

제5차 교육과정의 '언어 사용 기능을 통한 사고력 계발'과 '창의적 사고력 계발'을 목표로 삼고 있는 제7차 교육과정과 제7차 개정 교육과정 이르기까지 20여 년 간 일관되게 다양한 사고력 계발에 국어교육의 초점을 맞추고 있는 것은 앞에서 말한 이유 때문이다.

이러한 국어교육의 목표를 제대로 구현하기 위해서는 기존의 독서와 토론에 대한 인식 전환이 요구된다. 그러나 인식 전환의 문제가 쉽지 않아 지금까지도 학교 현장에서의 교육에 충분히 반영되지 못하고 있는 실정이다.

기존의 독서는 구조주의적인 지식관에 의한 텍스트 중심의 독서였다. 텍스트 중심의 독서는 독자들을 텍스트 내용에 종속시킴으로써 텍스트 뒤에 숨어 있는 작자와의 대화나 혹은 같은 텍스트를 읽은 독자 사이의 토론을 활성화하지 못하고 있다. 이것은 앞에서 말한 지식과 정보를 재생산해 낼 수 있는 능력이 요구되는 21세기 지식정보화 사회에 대한 적절한 대처 방안이 되지 못한다.

21세기 사회에서는 지식과 정보를 주체적으로 운용할 수 있는 자율적인 인간을 요구한다. 그것은 기존의 지식에 다양한 사고력을 매개로 새로운 지식과 정보를 구성해 내는 능력을 지닌 인간을 의미한다. 이러한 지식과 정보를 구성해 내는 사고 능력의 계발이 독서의 궁극적인 목표가 되는 것이다.

최근에 인지과학의 발달로 인해 지식관이 변하고 있다. 즉, 지식은 주어지는 것이 아니라 구성되는 것이며, 의미 또한 학습자가 발견한 것만 의미가 있다는 것이다. 따라서 독서는 단순히 텍스트와 독자의 관계가 아니라 텍스트를 매개로 텍스트 뒤에 숨은 작자와의 대화이며, 동시에 같은 텍스트를 경험하지만 다른 스키마를 가지고 있는 아동들의 텍스트에 대한 견해는 다를 수밖에 없음을 인정하고 서로 다른 견해를 토론을 통해 새로운 의미를 구성하도록 해야 한다는 것이다. 이런 의미에서 토론교육은 지식의 유통 기간이 점점 짧아지고 정보의 양이 폭주하는 21세기 사회에서 중요한 자리를 차지하게 되었다.

1. 지식관

기존의 지식 개념은 학습자와는 상관 없이 독립된 하나의 의미 구조로 존재한다고 보았다. 즉, 학습자에게 의미가 있든 없든 간에 지식 그 자체는 독립된 의미를 가지고 있으며, 그 의미를 학습자에게 강제라도 주입시켜야 할 것이라고 생각하였다. 그러나 이런 지식관은 지식의 유통 기간이 학습자의 생존 기간보다 길었던 과거 세기에서는 유효할지 모르나 지식의 유통 기간이 급속도로 짧아지고 있는 현 세기에 이르러서는 그 유효함이 감소되고 있다. 그렇다면 21세기 지식정보화 사회에서의 지식이란 무엇인가 하는 점을 고려해 보아야 할 것이다. 최근에 '관찰자가 관찰 대상에 영향력을 미친다'는 명제를 과학적으로 증명하는 보고서들이 속속 나타나면서 기존의 지식관에 대한 반성이 일고 있다. 그것은 지식은 학습자와 상관 없이 독립된 의미 구조로 존재하는 것이 아니라 지식이 학습자와의 의미 협상 과정에서 구성된다는 것이다. 즉, 지식 자체가 학습자에게 의미 있게 협상이 될 때 그 지식은 유효하며 학습자에게도 의미 있는 것이다. 전자를 지식의 객관주의라 하고 후자를 구성주의라고 한다. 최근에 구성주의가 대두되는 것은 이러한 지식에 대한 인식의 변화 결과인 것이다.

2. 학습자관

기존의 교육에서의 학습자관은 학습자를 백지 상태의 의미 수용 객체로 이해하였다. 따라서 학습자는 아무것도 모르는 존재로 기존의 지식을 하나하나 그들의 의식 속에 수를 놓아 가야 한다는 개념으로, 이런 개념 하에 텍스트 중심, 교사 중심의 교육이 가능하였다. 그러나 최근에 있어 지식관의 인식 전환과 더불어 학습자에 대한 관점 또한 변화하고 있다.

즉, 학습자는 세계 인식의 주체자로서 스스로 문제를 발견하고 해결할 수 있는 대상으로 인식 전환이 이루어지고 있다. 예컨대, 학습자는 환경과의 접촉에서 스스로 문제를 해결할 수 있는 잠재된 능력을 타고났다고 보는 것이다. 따라서 학습자에게 학습이 의미 있도록 깨닫게 만들고 그것을 어떻게 의미 있게 구성해 낼 수 있느냐 하는 것이 관건이 되고 있다. 따라서 이와 같은 학습자 중심의 교육에 있어 교사의 역할은 점점 더 증대하고 있는 것이다.

3. 교육관

이상과 같은 지식관, 학습자관의 인식 전환에 따른 교사의 교육관 또한 변해야 할 것이다.

교육이란 말의 두 가지 의미, 즉 instruction과 education의 관점에서 어디에서서 교육을 해야 할 것인가를 교사가 결정해야 한다.

instruction은 그 어원에서도 알 수 있듯이 in+struction, 즉 학습자의 의식 구조 속으로 기존의 지식을 학습자들에게 주입하여야 한다는 것이다. 이런 교육관의 특징은 자연 결과 중심, 교사 중심의 교육이 된다.

반면, education은 그 어원이 e(x)+ducation에서 나왔듯이 학습자의 잠재된 능력을 발휘할 수 있도록 계발시켜 주어야 한다는 것이다. 이런 교육관의 특징은 과정 중심, 학습자 중심의 교육이 된다.

앞에서 언급하였듯이 21세기 사회의 전망을 전제로 볼 때 교사가 어떤 교육관을 선택할 것인가 하는 문제는 전적으로 교사에게 달려 있다. 만약 후자의 교육관을 선택한다면 어느 시기보다도 교사의 역할이 중요하다는 것을 알 수 있을 것이다. 이상과 같은 교육, 지식, 학습자에 대한 철학적 관점을 토대로 독서·토론 교육 지도교사의 자질과 능력을 알아보고자 한다.

V. 독서·토론 지도 교사의 자질과 능력

독서교육에 대한 관심은 점점 높아져 정규적인 학교 교육에서뿐만 아니라 여러 형태의 사회 교육 기관에서 독서교육을 실시하고 지도하는 능력을 기르기 위한 독서지도 교사 교육에까지 미치고 있다. 창의적인 인재를 요구하는 21세기 교육 환경의 변화로 인해 어렸을 때부터 독서교육이나 독서지도의 체계적인 접근은 더욱 필요하다. 이 장에서는 독서교육의 근본적인 문제와 21세기 교육 환경의 변화를 먼저 살펴보고, 독서지도 교사의 필요성과 자질에 대해 알아보고자 한다.

1. 독서·토론 지도 교사의 필요성

평생 학습으로 간주되는 많은 활동들이 제도 교육의 차원을 넘어서 가정, 학교, 지역사회, 일터, 사이버 학습, 경험 학습을 포괄하는 방식으로 전개되고 있으며, 이러한 현상은 지식기반 사회의 도래와 더불어 더욱 가속화되고 있는 실정이다. 학습은 교사에 의해 촉진될 수는 있지만, 학습자 자신의 적극적인 학습 활동에 의하여 학습이 이루어지는 것이지 교사가 가르친다고 학습이 이루어지는 것은 아니다. 말하자면, 학습자는 그를 둘러싼 환경과 능동적이고 주도적인 상호작용을 함으로써 자신에게 필요한 지식을 생산해 나간다. 이러한 지식은 독창적이고 자신의 경험에 대한 비판적인 반성을 통해 생산되고 적용된다.

개인이 자신의 일을 통해 얻은 경험을 바탕으로 새로운 지식을 생산하고 생산한 지식을 가치 창조를 위해 적용하는 행위는 일과 학습의 통합이다. 일과 학습의 통합을 통하여 개인의 삶을 성장시키고 전인적인 삶을 지향하게 됨에 따라 어린이들이 21세기가 요구하는 창의적인 인재로 성장하는 데 필요한 교육 환경을 제공하는 것이 독서지도 교사가 할 일이다.

2. 독서·토론 지도 교사의 역할

(1) 독서·토론 지도의 개념

독서지도는 책읽기에서 비롯하여 토론하기, 듣기, 글쓰기 및 그 밖의 여러 활동으로 통합되면서 이루어진다. 따라서 실제로 책 한 권으로 많은 것을 생각하고 여러 각도에서 하나의 사고나 사물을 볼 수가 있는데, 그 많은 것을 통합하면서 자신의 사고를 서서히 바꾸어 나가는 활동이다.

(2) 독서·토론 지도 교사의 개념과 역할

독서지도 교사란, 좋은 독서습관과 생각하기, 듣기, 말하기, 읽기, 쓰기 등 종합적인 독서지도를 바르게 실천할 수 있도록 돕는 전문 지도 교사를 말한다.

독서지도 교사의 역할은 독서 전, 독서 중, 독서 후의 단계에서 일어나는 일련의 과정에서 독자가 책의 내용을 분석, 비판, 종합, 추론하는 사고 과정을 통하여 지식이나 교양, 흥미, 체험 등 자기 계발에 필요한 정보를 이해하고 체득할 수 있도록 이끌어 주고 도와주는 활동을 한다. 또한 폭넓은 교양을 바탕으로 창의적인 능력을 키워가는 가운데 자신의 영역을 개척하고 타인의 생각을 이해할 수 있는 공동체 의식을 심어준다. 뿐만 아니라 독자에게 독서기술을 가르쳐주어 책이 전하고자 하는 것들을 제대로 뽑아내 자기 것으로 만들어 자신을 변화시키도록 하여 학생들의 독서결과 성취를 도와준다. 따라서 독서지도 교사는 독서과정상에서의 모든 측면이 독서결과에 영향을 미친다는 점을 인식하여 학생들의 읽기에서 문제점을 진단해 낼 수 있고 학생의 필요에 적합한 교수·학습 프로그램을 만들어 낼 수 있어야 한다.

3. 독서 · 토론 지도 교사의 자질

독서지도 교사의 자질에 대한 논의는 개인적 자질, 전문적 자질과 아동과의 관계적 자질로 크게 나누어 볼 수 있다.

(1) 개인적 자질

인성적 측면에서 아이에 대한 사랑과 인간에 대한 신뢰감, 성실성, 봉사심, 사교성, 창의성, 융통성, 자발성, 도덕성, 원만한 인간 관계, 인내와 관용, 타인에 대한 배려 등이 요구되며, 신체적 · 정신적 건강이 중요한 요소가 된다.

(2) 전문적 자질

전문적 자질로는 지식, 교수 방법에 대한 이해와 습득, 투철한 교육관이 요구된다. 이에 대한 세부 항목은 다음과 같다.

1) 지식
   ① 독서토론에 대한 전문적 교양 지식
   ② 학교 교육 과정에 대한 지식
   ③ 대상 아동 발달 및 심리 전반에 대한 지식
   ④ 교육 전반에 대한 교양 지식 등
2) 교수 방법에 대한 이해와 습득
   ① 어떻게 지도하여 얼마큼의 효과(성과)를 도출할 것인가의 방법을 끊임 없이 고민하고 준비할 것
   ② 개인별 독서토론에 대한 자발적 참여를 유도하기 위한 아동의 특성을 잘 파악할 것
   ③ 독서토론에 대한 목표점을 분명히 알고 아이와 학부모가 충분히 학습 비전을 갖도록 상담할 것
   ④ 적은 변화를 잘 감지하여 항상 아이의 태도와 생각이 달라지는 것을 칭 찬할 것

⑤ 책과 함께 토론의 과정에서 하나의 사회인으로 남을 배려하는 훌륭한 리더가 되도록 격려할 것
⑥ 아이들의 참여에 흥미를 북돋울 수 있는 다양한 매체 활용과 팁을 준비할 것
⑦ 독서토론과 관련한 정보에 철저히 준비하여 상담자로서의 준비된 태도를 가질 것

3) 교육관
① 교육에 대한 소명감
② 사회인으로서의 책임감
③ 전문성 함양의 노력

4. 교사의 자질과 아동과의 관계

(1) 상호 인격적 친교의 관계

교사와 아동 둘 다 자유롭게 활동하는 인격체로서 각각의 인격이 '서로 만나는 것'을 의미한다. 따라서 교사는 아동을 하나의 인격체로서 목적시하여야 하며 수단시하지 말아야 한다. 왜냐하면 교육의 일차적 목적은 지식의 전달에 있는 것이 아니라 아동을 책임 있는 인격적인 존재로 이끌어 주는 데 있기 때문이다.

(2) 수평적 동반자 관계

교사와 아동과의 관계를 우열적 상하 관계로 보지 않고 진리와 삶 앞에 적나라하게 서 있는 동등한 수평적 관계로 보는 것이다. 진리와 삶 앞에서 교사가 학생이 되기도 하고 아동이 교사가 되기도 한다. 부버(Buber)는 이를 우정의 관계라고 표현하였다.

(3) 상호 포용적 관계

교사와 아동이 정체성을 지니면서 상대방의 삶에 동참함으로써 자기 생의 실현을 맛보는 것이다. 이는 어떠한 선입견이나 편견 없이 상대방을 있는 그대로

받아들이면서 상호 존중적이며 이타적인 삶을 영위하는 것이다. 아동의 삶을 있는 그대로 포용할 때 아동도 교사의 삶을 포용하게 되어 비로소 상호 포용적 관계가 성립되는 것이다.

(4) 상호 개방적 신뢰의 관계

교사와 아동이 신뢰의 분위기 속에서 서로의 삶 앞에서 자기 자신을 드러내 주는 것을 의미한다. 교사의 가장 중요한 과제는 아동의 신뢰를 깨우쳐 주는 것이다. 신뢰의 전제가 되는 것은 개방이다. 자신을 먼저 상대방에게 드러내 보여야 비로소 상대방도 믿고 자신을 드러내 보인다.

(5) 상호 개성의 조화적 관계

교사와 아동이 각각 자유로운 개성적 존재로서 서로 만나는 관계를 의미하는데, 이를 통해 창조 활동이 이루어진다. 인격과 인격의 관계는 주체와 객체의 관계가 아니라 주체와 주체의 관계이기 때문에 교사는 아동을 하나의 개성적 인격으로 파악하여야 한다.

(6) 대화적 관계

교사와 아동이 대화를 통하여 서로의 인격을 부화시켜 주는 관계이다. 대화적 관계는 인격적 만남의 관계이며, 진실한 대화 속에서만 참된 인격적 친교가 이루어질 수 있다.

5. 독서 · 토론 지도 교사의 능력

21세기 정보 지식 사회에서의 독서지도 교사의 역할은 학습자의 의미 협상을 통하여 학습자가 의미 있는 지식을 구성하도록 도와줄 수 있어야 하며, 텍스트 의미 구성의 주체자로서의 능력을 발휘할 수 있도록 유도할 줄 알아야 한다. 뿐만 아니라 텍스트는 하나의 자료일 뿐 중요한 것은 텍스트를 통하여 학습자의 창의력을 어떻게 발휘할 수 있도록 도울 수 있느냐 하는 관점에서 텍스트를 재구성할 수 있는 해석적 발문 능력이 요구된다. 이런 문제를 해결하기 위한 독서지도 교사의 역할을 다음과 같이 나눌 수 있다.

(1) rapport 형성 능력

유치원이나 초등학교 학습자의 경우 추상적인 문자언어 접근에 상당한 어려움을 느낀다. 따라서 본격적인 독서활동에 들어가기 전 수용, 심리적 자유, 열린 의사 소통을 위한 rapport 형성이 필수적이다. 이런 점에서 독서지도 교사는 rapport 형성 능력을 갖추어야 한다. rapport 형성에는 다양한 비언어 활동, 음성언어 활동을 통하여 텍스트 관련 경험을 환기하여 문자언어로 접근하는 것이다. 문자언어에 접근함에 있어서도 텍스트 관련성이나 초인지 과정에 대한 이해가 필수적이며 일정한 기능을 수행할 수 있어야 한다.

(2) 학습자 능력 계발 유도 능력

학습자는 학습할 수 있는 잠재된 능력을 타고났을 뿐만 아니라 교사의 유도에 따라 학습의 주체가 될 수 있다는 신념을 가지고 있어야 한다. 학습자 능력 계발에는 발달 단계에 따른 학습자의 특성 이해를 전제로 한다. 유치원이나 초등학교 학습자의 인지 발달 단계는 전 조작 단계, 또는 구체적 조작 단계에 있기 때문에 이들의 역동성과 유희성을 통하여 학습자의 능력을 계발하는 방법을 알고 적절히 유도할 줄 알아야 한다. 뇌와 신경 계통, 신체 각 부위의 발달이 미성숙한 이 단계의 학습자들에게 움직임이나 놀이는 중요한 학습 방법으로 도입될 수 있다. 움직임 활동은 신경계에 영양분을 공급하고, 말초신경과 두뇌의 신진대사를 활발하게 하며, 나아가 심리적 만족감을 제공한다. 이 시기의 학습자들이 움직임을 좋아하는 것은 발달 단계상 아주 자연스러운 현상이다. 따라서 학습자들은 움직임을 통해서 쉽게 언어의 표현을 발견하고 이해하게 된다. 학습자들의 놀이는 성인들의 실제 놀이와는 달리 상징적이란 특징이 있다. 상징 놀이에는 필연적으로 상상력이 동원되며, 이 상상력은 학습자들의 인지 발달에 중요한 메커니즘을 제공한다. 창의적 독서능력에 가장 필요한 것은 내용의 사실적 이해를 바탕으로 한 상상력의 동원이다. 보이지 않는 것을 볼 줄 알게 하는 이 상상력은 텍스트 뒤에 숨은 있는 작가의 의도나 비판적 읽기 능력을 비롯하여 텍스트 재구성까지 가능하게 하는 것이다.

(3) 초인지적 발문 유도 능력

학습자들의 초인지 능력을 계발하기 위한 교사의 해석적 발문 유도 능력은 학습자들의 초인지 능력을 자극하여 독서교육을 풍성하게 이끄는 중요한 요소가 된다. 초인지적 질문은 텍스트의 사실적 이해를 뛰어넘어 주제와 관련된 텍스트 내 등장인물의 행위, 성격, 그 밖의 다양한 상황을 추론하여 텍스트의 본질을 이해하게 하는 중요한 기능을 한다. 교사가 초인지적 발문 유도 능력을 갖추기 위해서는 다양한 관점에서 텍스트를 바라보는 시각이 전제가 된다. 즉, 이것은 대상에 대한 인식의 새로움을 전제로 하는 것이다. 예를 들면, 모든 동화 속의 나쁜 캐릭터로 나오는 늑대에 대한 인식을 바꾸어 놓을 수 있는 발문으로「아기 돼지 삼형제」에서 '늑대를 위한 변명'을 통해 늑대가 더 이상 위험하거나 나쁜 존재가 아니라는 것을 증명할 수 있도록 발문을 유도할 줄 아는 능력 등이 필요하다. 이것은 텍스트를 근거로 하되 텍스트의 본질을 통해 보편적 가치를 이해할 수 있도록 하는 것이어야 한다.

■ 참고문헌

- 곽정란(1996), 『어떻게 하면 내 아이가 책을 좋아하게 될까?』, 차림.
- 김영진(1996), 『책 읽는 사람이 세계를 이끈다』, 웅진출판사.
- 독서학회(2003), 『21세기와 독서지도』, 박이정.
- 서림능력개발 자료실(1996), 『독서와 속독의 새기술』, 서림문화사.
- 서정수(1994), 『생각하는 힘을 기르는 문장력 향상의 길잡이』, 사닥다리.
- 손정표(1990), 『독서지도방법론』, 학문출판주식회사.
- 손정표(1998), 『독서지도방법론』, 학지사.
- 신헌재 외(1993), 『독서교육의 이론과 실제』, 서광학술자료사.
- 어효선(1995), 『독서지도 엄마가 해야』, 교학사, 오리진.
- 오세영 · 김영철(2002), 『고등학교 독서, 천재교육.
- 임융웅(1998), 『적극적 독서법』, 예문당.
- 천경록 · 이재승(1997), 『읽기교육의 이해』, 우리교육.
- 클립톤 파디먼(1995), 『일생의 독서계획』, 태학당.
- 한겨레 신문사 편(1995), 『내 인생의 책들』, 한겨레신문사.
- 한철우 외(2003), 『과정중심 독서지도』, 교학사.
- 한철우 외(2002), 『문학중심 독서지도』, 대한교과서.
- 형지영(2001), 『창의력을 신장시키는 통합적 독서교육』, 인간과 자연사.
- 황의백(1996), '독서요법', 범우사.
- 황정현(2001), 『창의적 사고력 계발을 위한 동화교육방법론』, 열린교육.
- 황정현 외(2000), 『초등국어과 교육론』, 박이정.
- John Warren Stewig 저, 황정현 역(2004), 『총체적 언어교육을 위한 교육연극』, 평민사.
- J. W. Irwin, 천경록 · 이경화 역(2003), 『독서지도론』, 박이정.
- Mortimer J. Adler(1998), 『독서의 기술』, 범우사.
- Nancy King, 황정현 역(2006), 『창조적 언어사용능력을 위한 교육연극방법』, 평민사.
- Rhea Joyce Rubin, 가톨릭교육문화원 역(1978), 『독서요법의 이론과 실제』, 가톨릭교육문화원.
- Win Baker(1999), 『토론 학습을 위한 독서지도 방법』, 교학사.

제 **1** 장

독서지도, 어떻게 할 것인가

■ **학습목표**

1. 독서가 무엇인지에 대해 말할 수 있다.
2. 독서지도의 중요성을 구체적인 예를 들어 말할 수 있다.
3. 독서지도를 할 때 유의해야 할 일반적인 원리를 구체적인 예를 들어 설명할 수 있다.
4. 독서전략의 종류를 알고, 몇 가지 종류의 독서전략에 대해 지도방법을 말할 수 있다.

■ **주요용어**

교류이론 – 독서행위에서 독자와 작자 사이의 상호작용을 강조하는 이론
독서학습 양식 – 학생들 각자가 선호하는 독서학습 내용이나 방법에 대한 경향
스키마 – 독자가 가지고 있는 지식이나 경험의 전체
글의 구조(짜임) – 한 편의 글이 지니고 있는 전체적인 글의 흐름
자기 점검 – 글을 읽어나가면서 자기 나름대로 제대로 읽고 있는지를 생각하는 행위

I 독서란 무엇인가

독서는 곧 독자가 역동적으로 의미를 구성해 가는 과정이라고 말할 수 있다. 독서행위는 표면상으로는 수용적인 것으로 보이지만, 그 내면을 살펴보면 독자는 수동적인 입장에 있지 않다. 제 나름대로 작자의 의도나 글에 나타나 있는 각종 실마리를 재해석하고 종합하면서 의미를 재구성해 나간다. 모든 글은 하나의 미완성 작품이다. 독자는 글을 읽어 나가는 과정에서 계속해서 이 미완성 작품을 채워 나가고 나름대로 그 의미를 확장해 나간다. 이것이 읽기이고 독서인 것이다.

[그림 1.1] 직선적인 독서과정

[그림 1.1]에서 보면 필자는 자기가 하고자 한 말을 텍스트로 나타내면, 이 내용이 곧바로 독자한테 이송된다. 이 경우, 독자의 임무는 필자가 써 놓은 것을 정확하게 받아들이는 것이 된다. 물론 이 관점은 독서행위의 본질을 제대로 설명하지 못하고 있다. 독자는 필자가 써 놓은 것을 있는 그대로 받아들이지는 않는다. 자신의 경험이나 지식, 가치관 등에 입각하여 나름대로 재구성한다. 이를 그림으로 나타내면 다음과 같다.

[그림 1.2] 상호작용적 독서과정

[그림 1.2]에서 보면, 독서란 필자와 독자가 만나는 과정이다. 물론 엄밀하게 말하면 텍스트를 통해 만난다. 한편에서 보면, 텍스트는 독자가 만나는 과정에서

만들어진다. 필자는 글을 쓰면서 계속 독자를 고려하면서 글을 쓰게 된다. 더 확대해서 말하면, 텍스트는 필자의 독자적인 작품이라기보다는 독자와의 공동 작품이라 할 수 있다.

로젠블라트(Rosenblatt, 1978)는 학생들이 시를 어떻게 감상하는가에 대해 연구하면서, 독자의 역할에 대해 다음과 같이 말하고 있다.

독자들은 이미 만들어진 메시지를 녹음하는 빈 테이프가 아니다. 독자는 텍스트와의 상호작용을 통해 스스로 시의 의미를 구성한다. 독자는 외부 세계 속에서 그 단어가 의미하는 것과 그 단어가 지시하는 바가 무엇인지 관심을 가질 뿐만 아니라 이미지, 느낌, 태도, 어조, 주제 등에 대해서도 관심을 가진다.

이런 점을 생각할 때, 우리가 독서지도를 할 때 텍스트의 정확한 이해뿐만 아니라 나름의 '해석'을 강조해야 한다. 이른바 필자와의 상호 작용을 강조해야 한다는 말이다.

Ⅱ 독서교육, 왜 필요한가

최근 몇 년 전부터 학교나 학교 밖 교육에서 독서가 강조되었고, 이와 더불어 독서교육 역시 강조되어 왔다. 물론 독서를 강조한 것은 비단 최근 몇 년 전부터 이루어진 것은 아니다. 독서는 교육이 시작된 이래로 늘 강조되어 왔다고 볼 수 있다. 정도의 차이는 있지만 교육이 시작된 이래로 독서교육이 강조되지 않았던 적은 없었다고 생각된다. 동서양 모두 마찬가지이다. 독서가 중요한 이유는 여러 가지이지만 몇 가지만 생각해 보면 다음과 같다.

첫째, 독서는 지식이나 정보를 얻는 가장 보편적이면서 유용한 행위이다. 문자가 발명된 이후 대부분의 지식이나 정보는 책(글)이라는 형태로 저장되어 있다. 책은 '진리'의 창고인데, 우리는 독서를 통해 수많은 지식이나 정보를 얻고 있다.

둘째, 독서를 통해 자기 수양과 정서를 함양할 수 있다. 조용히 책을 읽으면 그 속에 빠져드는 과정에서 마음의 안정과 정서를 함양할 수 있다. 우리의 선조들은 독서를 인격 수양 활동으로 인식했다.

셋째, 독서는 학습의 주된 도구이다. 어떤 교과의 학습이든 글을 읽는 행위를 통해 학습이 이루어진다. 책을 읽는 능력이 부족하고 책을 읽는 습관이 없는 학생이 공부를 잘 하리라 기대할 수는 없는 일이다.

넷째, 독서는 언어 발달을 촉진한다. 독서는 듣기나 말하기, 쓰기 등의 언어기능의 발달을 촉진한다. 예를 들어 독서에서 얻은 어휘나 언어구조 등을 활용하여 말하기나 쓰기를 하게 된다. 독서를 많이 한 사람들은 일반적으로 말하기나 쓰기 등을 잘 한다. 이것은 독서를 통해 말하기나 쓰기를 하는 데 필요한 지식을 많이 얻어서 그랬을 수도 있지만, 독서를 통해 언어구조나 지식, 언어적 사고방식 등을 배웠기 때문이다.

다섯째, 독서는 사고력을 개발하는 원천이다. 수학 문제를 풀고, 과학 실험을 하는 과정에서도 사고력이 길러질 수 있지만 독서는 가장 쉽고 보편적이며 한편으로 높은 수준의 사고력을 개발할 수 있는 행위이다. 독서를 통해 우리는 기억력을 증진시킬 수도 있고, 높은 수준의 사고력이라고 할 수 있는 논리적 사고력, 비판적 사고력, 창의적 사고력을 키울 수 있다. 독서를 통해 길러진 사고력은 다른 교과 학습에 토대가 되며, 일상생활을 영위해 나가는 데 필수적인 역할을 한다.

독서교육은 독서를 가능하게 하고 잘 하도록 하는 데 그 목적이 있다. 지금까지 여러 연구에 비추어 보면, 독서교육은 가능하고 효과적이다. 독서를 가르치지 않았을 때와 가르칠 때의 학생들의 독서능력에는 많은 차이가 있다. 그리고 일반적으로 독서를 가르쳤을 때 학생들이 더 독서를 좋아하게 되고 독서를 습관화하는 것으로 나타나고 있다. 물론 잘 가르쳤을 때 그렇다는 말이다. 잘못 가르치게 되면 오히려 독서를 싫어하게 되고 독서능력이 별로 길러지지도 않은 현상이 발생할 수도 있다. 우리가 제대로 가르칠 때 아이들이 독서를 좋아하고 자신의 독서능력을 최대한 발휘할 수 있도록 해 주어야 할 책임을 맡고 있고 실제로 그렇게 할 수 있다. 여기에서 독서교육의 필요성을 찾을 수 있다.

Ⅲ 독서지도, 무엇이 문제인가

현재 이루어지고 있는 독서지도의 주된 문제점을 살펴볼 필요가 있다. 학교에서 이루어지는 독서지도의 문제점, 학교 밖에서 이루어지고 있는 독서지도의 문제점으로 나누어 살펴보는 것도 한 방법이다. 대체로 공통적으로 나타나는 문제를 중심으로 현존하는 독서지도의 문제점을 몇 가지만 살펴보면 다음과 같다.

첫째, 독서에 대한 흥미나 동기를 북돋아 주고 독서 분위기를 만들어 주는 데 인색하지 않았나 한다. 독서는 재미있고 유용한 것이라고 느끼기도 전에 아이들을 독서의 창고에 밀어넣어 버리는 느낌이 강하다. 책을 좋아하게 만들어 주는 데 관심을 집중하여야 한다. 그리고 평소에 아이들이 독서에 집중할 수 있는 분위기를 만들어 주는 것이 중요하다. 가정이나 학교, 사회에서 학생들이 독서를 할 수 있는 여건을 충분히 만들어 주어야 한다.

둘째, 각 아이들의 차이를 충분히 인정하지 않는다. 똑같은 학년이라도 학생들 간의 능력에 많은 차이가 있다. 그러므로 그 학생의 수준에 맞는 책, 그리고 그 학생의 수준에 맞는 학습활동을 시켜야 한다. 그리고 아이들은 흥미 면에서 천차만별이기 때문에 이 점을 고려하여야 한다. 또한 독서를 하는 방식(reading styles)도 많이 다르기 때문에 이 점을 배려하여야 한다. 독서학습 양식에 대해 부연 설명을 하면, 아이들마다 환경적, 정서적, 사회적, 신체적, 심리적 요소 면에서 차이를 보인다.

환경적 요소(environmental elements)는 주로 물리적인 환경 요소를 말하는 것으로 소리와 밝기, 온도, 공간구조 등이 포함된다. 아주 조용한 곳에서 책읽기를 좋아하는 학생이 있고, 다소 소음(예를 들어 라디오)이 있는 곳을 좋아하는 경우가 있다. 그리고 공간구조 면에서 책상이나 주위 물건이 일렬로 정돈된 곳에서 책읽기를 좋아하는 학생이 있고, 원탁 형태로 배열되어 있을 때나 다소 어수선할 때 집중이 잘 되는 학생이 있다.

정서적 요소(emotional elements)는 동기, 끈기, 책임감, 구조 등을 말한다. 동기는 독서 성취와 상관이 높다. 특히 어릴 때일수록 동기적인 요소가 독서능력 증진에서 중요한 변인으로 작용한다. 끈기의 문제로, 학업 성취가 높은 학생들이 끈기가 있는 경향이 있다. 끈기가 부족한 학생들에게는 자주 쉬도록 하고, 점차적으로 그 간격을 좁혀 나간다. 학생들 중에는 책임감이 강한 학생이 있고 그렇지 않은 학생이 있다. 구조는 자기 스스로 하기를 좋아하느냐, 아니면 외부에서 조절해 주는 것을 좋아하느냐를 말한다. 즉, 학생들 중에는 독서자료나 시간 등을 외부적으로 조절해 주기를 바라는 학생이 있고, 스스로 하는 것을 좋아하는 학생이 있다.

사회적 요소는 혼자 공부하기를 좋아하는가, 아니면 다른 사람과 함께 공부하기를 좋아하는가 하는 문제이다. 함께 책읽기를 좋아하는 학생에게는 교사나 학부모와 함께, 그리고 소집단을 조직해서 책읽기 활동을 하는 것을 강조한다.

신체적 요소로는 크게 지각성과 흡입성, 시간성, 운동성 등으로 나누어 생각해 볼 수 있다. 지각성의 문제로, 청각적인 자극을 선호하는 학생들, 시각적인 자극, 촉각적인 자극을 선호하는 학생들로 나누어 생각해 볼 수 있다.

심리적인 요소에는 분석적인 것을 좋아하는가, 전체적인 것을 좋아하는가의 문제와 뇌의 선호도 문제, 그리고 숙고적이냐, 충동적이냐 하는 문제가 포함된다.

셋째, 독서 후에 얻게 된 결과에만 관심을 갖는다. 독서 후에 줄거리나 주제를 파악하게 하는 등의 활동을 해서 그것을 제대로 했으면 독서를 한 것으로 생각한다. 독서를 하기 전에 예측을 했는지, 배경지식을 활성화했는지 등에 대해서는 관심이 없다.

넷째, 무조건 많이 읽게 하는 데 관심이 있다. 그것을 통해 학생들이 무엇을 얻어야 하고, 무엇을 얻을 수 있을지에 대해서는 관심이 없다. 아이들은 일주일에 몇 권을 읽었는지를 자랑하지만, 며칠이 지난 다음 그 내용을 물어보면 대답하지 못한다. 다독이냐, 정독이냐의 문제를 생각해 보면, 다독을 해야 할 때도 있고 정독을 해야 할 때도 있지만 요즈음 아이들은 너무 다독에만 신경을 쓰는 것 같다.

다섯째, 책에 있는 내용을 그대로 받아들이게 하는 데에만 신경을 쓴다. 이래서는 그 책에 있는 지식이나 정보만 얻을 뿐이다. 나름대로 생각해 보게 하여야 한다. 그래야만 독서의 과정에서 높은 수준의 정서를 함양하고 사고력을 키울 수가 있다.

여섯째, 독서를 고립적인 활동으로 인식하는 경향이 강하다. 독서와 함께 듣고, 말하고, 읽고, 쓰는 활동을 하는 것이 좋다. 예를 들어 가장 인상 깊은 장면을 되새겨 보거나 그려보는 등의 활동을 할 수도 있고 자신만의 독서신문을 만들어 보게 할 수도 있다. 이 과정에서 아이들은 그 책을 풍성하게 이해할 수 있게 된다.

일곱째, 독서를 잘 하는 구체적인 방법을 가르쳐 주지 않고 그냥 읽게만 한다. 한 권의 책을 통해 엄청나게 많은 것을 얻을 수도 있고, 거의 아무것도 얻지 못할 수 있다. 학생들은 독서를 통해 지식이나 정보를 얻기도 하고, 자기 수양을 하기도 하고, 사고력을 키우기도 하는데, 어떻게 하면 그렇게 하는지를 모른 상태에서 그냥 읽기만 한다. 독서를 많이 하다보면 차츰 독서능력이 길러질 수도 있지만, 이것은 너무 무책임하다.

Ⅳ 독서지도, 어떻게 해야 하나

1. 재미를 주는 독서지도

유치원이나 초등학교 아이들을 대상으로 한 독서지도에서 가장 중요하게 고려해야 할 것은 아이들이 책 읽기에 흥미를 갖게 하는 것이다. 독서를 하고 싶은 마음을 갖게 하는 것이 중요하다는 말이다. '독서는 재미있다. 독서는 내게 도움이 된다'는 생각을 갖게 하는 것이 중요하다. 몇몇 조사에 따르면 유치원이나 초등학교 저학년에서는 독서를 싫어하는 아이들이 많지 않은데, 학년이 올라갈수록 독서에 대한 흥미 또는 동기가 급격하게 줄어든다는 것이다. 다른 요인들도 있겠지만, 학교나 학교 밖에서 이루어진 독서지도에 문제가 있지 않나 한다.

지금까지 다양한 독서동기 유발 방법이 소개되었다. 시중에 나와 있는 몇 권의 독서지도에 대한 책을 살펴보면 여러 가지 방법을 얻을 수 있을 것이다.

독서에 대한 흥미를 증진하는 방법 중 하나는 아이들의 발달 수준에 맞으면서 그들이 좋아하는 책을 읽게 하는 것이다. 우선은 무엇을 가르치려고 들지 말고 독서에 관심을 갖게 하는 것이 좋다. 점차적으로 독서능력을 길러주기 위한 전략을 가르쳐 주는 것이 좋다.

그리고 정기적으로 학부모나 교사가 아이에게 책을 읽어주는 것도 좋다. 책을 읽고 그 내용에 대해 이런저런 이야기를 나누는 것도 책을 읽고 싶은 마음을 갖게 하는 데 도움이 될 수 있다. 책을 읽고 난 다음에 간단하게 책의 내용과 관련하여 게임이나 퀴즈를 해 보는 것도 있을 수 있다. 주인공에게 편지를 써보게 하거나 독서신문을 만들어 보게 하거나 인상 깊었던 장면을 그려보는 등의 활동 중심의 독서지도도 독서에 흥미를 갖게 하는 데 도움이 될 수 있다.

또한 간단하게나마 독서기록표 같은 것을 간직하게 해서 자기가 읽은 책에 대해 간단히 기록해 두게 하면, 성취감을 맛보게 하는 데 도움이 될 수도 있다. 몇몇 친구들끼리 독서동아리를 만들게 해서 활동을 해 보게 할 수도 있고, 정기적으로 자기가 읽은 책에 대해 발표를 해 볼 수 있는 기회를 부여하는 것도 좋으며 가능한 많이 도서관에 갈 수 있는 기회를 부여하고 각종 독서 관련 대회에 참여하는 것도 좋다.

한편에서 보면, 아이들이 학교생활이나 일상생활에서 자연스럽게 책을 읽게 하도록 하는 것이 좋다. '독서는 취미가 아니라 생활이다' 라는 말의 의미를 상기할 필요가 있다. 이를 위해 평소에 독서를 할 수 있는 물리적, 심리적 환경을 마련해 주는 데 관심을 가져야 한다. 물리적 환경이란, 독서를 할 수 있는 각종 시설, 충분한 분량의 도서 등을 말하는 것이고, 심리적 환경은 독서에 몰입할 수 있는 분위기를 말한다.

2. 학생들의 차이를 존중하는 독서지도

학습자 개인의 수준(능력)이나 특성 등을 최대한 고려해서 독서교육을 하여야 한다. 우선 능력 면에서 보면, 학습자 개인은 능력 면에서 천차만별이다. 독서능력 발달의 문제만 생각해 보더라도 학생들의 발달단계에 맞는 독서지도를 해주어야 한다.

사실 독서 발달단계에 대해 확고하게 정해져 있는 것은 없지만, 일반적인 발달단계를 참고하는 것이 좋다. 지금까지 독서능력 발달단계를 제시한 학자들은 유치원 단계, 초등학교 저학년, 중학년, 고학년과 같은 식으로 나눈 다음 각 단계별 일반적인 독서행동의 특성을 제시했다. 유치원 단계에서는 글자를 거의 소리내어 읽지 못한다고 제시하고 있는데, 사실 유치원 정도의 아이들 중에서 글자를 자연스럽게 읽을 수 있는 아이들이 많이 있다. 이런 경우도 얼마든 있을 수 있기 때문에 독서능력의 일반적인 발달경향을 제시한 다음, 지금 지도하는 학생들이 어느 정도의 수준에 와 있는가를 생각해 보고 여기에 맞추어 적절한 독서자료와 독서지도 방법을 제시해 주는 것이 좋다.

첫 단계는 발생적 독서기(독서 맹아기) 단계로 감각적인 접촉이나 신체적인 조작 활동을 하며 직관을 사용하는 경향이 강하다. 이 시기에는 인과관계에 대한 개념이 부족하고 신비스런 이야기나 의인화된 이야기를 좋아하며, 반복적이고 리듬적인 요소가 많이 들어 있는 글을 좋아한다. 대체로 이 시기의 아이들은 간단한 상표나 간판 같은 것을 읽을 수 있다. 그러므로 이 시기에는 아이에게는 간단한 낱말이나 문장 단위의 글을 몇 개 정도 읽어 보게 하는 것이 좋고, 주로 학부모나 교사가 읽어주는 형태로 독서지도를 하는 것이 좋다. 발생적 독서기(독서 맹아기)는 보통 유아 후기(만 4세)에 나타난다.

그 다음 초기 독서기에는 어느 정도 인과관계를 생각할 수 있지만 추상적인 것은 이해하기 힘들어 한다. 글이 짤막하고 문장도 간명하며 삽화가 많이 들어 있는 책을 좋아한다. 어휘는 기본적인 어휘만 포함되어 있어야 한다. 이 시기의 아이들에게는 간단한 글을 소리 내어 읽을 수 있을 정도면 좋고, 내용 파악에 너무 치중하지 않도록 한다. 예를 들어 이야기글이면 여기에 누가 누가 나오는지, 주인공이 나중에 어떻게 되었는지 정도만 물어보는 것이 좋다. 보통 유치원이나 초등학교 1학년 정도가 이 시기에 해당된다.

기초 독서기에는 비소설류의 책을 읽기도 하며, 어느 정도 글의 내용을 생각하며 읽게 된다. 낮은 수준의 것이지만 장별로 나누어진 책을 읽기도 하고, 공상적인 것을 주로 즐기지만 전기문에도 더러 관심을 보인다. 점차적으로 자아 중심에서 벗어나게 됨으로써 다른 사람의 삶에도 관심을 갖게 된다. 이 시기의 아이들에게는 내용 파악을 어느 정도 강조하는 것이 좋고, 읽은 것에 친구들과 대해서로 이야기를 나누어 보게 하는 것이 좋다. 대체로 초등학교 2~3학년 아이들이 이 시기에 해당된다.

학습 독서기에는 어느 정도 독해 전략을 사용하고, 이해를 위한 읽기를 한다. 설명문이나 논설문에 관심을 갖게 되고, 실제로 다른 교과 학습을 위해 이런 글을 많이 읽어야 한다. 미스터리물이나 스포츠에 관한 이야기를 좋아하고 자신의 감정을 이입하기도 한다. 이 시기에 들어서는 동화류의 글보다 설명문이나 논설문 등의 정보적인 책을 많이 읽혀야 하고, 이들 책을 깊이 있고 풍성하게 읽어 낼 수 있도록 독서전략을 가르쳐 주고 실제로 독서전략을 활용할 수 있게 해 주어야 한다. 그리고 이 시기는 이전 시기에 비해 성별 차이가 비교적 드러나기 때문에 남자 아이들과 여자 아이들의 관심의 차이를 반영하는 데 특히 관심을 가져야 한다. 대체로 초등학교 4~6학년 학생들이 이 시기에 해당된다.

한편으로 학생들의 독서능력만 고려할 것이 아니라 학생들의 흥미나 학습양식 면에서도 생각해 보아야 한다. 예를 들어 남자 아이들은 스포츠에 관한 글을 좋아하고 여자 아이들은 공주가 등장하는 신비스러운 이야기를 더 좋아하는 경향이 있다. 특정한 시기에 남자 아이들은 전기문에 관심을 가지지만, 그 시기에 여자 아이들 중에서는 전기문에 관심을 거의 보이지 않는 경우도 있다. 물론 같은 시기의 같은 성별을 가진 아이라 하더라도 좋아하는 것이 꽤 다를 수 있다.

3. 맞춤식 독서지도

독서지도를 할 때 여러 유형의 아이가 있다. '일반적인' 독서지도도 해야 하지만 그 아이에게 맞는 또는 그 아이에게 시급한 독서지도를 우선적으로 해 주는 것이 좋다. 예를 들어 책을 건성으로 읽는 아이, 머리는 좋은 것 같은데 책을 읽고 이해를 못하는 아이, 만화책과 같이 특정 종류의 책만 고집하는 아이, 너무 쉬운 책만 읽으려고 하거나 어려운 책만 읽으려고 하는 아이, 어휘력이 특히 부족한 아이, 일반적 독서 부진아나 영재아 등이 있을 수 있다. 여기에서는 이들 중 두 가지 경우에 대해서만 살펴보고자 한다.

(1) 건성으로 읽는 아이

책을 건성으로 읽는 아이들이 많이 있다. 그러다 보면 책의 내용에 대해 최소한의 이해도 하지 못하게 된다. 읽은 내용도 곧바로 잊어버리곤 한다. 이런 식으로 읽어서는 일주일에 수십 권의 책을 읽었다고 해도 별로 얻는 것이 없을 수 있다.

독서지도를 할 때에는 한 권의 책을 읽어도 그 책에 재미를 느끼게 하고 그것을 통해 독서능력이 길러지고 사고력이 증진될 수 있도록 하여야 한다. 아이들은 그 책을 읽으면서 재미를 느끼고 무언가 자기가 배운 것이 있다고 생각할 때 다른 책도 읽고 싶어 하게 된다.

우선 아이들이 그 책을 읽는 데 재미를 느낄 수 있게 하려면 그 책 자체에 대해 생각해 보아야 한다. 책의 내용이 아이들의 흥미를 끌 수 있는 것이어야 하고, 책의 내용이나 분량, 문장, 문체 등에서 아이들의 수준에 맞아야 하며, 편집이나 삽화 등이 제대로 되어 있어야 한다. 또한 책을 집중해서 읽을 수 있는 분위기가 갖추어져 있어야 한다. 그런데 여기에서 문제삼는 것은 이런 요소들은 상당 부분 갖추고 있는 데도 불구하고 건성으로 읽는 경우를 말한다.

이런 경우에는 책을 읽기 전에 이 책에서 어떤 것을 얻을 것인지를 생각해 보게 하고 거기에 집중해서 읽어보게 할 수도 있다. 책의 내용에 대해 간단한 시험 등을 보는 것도 좋을 수 있다. 또는 그 이야기의 내용을 모르면 잘 할 수 없는 게임이나 퀴즈 등을 해 볼 수도 있다. 간단하게나마 그 책의 줄거리나 주제를 파악하게 하는 것을 할 수 있다. 이때 너무 직접적으로 묻는 것은 좋지 않다. 그리고 이런 요소들의 수가 너무 많으면 자칫 학생들이 독서를 멀리할 수 있기 때문에 주의한다. 한편 책의 내용에 대해 이런저런 이야기를 주고받는 것이 좋다. 이때 학생이 시험받는다는 느낌을 많이 갖게 하지 않는 것이 좋다.

(2) 한 부류의 책만 읽는 아이

학생들은 지금도 그렇고 앞으로도 교과 공부나 일상 삶을 위해 여러 종류의 책을 읽으며 살아가야 한다. 그런데도 독서지도를 하다보면 어떤 아이들은 특정한 책만 고집하는 경우가 있다. 만화만 주로 읽고자 하거나 전기문만 읽으려고 하거나 이야기책만 읽으려고 하는 경우가 그렇다.

이런 경우에 자칫 이런 책을 읽지 말고 다른 종류의 책을 읽도록 강권하게 되면 독서에 대한 흥미를 잃어버릴지 모른다. 일단 이런 아이들은 독서에 흥미를 가지고 있다는 점에서 칭찬해 줄 만하다. 그러므로 자기가 좋아하는 책에서부터 독서에 흥미를 갖게 하면서 점차 확대해 나간다는 입장을 취하는 것이 좋다.

우선 이런 아이들이 왜 특정한 장르의 책이나 특정한 내용의 책만 좋아하는 지 그 원인을 살펴보는 것이 좋다. 아이들마다 그 원인이 다를 수 있기 때문이다.

예를 들어 만화책이 일반적으로 그림이 많고 글이 적고 한편으로 그 내용이 '재미있는' 것이기 때문에 좋아할 수도 있고, 다른 책을 자연스럽게 접할 수 있는 기회가 적어서 그럴 수도 있으며, 다른 종류의 책은 어렵거나 재미를 못 느껴서 그럴 수도 있다. 그리고 여자 아이들이 좋아하는 종류(또는 내용)의 책과 남자 아이들의 종류(또는 내용)가 다를 수 있다. 한편으로 특정 시기에 있는 아이들이 대체로 전기문을 좋아하는 경향을 보일 때가 있다.

어떤 것이 주요 원인이 되어 그러한 현상이 발생했는지를 파악한 후에 적절히 도와주는 것이 좋다. 몇몇 방법을 생각해 보면, 만화책만 읽고자 하는 아이에게 다른 책을 두세 권 읽으면 만화책을 한 권 읽게 하거나 다른 종류의 책을 읽으면 점수를 더 주는 것을 생각해 볼 수도 있다. 또는 거의 만화와 유사한 형태로 사진이나 삽화가 많이 들어 있는 책을 읽게 하면서 서서히 글이 많이 실린 책을 읽게 하는 것을 생각해 볼 수 있다. 또 초등학교 저학년 아이들의 경우 야구를 좋아하는 아이를 위해서는 야구장의 1, 2, 3루 모양을 만든 다음 1루에는 전기문, 2루에는 시집, 3루에는 동화책 등을 배치하여 점수를 따게 하거나 나무 모양 같은 것을 만들어 읽은 책의 종류에 따라 그 책을 읽은 후에 색깔이나 모양이 다른 꽃을 주어 트리를 다양하게 꾸며보게 하는 것을 생각해 볼 수도 있다.

그런데 대체로 특정한 책만 읽는 학생들은 조금만 관심을 갖고 지도하면 얼마 지나지 않아 다른 데에도 관심을 보이게 된다. 다만 평소에 다른 책이 얼마나 재미있고 자신의 삶에 유용한지를 자연스럽게 느낄 수 있도록 해 주는 것이 좋다. 또한 그 책이 너무 어렵고 재미없는 것이어서 회피한다면 특별히 재미있고 쉽게 읽을 수 있는 책을 선택해서 읽게 하는 것이 좋다. 또한 기행문을 잘 읽지 않는 아이라면 이번 주말에 학교나 가정에서 여행을 간다면 여행 장소와 관련된 기행문을 읽게 하여 자연스럽게 기행문과 같은 것이 자신의 삶에 도움이 되고 재미가 있다는 느낄 수 있게 하는 것이 좋다.

4. 독서의 과정을 중요시하는 독서지도

독서지도를 할 때 책(글)을 다 읽게 한 다음에 주제나 줄거리를 말해 보게 하는 경우가 많이 있다. 이것이 대표적인 결과 중심의 독서지도법이다. 즉, 책을 읽은 후에 그 학생이 얻게 된 결과에만 관심을 갖는 것이다. 물론 이것도 필요하지만, 독서를 하는 동안에 무슨 생각을 했고, 어떤 과정을 거쳐서 독서를 했는지를 파악하는 것이 더 중요하다. 그리고 단순히 독서과제만 제시해 주는 것이 아니라 일련의 독서과정에서 학생에게 도움이 될 만한 것을 가르쳐 주어야 한다.

예를 들어 독서를 잘 하는 사람은 책을 읽기 전에 제목이나 앞 부분을 보고 예측하고 관련 있는 경험이나 지식을 떠올린다. 그리고 책을 읽는 동안에는 자기가 잘 읽고 있는지를 점검하고, 자기가 이미 알고 있는 내용과 견주어 보면서 읽는다. 그런데 결과 중심의 지도를 통해서는 이러한 것을 제대로 가르칠 수가 없다. 이런 점에서 최근에는 과정 중심의 독서지도(process based reading instruction)를 강조하고 있다.

일반적으로 독서 전에 할 만한 활동으로, 책의 제목이나 차례 등을 보고 책의 내용과 관련된 자신의 경험을 떠올려 보는 일, 그 책에 어떤 내용이 담겨 있을지 예측해 보는 일(질문 만들기), 글을 읽는 목적을 세우는 일 등을 들 수 있다. 이때 교사는 독서환경을 마련해 주고 책을 읽고 싶은 마음을 갖게 하는 일, 독서계획을 세우게 하는 일, 독서방법을 안내해 주는 일 등을 할 필요가 있다.

독서 중에 할 만한 활동으로, 자신이 예측한 것이 맞는지 확인해 보는 일, 자기가 잘못 읽고 있지는 않은지 점검, 평가해 보는 일, 글에 있는 내용을 계속해서 자신의 경험과 관련지어 보는 일, 전체 흐름을 파악하면서 읽는 일, 표면에 드러나 있는 사실에서 감추어져 있는 사실을 추론해 보는 일 등이 필요할 것이다. 교사는 학생들이 계속해서 책에 집중할 수 있도록 격려해 주는 일, 학생들 각자가 가지고 있는 어려움을 파악하고 적절히 도와주는 일, 때로는 친구들과 협의할 수 있는 여건을 마련해 주는 일 등을 할 필요가 있다.

독서 후에 할 만한 활동으로, 이 책(글)을 통해 배운 점을 자기 나름의 방식으로 정리해 보고 공표해 보게 하는 일, 마인드맵과 같은 활동을 통해 읽은 내용을 시각적으로 정리해 보는 일, 읽는 내용에 대해 소집단 토론을 해 보는 일, 다른 예술적 활동(음악, 미술)과 통합해 보는 일 등을 들 수 있다. 교사는 열심히 한 학생들을 격려해 주고, 읽은 것을 자기 것으로 만들 수 있게 도와주며, 자신의 부족한 점을 깨닫고 바로잡을 수 있게 해 주고 또 다른 책을 더 읽도록 격려해 줄 필요가 있다.

5. 구체적인 방법을 가르쳐 주는 독서지도

독서능력을 증진하려면 독서를 많이 하게 하여야 한다. 하지만 막무가내로 많이 하게만 한다고 해서 독서능력이 길러지지는 않는다. 자칫하면 독서에 대해 질리게 할 수도 있고, 그렇지는 않더라도 지도한 만큼의 독서능력이 증진되지 않는다. 독서에 재미를 느끼게 하고 독서를 잘 하는 방법을 가르쳐 준 다음에 독서를 많이 하게 하여야 한다.

독서지도라고 하면 학생들에게 책을 권해 주고 제대로 읽었는가를 확인하는 것이라고 생각하는 사람들이 의외로 많다. 이것도 독서지도의 극히 일부분일 뿐이다. 학생들이 독서에 흥미나 동기를 느끼게 하고 독서를 깊이 있게 할 수 있도록 해 주어야 한다. 그래야만 독서행위를 통해 독서에 재미를 느끼게 되고 사고력이나 정서 등을 키워 나갈 수 있다. 예를 들어 책을 읽힌 후에 줄거리나 주제를 말해 보라고만 하지 말고 어떻게 하면 글의 줄거리를 잘 말하고 글의 중심내용이나 주제를 잘 파악할 수 있는지를 가르쳐 주어야 한다.

6. 제재 자체보다는 방법을 중요시하는 독서지도

학생들의 독서능력을 길러주기 위해서는 책의 내용 자체보다는 책을 읽는 방법을 강조하여야 한다. 독서지도를 하는 사람 입장에서 보면 학생들을 따라다니면서 책을 읽을 때마다 방법을 가르쳐 줄 수는 없다. 그럴 시간도 없고 실제로 그런 상황이 있을 수도 없다. 그러면 결국 한정된 시간에, 특정한 글이나 책을 가지고 독서에 재미를 느끼게 하고, 독서하는 방법을 가르쳐 주어서 혼자서 책을 읽을 때에도 그러한 행위를 하도록 하는 데 초점을 맞추어야 할 것이다. 그러려면 책의 내용 자체에 매몰되지 말고 독서방법(전략)에 중심을 두어야 한다.

예를 들어 이순신 장군에 관한 글이 있을 때 그 글 자체, 다시 말해 이순신 장군이 언제 태어났고, 무슨 일을 했으며, 결국 어떻게 되었느냐 하는 것보다는 이순신 장군에 관한 글을 읽고 글을 읽는 '방법'을 터득하게 하는 데 초점을 맞춘다. 즉, 그 글을 통해 전기문의 특성을 알게 하고, 전기문을 잘 읽는 방법을 터득하게 하는 데 초점을 맞춘다. 예를 들어 전기문의 짜임은 보통 이러이러하므로, 전기문을 읽을 때에는 그 인물의 업적을 순서대로 파악하고 이 인물이 우리에게 남긴 메시지가 무엇인지 생각해 보게 하여야 한다.

이순신 장군에 대한 전기문을 가르치면서 전기문의 특성이나 전기문을 읽을 때 주의할 점 등에 초점을 맞춘다. 전기문은 보통 시간 순서로 된 글이고 그 사람의 업적 중심으로 된 글이기 때문에 책을 읽을 때 이 점을 생각하면 내용을 좀 더 쉽게 파악할 수 있다. 일단 내용이 파악되었으면, 그 위인에게서 배울 점이 무엇이고 이것이 내 삶과 관련지어 보게 하는 것이 좋다. 물론 글을 읽는 동안에도 그 위인들의 삶에 자신의 삶을 투영해 보게 하면 더 재미있게 읽을 수 있고, 나중에 그 전기문에서 좀 더 많은 것을 얻을 수 있다.

7. 활동 자체보다는 학습이 중요시되는 독서지도

과거에는 독서지도라고 하면 읽은 후에 요약을 하게 하거나 줄거리를 찾아보게 하고 이와 관련하여 독후감을 쓰게 하는 것이 대부분을 차지했다. 그러나 우리나라의 경우 1990년대 초반부터 독서지도에서 '활동'을 강조하는 경향이 강해지게 되었다. 즉, 독서토론이나 독서신문 만들기, 등장인물에게 편지쓰기 등의 활동을 강조했다. 이들 활동은 주로 독서 후 활동으로 이루어지고 있는데, 정작 이런 활동을 통해 학생들이 무엇을 배울 수 있게 되었는지를 생각해 보아야 한다.

〈표 1.1〉 독서(읽기) 후에 할 만한 활동

중심 활동	활동의 종류	
말하기 중심 활동	· 퀴즈나 게임하기 · 인터뷰 형태로 바꾸기 · 책 광고 만들기/추천하기 · 독서동아리 운영 · 독서 비평 동아리 운영(라디오 비평)	· 모의 재판하기 · 질문 만들고 대답하기 · 독서웅변대회 · 저자와 대화하기 · 독서 선거하기
읽기 중심 활동	· 같은 작가의 글 읽기 · 같은 주제의 글 읽기	· 보충자료 찾아 읽기 · 관련 기사 찾아 읽기
쓰기 중심 활동	· 독후감상문 쓰기 · 결말 다르게 쓰기 · 개작하기(인물이나 장소, 배경 등을 바꾸어 보기) · 속편 쓰기 · 다른 장르로 바꾸기 · 독서신문 만들기 · 인물이나 사건 지도 만들기	· 이야기 변화도 그리기 · 비평문 쓰기 · 독서카드 만들기 · 독서일기 쓰기 · 독서문집 만들기 · 독서게시판 활용 · 인물 관계도 그리기
예술적 활동	· 주인공에게 대화, 편지하기 · 역할놀이나 드라마, 무언극으로 꾸며보기 · 인형극이나 무언극하기 · 시낭송회 갖기 · 구연하기(교사 또는 학생) · 개사하고 부르기 · 인상 깊었던 내용을 그림이나 만화로 그려보기	· 다양한 독서기록표 만들기 · 작품 전시회 갖기 · 도서 전시회 · 도서 바자회 · 줄거리를 그림으로 표현하기 · 시화 만들기 · 만들기(모빌, 콜라주, 조각)

독서 후 활동을 할 때에는 다음과 같은 점을 염두에 두어야 한다.

첫째, 적절한 활동을 선택하는 것이 중요하다. 학습목표와 책의 종류나 내용, 교실의 상황(시간, 자료, 공간 등) 등을 종합적으로 고려하여 이들 활동 중에서 한 두 개를 선택해서 실시한다. 예를 들어 설명문을 읽은 다음 가장 인상 깊은 장면 그리기 활동을 하는 것은 곤란하다.

둘째, 학생들의 흥미와 능력에 맞는지를 생각하여야 한다. 흥미와 능력에 적 합하지 않는 것을 하면 부작용이 많다. 흥미 면에서 보면 학생들마다 좋아하는 것이 다를 수 있기 때문에 가능한 몇 가지를 주고 선택해 보게 하는 것이 좋다. 그리고 능력 면에서 보면 각각의 활동들 간에는 난이도 면에서 차이가 있다고 할 수 있다. 예를 들어 가장 인상 깊은 장면 그리기와 비평문 쓰기 중에서 어느 것이 더 어려운 활동이냐고 하면 아무래도 후자가 더 어려운 것으로 보아야 한다. 그러므로 학년에 따라 주로 선택하는 활동이 달라질 수밖에 없다. 물론 가장 인상 깊은 장면 그리기의 경우나 비평문 쓰기의 경우 요구하는 수준에 따라서도 난이도는 달라질 수 있다. 비평문 쓰기에서 간단하게 책에 대한 느낌이나 비판점 정도를 요구하는 정도보다는 비판할 점에 대한 대안을 포함하라고 하면 더 어려워진다.

셋째, 학생들이 어려워하는 것이라고 해서 무조건 회피하려고 하는 것은 바람직하지 않다. 예를 들어 일반적으로 퀴즈나 게임보다는 독후감 쓰는 것이 더 어려울 수 있다. 어렵다는 것은 그만큼 높은 수준의 사고가 요구된다는 것을 말해 주는 것으로 더 가치 있는 것이라고 할 수 있다. 매번 독후감이나 비평문 쓰기와 같이 높은 수준의 사고를 필요로 하는 것을 부과하는 것은 적절하지 않지만이런 것을 학생들이 싫어한다고 해서 부과하지 않으려고 하는 것은 곤란하다. 다만 교사는 이들 활동을 하는 데 학생들이 흥미를 갖게 하고 어려움을 조금 덜 느끼도록 해 주는 것이 필요하다.

넷째, 그 활동을 하는 목적에 부합하는지를 항상 생각하여야 한다. 이들 활동을 하는 목적은 독서에 대한 흥미를 북돋우고, 읽은 내용을 좀 더 되새겨 보고 좀 더 풍성하게 읽기 위한 것이다. 예를 들어 가장 인상 깊은 장면 그리기의 경우, 읽은 내용을 되새겨 보게 하고 가장 재미있는 부분을 떠올림으로써 감상하게 하며, 그림으로 나타내 보는 과정에서 의미를 좀 더 깊이 있게 이해하는 데 목적이 있을 것이다. 그런데 학생들이 책에 있는 장면 중에서 아무거나 택해서 그리거나 자기가 생각나는 장면을 아무거나 그린다거나 하면 그 활동의 목적을 달성하기 어렵다. 자칫하면 활동만 요란하고 그 활동을 통해 배운 것이 없을 수 있다. 교사나 학생 모두 그 활동을 하는 목적을 분명히 인식하고, 그 활동을 하는 과정에서 목적을 생각해야 하며, 활동이 끝난 다음에는 그 목적이 달성되었는지를 살펴보아야 한다. 단순히 보이기 위한 성과 위주로 진행하는 것은 곤란하다.

다섯째, 독서에 대한 부담을 더 가지게 해서는 곤란하다. 자칫하면 이들 활동이 오히려 독서에 대한 흥미를 떨어뜨릴 수 있다. 예를 들어 가장 인상 깊었던 내용을 그려보는 활동을 하면 그림 그리는 데 어려움을 느끼는 학생은 부담을 더 많이 가질 수 있다. 과거 독후감 쓰기가 독서에 대한 부담을 가지게 해서 요즈음에는 많이 실시하지 않고 있는데, 이들 활동이 독서에 대한 부담을 더 가지게 해서는 곤란하다.

여섯째, 투자한 만큼의 효과가 있는지를 생각한다. 독서 후 활동을 하는 데에는 시간과 노력이 많이 든다. 투자한 시간과 노력한 만큼의 효과가 있다고 생각되는 경우에 한해 실시한다.

8. 사고력을 키워주는 독서지도

'선녀와 나무꾼'을 가지고 우리는 무엇을 어떻게 가르칠 것인가? 선녀와 나무꾼의 줄거리나 주제를 아는 것이 과연 얼마만큼의 의미가 있는 것인가? 이 작품 하나를 가지고 얼마든지 많은 사고 활동을 할 수 있다. 물론 이 작품은 문학 작품이기 때문에 정서를 함양하거나 즐거움을 갖게 하는 데 주안점을 둘 수도 있지만 사고력을 길러주기 위한 원천으로도 얼마든지 활용할 수 있다. 아이들은 생각하는 것을 싫어하는데, 사고력은 자꾸 생각해 보는 과정에서 길러지는 것이다. 선녀와 나무꾼이라는 작품을 통해 우리는 기억력을 키울 수도 있고, 이야기를 추론하거나 재구성해 보거나 다른 작품과 연결해 보는 활동을 통해 논리적 사고력, 비판적 사고력, 창의적 사고력 등을 얼마든지 길러줄 수 있다.

- 왜 하필이면 아이를 '셋' 낳을 때까지 옷을 감췄다는 사실을 말하면 안 된다고 했는가? 왜 그런 제약을 주었을까?
- 나무꾼이 선녀의 옷을 감추어서 아내로 맞이하는 것이 정당한 것인가?
- 선녀가 나무꾼을 떠나고 난 이후에 일어날 수 있는 경우들은?
- 자기가 알고 있는 작품 중에 이 작품과 연결지을 수 있을 것은 찾아보자. 어떤 작품이 있고, 왜 이 작품과 연결을 지을 수 있다는 말인가?

이런 질문만 던진다고 해서 사고력이 길러지는 것은 아니다. 이 질문에 답하는 과정에서 깊이 있는 사고 활동이 이루어질 수 있도록 하는 것이 중요하다. 또한 가지만 더 예를 들면 '이 이야기를 읽고 어떤 느낌이 드느냐?' 라고 우리는 흔히 묻는다. 이 질문 역시 묻기는 쉽지만 대답하기에는 너무나 어려운 것이다. 아이들은 이런 질문을 했을 때 보통 '몰라' 라고 하거나 '재미있어' '기뻤어' '슬펐어' 라고 말한다. 이 말이 그 이야기를 읽고 난 느낌을 대변하는 것이지만 이 말자체는 별 의미가 없다. 이야기를 읽고 그 느낌은 이야기의 중간중간에 계속해서 일어나는 것이고, 최종적으로 어떤 느낌을 한 마디로 표현할 수 있는 것이 아니다. 아이들과 충분히 이 이야기를 음미해 보는 과정이 중요하다. 이 과정을 충분히 거치는 것이 중요하다. 이 과정이 곧 정서를 함양하는 것이고 사고력을 키우는 것이다. 이렇게 길러진 사고력은 독서를 하는 데에도 필요하지만 교과 학습이나 일상생활을 해 나가는 데에도 반드시 필요하다.

9. 통합적인 독서지도

독서지도에서 통합적인 활동을 유도할 필요가 있다. 예를 들어 책을 읽는다고 해서 단지 읽는 활동만 할 것이 아니라 말하고 듣고 쓰는 활동을 함께 하는 것을 강조한다. 예를 들어 한 권의 책을 읽고 난 다음에 느낀 점을 써 보거나 각색을 해서 작품을 만들어 보는 활동을 할 수 있다. 이 경우에 읽기와 쓰기 활동이 통합되어 있다고 할 수 있다.

한편으로 책을 읽고 난 다음에 책의 내용을 드라마로 꾸며보거나 그림을 그리거나 노래를 불러 보는 등의 활동을 할 수도 있다. 이야기를 읽고 난 다음에 가장 인상 깊었던 장면을 그림으로 그려보게 하는 활동도 있을 수 있다.

V 독서전략, 어떻게 가르쳐야 하나

1. 독서전략의 종류

초등학교에서부터 대학 입학을 위한 수학능력 시험에 이르기까지 '읽기' 시험에서 어떤 문제들이 주로 나오는가? 주어진 상황에서 그 글을 제대로 이해하고 있는지를 묻게 된다. 주로 묻게 되는 문제가 낱말 이해, 글의 중심내용이나 주제 찾기, 내용들을 연결 짓기, 추론하기 등에 대한 질문이다. 이것이 곧 이 글을 제대로 읽었는지를 보여 주는 증거들이기 때문이다. 이러한 것을 보고 독서 기능 또는 전략이라고 부른다. 물론 이들 시험이 가진 한계 때문에, 우리가 강조하고 있는 독서 기능이나 전략을 모두 평가의 대상으로 삼을 수는 없다는 점을 생각하여야 한다. 이들 시험에서는 내기 어렵지만, 읽기 전 전략이나 읽는 중 전략들을 가르쳐 주어야 한다.

〈표 1.2〉 독서전략의 종류

영역	독서전략	
준비전략	· 미리 보기 · 읽기 목적 정하기 · 계획 세우기	· 사전 지식(스키마) 활성화하기 · 예측하기
조직전략	· 중요 어구(핵심어) 찾기 · 중심생각(주제) 찾기 · 그래픽 조직자 활용하기	· 세부 항목 연결하기 · 요약하기(줄거리 파악하기) · 글의 짜임(구조) 활용하기
정교화 전략	· 추론하기 · 질문 만들기 · 적용하기	· 장면 형성하기 · 판단하며 읽기 · 상상하기
초인지 전략	· 자기 점검하기 · 자기 강화하기	· 자기 수정하기
기억전략	· 집중하기 · 메모하기 · 다시 읽기 · 암송하기	· 기억술 활용하기 · 밑줄 긋기 · 자기 테스트하기

독서전략을 제대로 지도하기 위해서는 독서전략에는 어떤 것이 있는지를 먼저 생각해 보아야 한다. 사람에 따라 차이가 있으나 대체로 독서지도 전략으로 다음 같은 것을 제시할 수 있다.

여기에서는 독서전략을 크게 5가지 영역으로 나누고 있다. 준비전략에는 주로 글을 읽기 전에 읽기를 제대로 하는 데 도움이 되는 방법을 말한다. 조직전략은 글을 읽는 동안이나 읽은 직후에 글의 내용들을 서로 연결지으면서 제대로 이해하는 데 필요한 전략이다. 정교화 전략은 읽은 내용을 자신의 경험과 관련짓거나 내용을 깊이 있게 읽는 것을 위한 방법이다. 초인지 전략은 자기가 지금 제대로 읽고 있는지를 생각하고 더 나은 방법을 찾아내게 하는 전략을 말한다. 기억전략은 읽은 내용을 오랫동안 기억하는 데 도움이 되는 전략을 말한다.

2. 독서전략 지도 실제

(1) 스키마 활성화하기

독자가 가지고 있는 지식이나 경험을 일반적으로 스키마(schema)라고 한다. 글을 읽을 때 스키마를 활성화하면 글을 좀 더 쉽고 풍성하게 이해하게 하는 데 도움이 되며 글의 내용을 기억하는 데에도 도움이 된다.

책을 읽기 전에 제목이나 앞 부분을 보고 여기에 어떤 내용이 나올 것인지를 생각해 보게 한 다음 이와 관련된 경험을 떠올려 보게 하는 것이 좋다. 그리고 글을 읽는 동안에도 계속해서 그 글의 내용과 관련하여 자기가 이미 가지고 있었었던 지식이나 경험을 떠올리고 견주어 가며 읽게 하는 것이 좋다. 글을 다 읽은 후에는 이전에 알고 있었던 것과 새롭게 알게 된 내용을 정리해 보는 활동을 하는 것이 좋다.

(2) 중심내용 및 주제 파악하기 지도

강조하지만 우리가 독서지도를 할 때 학생들의 독서능력을 길러주기 위해 무언가 가르쳐 주어야 한다. 이를 위해 흔히 사용하는 방법 중의 하나는 직접 교수법(direct instruction)이다. 물론 이 방법은 중심내용을 파악하는 데에만 쓰는 것이 아니라 다른 전략을 지도할 때에도 적용할 수 있다. 교사 자신이 중심내용을 파악하는 방법을 구체적으로 보여 주는 것이다.

중심내용을 잘 파악할 수 있게 하기 위해서는 중심내용을 찾는 전략을 가르쳐 주어야 한다. 다음과 같은 전략을 가르쳐 주면 중심내용을 파악하는 데 도움을 줄 수 있다.

- 화제가 무엇인지 생각하기 : 표제, 제목, 삽화 등을 보고 이 글이 무엇에 대한 글인지를 생각하면서 중심내용을 찾으면 도움이 된다.
- 글의 짜임 생각하기 : 이 글이 전체적으로 어떤 짜임을 가지고 있는지를 알면 중심내용을 찾는 데 도움이 된다.
- 글이나 문단의 구성원리 파악하기 : 문단의 중심내용 찾기의 경우 하나의 문단은 중심내용과 뒷받침하는 내용으로 되어 있다는 것이나 기본적으로 한 문단의 중심내용은 하나여야 한다는 것, 중심내용은 보통 문단의 첫머리나 끝머리에 있다는 것 등을 가르쳐 주면 도움이 된다.
- 단서어 생각하기 : 비교하면, 이와 같이, 요약하면, 가장 중요한 말은 등과 같이 단서가 될 만한 말이 나오면 여기에 주의해서 읽도록 한다.
- 상위 단위로 묶기 : 중심내용은 하위 단위들이 점차 상위 단위로 묶어진 것이다. 예를 들어 '사과, 배, 귤'을 상위 단위로 묶으면 '과일'이 되고, 이것이 중심내용이 된다. 이런 활동을 많이 해 주면 중심내용을 파악하는 데 도움이 된다. 그런데 '주제'의 경우에는 줄거리나 '중심내용'이 곧 주제라고 볼 수는 없고, 그것을 더 상위 단위로 묶어 일반화해야 하는 경우가 있다. 예를 들어 흥부놀부 이야기의 주제는 '흥부가 착한 일을 해서 부자가 되었다'라기보다는 '우리는 세상을 살아가면서 착하게 살아야 한다'는 것이다.

- 시각화하기 : 시각화를 시켜보면 학생들이 글을 이해하는 데 도움이 된다. 예를 들어 손바닥 모양을 그린 다음 중간에는 중심내용을 쓰고 각 손가락에는 뒷받침하는 내용을 써 보게 하거나 글의 전체적인 흐름을 일종의 마인드맵과 같은 형태로 그려보게 하면 중심내용을 파악하는 데 도움이 된다.
- 중요도 판정하기 : 문장 단위로 제시하고 그 문장의 중요도를 판정해 보는 활동을 한다. 보통 '중요함, 보통, 중요하지 않음' 정도로 표시하면 된다. 예를 들어 '우리나라에는 여러 종류의 꽃이 있다. 봄에는 …… 여름에는 …… 가을에는 ……' 라는 문장이 있을 때 각 문장의 중요도를 평정하게 한다.

(3) 글의 짜임 활용하기 지도

글의 짜임(구조)을 알게 하면 글을 이해하는 데 많은 도움이 된다. 일반적으로 설명문이나 논설문 종류의 글은 시간적인 순서로 된 구조, 서술 구조, 비교 대조 구조, 원인과 결과 구조, 문제 해결 구조 등으로 되어 있다. 여기에서 서술 구조는 예를 들어 '우리나라의 좋은 점'이라고 하면서 첫째, 둘째, 셋째와 같은 형태로 된 것을 말한다.

예를 들어 기행문도 나름의 구조를 지니고 있다. 기행을 하기 전에 동기나 목적이 나타나고, 기행을 가서 보고, 듣고, 느낀 점이 나타나면 글 끝부분에는 기행을 다녀와서 소감, 앞으로의 다짐 등이 나타나게 된다.

그리고 이야기 문법(story grammar)이라고 하여 전래동화와 같은 이야기 글도 나름의 구조를 지니고 있다. '옛날 옛날에 ……' 라고 시작하면서 배경과 등장인물이 나오고, 사건이 전개되며, 사건이 결정에 이르렀다가 주로 해피엔딩으로 끝나는 형태를 취하고 있다. 한 예로, 텔레비전에서 드라마를 많이 본 사람은 그 구조에 익숙해져 있기 때문에, 다른 사람보다 좀 더 빨리 그리고 더 정확하게 예측하고 이해할 수 있다.

책을 읽고 난 다음에 책의 내용을 정리할 때에도 글의 구조를 생각하는 것이 좋다. 예를 들어 책을 읽고 난 다음에 책의 내용을 마인드맵 형태로 표시해 보게 했을 때, 글 구조를 고려하면서 그리게 하는 것이 좋다. 예를 들어 신사임당의 일대기를 기록한 책을 읽었으면 이 글은 시간 순서로 된 글이기 때문에 여기에서 맞게 마인드맵을 하는 것이 좋다. 그래서 시간의 흐름에 따라 유년기, 청소년기, 성년기 등으로 표시하거나 아니면 중요한 사건별로 마인드맵을 하게 하는 것이 좋다. 비교 대조의 글을 읽었으면 벤다이어그램과 같은 형태로 하거나 도표 형태로 마인드맵을 하면 좋을 것이다. 그리고 원인과 결과 구조나 문제 해결 구조는 네모를 2개 만들어 앞에는 원인, 뒤에는 결과를 진술하게 하면 도움이 된다.

心 심화학습

수준별 독서지도

(1) 수준별 수업의 필요성

흔히 교육과정의 발전을 산업의 발전과정에 비유하면서 과거의 산업이 소품종 다량 생산을 추구해 왔다면 앞으로는 다품종 소량 생산을 추구하게 된다고 한다. 다품종 소량 생산을 했을 때 그만큼 소비자의 다양한 욕구를 충족시켜 줄 가능성이 높아지기 때문이다. 이처럼 수준별 교육과정은 품종을 최대한 다양화하여 학생들의 욕구를 좀 더 많이 충족시켜 주고자 하는 취지에서 나온 것이라 할 수 있다.

지금까지는 어떤 학생이 학습을 제대로 못했을 때 그 책임을 전적으로 학생에게 돌렸다. 극단적으로 말하면, 교사가 옷을 한 벌만 만들어서 학생들에게 입히고는 학생에게 맞지 않으면 그 책임을 학생한테 돌렸던 것이다. 그 학생에게 좀 더 맞는 방법을 제시했더라면 그 학생이 지금보다 공부를 더 잘 했을 가능성이 있는데도 말이다. 이제부터라도 학습 부진의 책임을 오로지 학생에게만 떠넘기지 말고 교사 쪽에서 학습자의 특성이나 과제의 특성 등에 따라 차별화 된 수업방법을 적용함으로써 학습을 촉진시킬 여지는 없었는지 반성하고 개선 여지는 없는지 진지하게 생각해 볼 일이다.

(2) 수준별 수업의 형태

수준별 교수는 여러 가지 형태로 이루어질 수 있다. 분화 시점에 따른 수업을 생각해 보면, 처음에는 다 함께 학습을 하고 어느 시점에 가서 수준별 학습을 하는 방법을 생각해 볼 수 있고 처음부터 나누어서 학습을 하는 방법을 생각해 볼 수도 있다. 그리고 집단의 운영방식을 달리하여 수준별 수업을 할 수도 있다. 학급 간 이동수업을 통해 수준별 수업을 할 수 있고 학급 내에서 수준별 수업을 할 수 있으며, 또는 동질 집단으로 구성함으로써 수준별 수업을 할 수도 있고 이질 집단으로 구성할 수도 있다. 또한 학습자의 능력에 따른 차이를 반영하여 수준별 수업을 할 수도 있고, 학습자의 관심이나 흥미, 학습양식 등을 반영하여 수준별 수업을 할 수도 있다. 물론 이들 측면들은 서로 얽혀 있다. 예를 들어 학습자의 능력을 반영하여 수준별 수업을 실시하는 경우에는 집단 운영 방식으로 동질 집단을 구성하는 것이 좋고, 가능하다면 학급 간 이동 수업을 하는 것도 생각해 볼 수 있다.

학습자의 개인적인 특성에 따른 수준별 수업을 생각할 수 있다. 이 측면은 수준별 수업을 운영할 때 가장 중요하게 고려해야 할 요소이다. 이것을 기준으로 하여 앞에서 살펴본 다양한 방법을 융합하는 것을 생각해 볼 수 있다.

학습자의 특성은 매우 다양하기 때문에 이것을 나누는 방식은 매우 많을 수 있다. 그러나 학교 현장에서의 수업 운영을 생각해 보면 너무 세분화하는 것은 바람직하지 않다. 크게 보면, 학습자의 능력에 따라서 수준별 수업을 실시하는 것과 학습자의 관심이나 흥미, 학습양식 등에 따라 수준별 수업을 하는 것을 생각해 볼 수 있다. 이를 표로 간단히 나타내면 다음과 같다.

〈표 1.3〉 학습자의 개인차에 따른 수준별 수업

차별화 측면		방식	차별화 방안
학습 능력	학습 능력	· 심화와 보충으로 구분	· 학습목표(과제 또는 주제)의 난이도에 따른 차별화 · 교사 관여 정도의 차별화 · 구체화(깊이) 수준의 차별화 · 사고 요구 수준의 차별화 · 복합성/통합성 요구 수준의 차별화 · 반복 정도의 차별화
	학습 속도	· 학습 준비도의 차이에 따른 구분	· 학습내용 및 자료의 난이도에 따른 차별화 · 교수 학습 모형(절차)의 차별화 · 학습 활동의 난이도에 따른 차별화

차별화 측면		방식	차별화 방안
학 습 능 력	학습 속도	·학습 속도의 차이에 따른 구분(속진과 부진)	·집단운영 방식의 차별화 ·학습 과제 제시 방식의 차별화 ·산출 형태(말, 글, 작품 등)의 난이도에 따른 차별화 ·수업 매체 활용의 차별화
학 습 자 특 성	학습 흥미	·흥미나 관심의 차이 반영	·학습내용 및 자료의 흥미도에 따른 차별화 ·교수 학습 모형(절차)의 차별화
	학습 인지 양식	·신체적, 심리적, 정서 적, 사회적 차이 반영 ·환경적 차이의 반영	·학습 활동의 흥미도에 따른 차별화 ·집단 운영 방식의 차별화 ·학습 과제 제시 방식의 차별화
	학습 필요	·학생의 요구, 개별적 필요사항 반영	·산출 형태(말, 글, 작품 등)의 흥미에 따른 차별화 ·수업 매체 활용의 차별화학습/인지 양식

〈표 1.3〉에서 보면, 학습자의 능력을 중심으로 차별화를 기할 때에는 주로 학습자의 능력을 상, 하 또는 상, 중, 하로 나누어 차별화 된 방식을 제공하는 형태로 진행될 것이며, 학습자의 특성을 중심으로 했을 때에는 몇 개의 다른 활동을 제시하고 그 활동 중에서 학생들에게 선택하게 하는 형태로 차별화를 기할 수 있다. 두 측면 모두에서 두루 적용되는 차별화 방법도 있고 고유한 방법도 있다. 예를 들어 난이도에 따라 학습목표 자체를 달리 설정하거나 교사의 관여 정도를 달리하는 것 등은 학습자의 능력을 중심으로 차별화를 기할 때 고려할 수 있는 사항이다. 학습자의 특성을 중심으로 차별화할 때에는 이러한 것은 곤란하고, 주로 학습자료를 달리하거나 학습활동을 달리하여 그들의 특성을 반영하는 쪽을 생각할 수 있다.

예를 들어 어떤 단원의 학습목표가 문단의 중심내용 찾기이고, 자료로 김치에 관한 설명문이 실려 있다고 하자. 이 경우 학습자의 능력에 따라 차별화를 기하고자 할 때에는 학습목표를 난이도에 따라 몇 개로 구분할 수도 있고, 같은 목표라고 하더라도 자료의 난이도를 고려하여 별도의 자료를 구안할 수도 있다. 같은 목표, 같은 자료를 다룬다고 하더라도 교수 학습 모형을 달리하여 보충 학생들에게는 교사가 구체적으로 안내해 주는 방법을, 심화 학생들에게는 학생들의 탐구활동을 강조하는 방법을 사용할 수 있다.

만약 이 단원을 학습자의 특성을 중심으로 하여 차별화 한다면, 학습목표는 그대로 두고 비슷한 수준과 성격의 자료로 바꾸는 방법을 적용하여 햄버거에 관한 글, 피자에 관한 글을 주고 선택하게 할 수도 있고, 또는 야구에 관한 글, 호랑이에 관한 글, 발레에 관한 글을 제시하고 선택하게 할 수도 있다. 또한 학습활동을 차별화 하는 방법을 적용하여 주어진 글을 읽고 중심내용을 찾는 활동, 신문기사를 읽고 중심내용을 찾는 활동, 인터뷰 활동을 해 보고 중심내용을 찾는 활동 등을 제시하고 각자 원하는 것을 선택하게 할 수도 있다.

(3) 수준별 수업 시 주의점

① 적절한 경우에 수준별 교수를 적용한다. 모든 수업에서 수준별 수업이 필요하고 가능하다고 할 수 있지만 현실적으로 그렇게 하는 것은 무리이다. 학습목표나 내용의 성격상 수준별로 나누기가 어려운 경우가 있고, 나눌 수는 있다고 하더라도 수준별 수업을 했을 경우 투자한 만큼의 효과를 얻기 어려운 경우도 있다. 수준별 수업을 위한 수준별 수업은 하지 않도록 한다.

② 다양한 형태의 수준별 수업을 실시한다. 집단의 구성방식 면에서만 보더라도 반별 이동 수업을 생각할 수도 있고 한 반에서 수준을 나누어 수업을 하는 경우가 있을 수 있다. 물론 후자 쪽이 대체로 바람직하다고 할 수 있지만 경우에 따라서는 전자의 방식을 취하는 것이 효과적일 수 있다.

③ 학생들의 선택권을 최대한 존중해 주어야 한다. 학습능력에 따라 보충과 심화로 나누어졌을 경우에도 가급적 학생들이 선택할 수 있도록 하는 것이 좋다. 한편으로 그 선택이 실질적인 선택이 될 수 있도록 하여야 한다. 비슷한 과제를 제시하고 선택하게 하는 것은 별 의미가 없다. 학생들이 자신의 능력이나 흥미 등에 따라 선택할 수 있는 여지가 있어야 한다.

④ 학생들에게 더 많은 부담을 주지 않도록 한다. 예를 들어 교과서에 보충과 심화 활동이 제시되어 있는데, 모든 학생들에게 보충과 심화 활동을 가하는 것은 바람직하지 않다. 학습자의 관심이나 흥미를 반영하는 수업에서도 이것저것 모두 다 하게 하는 것은 바람직하지 않다.

⑤ 심화 보충형 수준별 수업에서는 기본적으로 같이 시작하고 같이 끝난다. 먼저 끝냈다고 해서 '별도'의 학습내용을 제공하는 것은 아니다. 그 범위 내에서 좀 더 심화된 내용을 제공할 뿐이다.

⑥ 심화학습보다는 보충학습을 해야 하는 학생들에게 좀 더 관심을 가져야 할 것이다. 기본학습에 도달하지 못한 학생들이 기본학습에 도달할 수 있도록 하는 데 초점을 둔다.

⑦ 보충학습을 할 때 더 자세하고 재미있게, 그리고 구체적인 방법을 가르쳐 주는 수업을 진행해 나가야 한다. 단순 반복 지도를 하거나 잔소리만 되풀이하면 오히려 학습 부진이 더 발생하게 되고, 다른 학생들과 간격이 더 벌어질 수 있다.

⑧ 수준별 수업을 위해서는 교과서 재구성은 선택의 문제가 아니라 필수적인 문제이다. 교과서가 해당 학생들의 능력이나 관심을 반영하는 것은 무리이다. 수준별 수업을 제대로 하기 위해서는 학습목표는 크게 벗어나지 않으면서 학습내용이나 방법, 자료 등을 재구성해서 가르쳐야 한다.

⑨ 집단의 수는 융통성 있게 운영한다. 보충학습 집단 하나, 심화학습 집단 하나로 나눌 필요는 없다. 흥미형 수준별 학습을 할 때에도 마찬가지이다. 그리고 활동이나 자료, 방법의 수에서도 융통성을 기한다. 그리고 시간 운영 면에서도 융통성을 기한다.

⑩ 수준별 활동을 구안할 때 구안의 주체가 교사만이라는 생각은 바람직하지 않다. 경우에 따라서는 학생들과 함께 구안하는 것도 생각해 볼 수 있다. 이른바 생성적 교육과정(generative curriculum)을 운용할 수도 있다.

⑪ 기본학습의 도달 정도를 어떻게 할 것인가 하는 점이다. 흔히 80% 정도에 도달하면 되는 것으로 보는데, 이것은 그때그때의 상황에 따라 교사가 판단할 수밖에 없을 것이다.

⑫ 수준별 수업을 할 때 평가의 문제에 많은 관심을 가지게 마련이다. 학생들 개개인에 대한 정보가 충분하지 않으면 수준별 수업을 제대로 실시하기 어렵다. 형식적, 비형식적 평가와 형성평가, 총괄평가 모두를 최대한 반영하는 것이 좋다.

1. 독서는 주어진 것을 있는 그대로 받아들이는 것이 아니라 나름대로 해석하고 구성해 내는 행위이다.

2. 독서지도를 할 때에는 학생들에게 재미를 주는 지도, 학생들의 차이를 인정하고 그들 각자에게 맞는 방식으로 지도하는 일, 독서의 결과만 강조하지 말고 일련의 과정에서 학생들이 해야 할 사고활동을 강조하는 것이 중요하다.

3. 독서를 지도할 때에는 그냥 막무가내로 읽게만 할 것이 아니라 구체적인 방법을 가르 쳐 주는 일, 책의 내용 자체에 매몰되지 말고 그것을 통해 방법을 가르쳐줌으로써 더 많은 책을 읽도록 유도해 주는 일, 이런저런 활동만 장황하게 시키지 말고 꼭 필요한 활동을 선택하고 그 활동의 의미에 맞게 지도하는 것이 중요하다. 그리고 사고력을 키워주는 일, 통합적으로 지도하는 일도 중요하다.

4. 독서전략을 가르쳐 주어야 하는데, 독서전략에는 크게 준비전략과 조직전략, 정교화 전략, 초인지 전략, 기억전략이 있다.

5. 독서전략 중에서 스키마 활성화 전략을 예로 들면, 독서를 하는 과정에서 계속해서 자신이 이미 가지고 있는 지식이나 경험을 생각하며 읽게 하면 글의 내용을 좀 더 쉽 게 이해하고 오랫동안 기억할 수 있다.

6. 글의 중심내용이나 주제를 찾게 할 때에는 글의 짜임이나 중심내용의 위치 등을 생각 해 보게 하는 것이 좋다.

1. 주위에서 독서지도 사례를 찾아보자. 이 장에서 공부한 '독서지도, 어떻게 할 것인가'에 비추어 볼 때 문제점과 보완해야 할 점을 찾아보자.

(해설) 초등학교 현장이나 아니면 학원 등에서 교사들이 어떤 원리에 입각하여 수업을 했는지를 살펴보면 내가 좀 더 나은 수업을 하는 데 도움이 된다. 교사의 수업 모습을 관찰할 때 나름의 기준을 가지고 살펴보는 것이 중요하다. 예를 들어 이 장에서 배운 내용을 중심으로 하여 적절한 기준을 만들고 이 기준에 비추어 볼 때 그 교사가 수업을 제대로 하고 있는지를 살펴보는 것도 한 방법이 된다.

2. 참고문헌에 소개된 책을 한 권 골라 깊이 있게 읽어 보자. 거기에 나온 방법 중에서 하나를 적용해 보고 그 효과를 살펴보자.

(해설) 흔히 이론과 실제는 다르다고 한다. 그러나 이론은 실제는 다른 것이 아니다. 교사들은 책에 있는 것을 무조건 이론이라고 말한다. 그래서 책을 터부시하는 경향이 있다. 책에 있는 내용들이 그대로 모든 경우에 적용될 수는 없을 것이다. 나름의 변형과정이 필요하다. 실제로 책에 있는 것을 적용해 보고, 그것을 내 것으로 만들었을 때 이론과 실제는 다르지 않다는 것을 느끼게 될 것이다.

■ 참고문헌

• 이재승(2004), 『아이들과 함께하는 독서와 글쓰기 교육』, 박이정.
• 천경록 · 이재승(1994), 『읽기 교육의 이해』, 우리교육.
• 한철우 외(2001), 『과정 중심 독서지도』, 교학사.
• J. W. Irwin, 천경록 · 이경화 역(2003), 『독서지도론』, 박이정.
• Polselli 외, 엄해영 외 역(2007), 『독서교육에 대한 새로운 이해』, 한국문화사.
• 이재승 교수 사이트 http://prof.snue.ac.kr/~ljs777

제 **2** 장

독서를 통한 인성교육

■ 학습목표

1. 인성의 개념과 형성과정을 살펴본다.
2. 로렌스 콜버그(Lawrence Kohlberg)의 도덕성 발달단계가 무엇인지 알아본다.
3. 토론을 통한 인성교육에서 필요한 공감적 이해와 적극적 경청을 이해한다.

■ 주요용어

인성 - 인성(人性)의 사전적 의미는 사람의 성품(性品)이다. 성품은 사람의 성질과 품격(品格)을 의미한다. 사람의 성질은 마음의 바탕을 이루고, 품격은 사람된 모습을 뜻하며 사람의 됨됨이라고 할 수 있다.

도덕성 - 도덕성은 행위가 나타나게 하는 품성으로 도덕의 본성에 맞거나 도덕적으로 옳은 것을 말한다. 사람의 마음 바탕을 만드는 데 가장 중요한 요소이다.

가치 - 가치는 사람들로 하여금 어떤 방식으로 행동하게 하는 원리나 믿음·신념이다. 즉, 가치란 한 인간이 무엇을 믿고 있고, 무엇을 지지하며, 무엇을 중요하게 생각하느냐에 따른 무엇이라고 할 수 있다.

공감적 이해 - 공감이란 어원은 '무엇에 관해서 이해하는 것' '무엇을 아는 지식' '타인의 욕구와 감정을 민감하게 알아차리는 것' 등의 의미가 있다. '우리들 자신이 이외의 대상의 경험 속으로 들어가거나 그 대상을 이해하는 능력'이라고 말한다.

적극적 경청 - 적극적 경청은 귀를 기울여서 관심을 집중하여 듣는 것이다. 경청하는 것은 시간을 들여서 오직 상대방의 말에 집중하는 것이며 그 사람의 느낌과 관점을 진지하게 받아들이는 것이다.

I 독서를 통한 인성교육

오랜 역사를 지닌 책과 사람의 만남, 그 만남에서 책이 사람에게 의미있는 일을 하고 있다. 책은 독서를 통해 지식을 전해 받을 뿐 아니라 직접적으로 경험할 수 없는 것을 간접적으로 경험하며 다양한 삶의 모습을 보여 준다. 또한, 독서를 통해 생각을 넓히다 보면 그 생각을 표현하기 위해 글을 쓰거나 다양한 활동을 하게 된다. 그리고 나와 다른 삶을 들여다 보며 자신의 삶과 연결시켜 풍요로운 삶을 만들도록 해 준다. 우리는 그 안에서 살아가는 법을 배운다. 하지만 독서를 지식을 쌓기 위한 수단으로만 활용한다면 아이들에게 독서의 즐거움을 빼앗을 수 있다. 이제 아이들에게 독서를 통해 지식을 얻는 것도 중요하지만 올바른 사람됨을 일러주고 마음을 다스리는 방법을 제시할 수 있어야 한다.

- 독서교육(reading education)
    - 독서를 통한 인성과 가치관 함양 등을 통한 인간교육
- 독서지도(reading guidance)
    - 독서교육의 구체적인 실천
    - 독서교육의 방법론과 실천적 접근 중시
    - 인간 형성을 위한 독서하는 태도, 지식, 기술, 능력, 흥미, 습관 등의 형성, 개발의 지도

1. 인성의 개념

인성의 그리스어 의미는 '표시하기(to mark)'이고 도덕발달이 도덕적 행위에 의해 나타남을 내포한다. 즉, 개인은 그의 활동과 행동에 의해 표시된다는 것이다. 인성(personality)이란 타고난 기질(temperament)과 기질을 바탕으로 환경과

상호 작용한 성격(character)에 의해 만들어진다.

인성(人性)의 사전적 의미는 사람의 성품(性品)이다. 성품은 사람의 성질과 품격(品格)을 의미한다. 사람의 성질은 마음의 바탕을 이루며 품격은 사람된 모습을 뜻하며 사람의 됨됨이라고 할 수 있다. 사람의 마음 바탕을 만드는 데 가장 중요한 요소는 도덕성이다.

도덕성은 세 가지 요소로 구성되어 있다.

첫째, 지적인 요소[知]는 사물을 인식하고 이해하고 판단하는 마음으로, 인지적 측면을 연구하는 인지발달 이론가는 사람이 옳고, 그름에 대한 추론을 어떻게 하는가에 초점을 둔다.

둘째, 정의적 요소[情]는 사물에 느끼어 일어나는 마음으로, 정의적 측면을 연구하는 정신분석 이론가들은 옳지 않은 일을 했을 때 느끼는 수치심이나 죄책감에 초점을 둔다.

셋째, 행위적 요소[意]는 무엇을 하겠다고 속으로 다짐하는 마음으로, 행동면에 초점을 두고 연구하는 사회학습 이론가들은 옳지 않은 일을 이겨내는 힘, 유혹에 저항할 수 있는 힘의 정도가 개인에 따라 또는 사회에 따라 어떻게 다른지에 초점을 둔다.

품격의 '됨됨이'는 인간다움으로 가치를 추구하고 실현하는 삶과 그 모습에서 찾을 수 있다.

2. 인성의 형성과 발달

인성의 형성은 태어나면서부터 가지고 있던 기질의 영향도 있지만 이후 환경적, 학습적인 영향으로 인해 형성된 성격에 의한 것이 많다. 인성 형성에 큰 영향을 미치는 환경적 요인은 자신이 태어나 성장한 곳, 부모의 양육태도와 훈육태도, 가족 간의 관계, 다른 사람과 함께 하는 사회적 기대 등에 따라 다르게 나타난다. 기질은 변하지 않는 안정성을 가지고 있고, 성격은 변화를 통해 인성을 형성하는 데 영향을 미친다.

인성을 구성하고 있는 요소들은 신념 또는 내면화된 규범들에 따라 형성된 습관이다. 인성은 성장의 과정과 환경적 조건에 따라 변하는데, 인성이 변한다는 것은 습관의 변화를 의미한다. 도덕적 습관은 규범을 준수하는 습관이므로 인성의 변화는 생활에서 지키고자 하는 규범을 달리 가진다는 것을 뜻한다. 지금까지 지켜오던 규범을 버리고 다른 규범을 생활 채택하면서 변화할 수도 있고, 지켜오던 규범을 달리 이해하고 해석함으로써도 변한다. 또한 지금까지 일관성 없이 지켜오던 것을 보다 일관성 있게 지킴으로써도 변한다. 인성은 어느 시기에 완전하게 만들어지는 것이 아니라 끊임없이 변화하면서 성숙된다. 인성교육에서 윤리가 추상적일수록 사람들의 마음을 움직이게 하는 힘은 적어질 수밖에 없다. 지나치게 언어화, 추상화가 되면 감정이나 의지의 측면이 소홀하게 다루어지기 때문이다.

3. 가치관

가치는 사람들로 하여금 어떤 방식으로 행동하게 하는 원리나 믿음, 신념이다. 즉, 가치란 한 인간이 무엇을 믿고 있고, 무엇을 지지하며, 무엇을 중요하게 생각하느냐에 따른 '무엇'이라고 할 수 있다. 우리가 사고하는 가치는 우리의 행동과 사고, 일상에서 선택해야 하는 모든 결정에 영향을 미친다. 그런데 이 가치는 변하지 않거나 오랫동안 지속되어 왔다. 그래서 사람을 이해하는 데 중요한 요소가 된다. 사람들은 다양한 가치를 지니고 있다. 좋아하는 것, 싫어하는 것이 서로 다르다. 그러므로 서로 다른 것을 추구하고 행동한다.

다음 예문을 읽고 신사와 상사가 보여 준 가치관을 생각해 본다.

어느 신사와 상사

한 신사가 말을 타고 가다가 병사들이 나무를 운반하는 장면을 목격했습니다. 상사한 명이 구령을 붙이며 작업지휘를 하고 있었지만 워낙 무거운 나무인지라 좀처럼 움직

이질 않고 있었습니다.

　신사가 상사에게 물었습니다.

　"자네는 왜 같이 일하지 않는가?"

　그랬더니 상사가 대답하기를

　"전 졸병이 아니라 명령을 내리는 상사입니다."

　그러자 신사가 말에서 내려 저고리를 벗고는 병사들 틈에 끼여서 땀을 흘리며 열심히 나무를 나르는 것이었습니다. 한참만에 나무를 목적지까지 다 운반했습니다. 신사는 말에 올라타며 상사에게 말했습니다.

　"다음에 또 나무를 운반할 일이 있거든 총사령관을 부르게."

　상사와 병사들은 그제서야 그 신사가 조지 워싱턴 장군임을 알았습니다.

　많은 것을 가졌으나 몸소 낮추어 남을 돕는 겸손한 사람, 이런 사람이 정말 큰 사람이 아닐까요?

　그들은 자신의 생각과 행동에 따라 가치관을 표현했다. '난 졸병이 아니기 때문에 명령을 내리는 상사'라고 했던 상사와 말에서 내려 저고리를 벗고 병사들 틈에 끼여 땀을 흘리며 나무를 날랐던 신사는 자신의 가치관에 따른 행동을 한 것이다. 그들이 보여 준 가치관에 따라 우리는 큰 사람이 누구인지 알 수 있다.

　아이들에게 가치관은 미래를 결정하는 데 중요하게 작용한다. 어떤 가치관을 가지고 있느냐에 따라 장래희망이 변할 수도 있다. 그런데 잘못된 가치관으로 선택된 미래의 모습은 고통과 좌절을 경험하게 하는 불행의 시작일 수 있다. 가치는 어느 날 갑자기 만들어지는 것은 아니다. 자라온 환경과 교육, 개인적 경험, 또래 관계 등 여러 요소들이 작용하여 가치를 형성한다. 올바른 가치관을 형성하도록 아이들이 지니고 있는 신념을 점검해 볼 필요가 있다.

　신념은 합리적 신념(rational beliefs)과 비합리적 신념(irrational beliefs)으로 나뉘는데, 비합리적 신념은 비난이 주를 이루게 된다. 합리정서심리학자인 앨버트 엘리스(Albert Ellis)는 인지, 정의, 행동이 서로 상호 작용하는 과정에서 인지가 핵심이 되어 정서와 행동에 영향은 준다고 강조한다. 인지, 정의, 행동은 인간을 이루는 세 가지 핵심영역이다. 엘리스는 인간의 문제가 외부적인 사건에 의해 만들어지는 것이 아니라 인간 스스로 만들어 낸 잘못된 혹은 비합리적인 신념에 의해 야기된다는 독특한 개념을 만들었다.

엘리스는 비합리적 신념의 종류에 대해 다음 11가지로 말하고 있다.

① 우리는 주위의 오든 사람들로부터 항상 사랑과 인정을 받아야만 한다.
② 우리는 모든 면에서 반드시 유능하고 성취적이어야 한다.
③ 어떤 사람은 악하고 나쁘며 야비하다. 그러므로 그와 같은 행위에 대하여 반드시 준엄한 저주와 처벌을 받아야만 한다.
④ 일이 내가 바라는 대로 되지 않는 것은 끔직스러운 파멸이다.
⑤ 인간의 불행은 외부 환경 때문이며 인간의 힘으로서는 그것을 통제할 수 없다.
⑥ 위험하거나 두려운 일이 일어날 가능성이 언제든지 존재하므로 이것은 커다란 걱정의 원천이 된다.
⑦ 인생에 있어서 어떤 난관이나 책임을 직면하는 것보다는 회피하는 것이 더 쉬운 일이다.
⑧ 우리는 타인에게 의존해야만 하고 자신이 의존할 만한 더 강한 누군가가 있어야 한다.
⑨ 우리의 현재 행동과 운명은 과거의 경험이나 사건에 의하여 결정되며 우리는 과거의 영향에서 벗어날 수 없다.
⑩ 우리 주변 인물에게 환난이 닥쳤을 경우 우리 자신도 당황할 수밖에 없다.
⑪ 모든 문제는 가장 적절하고도 완벽한 해결책이 반드시 있게 마련이며 그것을 찾지 못하면 그 결과는 파멸이다.

그 중에서 대표적인 네 가지는 다음과 같다.

• '터무니없다'

예: "일이 그처럼 나쁘게 꼬이다니 얼마나 터무니없는 일이냐!"
- '견딜 수 없다'
  예: "일이 이렇게 돌아가는 것을 나는 견딜 수 없다!"
- '해야만 한다'
  예: "일이 이렇게 불편하게 되다니 이래서는 안 돼!"
- '벌 받아야 마땅하다'
  예: "내가 원하는 대로 되어 본 적이 없어. 인생은 나에게 언제나 불공평하단 말이야. 이래서는 안 돼!"

합리적인 사고는 어떤 문제에 대해 가능한 해결책을 찾으려고 하며, 최선의 혹은 가장 적절한 해결책을 받아들이게 한다. 하지만 비합리적 사고는 자기 패배적이고 절대적이며 과장적, 독단적이기 때문에 문제를 해결하기 위한 방법을 찾을 수 없다. 비합리적 신념을 지닌 사람은 모순적이고 일관성 없는 행동으로 다른 사람에게 강력한 요구나 명령을 한다. 그리고 잘못된 문제 해결을 하게 되어 부정적인 가치관을 만들어 간다.

Ⅱ 콜버그의 도덕성 발달 이론[1]

콜버그는 1958년에 발표한 그의 학위논문에서 10~16세 사이의 소년 72명을 대상으로 도덕적 갈등 상황을 제시하였다. 그 상황에서 주인공의 행동을 어떻게 생각하며, 왜 그렇게 생각하는가를 물어 연구대상 소년들의 도덕적 판단과 그

---

1) 송명자(1995)에서 발췌하여 정리함.

이유에 대한 설명을 듣고 기록하였다. 콜버그의 도덕적 발달단계는 이 자료를 분석한 내용을 바탕으로 설정한 것이다.

1. 콜버그의 도덕적 딜레마 질문

하인츠의 딜레마

유럽에서 어떤 부인이 특수한 암으로 죽어가고 있었다. 의사가 보기에 그녀를 구할 수 있는 약이 꼭 하나 있었다. 그 약은 최근에 같은 마을의 약제사가 발견한 일종의 라디움이었다. 그 약을 제조하는 데 비용이 꽤 들긴 했지만, 약제사는 그 약을 조금 투약하는 데에도 무려 2,000달러를 매겨 놓았고 이는 약을 만드는 데 든 라디움 값의 열 배에 해당하는 금액이었다. 그 부인의 남편인 하인츠는 자기가 아는 사람을 모두 찾아가 돈을 빌렸지만, 약값의 절반인 1,000달러 정도밖에 구할 수 없었다. 그는 약제사에게 아내가 죽어가고 있다고 말하고, 약을 좀 싼 값에 팔든지 아니면 모자라는 돈은 뒤에 갚도록 해 줄 것을 간청하였다. 그러나 약제사는 "안 됩니다. 내가 그 약을 발견했습니다. 그 약으로 돈을 좀 벌어야겠습니다"라고 말했다. 하인츠는 절망에 빠진 나머지 약제사의 점포에 침입하여 아내를 구할 그 약을 훔쳤다.

콜버그는 소년들의 도덕적 추론 구조를 알아보기 위해 다음과 같은 질문을 하였다.

- 남편은 약을 훔쳤기 때문에 벌을 받아야만 하는가?
- 약제사는 그렇게 터무니없이 비싼 약값을 요구할 권리를 가지고 있는가?
- 약제사가 부인을 죽인 것이나 다름없다고 비난하는 것은 정당한가?
- 만약 정당하다면 그리고 부인이 중요한 인물이었다면, 약제사를 더 심하게

처벌해야 할까?

2. 콜버그의 도덕적 발달단계

콜버그는 도덕성 연구에서 위와 같이 딜레마를 주는 질문지를 사용하였다. 질문에서 단순하게 "예" 혹은 "아니오"라는 답에 관심을 둔 것이 아니라 왜 그렇게 생각하는지에 대해 관심을 두었다. 왜 그렇게 생각하는지 도덕적 논리에 관심을 두었던 콜버그의 도덕적 발달단계는 다음과 같다.

(1) 수준 1 : 전인습적 수준(4~9세)

이 수준에서 아동은 행위의 결과가 가져다 주는 보상이나 처벌에 의해 옳고 그름을 판단하거나 규칙을 정하는 사람들의 물리적인 권위에 따라 도덕성을 고려하여 판단한다. 이 수준은 다음의 두 단계로 구분된다.

1) 단계 1 : 처벌과 복종 지향

인간적 의미나 가치와는 무관하게 행위의 물리적 결과에 의해 옳고 그름을 결정한다. 처벌을 피할 수 있거나 힘이 있는 사람에게 무조건 복종하는 것 자체가 도덕적 가치를 갖는다.

2) 단계 2 : 도구적 상대주의 지향

자신이나 타인의 욕구를 도구적으로 충족시키는 것이 옳은 행위이다. 인간관계는 시장원리와 유사하다. 공정성, 상보성, 분배의 평등성에 대한 인식이 시작되지만, 진정한 정의나 관용보다는 서로의 등을 긁어주는 것과 같이 자신에게 돌아오는 이익을 생각하는 수단적인 호혜성의 수준에 그친다.

(2) 수준 2 : 인습적 수준(10~12세에 획득)

이 수준에서는 가족·사회·국가의 기대를 유지하는 것 자체가 그 결과와는 무관하게 가치롭다. 이러한 태도는 단순히 개인적 기대나 사회적 질서에 동조하는 것뿐 아니라 적극적으로 질서를 유지하고 지지하며, 집단이나 그 성원들에게 동일시하고 충성하는 것을 포함한다. 다음의 두 단계를 포함한다.

1) 단계 3 : 대인 간 조화 또는 착한 소년-소녀 지향
이 단계에서 옳은 행동은 타인을 기쁘게 하거나 도와주며 타인으로부터 인정받는 것이다. 대다수의 사람이 갖는 고정관념에 동조한다. 타인의 반응이 도덕성 판단의 기준이 되지만 물리적인 힘보다는 심리적인 인정 여부에 관심이 있으며, 착해짐으로써 타인의 인정을 얻는다. 이 단계에서부터 사회적 규제를 수용하며 의도에 의해 행위의 옳고 그름을 판단하기 시작한다.

2) 단계 4 : 법과 질서 지향
권위·고정된 규칙·사회적 질서를 지향한다. 자신의 의무를 다하며, 권위자를 존중하며 사회적 질서를 유지하는 것이 옳은 행동이다.

(3) 수준 3 : 후인습적 수준(13세 이후 획득)

이 수준에서는 집단의 권위나 권리를 행사하는 사람들과는 무관하게 도덕적 가치와 원리를 규정하려는 노력을 보인다. 이 수준은 2개의 단계를 포함한다.

1) 단계 5 : 사회적 계약과 합법적 지향
개인의 권리를 존중하고 사회 전체가 인정하는 기준을 준수하는 것이 옳은 행동이다. 법은 개인의 자유의 규제가 아닌 극대화하기 위해 제정된다는 것을 인식한다. 사회적 약속은 대다수의 성원들의 보다 나은 이익을 위해 항상 바뀔 수 있는 것으로 판단되며, 이전 단계와 달리 도덕적 융통성을 갖는다.

2) 단계 6 : 보편적인 윤리적 원리 지향

옳은 행동은 자신이 선택한 윤리적 원리와 일치하는 양심에 의해 결정된다. 이 원리는 구체적인 규율이 아닌 인간의 존엄성, 정의, 사랑, 공정성에 근거를 둔 추상적이며 보편적인 행동지침이다. 이 단계의 도덕성은 극히 개인적인 것이므로 때로 대다수가 수용하는 사회적 질서와 갈등을 일으킬 수 있다. 그러나 이 단계에 도달한 사람들은 자신의 양심이 가하는 처벌을 사회가 가하는 처벌보다 더욱 고통스럽게 생각한다.

3. 하인츠의 딜레마 반응 예

〈표 2.1〉 하인츠의 행동에 대한 구체적 반응의 예

단계	괜찮다	나쁘다
1단계 처벌과 복종 지향	훔친 약값이 실제로 200달러밖에 안 될지도 모른다.	남의 것을 함부로 훔칠 수 없다. 그것은 죄다. 약값이 비싸니까 비싼 것을 훔치면 그만큼 큰 죄가 된다.
2단계 도구적 상대주의 지향	약국 주인에게는 큰 해를 끼치는 것도 아니고, 또 언제나 갚을 수도 있다. 아내를 살리려면 훔치는 길밖에 없다.	약사가 돈을 받고 약을 팔려는 것은 당연하다. 그것은 영업이고 이익을 내야 한다.
3단계 착한 소년- 소녀 지향	훔치는 것은 나쁘지만, 이 상황에서 아내를 사랑하는 남편으로서는 당연한 행동이다. 아내를 살리려 하지 않는다면 비난받을 것이다.	아내가 죽는다 해도 자기가 비난받을 일은 아니다. 죄를 안 지었다고 해서 무정한 남편이라 할 수는 없다. 훔치지 않아도 하인츠는 자기가 할 일을 다 한 것이다.
4단계 법과 질서 지향	사람이 죽어가는데 약제사가 잘못하는 것이다. 아내를 사랑하는 것이 하인츠의 의무이다. 그러나 약값은 반드시 갚아야 하고, 훔친 데 대한 처벌도 받아야 한다.	아내를 살리려는 것은 당연하지만 그래도 훔치는 것은 역시 나쁘다. 자기 감정이나 상황과 상관없이 규칙은 항상 지켜야 한다.
5단계 사회적 계약과 합법적 지향	훔치는 것이 나쁘다고 말하기 전에 전체적인 상황을 고려하여야 한다. 이 경우 법은 분명히 훔치는 것이 나쁘다고 규정한다. 그러나 이 상황이라면 누구라도 약을 훔칠 수밖에 없을 것이다.	약을 훔쳐서 결과적으로 아내를 살릴 수 있지만 목적이 수단을 타당화하지 못한다. 하인츠가 전적으로 나쁘다고 말할 수는 없지만 상황이 그렇다고 해서 그의 행동이 옳은 것이 될 수는 없다.

단계	괜찮다	나쁘다
6단계 보편적인 윤리적 원리 지향	법을 준수하는 것과 생명을 구하는 것 사이에서 선택하라면 약을 훔치더라도 생명을 구해야 하는 것이 더 높은 수준의 원칙이다.	암은 많이 발생하고 약은 귀하니 필요한 모든 사람에게 약이 다 돌아갈 수 없다. 이 경우 모든 사람에 보편적으로 옳다고 생각되는 행동을 하여야 한다. 감정이나 법에 따라 행동할 것이 아니라 한 인간으로서 무엇이 이성적인가를 생각했어야 한다.

4. 토론을 통한 도덕성 발달

콜버그의 인지적 접근의 도덕성 발달이론은 인지적 요인을 중시하는 학교 교육에서 상당히 설득력이 있다. 콜버그는 학교에서 도덕적 추론 능력 혹은 도덕 판단 능력을 신장시키기 위한 방법으로 '토론식 수업'을 제안했으며, 이것의 효과를 여러 연구에서 입증하였다. 그는 학교에서 도덕성 문제를 어린이에게 가르칠 것이 아니라 어린이의 도덕성 판단 단계에 맞게 소집단을 형성하여 도덕성 문제 및 도덕적 가치 갈등에 대하여 토론을 하게 함으로써 도덕성 발달이 하위 단계에서 다음 상위 단계로 이행하도록 하는 데 도움이 될 수 있다고 하였다. 어린이는 자신의 현재 도덕성 단계보다 한 단계 상위 단계까지는 이해할 수 있으며, 보다 상위 단계의 판단을 좋아하는 경향이 있다고 한다.

콜버그의 도덕성 발달이론은 부모나 교사들이 어린이의 연령에 따라 어떻게 도덕 교육을 할 것인가에 대한 구체적인 행동유형을 제시해 주고 있다. 예컨대, 아주 어린 아동들이 나쁜 행동을 했을 때에는 즉각적인 처벌로 어린이의 행동이 잘못되었다는 것을 알려줄 필요가 있을 것이다('만약 네가 어린 여동생을 때리면, 당장 매를 맞을 것이다'). 그러나 어린이가 보다 성숙했을 때는 사회적 제재가 더 효과가 있을 것이다('만약, 네가 어린 여동생을 때리면, 나는 크게 화를 낼 것이다. 착한 아이는 다른 사람을 해치지 않는다'). 보다 성숙한 어린이나 청소년에게는 사회적 제재보다 보편적인 가치 기준 혹은 양심에 호소하는 것이 더 적절한 방법이 될 수도 있을 것이다.[2]

도덕성이 발달한다는 것은 곧, 다른 사람의 입장을 이해하는 능력인 역할 채택 능력이 함께 발달하는 것을 의미한다. 역할 채택 능력이란 다른 사람의 감정, 권리, 관점 등을 이해하는 능력을 말한다. 이때 다른 사람의 감정을 이해하고 공감하는 감정이입 능력은 다른 사람과의 관계를 원만하게 하는 데 매우 중요할 뿐 아니라 도덕성 발달에도 중요한 요소이다. 등장인물을 통한 역할 채택 능력은 생활을 하며 비슷한 상황을 만났을 때 실천할 수 있는 힘이 된다.

5. 도덕적 딜레마 접근법[3]

딜레마 접근법은 콜버그의 초기 이론에 근거하며 도덕적 갈등의 상황들을 통해 현재의 도덕성 단계 보다 한 단계 높은 단계로 추론 할 수 있도록 도덕 발달을 자극하는 것을 목표로 하고 있다. 교실 토론에서 도덕적 토론이 학생들의 도덕적 추론 단계 이동을 촉진했다는 연구결과에서 도덕교육을 행하는 데 있어서 중요한 것이라 여겨질 수 있는 몇 가지 조건들을 다음과 같이 제시하였다.

첫째, 아동들에 의하여 내려진 도덕적 판단의 의미를 이해하는 것

둘째, 아동들을 현재의 수준에 비해 한 단계 높은 수준의 추론에 접하게 하는 것

셋째, 학생을 순수한 도덕적 갈등과 불일치를 나타내고 있는 문제 상황들에 접하게 하는 것

넷째, 갈등을 일으키는 도덕적 견해들이 개방적인 방식에서 비교되는 상호 교환과 대화의 분위기를 창조해 내는 것

아이들의 발달수준을 고려해 도덕적 딜레마를 제시하게 되는데, 이때 다음과 같은 특성을 지닌 딜레마를 제시한다. 딜레마의 상황에 대해 토론하면서 도덕적 발달단계는 한 단계씩 발달하게 된다. 이때 딜레마의 결론이 눈에 보이지 않는 개방적인 것을 선택한다.

---

2) 이옥형 외(1992).

3) 추병완(2000)에서 발췌하여 정리함.

(1) 딜레마의 세 가지 유형

① 가상적 딜레마

사실에 기초한 것은 아니지만 그럴 듯한 것이다. 가상적 딜레마는 자아 관여 (self-involvement)가 적기 때문에 공개적인 토론을 하기가 용이하고, 딜레마의 해결과 관련된 원리들을 일반화할 수 있다. 즉, 학생들은 딜레마에 제시된 상황이 자신과는 아무런 상관이 없기 때문에 아주 객관적이고 초연한 입장에서 자유로운 토론을 전개할 수 있다는 장점이 있다.

② 내용에 근거한 딜레마

어떤 특정 교과목에서 발견된 자료들에 근거하는 것이다. 이러한 딜레마는 학생들에게 학습대상이 되고 있는 딜레마 속의 역사적 인물이 지녔던 도덕적인 측면들을 생생하게 보여 줄 수 있다는 장점이 있다.

③ 실생활 딜레마

실제 생활 속에서 학생들이 많이 부딪치게 되는 문제들을 이용한 딜레마이다. 아이들이 늘 생활 속에서 접할 수 있는 문제이기에 학습동기를 유발하기가 용이하며, 감정적 관여를 최고로 느낄 수 있게 해 준다는 장점이 있다.

(2) 구체적인 질문 제시 방법

교사가 어떤 유형의 딜레마를 사용하든지 간에 가장 중요한 것은 학생들이 이성적인 추론의 정당화에 이를 수 있도록 도와줄 수 있는 교사의 수업기술이다. 특히 딜레마 토론에서는 교사의 질문기술이 가장 중요하다. 딜레마 토론에서 질문은 초기 발문 전략과 심층 발문 전략으로 구별된다. 초기 발문 전략은 교사와 학생들이 도덕적 문제를 토론하면서 학생들의 도덕의식을 개발해 나가는 것이고, 심층 발문 전략은 도덕적 추론에 있어서의 구조적 변화를 초래할 수도 있는 토론상의 핵심요소들에 초점을 맞추는 것이다.

1) 초기 발문 전략

토론의 초기 단계에서 교사의 네 가지 역할은 학생들이 도덕적 딜레마를 이해하고 있는지를 확인하는 것, 문제가 안고 있는 도덕적 요소에 학생들이 직면할 수 있도록 도와주는 것, 학생들의 의견 배후에 있는 이유를 이끌어 내는 것, 이유를 제시한 학생들이 상호작용할 수 있도록 학생들을 고무시켜 주는 것이다. 토론의 초기 단계에서 교사가 활용할 수 있는 질문들의 유형은 다음과 같다.

① 도덕적 이슈를 강조하기 위한 질문들

이 질문은 주어진 딜레마에 대하여 학생 자신이 분명한 도덕적 입장을 취하도록 도와주기 위한 것이다. 학생들이 주어진 상황을 도덕적 갈등의 해결이나 선택을 요구하는 딜레마로서 적극 수용할 수 있게끔 도와준다. 따라서 이 질문들은 '마땅히 해야만 한다' '옳다' '그르다' 등과 같은 당위적이고 규범적인 용어들을 포함하게 된다.

> 발문 예 : "하인츠가 반드시 그 약을 훔쳐야만 하는가?"
> "다른 사람의 생명을 구하기 위해 약을 훔치는 것은 나쁜 것인가?"
> "남의 약을 훔친 사람들은 반드시 처벌을 받아야 하는가?"

② 이유를 묻기 위한 질문들

이 질문은 학생들에게 도덕적 문제에 대한 그들의 입장을 지지해 주는 이유들을 설명할 것을 요구하는 질문이다. 따라서 이 질문은 '왜'에 초점을 맞추고 있다. 비록 의견이나 판단의 내용은 같을지라도 그러한 판단이나 의견의 이유는 서로 다를 수 있다는 사실을 학생들이 인식할 수 있게 해 주는 좋은 기회가 될 수 있다. 이 질문에 대한 답변을 듣는 가운데 학생들은 서로가 도덕 문제에 대한 사고방식이 다르다는 것을 알게 되고, 그러한 차이점의 인식은 딜레마 토론에 대한 관심과 흥미를 더욱 높여주게 된다.

> 발문 예 : "왜 너는 너의 판단이 옳은 것이라고 생각하니?"

"네가 이 문제를 그런 식으로 해결하도록 결정하게 된 이유는 무엇이니?"

③ 상황을 복잡하게 만들어 주는 질문들

이 질문은 원래의 도덕적 문제들을 더욱 복잡하게 만드는 데 목적이 있는 질문으로, 여기에는 두 가지 유형이 있다.

첫째, 처음의 딜레마 상황에 내재된 복잡함과 인지적 갈등을 더욱 심화시키기 위하여 본래의 문제에다 새로운 정보나 상황을 추가하는 것이다. 그 이유는 상황의 복잡성은 인지적 불균형을 유발시킬 수 있다는 피아제의 인지 발달 이론에서 유래한다. 인지적 불균형의 유발은 곧 인지적 평형 상태가 깨어지게 되는 것을 의미하므로 학생들은 인지적 재평형화를 위한 적극적인 적응 기제(동화와 조절)를 활용하게 된다.

> 발문 예 : "하인츠의 아내가 특별히 하인츠에게 그 약을 훔쳐오라고(혹은 훔치지 말라고) 부탁을 했다고 가정하면, 너의 입장이 달라지니?"
> "하인츠 사건을 다루는 판사가 하인츠의 절친한 친구라고 가정한다면, 그 판사의 판결이 달라질 수 있니?"

둘째, 학생들이 도덕적 문제를 회피하려는 현상을 방지하기 위하여 사용되는 질문이다. 학생들의 도피현상은 흔히 딜레마 토론의 초기 단계에서 많이 일어나고 있다. 학생들은 '과연 무엇이 옳은 것인가?' 라는 질문에 정면으로 대응하는 것에 심리적 불편을 느낄 수도 있다. 그들은 임의대로 딜레마 상황을 변형시켜 자신의 심리적 갈등을 제거하려고 한다. 이때 상황을 복잡하게 하여 그러지 못하도록 하는 질문이다.

2) 심층 발문 전략

초기 전략을 통해 학생들을 도덕적 논의에 참여시키고 어느 정도 도덕의식을 형성시켰다고 판단될 때 도덕적 추론의 구조적 변화를 위해 사용되는 전략이 바로 심층 발문 전략이다.

　이 전략들은 심도(in-depth)에 초점을 맞추고 있다. 특정한 도덕적 문제에 대한 심층적인 탐색은 도덕적 추론의 구조적 변화를 일으키는 학생들의 내적 대화를 촉진시켜 준다. 이때 교사는 같은 질문을 여러 도덕적 문제에 확장해 보게 하여 수평적 발달을 조장하는 것에만 치우치지 말고 하나의 문제에 대해 여러 관점에서 진지하게 숙고할 수 있게 하여 다음 단계로의 수직적 발달을 촉진해 줄 수 있어야 한다.

① 정제된 질문들(refining questions)

　다음 단계로의 변화를 조장하기 위한 질문이라면 동일한 이슈를 여러 측면에서 탐색해 볼 수 있는 것이어야 한다. '해야만 한다'는 당위와 '왜'라는 이유만으로는 단계 변화를 조장하기가 어렵기 때문이다. 학생들은 여러 사람들로부터의 확장된 논의들을 들을 필요가 있는데, 그래야만 학생들은 그러한 추론을 이해하고 서로의 논리에 대해 이의를 제기할 수 있다. 이러한 목적을 위해 사용되는 것이 바로 정제된 질문이다. 이것은 흔히 한 문제에 대해 여러 측면에서의 분석과 논의를 수반하고 있기 때문에 심층 탐색 질문(in-depth probe question)이라고도 불린다.

　• 명료화 탐색(clarifying probe)

　학생들이 사용하는 말의 의미가 애매모호하거나 발언 내용 뒤에 숨겨져 있는 이유들을 분명하게 전달하지 못할 때, 학생들에게 그들이 사용하는 용어들로 해석할 것을 요구한다. 즉, 자신의 입장을 좀 더 분명한 용어로 표현할 것을 요구하기 위한 질문이다.

　• 특정한 이슈의 탐색(issue-specific probe)

　지금 문제시되고 있는 사태와 관련된 하나의 특정한 도덕적 이슈를 탐색해 볼 것을 요구하는 질문이다. 이슈들은 우리의 도덕적 판단에서의 상이한 초점 분야들을 나타내 준다. 교사가 어느 특정한 이슈에 심층적으로 초점을 맞추게 될 때, 학생들은 그들의 신념 기반에 대해 충분하게 탐색해 볼 수 있는 기회를 가질 수 있다.

• 이슈 간의 관계 탐색(inter-issue probe)

두 가지의 도덕적 이슈 사이에 갈등이 발생했을 때, 그것을 해결하도록 자극하기 위한 질문이다. 교사는 두 가지 이슈들의 가치 위계를 설정할 것을 요구하게 된다. 즉, 학생들은 갈등을 유발하고 있는 혹은 경쟁적인 이슈들 가운데 어느 것이 더 도덕적으로 우선적이고 중요한 것인지를 선택하고, 그 이유를 정교하게 만들 수 있어야 한다. 따라서 이 질문은 학생들이 '저것'보다 '이것'을 선택했을 때 그러한 선택을 뒷받침해 줄 수 있는 도덕적 원리들의 적절성을 검증해 볼 수 있는 기회를 학생들에게 부여해 준다.

• 역할 교환 탐색(role-switch probe)

학생들로 하여금 지금까지 자신들이 취했었던 관점에서 벗어나 딜레마 속의 다른 사람의 입장을 취해 보도록 요구하는 질문이다. 이 질문은 역할 채택 능력을 자극하는 데 있어서 매우 중요한 것이다. 피아제와 콜버그에 의하면, 이러한 역할 교환 탐색은 인지적 자기 중심성(egocentrism)에서 벗어나 타인의 관점을 고려해 보는 능력 혹은 탈중심화(decentering) 능력을 길러주는 데 아주 유용한 방법이다.

• 보편적 결과 탐색(universal-consequences probe)

학생들로 하여금 그들이 선택한 내용을 모든 사람들이 따르도록 보편적으로 적용한다면, 어떠한 일이 일어날 것인가에 대하여 고민해 보도록 하는 질문이다. 이 질문은 학생들이 모든 사람에게 수용될 수 있는 공정한 판단을 내릴 수 있도록 해 준다. 따라서 이 질문은 학생들이 내린 도덕 판단의 논리적 타당성을 검증해 볼 수 있는 기회를 제공해 준다.

② 다음 단계의 주장을 강조하는 질문들(plus one strategy)

흔히 '+1 전략(plus one strategy)'이라고 알려진 이 질문은 현재 추론 단계보다 한 단계 더 높은 단계의 추론에 접하게 하는 것이다. 대다수의 학생들이 2단계의 사고를 하고 있다면, 교사는 학생들에게 3단계 사고를 부각시키고 제시할 수 있어야 한다.

③ 명료화와 요약을 위한 질문들(clarifying and summarizing)

심층 발문 전략에서 교사는 질문을 하는 것뿐만 아니라 학생들이 말하는 것을 명료화하고 요약해 줄 필요가 있다. 토론을 어느 정도 진행하면 학생들은 도덕적 문제에 어떻게 접근해야 하는지를 알게 된다. 그러면 교사는 토론 과정에서 제시되는 토론 유형을 학생들이 깨달을 수 있도록 토론을 조정해 나가야 한다. 학생들이 특정한 이슈에 대해 장황하게 토론하고 있을 때, 교사는 그 과정을 주의 깊게 지켜보면서 적절한 시기에 나서서 학생들의 주장 내용을 잘 다듬어 의사전달이 용이하게 이루어질 수 있도록 해 줄 필요가 있다. 특히 교사는 적절하게 토론의 내용을 요약해 줌으로써 학생들이 논의하고자 하는 문제의 본질에서 벗어나지 않도록 해 주어야 한다.

④ 역할 채택을 위한 질문들

학생들의 관점 채택 능력을 자극하기 위한 것으로 심층 발문 전략에서 역할 채택을 강조하는 이유는 학생들을 자기 중심성으로부터 벗어나게 하기 위해서이다. 이 질문들은 학생들이 다양한 관점을 채택하도록 격려하고 관점 채택 능력을 자극하기 위한 질문들이다. 콜버그에 의하면, 도덕 발달은 역할 채택의 양과 질에 달려 있는 것이므로 교사는 학생들이 자기 중심성에서 벗어나 타인의 관점·사고·느낌·권리 등을 다양하게 고려해 볼 수 있게 하여야 한다. 교사는 역할놀이를 통해 실질적인 역할 채택 경험을 해 보게 할 수도 있다.[4]

---

4) 도덕적 딜레마에 대한 구체적 토의 방법은 미국의 토마스 리코나(Thomas Lickona)가 제안한 사례를 참고해 볼 수 있다(http://www.ks.ac.kr/~jspark/dilem.htm 참조).

Ⅲ 문학토론을 통한 인성교육의 실제

독서를 통해 인성교육을 하기위해서는 몇 가지 지키면 좋을 것들이 있다. 도덕성 발달이 다른 사람의 입장을 이해하는 능력이 포함된다면 그 사람의 마음을 공감적 이해를 할 수 있어야 한다. 그러기위해 잘 들어주는 것이 필요하다. 또한 다른 사람을 이해하기 위해 무엇보다 먼저 자기 자신을 이해할 수 있어야 한다.

1. 문학이 지닌 교훈성

에드워드 위인(Edward A. wynne)과 케빈 라이언(Kevin Ryan)은 문학이나 이야기의 도덕 교육적 의의를 다음과 같이 제시한다.

① 선한 사람들과 악한 사람들의 삶에 대한 이해를 통하여 무엇이 그들로 하여금 그렇게 행동하도록 만들었나를 이해할 수 있게 해 준다.
② 정의와 동정심에 대한 구체화된 감각을 얻을 수 있으며, 이야기 속의 주인공을 통하여 모범적인 행동을 배운다.
③ 다른 사람에 의해 거부되고 있는 삶에 대한 이해와 감각을 배운다.
④ 이야기 속의 주인공과 악한 사람들을 보는 것에 의하여 도덕적 삶에 대한 이해와 감정을 심화시킨다.
⑤ 주인공에 대한 대리적 경험을 통하여 도덕적 상상력을 높일 수 있다.
⑥ 묘사된 이야기를 통하여 삶에 대한 통찰력을 지닐 수 있다.
⑦ 개인의 구체적인 행동을 올바르게 인도해 줄 수 있는 도덕적 모델들을 자기의 내부에 저장시켜 준다.

2. 공감적 이해와 적극적 경청

(1) 공감적 이해

공감이란 어원은 '무엇에 관해서 이해하는 것' '무엇을 아는 지식' '타인의 욕구와 감정을 민감하게 알아차리는 것' 등의 의미가 있다. '우리들 자신이 이외의 대상의 경험 속으로 들어가거나 그 대상을 이해하는 능력'이라고 말한다. 공감은 동정과는 다른 감정으로 동정은 주로 다른 사람의 슬픔이나 고통을 함께 나누며 그에게 동일시하는 것이라 할 수 있는데, 공감은 다른 사람의 세계에서 마치 그 사람이 된 것처럼 느끼고 생각하는 것이지만, 그러면서도 객관성을 유지하는 것이다. 다음 이야기를 듣고 공감적 이해에 대해 알아본다.

달과 공주

옛날 어느 나라에 어린 공주님이 살고 있었다. 공주는 왕과 왕비의 사랑을 듬뿍 받으며 아름답고 건강하게 잘 크고 있었다. 그러던 어느 날 공주는 하늘 높이 금빛을 내며 떠 있는 달을 보고 불현듯 그 달을 가지고 싶은 마음이 들었다. 그리하여 공주는 부모님께 달을 따다 달라고 보채기 시작했다. 왕과 왕비는 공주에게 달은 따올 수 없는 것이라고 열심히 설득하려고 하였다. 그러나 공주는 들은 체 만 체 여전히 달을 따다 달라고 졸랐다. 공주가 쉽게 물러서지 않자 왕은 유명하다는 학자들을 불러들이고 의원도 불러들이는 등 온갖 노력을 다하였다. 그들은 한결같이 공주에게 달은 따올 수 없는 것이라고 말하였다.

'공주님, 달은 너무 멀리 있어서 가까이 다가갈 수도 없습니다. 달을 따온다는 것은 불가능합니다.'

'공주님, 달은 너무 커서 가까이 갔다 하더라도 따올 수는 없습니다.'

'공주님, 달에 대해 너무 많이 생각하셔서 병이 든 것 같습니다. 제발 더 이상 달 생각을 하지 마십시오.'

그러나 공주는 자기의 뜻을 굽히지 않았다. 달을 따다 달라는 요구를 들어주지 않자 드디어 공주는 단식투쟁에 들어섰다. 왕과 왕비는 속수무책으로 설득과 협박을 반복했지만 공주는 서서히 말라가기 시작했다.

이때 공주와 친하게 지내던 광대가 나타났다. 전후 사정을 잘 알고 있는 광대는 공주를 만나자 몇 가지 질문을 던졌다.

광대: 공주님, 달은 어떻게 생겼나요?

공주: 달은 동그랗게 생겼지 뭐.

광대: 그러면 달은 얼마나 큰 가요?

공주: 바보, 그것도 몰라? 달은 내 손톱 만하지. 손톱으로 가려지잖아.

광대: 그럼 달은 어떤 색인가요?

공주: 달이야 황금빛이 나지.

광대: 알겠어요, 공주님. 제가 가서 달을 따올 테니 조금만 기다리세요.

공주의 방을 나온 광대는 왕에게 아뢰고 손톱 크기만한 동그란 황금 구슬을 만들어 공주에게 가져다 주었다. 공주는 뛸 듯이 기뻐하였다. 단식투쟁까지 하면서 그렇게 원하던 '달'을 드디어 손에 넣은 것이다. 기뻐하는 공주를 바라보며 광대는 슬그머니 걱정이 되었다. 달을 따 왔는데 마침 보름달인 오늘밤 달이 또 뜨면 공주가 뭐라고 할까. 염려가 된 광대가 공주에게 말을 건넸다.

광대: 공주님, 달을 따 왔는데 오늘밤 또 달이 뜨면 어떻게 하지요?

공주: 이런 바보, 그것을 왜 걱정해. 이를 빼면 새 이가 또 나오지? 그것과 같은 거야. 달은 하나를 빼 오면 또 나오게 되어 있어. 그리고 달이 어디 하나만 있니? 달은 호수에도 떠있지. 물 컵에도 떠 있지 세상 천지에 가득 차 있어. 하나쯤 떼어 온다고 문제 될 게 없지.[5]

---

5) 박성희(2007).

광대는 다른 사람과는 달리 자신의 관점이 아닌 공주의 관점에서 달을 보았다. 다른 사람들은 자신이 생각하는 '달'이었기에 가져다 줄 수 없었다. 하지만 광대는 공주의 '달'이 무엇인지 정확하게 의미 해석을 했다. 공감적 이해의 첫 번째는 이렇게 다른 사람에 대한 정확한 이해에서 시작한다. 내가 그 사람이 되어 생각할 수 있어야 공감적 이해가 가능하다. 공감적 이해를 하기 위해서는 상대방이 원하는 것이 무엇인지 어떤 의미로 말을 하고 있는지 알 수 있어야 한다. 다른 사람의 비언어적 표현에서 그 의미가 표현되기도 하지만 잘 알지 못할 때는 직접 물어 그 의미를 파악하는 것이 좋다.

(2) 적극적 경청

어려서부터 엄마가 읽어주던 그림책 이야기를 듣고 자란 아이들은 듣기 훈련이 잘 되어 있다. 사회적으로 듣기 훈련의 부족함을 느끼는 요즘, 아이들에게 적극적인 경청을 할 수 있도록 하는 것이 의사소통에 도움이 된다. 선생님이 들려주는 이야기를 잘 듣거나, 또래 집단에서 토론을 할 때 상대방 이야기를 듣고 정리할 수 있으려면 효과적인 듣기 훈련이 필요하다. 또한 공감적 이해를 위해 다른 사람이 하는 이야기를 제대로 듣는 것은 중요하다.

듣는 것(hearing)은 상대방의 말을 무관심하게 듣는 것 혹은 들리는 것이고, 경청하는 것(listening)은 귀를 기울여서 관심을 집중하여 듣는 것이다. 경청하는 것은 시간을 들여서 오직 상대방의 말에 집중하는 것이며 그 사람의 느낌과 관점을 진지하게 받아들이는 것이다. '우리는 다른 사람의 말을 절반만 듣습니다. 그리고 들은 것의 절반만을 이해하며 이해한 것의 절반만을 믿습니다. 그리하여 마침내는 믿는 것의 절반만을 겨우 기억하게 됩니다'라고 폴 투르니에는 경청의 필요성을 지적했다.

잘 듣기 위해서는 먼저 시선을 고정시키고, 누군가 말하고 있는 동안 조용히 하고 들은 것에 대해 생각해 보고, 잘 이해할 수 없는 것에 대해서는 질문을 하여야 한다. 하지만 요즘 아이들은 자신의 이야기를 하느라 다른 사람의 이야기를 들어야 한다는 의식을 별로 하지 않는다. 가족 관계에서도 아이들은 부모가 자신들을 이야기를 듣지 않는 다고 생각한다. 엄마가 설거지를 하며 아이가 하는 말을 듣고 있다고 하지만 아이 입장에서는 듣지 않는 것과 같다. 그런 경험을 통해 아이들은 듣는다는 것에 대한 모방학습을 한다. 그래서 효과적인 듣기 훈련이 필요한 것이다. 수업 중에 서로 자기 이야기를 하느라 3~4명의 아이들이 동시에 말을 하는 경우가 있다. 그때 잠시 모든 것을 멈추고 한 사람씩 돌아가면서 이야기하고 다른 사람이 들은 것을 정리해 보도록 하는 방법을 활용할 수 있다.

3. 자기 이해와 수용

(1) 다른 사람에게 보여 주기 위한 '나'가 아닌 그대로의 '나' 찾기

독서를 하면서 만나는 다양한 주인공들을 통해 아이들은 다양한 모습의 사람들이 있다는 것을 알 수 있다. 사람마다 개성이 다르고 개인 차가 있으므로 어떤 부분에서 누구에게는 인정받을 수 있지만 다른 사람에게는 오해를 받을 수도 있다. 그래서 부족하거나 잘 하는 것을 있는 그대로의 자기 모습을 이해하고 수용하는 것은 중요하다. 자신이 갖고 있는 자아 개념에 따른 행동의 변화가 있기에 있는 그대로의 '나'를 찾도록 하여야 한다. 긍정적인 자아 개념은 적극적인 행동으로 부정적인 자아 개념은 움츠린 행동으로 표현된다. 주제가 '나'가 아닌 책에서도 '나'에 대한 토론은 가능하다. 주인공의 행동을 통해 나와 다른 모습이나 같은 모습을 발견할 수 있다. 또한 '나'를 주제로 한 책에서는 조금 깊이 있는 자기 이해를 하도록 충분한 토론이 되어야 한다.

- 주인공과 비교해 자신을 들여다 본다.
- 서로의 단점을 보완하기 위한 지지
- 자존감 향상을 위한 또래 집단의 지지
- 롤링 페이퍼 활용

(2) '나도 할 수 있다'는 자신감

자기 이해를 하기 위해서는 자신이 할 수 있는 것과 자신이 할 수 없는 것에 대해 솔직하게 표현할 수 있어야 한다. 자기가 할 수 없는 것에 대한 부정은 자기 이해를 제대로 할 수 없게 만들뿐 아니라 부정적 자아 개념을 형성할 수도 있다. 시공주니어에서 출판된 『우리 모두 꼴찌 기러기에게 박수를』(하나 요한슨 글)에서 늘 꼴찌만 하던 막내 기러기가 '내가 어떻게 해'라는 생각이 '나도 하고 싶어'에서 '나도 할 수 있어'로 변해 간다. 자신이 할 수 없는 것에 대해 그대로 표현하며 하고 싶다는 욕구와 할 수 있다는 의지로 성장한다. 아이들도 자기가 할 수 없는 것을 인정하고 성장하기 위해 노력하도록 하여야 한다.

하나 요한슨 글

자신의 장점과 단점을 정확히 파악하여 장점은 발전시키고 단점은 남과 다른 개성적인 모습을 살려 주체적인 긍지와 자신감을 갖도록 한다. 남과 비교해서 더 좋은 모습만 보이려 한다면 내면화된 자신은 더 초라하고 의기소침해져 자신에 대해 부정적인 개념을 심을 수 있다.

독서와 인성교육, 두 마리 토끼를 잡아요![6]

서울청계초등학교(교장 조철희)는 '좋은학교 만들기 자원 학교'의 지원으로 생활본을 제작하여 전교생에게 배부하고 매주 특활활동 시간에 독서 인성교육을 실시한다.

생활본은 학생들의 인성교육과 독서교육을 위하여 자체 제작된 교재로서, 주제별로 크게 세 부분으로 나눌 수 있다. 사서교사와 수업할 부분, 담임교사와 수업할 부분, 스스로 점검하고 반성하는 부분, 이렇게 세 부분이다.

첫째, 사서교사와 수업할 부분은 도서관 이용 방법, 좋은 책 소개, 한 달에 한 번 사서 선생님과의 수업내용 등으로 구성되어 있다. 둘째, 담임교사와 수업할 부분은 다양한 독서 후 활동이 실려 있다. 책을 읽고 동시나 그림, 마인드맵, 편지쓰기 등 다양한 방법으로 표현해 볼 수 있는 학습지가 실려 있어 담임교사와 재미있게 수업할 수 있다. 마지막으로 스스로 점검하는 부분은 매주 월요 방송조회를 보고 주생활 목표를 적은 뒤 스스로 자신의 일주일 생활을 점검하고 반성할 수 있는 점검표가 표함되어 있다.

또한 생활본 중간중간 감동적이고 좋은 이야기도 실려 있어 학생의 감성을 자극할 수 있으며 학부모의 의견을 쓰는 곳도 있어 가정과의 연계지도도 가능하다.

이렇듯 생활본은 책을 읽고 그 감상을 여러 가지 방법으로 표현해 보는 독서교육과 스스로 자신의 생활을 되돌아보며 점검하는 과정을 통해 인성교육을 동시에 할 수 있는 교재라 할 수 있다.

이러한 생활본을 잘 활용하여 독서교육과 인성교육, 두 마리 토끼를 모두 잡도록 노력해야 하겠다.

---

6) e서울교육소식(2007).

1. 독서교육(reading education)은 독서를 통한 인성과 가치관 함양 등을 통한 인간 교육이라고 할 수 있다. 독서지도(reading guidance)는 독서교육의 구체적인 실천으로 독서교육의 방법론과 실천적 접근 중시한다. 인간 형성을 위한 독서하는 태도, 지식, 기술, 능력, 흥미, 습관 등의 형성, 개발의 지도를 이야기한다.

2. 인성은 사람의 성품으로 이는 사람의 성질과 품격을 의미한다. 사람의 성질은 마음의 바탕이라고 할 수 있는데, 이 마음 바탕을 만드는 데 가장 중요한 요소는 도덕성이다. 도덕성에는 지적인 요소, 정의적 요소, 행위적 요소의 세 가지 요소가 있다. 콜버그의 도덕성 발달단계는 딜레마 상황에서 왜 그렇게 생각하는지에 대한 도덕적 논리에 관심을 두었다.

3. 콜버그의 도덕성 발달단계는 전인습적 수준과 인습적 수준, 후인습적 수준으로 나뉘며 각 수준에 두 단계를 두어 여섯 단계로 구성되어 있다. 전인습적 수준에서 1단계인 처벌과 복종 지향, 2단계인 도구적 상대주의 지향, 인습적 수준에서 3단계인 대인간 조화 또는 착한 소년-소녀 지향, 4단계인 법과 질서 지향, 후인습적 수준에서 5단계인 사회적 계약과 합법적 지향, 6단계인 보편적인 윤리적 원리 지향으로 구성된다.

4. 사람들로 하여금 어떤 방식으로 행동하게 하는 원리나 믿음·신념인 가치는 인간이 행동하고 사고하는 일상에서 선택하는 모든 결정에 영향을 미친다. 비합리적 신념은 올바른 가치관을 형성하는 데 부정적인 영향을 미친다. 다양한 가치를 지니고 있는 사람들의 서로 다름을 이해하는 것이 좋다. 변하지 않고 오랫동안 지속되는 가치는 성장하는 데 큰 영향을 미친다.

5. 타인의 욕구와 감정을 민감하게 알아차리는 것을 공감이라고 한다. 공감적 이해는 다른 사람의 내면 깊숙한 곳까지 이해하고 받아들이게 한다. 그렇게 하기 위해 적극적 경청의 자세가 필요하다. 사람들에게만 공감적 이해와 적극적 경청을 하는 것은 아니다. 책을 읽고 제대로 이해하기 위해서는 책에도 공감적 이해와 적극적 경청의 자세를 유지할 필요가 있다.

6. 독서토론을 통해 인성교육을 하는 이유는 아이들이 자신을 온전히 받아들이고 성장하기 위함이다. 자신을 온전히 받아들인다는 것은 좋은 모습뿐만 아니라 자신의 부족한 면이나 싫은 면까지도 있는 그대로 수용하는 것이라고 할 수 있다. 그렇게 하면 자존감도 키워지고 스스로 무엇이든 할 수 있다는 자신감을 만들 수 있다.

■ 연구과제 및 해설

1. 실제 생활에서 도덕적 딜레마를 제공할 수 있는 사례를 찾아보자. 그 사례를 중심으로 구체적인 발문을 작성해 보자.

(해설) 콜버그가 제시한 도덕적 딜레마의 세 가지 유형에 대해 인지하고 아이들이 실제 생활에서 경험할 수 있는 딜레마 상황을 찾아 연습을 해 본다. 이는 딜레마 상황을 제시하며 교사가 자기 함정에 빠질 수 있는 요인을 줄일 수 있다. 또한 교사의 가치관이나 도덕성에 대해 알아차릴 수 있다. 아이들에게 전해질 수 있는 교사의 가치관을 점검해 보며, 도덕적 딜레마를 아이들과 어떻게 적용하면 좋을지 살펴본다.

2. 요즘 아이들이 자신에 대해 어떤 가치를 두고 있는지 주변에서 살펴보자. 긍정적인 가치관을 가지고 있는 아이들과 부정적인 가치관을 가지고 있는 아이들의 수치를 비교해 보자.

(해설) 도덕성, 인성, 가치관 등은 개인적인 요소로 개별적인 특성을 지니고 있다. 긍정적인 자기 가치를 가지고 있는 아이들은 도덕성 발달에서 높은 단계로 발달하는데 걸림돌이 없지만 부정적인 자기 가치를 지니고 있는 아이들은 도덕성 발달뿐 아니라 비합리적 신념으로 문제와 자기라는 본질을 분리하는 데 어려움을 느낀다. 아이들이 자기에 대해 어떤 가치를 부여하는지 관찰해 보며 교사의 자기 가치도 점검해 본다. 독서를 통해 부정적인 자기 가치를 긍정적으로 변화시키도록 도울 수 있는 도서를 찾아보면 실제 현장에서 도움이 된다.

■ 참고문헌

• 박성희(2007), 『동화로 열어가는 상담 이야기 : 수용과 공감의 지혜』, 이너북스.
• 서강식(2007), 『피아제와 콜버그의 도덕교육이론』, 인간사랑.
• 송명자(1995), 『발달심리학』, 학지사.
• 이옥형 외(1992), 『교육심리학』, 집문당.
• 추병완(2000), 『열린 도덕과 교육론』, 하우기획출판.
• B. Chazan, 박장호 역(1997), 『도덕교육론』, 형설.
• J. B. Wilson, 박장호 역(1993), 『도덕적으로 생각하기』, 하나미디어.
• 초등학교 인성교육 프로그램
• http://www.edunet4u.net/teacher/kerisRecommend/elemInsung.jsp
• http://news.sen.go.kr

제 **3** 장

다중지능이론과 독서교육

■ 학습목표

1. 지능관과 교수 · 학습관의 패러다임 변화를 이해하고 이를 독서지도에 적용할 수 있다.
2. 다중지능과 관련된 다양한 요소–개념, 영역, 핵심내용, 교육적 활용–를 이해하고 독서교육과 관련지을 수 있다.
3. 다중지능의 영역과 관련된 활동들을 이해하고 독서지도의 실제에 활용할 수 있다.

■ 주요용어

다중지능이론–하워드 가드너(Howard Gardner) 교수가 제안한 지능 이론. 보다 다양한 시각에서 지능을 재조명하기 위해 두뇌과학, 발달심리학, 문화인류학, 진화론 등 8가지 선별 기준을 제시하고 이에 부합하는 능력을 지능의 범주에 포함시켰다. 다중지능 이론에서는 재능이 곧 지능이며, 이 다양한 지능의 조합에 의해 수많은 재능의 발현이 이루어지는 것으로 본다.

다중지능 영역–현재까지 밝혀진 지능 영역으로, 신체–운동적 지능, 공간적 지능, 음악적 지능, 언어적 지능, 논리 · 수학적 지능, 대인관계 지능, 개인이해 지능, 자연탐구 지능의 8가지 영역이 있다.

문제 해결 능력–문제를 파악한 후 목적을 설정하여 그 목적 달성에 가장 적절한 방법을 파악하는 것

시냅스(synapse)–세포와 세포 사이의 연결 부위

I 지능과 학습의 패러다임 변화

1. 지능관의 변화

(1) 전통적인 지능관

전통적인 관점에서의 지능은 "문제를 해결하고, 논리를 활용하며, 비판적으로 사고하는 능력"을 말한다. 인간의 모든 지적 활동에 전반적으로 영향을 미치는 단일 개념의 지능, 즉 일반 지능(g)이 있다고 생각한다. 다시 말해 인간의 지능은 한 가지이며, IQ 검사와 같이 획일화된 필답 검사 형태로 인간의 능력을 측정하여 숫자로 나타낼 수 있다고 본다. 또한 이 측정의 결과를 통하여 학습 성패를 예측하기도 한다. 그리고 선천적으로 주어지는 지능은 그 후 크게 변화시킬 수 없다고 본다.

IQ 검사는 꽤 정확하게 학교 공부의 성공 여부를 예언하지만, 형식적 학교 교육이 끝난 전문 직업에서의 성공은 전혀 예언해 주지 못한다. 즉, 획일화된 학교 교육에서 읽기, 계산, 사고 능력을 요하는 수업을 듣고, 대부분의 시험은 이러한 능력(언어적 지능, 논리·수학적 지능)을 평가하여 높은 점수를 받은 학생은 좋은 대학에 들어간다. 그러나 학교를 졸업한 후에는 학교 외의 생활에서 활용되는 그 이외의 지능을 필요로 한다.

그 동안 학교에서도 이 영역의 지능 계발과 교육에 치중해 왔기 때문에 이 영역이 뛰어난 사람은 능력이 있는 사람으로 평가되어 왔으며, 다른 지능 영역이 뛰어나도 이 영역이 덜 계발된 사람은 능력이 없는 것으로 잘못 평가되어 불이익을 당해 왔다.

따라서 최근의 지능 개념은 학업 적성 이외에 창의성, 사회적 능력, 예술적 재능, 정서 이해 및 표현 능력, 도덕성 등으로 확장되고 있으며, 과거보다 현실 세계에서의 수행과 밀접하게 관련되는 특성을 띠고 있다.

(2) 다양한 지능관

1) 지능지수(IQ : Intelligence Quotient)

1904년 프랑스 심리학자인 알프레드 비네(Alfred Binet)가 학교 공부에 어려움을 보이는 아동들을 조기에 발견하여 적당한 해결책을 마련하고자 만든 측정도구이다. 1908년 비네와 테오도르 시몽(Theodore Simon) 두 사람이 완성하여 IQ 테스트로 널리 활용되었다. 그 후 1912년 독일 심리학자 빌헬름 슈테른(Wilhelm Stern)이 지능지수(IQ)라는 용어를 처음으로 제안하였다. 단어를 정의하거나 수학 문제를 풀거나 감각 기능을 구별하거나 기억력 등의 항목을 측정한다. 처음에는 학업이 뒤처진 학생들을 돕기 위해 지능을 측정하고자 하였던 것이 점점 계량 심리학적 흐름으로 강조되어 사람의 키를 재듯이 지능을 측정하게 되었다.

2) 감성지수(EQ : Emotion Quotient)

미국의 심리학자 다니엘 골맨(Daniel Goleman)에 의해서 처음 제기되었다. EQ는 자신과 다른 사람의 감정을 이해하는 능력과 삶을 풍요롭게 하는 방향으로 감정을 통제할 줄 아는 능력을 의미한다. 골맨은 이런 태도를 '정서 면에서의 지성'이라 하고, 그 육성의 필요성을 강조했다.

3) 도덕지수(MQ : Moral Quotient)

미국 아동심리학자 로버트 콜스(Robert Coles) 미국 하버드대 정신의학 교수가 지능지수(IQ), 감성지수(EQ)와 더불어 아이들의 성장에 또 하나의 중요한 지수가 될 '도덕지능(MQ)'이라는 개념을 그의 저서 『아이들의 도덕 지능(The Moral Intelligen ce of Children)』에서 한 말이다. 그에 따르면 아이들이 도덕적으로 성장하는 데 밑거름이 되는 MQ는 규칙적인 암기나 추상적인 토론, 가정에서의 순응 교육으로는 길러지지 않으며, 어린이들 스스로 다른 사람들과 어떻게 하면 잘 지낼 수 있는가를 보고 듣고 겪으면서 MQ는 변한다는 것이다.

4) 창조지수(CQ : Creative Quotient)

창조지수는 한마디로 새로운 아이디어를 만들어 내는 능력이다. 독창적인 개성이 중요시되는 현대사회에서는 창의력이야말로 가장 중요한 능력 중 하나이다. CQ를 키우는 가장 좋은 방법은 자유로운 분위기와 함께 실수를 당연하게 생각하고 모험을 즐길 수 있는 생활 환경을 만들어 주는 것이다.

5) 활동지수(AQ : Activity Quotient)

정신 및 육체적인 움직임과 사회적인 활동을 통해 그 성과를 얻어내는 지수를 말한다. 뇌의 기능이 최대한 가동되면 이로써 자신감을 얻어 적극적이고 긍정적인 사고를 하게 되며, 자신에게도 무한한 능력이 잠재되어 있음을 알기에 AQ가 높아진다.

6) 영적지수(SQ : Spiritual Quotient)

인간의 정신적인 측면으로 눈에 보이지 않는 혼의 세계에 대한 영감지수를 뜻한다. 이는 보이지 않는 것을 형상화하거나 인간의 미래, 우주의 미래를 감지하는 능력의 지수이다.

7) 건강지수(HQ : Health Quotient)

인간이 생을 영위하기 위해서 꼭 필요한 에너지이며, 신체 및 정신적인 건강지수를 말한다.

2. 교수 · 학습관의 변화

(1) 전통적인 교수 · 학습관

전통적인 교수 · 학습관은 근본적으로 객관주의 인식론에 근거하고 있다. 객관주의는 진리 또는 지식을 이를 활용하는 개인의 의지와 관계 없이 독립적으로 존재하는 고정된 실체로 보고, 모든 상황에 적용할 수 있는 보편 타당한 절대적 진리와 지식을 추구하는 것을 최종 목표로 설정해 두고 있다.

그러므로 객관주의에서 말하는 지식은 고유한 의미를 가지고 있으므로 인식의 주체(학습자)와 독립되어 외부에 객관적으로 존재하며, 지식의 구성은 외부의 지식을 발견 또는 수용하여 체계적으로 구조화함으로써 이루어진다. 또한 인간의 외부에는 완전한 지식의 구조가 있지만 인간의 내부에는 불완전한 인지 구조가 있다고 보고, 인간 밖에 있는 완전한 지식의 구조를 인간의 마음에 심어주는 작용을 교육이라고 본다. 즉, 인간의 내부는 하얀 백지와 같은 상태에서 학습을 통해 점차적으로 지식이 채워지는 것으로 본다.

따라서 학습이란 객관적인 지식을 하나하나 쌓아가는 과정이므로 학습 활동의 주체는 지식을 전달하는 교사 중심이며, 학습자는 교사가 떠 먹여주는 지식을 주는 대로 받아먹기만 하는 수동적인 존재가 된다. 학습자들은 전달된 대상에 대해서 동일한 이해를 하여야 한다. 전통주의 교수·학습관에서 말하는 지식은 다음과 같이 정리할 수 있다.

- 지식은 인식의 주체와 독립되어 외부에 존재한다.
- 지식 구성은 외부의 지식을 발견 또는 수용하여 체계적으로 구조화함으로써 이루어진다.
- 지식은 개인의 부단한 반복적인 암기를 통해 단기 기억에서 장기 기억으로 저장된다.

(2) 구성주의 교수·학습관

구성주의 교수·학습관은 주관주의 인식론에 근거하여 학습자들이 자신이 위치한 맥락에서의 능동적인 경험을 통해 자신에게 적합한 지식을 구성한다는 점을 강조한다. 즉, 지식은 사전 경험을 바탕으로 개인이 구성하는 것이므로 경험이 다른 두 사람이 똑같은 지식을 가질 수 없다. 또한 지식 구성은 자신이 속한 사회의 구성원들에 의해 영향을 받으며, 역동적, 개인적, 사회적, 합리적으로 창출된다.

구성주의에 관한 구분 역시 학자마다 다양하여 급진적 구성주의자, 사회적 구성주의자, 합리적 구성주의자 등이 있다. 이는 다양성을 허용하는 것이 구성주의적 사고이기 때문이다. 즉, 구성주의에서는 사물을 보는 입장도 여러 가지이고, 사건이나 개념에 대해서도 서로 다른 많은 의미와 견해가 있을 수 있다.

예를 들어, 한 학급 40명의 아동이 쓴 A라는 글자가 객관주의자 눈으로 보면 똑같은 하나의 A로 보이지만, 구성주의자 눈으로 보면 40개의 서로 다른 A인 것이다. 이러한 인식은 경험에 의하여 이루어지고, 경험이 의미 부여의 원동력이 되기 때문이다.

[그림 3.1] 구성주의 교수 · 학습관의 예

따라서 자율적으로 지식을 구성하는 능력은 개개인에 따라 다양하며 교육을 통해 향상이 가능하다고 본다. 그렇기 때문에 전통적인 교육에서처럼 모든 아동들이 똑같이 배울 것이라고 생각하는 것은 잘못이다. 같은 시간에 같은 내용을 같은 방법으로 교육해도 엄연한 차이가 원천적으로 존재하는 것이다. 그러므로 학습은 아동 개개인에게 초점이 맞추어져야 한다. 구성주의 교수 · 학습관에서 말하는 전반적인 견해를 종합해 보면 다음과 같이 정리할 수 있다.

- 지식은 기존 경험으로부터 개개인의 마음 속에서 구성된다.
- 지식 구성은 자신이 속한 사회의 구성원들에 의해 영향을 받는다.
- 지식은 역동적이며, 개인적, 사회적, 합리적으로 창출된다.

II 다중지능이론

1. 다중지능이론의 개념

교육에 있어 다중지능이론(multiple intelligences theory)의 등장은 주로 학교 수업에서 요구되는 기억력, 언어력, 논리력 등의 인지 능력만을 강조하고 현실 세계에서 가치 있게 여겨지는 다른 능력들을 무시한 것에 대한 반성에서 비롯되었다. 가드너가 다중지능이론을 제시한 본래 의도는 지능이 하나의 짧은 답을 요구하는 측정 도구에 의해 추상적으로 측정되는 단순 개념에서 벗어나 보다 다양한 시각에서 지능이 재조명되어야 함을 일깨워 주기 위해서이다.

가드너가 제안한 다중지능이론의 다원적 개념은 지능이 문화 의존적, 상황 의존적이라는 성질을 강조한다. 가드너는 지능을 "특정 문화권에서 중요한 문제 해결 능력, 혹은 문화적 산물을 창출해 내는 능력"으로 정의하였다. 여기서 문제 해결 능력은 문제를 파악한 후 목적을 설정하여 그 목적 달성에 가장 적절한 방법을 파악하는 것이고, 문화적 산물은 지식을 탐구하고 전달하며 다른 사람의 기분이나 관점을 표현하면서 생겨나는 결정체이다.[1] 최근에 내린 좀 더 정교한 정의를 보면 "문화적으로 가치 있는 물건을 창조하거나 문제를 해결하는 데에 그 문화에서 유용하게 쓰일 수 있는 정보를 처리하는 생물·심리학적인 잠재력"으로 정의하면서 능력이 발휘될 수 있는 환경의 중요성을 강조하고 있다.[2]

---

1) Gardner, H., 김명희·이경희 역(2001).
2) Gardner, H., 문용린 역(2001).

2. 다중지능의 영역

(1) 신체 · 운동적 지능(bodily-kinesthetic intelligence)

신체 · 운동적 지능은 신체적인 자아와 관련되는 지능으로 몸 전체를 사용하여 아이디어와 느낌을 표현하는 능력, 또는 손을 사용하여 사물을 만들어 내고 변형시키는 능력을 말한다. 이 지능은 신체적 기능인 조정, 균형, 손재주, 강도, 유연함, 신속함, 촉감 등의 능력을 포함한다.

운동 선수, 장인, 숙련공, 외과 의사는 이러한 사고의 양식을 많이 가지고 있다. 바느질이나 목수 또는 보디빌딩 선수 역시 이 범주에 넣을 수 있다. 그들은 신체적인 감수성을 가지며 몸을 수시로 움직이는 경향을 가지고 있고 사물에 대해 즉각적인 반응을 한다. 대표적인 인물로는 칼 루이스, 마이클 조던, 박찬호, 박세리 등이 있다.

이 지능은 생물학적으로 신경, 근육, 지각 체계 사이의 조화와 관련된다. 이 지능의 신경심리학적인 증거로 운동신경 장애를 들 수 있다. 이 질병은 좌뇌의 손상과 관련되어 있으며, 일련의 동작은 수행하여야 한다는 것을 알면서도, 또한 수행할 수 있는 능력이 있으면서도 그것을 행동으로 옮기는 데 문제를 가지는 경우를 말한다. 이 지능을 향상시키는 활동에는 창작 무용, 역할극, 제스처, 드라마, 춤, 스포츠, 촉각 활동, 체험적 학습, 이완 훈련 등이 있다.

(2) 공간적 지능(spatial intelligence)

공간적 지능은 그림이나 이미지와 관련된 지능으로, 인지하고 변화시키며 시각적 · 공간적인 세계를 또 다른 관점에서 재창조하는 능력이다. 다시 말하면, 시각적 · 공간적 세계를 정확하게 지각하고 이 지각력을 변형시키는 능력, 시각적 · 공간적 아이디어를 시각화하거나 그림으로 나타내는 능력, 그리고 공간적 구조에 자신을 적절하게 위치시키는 능력을 말한다.

이는 안내자, 정찰병, 사냥꾼처럼 시각적 · 공간적 세계를 정확하게 지각하는 능력과 건축가, 예술가, 실내 장식가, 발명가처럼 이런 지각력을 변형시킬 수 있는 능력과 관련된다. 공간적 지능이 높은 사람은 시각적인 시안에 대하여 민첩한 통찰력을 가지고 있고 생생하게 시각화하여 개념을 기하학적으로 구성하거나 스케치하며 3차원적인 공간에 쉽게 적용한다. 대표적인 인물로는 고흐, 피카소, 백남준과 같은 예술가가 있으며, 발명가 에디슨도 있다. 이 지능을 향상시키는 활동에는 항해, 지도 제작, 체스 게임, 상상하기, 색채 배합하기, 패턴 디자인, 그림 그리기, 조각하기, 사진 활동, 관찰 활동, 창조 활동 등이 있다.

(3) 음악적 지능(musical intelligence)

음악적 지능의 기본적인 성격은 리듬과 멜로디를 인지하고 감상하며 만들어 낸다는 것이다. 음악적 지능이란 음악적 표현 형식을 지각하고, 변별하며, 변형하고, 표현하는 능력을 말한다. 이 지능에는 어떤 음악의 리듬, 음조, 멜로디, 음색, 음절에 대한 민감성이 포함된다. 사람에 따라서 음악에 대해 영상적 혹은 포괄적(전체적, 직관적)으로 이해할 수도 있고, 형식적 혹은 분석적(기술적)으로 이해할 수도 있으며, 이 두 가지의 이해 능력을 다 가지고 있을 수도 있다.

음악적 지능은 사람들로 하여금 소리로부터 만들어진 의미를 이해하고, 창조하고, 의사소통하게 한다는 점에서 언어적 지능과 유사하다고 할 수 있다. 그러나 말은 못하면서도 악기를 아름답게 연주하는 사람들이 있는데, 이로 보아 음악적 지능은 언어적 지능과 별개의 지능이라 볼 수 있다. 이는 음악을 처리하는 뇌의 영역과 단어를 처리하는 뇌의 영역이 구분되는 것으로 밝혀진 신경심리학적 연구 결과를 통해서도 확인할 수 있다.

대표적인 직업은 음악 비평가, 작곡가, 연주가 등이 있으며, 음악적 지능이 뛰어난 인물로는 바하, 베토벤, 브람스, 슈베르트, 정경화, 장영주 등이 있다. 이 지능을 향상시키는 활동에는 리듬 패턴 파악하기, 작곡이나 편곡하기, 배경음악 선곡하기, 악기 연주하기, 노래하기 등이 있다.

(4) 언어적 지능(linguistic intelligence)

언어적 지능은 단어를 효과적으로 사용하는 능력과 언어의 실용적 영역을 조작하는 능력을 말한다. 이 지능은 모든 정상적인 사람들에게서 보편적으로 나타나며 빠르게 발달하는 능력이다. 그리고 인간이 가진 능력 중에서 가장 많이 연구된 능력이기도 하다.

이 방면에 특별히 뛰어난 사람은 말을 가지고 논쟁하고 설득하고 즐기며, 효과적으로 가르칠 수 있는 사람이다. 이 지능이 뛰어난 대표적인 인물로는 방정환, 셰익스피어, 안데르센과 같은 작가들을 들 수 있고, 관련 직업으로는 연설가, 정치가, 시인, 변호사, 편집자, 아나운서, 기자 등이 있다. 이 지능을 향상시키는 활동에는 강의, 토론, 다 같이 읽기, 공식 연설, 일지 쓰기, 유머 및 농담, 이야기 만들기 등이 있다.

(5) 논리 · 수학적 지능(logical-mathematical intelligence)

논리 · 수학적 지능은 숫자를 효과적으로 사용하는 능력 및 추론을 잘 하는 능력을 말한다. 추상적 유형을 확인하고 귀납적 · 연역적으로 추리하며, 관계와 결합을 구별하고 복잡한 계산을 수행하며, 과학적 추리를 하는 과학적 사고에 관한 능력을 일컫는다.

논리 · 수학적인 경향을 가진 개인의 특성은 추론하여 결과를 도출해 내며, 원인과 결과의 관점에서 사고하고 가설을 만들어 내며, 개념적인 규칙성이나 수와 관련된 유형을 찾아내고, 생에 대한 일반적이고 합리적인 관점을 즐긴다.

이 지능은 과학자, 수학자, 통계 전문가, 회계사, 컴퓨터 프로그래머 등과 관련되며, 대표적인 인물로는 아인슈타인이나 빌 게이츠 등을 들 수 있다. 이 지능을 향상시키는 활동에는 퍼즐, 문제풀기, 과학실험, 암산, 수게임, 비판적 사고, 삼단논법, 계산법, 문제 해결 등이 있다.

(6) 대인관계 지능(interpersonal intelligence)

대인관계 지능은 다른 사람의 기분, 의도, 동기, 느낌을 분별하고 지각하는 능력, 특정 행위에 따르도록 집단의 사람들에게 영향력을 행사하는 능력, 감각과 대인 관계의 암시를 구별해 내는 능력, 실용적인 방식으로 암시에 반응하는 능력을 말한다. 이는 다른 사람들을 이해하고 그 사람들과 일할 수 있는 능력이다. 특히 다른 사람들의 분위기, 기질, 의도와 욕구를 알아내고 이에 반응할 것을 요구한다. 이러한 사람들은 다른 사람들의 감정에 쉽게 동조할 수 있으며, 사회적으로 책임감 있는 사람이거나 예리하고 책략적이며 다른 사람들의 내면으로 들어가 그 사람의 관점으로 세상을 바라보는 능력을 가지고 있다.

이 지능은 치료사, 상담가, 부모, 헌신적인 교사에게 요구되는 지능이기도 하다. 대표적인 인물로는 유관순, 간디를 들 수 있다. 이 지능을 향상시키는 활동에는 또래 가르치기, 피드백 주고받기, 타인의 감정에 대한 이해, 협동학습 전략, 일대일 상호작용, 공동체 참여, 시뮬레이션, 집단 프로젝트 등이 있다.

(7) 개인이해 지능(intrapersonal intelligence)

개인이해 지능은 자신의 신념, 감정, 의도, 동기 등을 이해하고 자신의 장단점을 관리, 통제하는 능력을 말한다. 즉, 내면적인 자아와 관련되는 지능이다. 이 지능은 자기 자신의 감정을 구별하는 것을 핵심 과정으로 하는 능력으로, 더 나아가서는 자신의 능력을 인정하고 자신과 관련된 문제를 잘 풀어내는 능력을 말한다. 개인이해 지능이 강한 사람들은 자기 혼자 공부하고 자신만의 시간과 공간을 즐기며 남을 모방하기보다는 자기 자신의 생각을 많이 따른다. 또한 자신의 신념과 감정에 의하여 혼자서 하는 일을 좋아하고 집중력이 뛰어나다. 이들은 매우 독립적이고 자기 반성적이며 명상에 몰두한다.

대인관계 지능과 개인이해 지능은 매일의 삶 속에서 구분하기 힘들 때가 많다. 그러나 몇몇 병리학적 증거들에서 두 지능이 독립적임을 알 수 있다. 예를 들면, 대인관계 지능은 자폐아들 사이에서 부족한 것으로 보인다. 반면에 다른 사람의 감정이나 동기를 인식하면서도 자신을 인식하지 못하는 정신 병리학적인 질병도 있다.

이 지능의 대표적인 인물로 소크라테스와 같은 철학자를 들 수 있으며, 관련 직업으로는 상담가, 신학자, 소설가 등을 들 수 있다. 이 지능을 향상시키는 활동에는 개별화 수업, 자율학습, 학습과정 선택, 자존감 형성, 자아 인식, 목적 인식, 감정 관리, 행동 관리 등이 있다.

(8) 자연탐구 지능(naturalist iIntelligence)

자연탐구 지능은 최근에 등장한 지능 영역으로, 식물과 동물, 과학을 포함한 자연의 세계를 이해하는 지능을 말한다. 자신의 환경으로부터 최상의 것을 얻어내는 능력, 환경에 관심을 갖고 자연을 탐구하는 능력, 환경에서 생존하고 적응할 수 있는 능력을 말한다. 자연 탐구가는 동·식물군을 비롯한 방대한 종들에 대한 인식과 분류에 탁월한 전문 지식과 기술을 지닌 사람이다. 이러한 지능을 가진 사람들은 유기체의 세계 안에서 편안함을 느끼고, 다양한 생물체들을 돌보고 기르며, 민감하게 상호 작용하는 재능을 갖고 있다. 그러한 잠재력은 최종적인 상태로 존재하기도 하고, 사냥꾼, 낚시꾼, 농부, 정원사, 요리사에 이르기까지 갖가지 역할들로 나타나기도 한다.

모든 사람들은 어느 정도 이 능력을 가지고 있으나 어떤 사람들은 어린 나이에도 불구하고 이러한 것들을 놀랍게 잘 인식하고 분류하는 경우를 볼 수 있다. 예를 들어, 3~4세의 아이가 어른들보다 공룡을 더 잘 인식하는 경우가 이에 해당한다.

이 능력의 가장 대표적인 과학자로 다윈을 들 수 있다. 그는 살아있는 것들의 특징 하나하나를 의미 있게 보았다는 점에서 뛰어난 인물이다. 이러한 능력은 인간뿐만 아니라 동물들도 생존하는 데 필요하다는 점에서 진화적인 증거를 찾을 수 있다. 이 지능을 향상시킬 수 있는 활동으로는 견학, 소풍, 자연보호, 애완동물 키우기, 동·식물 관찰하기 등이 있다.

3. 다중지능이론의 핵심내용

(1) 지능은 단일한 능력 요인, 혹은 다수의 능력 요인으로 구성된 하나의 지능이 아니라, 서로 별개로 구분되는 다수의 지능으로 구성된다

이는 전통적인 관점에서, 언어적 지능이나 논리·수학적 지능을 중심으로 지적 능력을 이해하는 것에서 벗어나려는 것이다. 우리가 지능이라 일컫는 인간의 인지적 능력은 재능, 능력, 정신적 기능을 모두 포함하는 것을 의미한다. 즉 논리적 사고는 '지능'이라고 부르고, 음악적 능력은 '재능'이라고 불러야 할 이유가 없으며, 이 두 가지는 모두 같다고 본 것이다.

(2) 모든 개개인은 이 8가지 지능을 모두 가지고 있으며, 이 지능들은 서로 독립적이고 동등하다

이 가정은 하나의 인지적 기능에 관한 이론으로서 모든 개개인이 정도의 차이는 있겠지만 이 8가지 지능을 모두 갖고 있다고 보며, 이 지능들이 합해져서 독특한 방식을 지닌 한 사람을 형성한다는 것이다. 따라서 지능의 독립성이란 모든 사람들은 상대적으로 8가지 지능을 다 가지고 있으며, 기존의 지능 검사에서 높은 점수를 획득하지 못한 사람이라도 8가지 지능 영역 중에서 하나 또는 그 이상의 영역에 뛰어난 능력을 보일 수 있다는 것이다. 따라서 기존의 지능 검사 결과로 똑똑한 학습자와 그렇지 못한 학습자로 구분하는 것은 잘못된 것이라고 지적한다.

지능의 동등성이란, 그 동안 언어적 지능과 논리·수학적 지능을 강조한 것은 문화적 영향 때문이며, 좀 더 넓은 관점에서 8가지 지능 모두를 동등하게 보아야 한다는 것이다. 다중지능이론에서의 지능은 재능(competence), 능력(abilities), 정신 기능(mental skills)을 포함하는 의미로, 각 지능의 동등성을 강조한다.

(3) 이 지능들은 복잡한 방식으로 함께 상호 작용한다

어떤 지능이라도 현실 생활과 유리되어 독자적으로 존재하는 경우는 없고 항상 상호 작용한다. 예를 들면, 요리를 만들기 위해서는 요리책을 읽어야 하고(언어적 지능), 재료를 반으로 나누어야 하며(논리·수학적 지능), 모든 가족들을 만족시키는 메뉴를 개발해야 하고(대인관계 지능), 자신의 입맛에도 맞아야 한다(개인이해 지능). 이와 비슷하게, 아이들이 발야구를 할 경우에도 신체·운동적 지능(뛰고, 차고, 잡고), 공간적 지능(운동장에서 자신의 위치를 잡고, 날아가는 공의 위치를 파악하고), 언어적 지능과 개인이해 지능(시합 도중 논쟁이 붙었을 때 자신의 주장을 훌륭하게 표현하고) 등이 필요하다. 그러므로 구체적인 사회·문화적 맥락 속에서 활용해야 하며, 실제 상황 속에서 다양한 방법으로 측정되어야 한다.

(4) 대부분의 사람은 각각의 지능을 적절한 어떤 수준까지 발달시킬 수 있다

과거에는 지능을 선천적으로 타고나는 고정적인 것이라고 보았다. 그러나 다중지능이론에서는 대부분의 사람들은 적절한 환경적인 조건, 즉 자극이나 훈련 또는 교육을 통해서 8가지 지능 모두를 어느 정도의 높은 수준까지 발달시킬 수 있다고 본다. 따라서 가드너는 만약 모든 사람들에게 좋은 교육 환경, 좋은 교육 내용 및 과정, 자신감과 같은 적절한 여건만 주어진다면, 비교적 높은 수준의 지능에 도달할 수 있다고 주장한다.

(5) 인간의 지능은 문화적으로 상대적이다

다중지능이론은 현실 그대로의 자연적인 상황에서 문제를 해결하고 문화적 산물을 창출해 내는 능력을 지능으로 보는 만큼 각 문화권마다 성인들의 일상생활에서 가치가 인정되는 지적 능력들이 다르기 때문에 지능은 각 문화권마다 다르게 정의될 수 있다. 모든 문화적 역할을 수행할 때 다양한 지능을 필요로 한다는 것은 단지 획일화된 필답 검사에 의해 단순한 숫자로 그 능력을 측정할 수 없으며, 다양한 지능이 조화되는 과정에서 뛰어난 능력을 발휘할 수 있다고 보는 것이다.

위에서 살펴본 바와 같이 가드너는 지금까지 강조해 왔던 언어적 지능과 논리 · 수학적 지능 외에도 신체 · 운동적 지능, 공간적 지능, 음악적 지능, 대인관계 지능, 개인이해 지능, 자연탐구 지능을 포함시키면서 인간의 지적 활동을 서로 독립된 8가지의 다양한 지능 영역으로 구분하고 각 지능의 동등성을 주장하고 있다. 결국 다중지능이론은 어떤 사람을 학습 집단으로부터 배제시키지 않고 모든 사람이 잠재력을 가지고 있다는 것을 인정하는 학습 이론이라고 할 수 있다.

4. 다중지능이론의 교육적 활용

다중지능이론은 원래 교육적 적용을 위해 개발된 것은 아니다. 다중지능이론을 제시한 본래 의도는 심리학적 구인(construct)의 하나인 지능이 하나의 짧은 답을 요구하는 측정 도구에 의해 추상적으로 측정된 단순 개념에서 벗어나, 보다 다양한 시각에서 재조명되어야 함을 일깨워 주기 위함이었다고 한다. 그럼에도 불구하고 교육자들에게 쉽게 받아들여질 수 있었던 이유 중의 하나는 다중지능이론이 바로 인간의 무한한 호기심을 풀어주는 이론이며, 최근의 뇌 연구의 결과들과 일치한다는 것이다.

다중지능이론에 기초한 학습 방법의 다양화는 다중지능을 계발하고 개인의 장점과 잠재력을 극대화시키는 교육을 하는 데 도움을 주며, 학습에 어려움을 겪고 있는 아동들을 효과적으로 지도할 수 있다. 즉, 뛰어난 지능 영역의 개념이나 상징을 사용하여 발달되지 못한 지능 영역을 보완하고 향상시킬 수 있는 것이다. 또한 다중지능이론은 다양한 문화 속에서 확인되었으며, 모든 개인들이 모든 지능 영역에 대한 잠재력을 보유하고 있음을 인정하고 있다. 이러한 차원에서 보면 지능은 생물학적 요소와 환경 요소 간의 지속적인 상호 작용에 의해 교육이 가능하므로 변화 및 성장이 가능하다.

최근에 다중지능이론은 교육의 현장에서 교육 효과를 높이기 위해 활용될 수 있다는 시사점을 발견하고 많은 교육학자들이 관심을 가지고 있다. 학습자들은 그들만의 잠재된 능력을 가지고 있으며, 교사는 그것을 발견하고 더 많은 기회를 통해 그것을 계발할 수 있는 수업을 하여야 한다. 교사의 수업 준비는 동일한 개념에 대해 다양한 방법을 통해 접근할 수 있도록 안내하여 주는 것이다. 즉, 교과의 성격과 학습자의 지능에 맞추어 한 교과의 수업 자료를 다른 지능의 정보 처리 체제로 변환하여 가르치는 방법을 마련하는 것이다. 가령 국어 시간에 국어를 어떻게 신체 동작, 그림, 음악적 방법을 이용해서 가르치는가 또는 학습자 간의 관계를 함양하는 방법으로 가르칠 수 있는가를 연구하는 것이다. 결국 다중지능이론은 모든 개인들이 하나 이상의 우수한 지능 영역을 가지고 있음을 인정하며, 이 지능을 이용하여 가르치면 성공적인 학습이 가능하다는 교육 철학을 가지고 있다.

그 동안의 많은 연구 결과를 통해 교육 실천가들에게 상당한 지지[3]를 받고 있는 다중지능이론은 교육의 목적이 아닌 전략적 차원에서 이해하는 것이 필요하며, 우리가 생각하는 교육에 대해 잠재력 있고 극적인 대안 방법을 제시하고 있다는 것을 알 수 있다. 교사가 개인의 강점과 단점을 파악하여 아동의 특성에 맞는 수업 방법을 고안한다면, 그것은 바로 개별화된 아동 중심의 수업을 실현하게 되는 것이며, 이러한 다중지능이론과 그 실천은 효과적인 독서교육을 위한 강력한 방법을 제공하게 될 것이다.

---

3) 다중지능이론이 교육 실천가들에게 상당한 지지를 받고 있는 이유는 다음과 같다. 첫째, 다중지 능이론은 기본적인 메시지가 분명하며 진실되다. 즉, 어린이들은 단지 하나 이상의 지적 잠재력 을 가지고 있으며, 그 잠재력은 확인되고, 형상화되며, 주변 문화에 의해 조합된다. 둘째, 다중지 능이론은 아동 중심적이다. 교육자들은 다중지능이론이 다양한 아이들의 능력에 대한 분명한 해 석을 가능하게 해 준다고 한다. 다른 지능이론과는 달리, 다중지능이론은 검사 대신에 아이들의 잠재력 개발이나 아동 자체에 초점을 맞추고 있기 때문이다. 셋째, 다중지능이론은 다문화적 감 수성에 호소한다(한국교육과정학회, 2002).

Ⅲ 다중지능이론에 기초한 독서교육

1. 다중지능이론에 기초한 독서교육의 원리

　다중지능이론은 수업의 효과를 높이고 학습에서의 실패를 감소시키는 수업 방법을 시사하고 있다. 다중지능이론은 다양한 지능별 학습 전략을 적용한 개별화된 교육을 지향한다. 또한 아동의 능력에 따라 교육의 내용이나 방법을 달리하면서, 아동의 수준에 적합한 의미 있는 학습 경험을 제공해 준다. 따라서 개별성과 다양성을 중시할 수밖에 없는데, 이는 아동의 창의적 사고력 신장과 관련이 있으며 독서교육은 이에 적합한 영역이라고 할 수 있다. "문학에는 정답이 없다"는 말처럼 문학의 특성상 작품에 대한 감상은 아동에 따라 달라질 수밖에 없고, 자유롭고 다양한 반응은 어떠한 것이든 나름대로 의미가 있기 때문이다. 아동은 문학 작품에 표현된 의미를 자신의 경험과 상상력에 따라 다양한 의미로 해석하고 재구성한다.

　제7차 교육과정에서 문학교육을 소통[4]으로 파악하고 있는 것은 문학의 주체가 작가에서 독자로, 교사에서 아동으로 바뀌고 있음을 의미한다. 따라서 다중지능이론에 기초한 독서교육은 다음과 같은 원리를 바탕으로 해야 할 것이다.

　첫째, 다중지능이론에서는 아동의 다양한 지능 특성을 활용하는 수업 전략을 수립하여 적용할 때 학습 목표에 성공적으로 도달할 수 있다고 한다. 따라서 독서교육의 목표에 도달하는 데 있어서 획일적인 방법이 아니라 아동의 지능 특성

---

4) 정보 이론이나 실생활의 대화와는 달리 문학적 소통은 단순히 정보를 전달하는 데서 끝나는 것이 아니다. 문학 텍스트의 독서과정이 텍스트가 지니고 있는 효과 구조에 관심을 두고 있으며, 정보의 인식에 머무는 것이 아니라 심미적 독서과정에 해당되기 때문이다. 따라서 학습자의 체험과 사전 지식의 차이로 말미암아 다양한 형태로 나타날 것이며, 이러한 점으로 인해 창조적인 구체화가 가능하고 독자의 상상력 공간이 확대된다고 할 수 있다(류덕제, 1995: 338).

을 고려한 학습 내용과 방법을 적용해야 할 것이다.

둘째, 다중지능이론은 언어적 지능과 논리·수학적 지능 외에도 현실 세계에서 가치 있게 여겨지는 다른 능력들과 밀접하게 관련된다. 각 문화권마다 인정되는 가치가 다르기 때문에 인간의 지능은 문화권에 따라 달리 정의될 수 있으며, 실제의 경험과 학습을 연계시키는 활동을 강조한다. 최근의 독서교육의 동향을 보면, 작품을 학습자의 외부에 존재하는 하나의 객관적인 실체로 보고 그 작품의 내적 구조 분석을 통해 그 속에 담겨져 있는 의미를 정확히 찾아내야 하는 종래의 독서교육의 관점을 벗어나고 있다. 문학 작품에 대한 수용은 학습자가 경험한 특수한 상황이나 사회·문화적 배경 지식, 또는 상호 작용을 통한 능동적인 반응에서 형성되므로, 독서교육도 문학 작품의 요소를 바탕으로 상황과 맥락을 중시하며 작품의 의미를 스스로 구성해 나가도록 이루어져야 한다.

셋째, 다중지능이론에 기초한 학습 방법의 다양화는 학습자 개인의 강점이나 잠재력을 극대화시키고 열등한 능력을 보완하여 학습에 어려움을 겪고 있는 아동들을 효과적으로 지도할 수 있게 한다. 따라서 독서교육에서도 다양한 지능 영역의 학습 경험을 할 수 있는 다양한 교육 매체와 방법을 제공하여야 한다. 아울러 교사와 아동, 아동과 아동 간의 상호 작용이 활발한 활동 중심의 독서교육 환경과 아동의 인지 과정을 반영한 문학 작품을 제공하여야 한다.

넷째, 다중지능이론은 각각의 독립된 지능을 인정하지만, 각 지능은 고립되지 않고 여러 가지 복잡한 방식으로 함께 상호 작용하면서 실생활에서의 문제 해결을 강조하므로 교육에 대한 통합적 접근을 권장한다. 언어 기능 역시 상호 보완적이며 서로 관련을 맺고 있기 때문에 실제적이고 의미 있는 활동 속에서 자연스럽게 이루어질 때 효과적이다. 따라서 독서교육은 말하기·듣기·읽기·쓰기의 언어 기능뿐만 아니라 다양한 지능 영역의 통합, 학습 활동의 통합 등이 유기적으로 관련을 맺으면서 지도되어야 한다.

2. 다중지능이론에 기초한 독서교육의 실제

『나무하고 친구하기』등 나무의 유용성을 들려주는 책을 통해 8가지 다중지능과 관련된 활동들을 학생들에게 적용해 볼 수 있다.

퍼트리셔 로버 글

[그림 3.2] 8가지 지능과 관련된 활동들

(1) 신체 · 운동적 지능과 관련된 활동

몸을 사용하여 각 계절별로 나무의 모습 묘사하기

움직임과 배경음악 : 나무의 사계절

* 어울리는 배경음악으로 분위기를 조성하기
* 아동들의 마음에 어떤 영상이 떠오르도록 장면 묘사하기
* 소품을 사용하게 하기
* 각 계절을 표현할 수 있도록 움직임을 제시하기

【 봄 】 날씨가 점점 따뜻해진다. 가지에서 싹이 움트기 시작한다 (어린이들은 즐겁게 춤을 추는 것처럼 팔을 옆으로 벌린다. 싹이 움트는 것처럼 천천히 손을 펼쳐라).

【 여름 】 나뭇가지 위에 새가 둥지를 틀고 있다 (짝을 지어서, 한 명은 천천히 행복하게 흔들리는 나무가 되고, 다른 한 명은 다른 아이의 머리에 둥지를 튼 새가 된다. 솜, 작은 가지, 헝겊 조각 등을 사용해라. 역할을 바꿔라).

【 가을 】 나뭇가지가 흔들릴 정도로 바람이 불기 시작한다. 잎이 떨어진다 (어린이들에게 종이로 만든 잎을 몇 장씩 주어라. 나뭇가지가 흔들릴 때 잎들이 떨어지게 하라).

【 겨울 】 바깥 날씨는 매우 춥다. 가지 위에 눈이 내리고 있다 (짝을 지어서, 한 명은 팔을 쭉 펴고 몸을 오들오들 떨고 있는 나무가 된다. 다른 한 명은 털실이나 천을 사용해서 쭉 뻗은 팔 위에 눈을 떨어뜨린다. 역할을 바꿔라).

(2) 공간적 지능과 관련된 활동

손을 대고 나뭇가지를 그린 후
나뭇잎들을 붙이기

(3) 음악적 지능과 관련된 활동

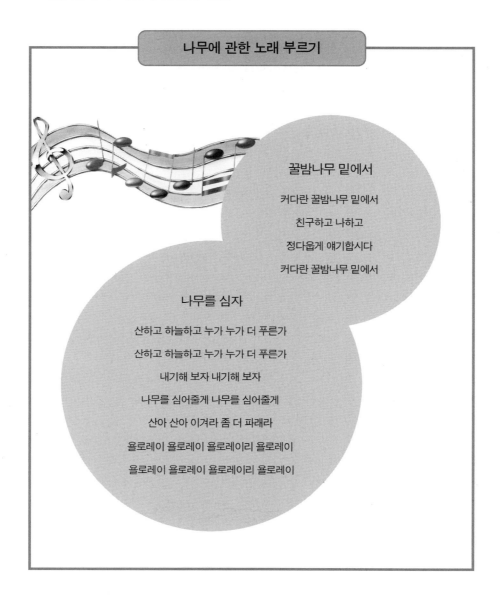

나무에 관한 노래 부르기

꿀밤나무 밑에서

커다란 꿀밤나무 밑에서

친구하고 나하고

정다웁게 얘기합시다

커다란 꿀밤나무 밑에서

나무를 심자

산하고 하늘하고 누가 누가 더 푸른가

산하고 하늘하고 누가 누가 더 푸른가

내기해 보자 내기해 보자

나무를 심어줄게 나무를 심어줄게

산아 산아 이겨라 좀 더 파래라

욜로레이 욜로레이 욜로레이리 욜로레이

욜로레이 욜로레이 욜로레이리 욜로레이

(4) 언어적 지능과 관련된 활동

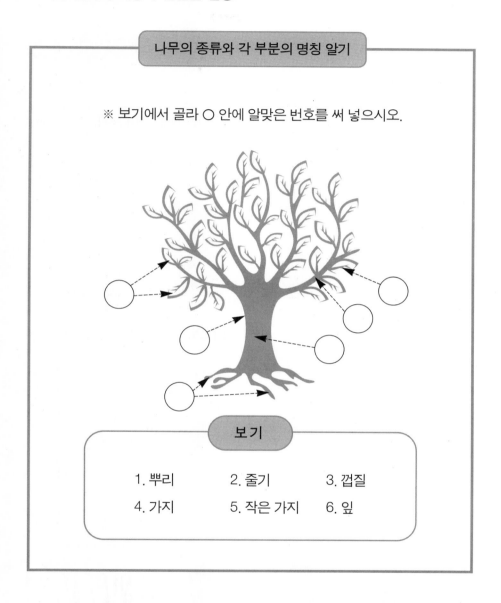

나무의 종류와 각 부분의 명칭 알기

※ 보기에서 골라 ○ 안에 알맞은 번호를 써 넣으시오.

보기

1. 뿌리   2. 줄기   3. 껍질

4. 가지   5. 작은 가지   6. 잎

(5) 논리 · 수학적 지능과 관련된 활동

나무로부터 얻을 수 있는 것들

※ 나무로 얻을 수 있는 것들을 생각나는 대로 적어 보자.

_____

_____

_____

_____

※ 위에 쓴 것 중 하나를 그림으로 그려 보자.

(6) 개인이해 지능과 관련된 활동

나뭇잎 카드 만들기

(7) 대인관계 지능과 관련된 활동

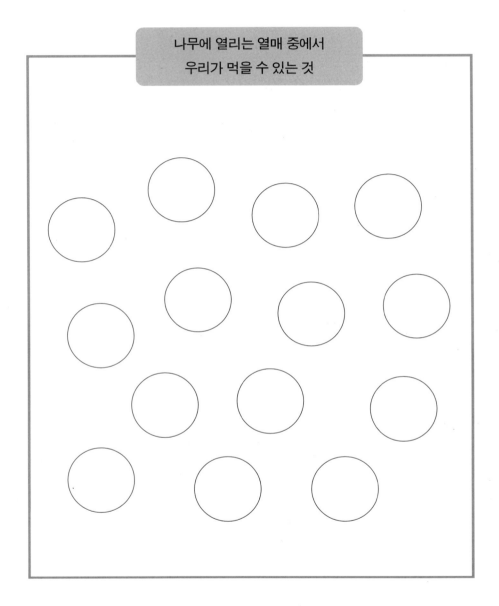

나무에 열리는 열매 중에서
우리가 먹을 수 있는 것

(8) 자연탐구 지능과 관련된 활동

자연보호를 위해 우리가 해야 할 일

종 이   플라스틱   금 속   유 리

앞에서 8가지 다중지능의 영역(신체·운동적, 음악적, 공간적, 언어적, 논리·수학적, 대인관계, 개인이해, 자연탐구 지능)들을 살펴보았는데, 이 지능들은 가드너가 제시한 8가지 선별 준거에 부합한다. 가드너는 두뇌과학, 발달심리학, 문화인류학, 진화론 등 8가지 기준을 제시하고, 인간의 다양한 능력 중에서 이 기준에 부합하는 능력을 지능의 범주에 포함시켰다. 가드너가 제시한 8가지 기준은 다음과 같다.

① 두뇌가 손상되었을 때 능력이 분리되는가?
② 특이한 능력을 보이는 인물이 존재하는가?
③ 주요 조작이나 일련의 조작들을 확인할 수 있는가?
④ 최종 상태에 이른 사람들이 독특한 발달사를 가지고 있는가?
⑤ 진화적 역사와 진화적 설명력이 확실한가?
⑥ 실험 심리 과제가 지지해 주는가?
⑦ 심리 측정 결과가 지지해 주는가?
⑧ 상징체계로 부호화할 수 있는가?

가드너는 처음에는 1983년 『Frames of Mind』에서 7가지 지능을 제시했지만, 그 뒤 1996년에 자연탐구 지능(naturalist intelligence), 실존적 지능(existential intelligence)을 추가하였다. 실존적 지능(existential intelligence)은 인간 존재의 목적과 의미, 생과 사의 문제, 희로애락, 인간의 본성, 가치 등 철학적이고 종교적인 사고를 할 수 있는 능력으로, 철학자와 신학자를 예로 들 수 있다. 그러나 실존적 지능은 뇌에 해당하는 부위가 없을 뿐 아니라 아동기에는 이 지능이 거의 나타나지 않기 때문에 가드너는 다른 8가지 지능과는 달리 반쪽 지능으로 간주한다.

따라서 다중지능의 영역은 최종적으로 세분화된 상태가 아니다. 가드너는 이 외에도 더 많은 지능이 있을 수 있다고 주장하고 있다. 지능이란, 한 문화나 사회에서 중요시하는 인간의 능력이므로 문화와 사회에 따라 도덕적 지능, 감성 지능, 성 지능, 요리 지능, 예술 지능, 유머 지능, 기계 지능 등도 설정할 수 있다고 본다.

〈표 3.1〉 다중지능과 다양한 관련 요소들[5]

	신체·운동적 지능	공간적 지능	음악적 지능	언어적 지능	논리·수학적 지능	대인관계 지능	개인이해 지능	자연탐구 지능
정의	몸으로 느낌을 표현하는 능력, 손을 사용하여 변형시키는 능력	사물을 그림으로 묘사하는 능력, 길을 찾는 능력	악기를 연주하는 능력, 음악을 이해할 수 있는 능력	글을 잘 쓰는 능력, 말이나 단어를 표현하는 능력	숫자를 효과적으로 사용하는 능력, 추론을 잘하는 능력	타인의 감정을 잘 아는 능력, 타인을 리드하는 능력	자신을 잘 아는 능력, 자신을 잘 표현하는 능력	자연현상을 탐구하는 능력, 환경에 적응하는 능력
신경 체계	소뇌 기저핵 운동피질	우뇌의 후두엽	우뇌의 후두엽	좌뇌의 측두엽, 전두엽 (Wernicke Broca)	좌뇌의 두정엽, 우뇌	전두엽 측두엽 (우뇌) 변연계	전두엽 두정엽 변연계	좌·우뇌의 감각피질
상징 체계	몸짓언어 수화 점자	이미지, 그림 표의문자 (중국어)	음악 악보 모르스 부호	표음문자 (영어)	컴퓨터 언어	사회적 단서 (몸짓과 얼굴표정)	자아에 대한 상징 (꿈과 예술 활동)	광범위한 언어적 분류학적 체계
최고 목표 상태	운동선수 무용가 조각가	미술가 건축가	작곡가 연주가	작가 연설가	과학자 수학자	카운슬러 정치지도자	심리치료사 종교지도자	과학자 사육사
발달 적요 소들	성분(강도, 유연성 등)과 영역(체조, 야구, 무언극)에 따라 다름	초기 아동기의 위상학적 사고는 9,10세경에 유클리드식 사고방식으로 대체	가장 조기에 발달, 흔히 신동들은 발달적 위기를 경험	초기 아동기에 폭발적 발달, 노년기까지 견고하게 유지	청소년기와 성인기 초기에 절정, 40세 이후에 수학적 통찰력 쇠퇴	생후 3년 동안 매우 중요한 애착/유대	생후 3년 동안 자신과 타인 간의 경계 형성	아동기에서 노년기까지 고루 발달, 아동기에도 특정한 주제에 대해서 발달하기도 함
진화적 기원들	원시시대에 도구를 사용한 증거	동굴벽화	석기시대에 악기를 사용했다는 증거	3만 년 전에 이미 문자기호 등장	원시시대의 수 체계와 달력이 발견됨	사냥과 군집에 필요한 공동생활	원시시대의 종교생활의 증거	원시시대의 생존 능력
다른 종에서의 존재 여부	영장류, 개미핥기, 기타 종들의 도구 이용	몇몇 종들의 영토 본능	새의 노래	원숭이의 이름을 부르는 능력	벌들은 춤을 통해 거리 계산	영장류와 다른 종들에게서 발견되는 어미의 애착	침팬지는 거울에 비친 자신을 알아보지만 원숭이들은 두려워함	동물은 자신의 안전을 위해 다른 식물이나 동물을 분별함

---

5) 유승희(2004 : 471~472).

1. 전통적인 관점에서의 지능은 획일화된 필답 검사 형태로 학업 적성과 관련된 인간의 능력을 측정하였다. 그러나 최근의 지능 개념은 지능지수 외에도 감성지수, 도덕지수, 창조지수, 활동지수, 영적지수, 건강지수 등 다양하며 현실 세계에서의 수행과 밀접하게 관련되는 특성을 지니고 있다.

2. 전통적인 교수·학습관에서 지식은 인식의 주체와 독립되어 외부에 존재하며, 지식 구성은 외부의 지식을 수용하여 체계적으로 구조화함으로써 이루어진다. 구성주의 교수·학습관에서 지식은 기존 경험으로부터 개인의 마음 속에서 역동적으로 구성되며, 지식 구성은 자신이 속한 사회의 구성원들에 의해 영향을 받는다.

3. 가드너의 다중지능이론은 "특정 문화권에서 중요한 문제 해결 능력, 혹은 문화적 산물을 창출해 내는 능력"으로, 신체·운동적 지능, 공간적 지능, 음악적 지능, 언어적 지능, 논리·수학적 지능, 대인관계 지능, 개인이해 지능, 자연탐구 지능으로 구성된다.

4. 다중지능이론에서의 8가지 지능은 서로 독립적이고 동등하며 복잡한 방식으로 상호작용한다. 또한 대부분의 사람들은 각각의 지능을 적절한 어떤 수준까지 발달시킬 수 있고, 인간의 지능은 문화적으로 상대적이다.

5. 다중지능이론은 어떤 사람을 학습 집단으로부터 배제시키지 않고 모든 사람이 잠재력을 가지고 있다는 것을 인정하는 이론이다. 즉, 모든 사람들이 하나 이상의 우수한 지능 영역을 가지고 있음을 인정하며, 이 지능을 이용하여 가르치면 성공적인 학습이 가능하다는 교육 철학을 가지고 있다. 교사가 개인의 강점과 단점을 파악하여 아동의 특성에 맞는 수업 방법을 고안한다면, 그것은 바로 개별화된 아동 중심의 수업을 실현하게 되는 것이며, 이러한 다중지능이론의 실천은 효과적인 독서교육을 위한 강력한 방법을 제공하게 될 것이다.

1. 다음 글을 읽고 다중지능이론과 관련하여 자신의 생각을 써 보자.

두 소년이 숲 속을 걷고 있었다. 그들은 아주 다르다.
첫 번째 소년은 교사와 부모가 아주 똑똑하다고 생각하고 자신도 그렇게 생각한다.
그러나 두 번째 소년을 똑똑하다고 생각하는 사람은 거의 없다.
두 소년이 숲 속을 걷고 있을 때, 무시무시한 굶주린 곰이 나타났다.
첫 번째 소년은 곰이 17.3초 안에 따라 올 것을 계산하면서 당황했다.
그리고 두 번째 소년이 침착하게 여행 신발을 벗고 운동화로 갈아 신는 것을 보았다.
첫 번째 소년은 두 번째 소년에게 말했다.
"너 정신 나갔구나. 우리가 곰과 달려서 이길 방법은 없어."
그러자 두 번째 소년이 대답했다.
"그래, 맞아. 그렇지만 나는 너와 달려서 이기기만 하면 돼!"[6]

(해설) 전통적인 지능관으로 보면, 첫 번째 소년은 학교 시험에서 좋은 성적을 얻을 수 있을 정도로 매우 똑똑하다. 그러나 형식적인 학교공부를 벗어난 상황에서는 학교에서 배운 지식이 아무 소용이 없게 되었다. 반면, 실제로 현실에서 문제 상황에 처했을 때 이를 해결해 나갈 수 있는 능력을 갖춘 소년은 두 번째 소년이다. 즉, 다중지능이론의 관점에서는 실제적인 문제 해결 능력을 지능으로 보는 만큼 이런 능력을 갖춘 두 번째 소년의 지능이 우수하다고 할 수 있다.

2. 『나무하고 친구하기』(퍼트리셔 로버)라는 그림책을 읽고 난 후, 이 책에서 제시한 활동 이외에 8가지 다중지능의 영역과 관련된 다른 활동들을 구안하여 적용해 보고 그 효과를 살펴보자.

(해설) 다중지능의 영역과 관련된 활동들은 각 지능 영역의 특성을 반영할 수만 있다면 얼마든지 다양하게 구성할 수 있다. 때로는 책에서 제시한 활동 이외에 독자의 특성이나 발달 단계에 맞는 방법이나 활동을 적용하는 것이 더 효과적일 수 있다. 예를 들면, 언어적 지능과 관련된 활동으로 나무의 각 부분의 명칭을 알아보는 활동을 했지만, 나무의 이름을 대는 놀이를 할 수도 있다. 또는 여기서 제시된 활동들은 저학년 독자에게 적합하게 구성되어 있지만, 고학년 독자에게는 다른 활동이 더 적합할 수 있을 것이다.

---

6) Sternberg, R. J. & Spear—Swerling, L.(1996).

■ 참고문헌

• 김유미(2002), 『두뇌를 알고 가르치자』, 학지사.
• 김종문 외(1998), 『구성주의 교육학』, 교육과학사.
• 류덕제(1995), 「학습자 중심 문학교육 연구」, 『문학과 언어』, 16.
• 서울초 · 중등다중지능교육연구회(2003), 「다중지능이론과 교육, 그리고 창의성」, 『교사
  연수 자료집』.
• 서울초 · 중등다중지능교육연구회(2004), 「다중지능을 이용한 수업 전략」, 『교사연수 자료
  집』.
• 유승희(2004), 『다중지능이론에 기초한 러닝 센터 연구』, 대구교대 논문집, 39.
• 한국교육과정학회(2002), 『교육과정 : 이론과 실제』, 교육과학사.
• 황정현(2001), 『동화교육 방법론』, 열린교육.
• 황정현 외(2004), 『국어교육과 교육연극의 방법과 실제』, 박이정.
• Armstrong, T., 전윤식 · 강영심 역(1999), 『복합지능과 교육』, 중앙적성출판사.
• Gardner, H., 김명희 · 이경희 역(2001), 『다중지능의 이론과 실제』, 양서원.
• Gardner, H., 문용린 역(2001), 『다중지능─인간지능의 새로운 이해』, 김영사.
• King, N., 황정현 역(1998), 『창조적인 언어사용 능력을 위한 교육연극 방법』, 평민사.
• Sternberg, R. J. & Spear─Swerling, L.(1996), *Teaching far thinking*, American
  Psychological Association.

제 **4** 장

독서와 논술

－읽기와 쓰기 통합 교육

■ **학습목표**

1. 읽기와 쓰기의 공통점을 알고 실생활과 학습 상황에서 이루어지는 읽기와 쓰기 통합 활동을 인식할 수 있다.
2. 읽기와 쓰기 능력을 공통적으로 신장시킬 수 있는 글 구조화 전략을 알고 독서지도에 적용할 수 있다.
3. 독서와 논술교육의 관련성을 알고, 논술력 신장을 위해 독서와 논술 활동을 연계하여 지도할 수 있다.

■ **주요용어**

의미 구성 과정－읽기와 쓰기 행위에서 필자와 독자가 능동적으로 의사소통하며 글을 통하여 의미를 만들어가는 과정

초인지－필자와 독자가 자신의 읽기와 쓰기 행위를 지속적으로 점검하고 평가하는 사고 작용

통합 언어 교육－말하기, 듣기, 읽기, 쓰기가 실제 언어 사용 상황 속에서 통합되어 교육될 때 가장 효과적이라는 언어 교육 철학

글 구조화－필자가 독자에게 메시지를 전달하기 위해 가장 효과적인 형태로 전체 글의 형태를 짜는 것

논술－주제나 문제 상황에 대한 자신의 견해나 주장을 논리적으로 표현하는 것

논증－이유를 들어 주어진 판단의 정당성이나 확실성을 증명하는 텍스트 기술

I 읽기와 쓰기의 관련성

보통 책을 잘 읽는 사람은 글도 잘 쓰고, 글을 잘 쓰는 사람은 책도 잘 읽을 확률이 높다고 생각한다. 실제로 생활에서나 학습 상황에서 읽기와 쓰기는 통합적으로 발생하는 예가 많다. 마찬가지로 독서와 논술교육도 따로 떼어 생각하기 어렵다. 여기서는 독서와 논술교육을 효과적으로 연계하기 위해 우선 읽기와 쓰기의 관련성을 살펴보고자 한다. 읽기와 쓰기가 구체적으로 어떤 공통점을 가지고 있으며, 읽기와 쓰기 통합 활동이 발생하는 유형은 어떻게 나눌 수 있는지를 살펴보겠다.

1. 읽기와 쓰기의 공통점

(1) 문자언어를 매개로 하는 활동으로, 음성언어와 구별되는 공통점을 지닌다

읽기와 쓰기는 기본적으로 문자언어를 매개로 하는 활동이면서, 비슷한 과정을 거쳐 의미를 재구성하는 복합적인 사고 과정이라는 면에서 관련성을 가지고 있다. 이들의 관련성을 구체화하기 위해서는 먼저 읽기와 쓰기가 공유하는 '문자언어'의 특성을 '음성언어'의 특성과 대비하여 살펴볼 필요가 있다.[1]

지금까지의 연구결과를 고려하면, 문자언어가 음성언어에 비하여 가지는 특성은 크게 세 가지 정도로 정리할 수 있다.

첫째, 문자언어의 습득은 의도된 학습을 필요로 한다. 음성언어는 특별히 학습

---

1) 한철우 외(2001: 148).

〈표 4.1〉 음성언어와 문자언어의 차이[2]

	음성언어	문자언어
특성	자연 행동	학습 행동
학습 시기	발달 초기	발달 후기
청중	현재 존재하는 대상(직접 대면하는 청중)	현재와 미래의 모든 대상(직접 대면하지 않는 청중도 고려함)
상황	준언어적 요소(어조, 성량, 속도 등)와 비언어적 요소(눈빛, 얼굴 표정, 몸짓 등)가 의미 전달에 영향을 미침.	문자언어 독자적으로 의미 전달 수행
시간·공간	일정 시간, 공간에서 이루어짐.	시간·공간에 구애받지 않고 지속적으로 이루어짐.

하지 않아도 어느새 유아들이 사용하고 있다. 음성언어가 일상생활 속에서 자연스럽게 익히는 자연 행동이며 유아의 발달 초기에 나타나는 반면, 문자언어는 특별히 의도된 학습을 요하고 음성언어에 비하여 발달이 늦다. 물론, 문자언어도 일상생활 속에서 습득되기도 하지만, 음성언어에 비해 정교한 학습을 요한다.

둘째, 문자언어는 탈맥락적이다. 음성언어는 현재 존재하는 대상, 즉 청중을 직접 대면한 상태에서 사용한다. 따라서 음성언어 행위를 하는 화자와 청자가 상황맥락을 공유하므로 의미 전달이 용이하다. 준언어적 요소(어조, 성량, 속도 등)와 비언어적 요소(눈빛, 얼굴 표정, 몸짓 등)들이 의미 전달에 영향을 미치며, 이것들을 보조 수단으로 사용할 수 있으므로 의미 전달이 보다 용이하다. 이에 비해 문자언어는 독자와 필자 간의 상호 작용이 직접 이루어질 수 없고, 시간적·공간적 맥락을 공유할 수 없으므로 탈맥락적이다. 음성언어처럼 의미를 전달하는 보조 수단을 사용할 수도 없으므로 문자언어만으로도 충분히 의미를 전달할 수 있도록 정교하게 사용할 필요가 있다.

셋째, 문자언어는 음성언어에 비해 보다 복잡하고 지적인 활동을 수행하여야 한다. 앞에서 밝혔듯이 문자언어는 음성언어에 비해 의미 전달을 보다 명확하게

---

2) 한철우 외(2001: 148)에 제시된 표에 필자가 약간의 보충 설명을 더함.

하여야 한다. 따라서 필자와 독자의 사전 지식, 태도, 목적, 기능 등의 요소를 미리 고려하여 최대한 오해의 소지가 없도록 의미를 명확히 표현하여야 한다. 즉, 음성언어에 비하여 고려할 것이 많으므로 고도의 사고력을 필요로 한다.

(2) 능동적으로 의미를 구성하는 사고 과정이다

언어활동을 설명하는 전통적 관점에서는 읽기와 쓰기 행위를 분리하여 인식하였다. 필자는 일방적으로 메시지를 전달하는 존재, 독자는 메시지를 수동적으로 수용하는 존재로 이해된 것이다. 따라서 중요한 것은 '글' 자체였고, 읽기나 쓰기 행위에서 중요한 것은 글에 담긴 메시지를 이해하거나 표현한 결과였다. 그러나 최근 언어활동을 설명하는 철학인 구성주의적 관점에서는 읽기와 쓰기 행위가 깊이 관련되어 있다고 인식한다. 읽기와 쓰기는 일방적으로 의미를 전달하고 수용하는 행위가 아니라 필자와 독자의 의사소통을 위한 행위라고 보는 것이다. 따라서 중요한 것은 글보다도 '독자'와 '필자'이고, 읽기나 쓰기 행위는 고정된 메시지를 전달하거나 수용하는 행위가 아니라 글을 읽거나 쓰면서 능동적으로 의미를 구성하는 과정이 된다.

[그림 4.1] 읽기와 쓰기에 대한 관점의 변화

이런 구성주의 관점으로의 변화는 읽기와 쓰기의 관련성을 더 밀접하게 하였다. 읽기와 쓰기 모두 능동적으로 의미를 구성하는 사고 과정으로 설명할 수 있기 때문이다. 즉, 전통적 관점에서는 읽기와 쓰기를 분리된 행위라고 생각하고 독자와 필자 역시 일방적이고 분리된 관계라고 본 반면, 구성주의적 관점에서는 읽기와 쓰기는 상호 작용적 행위라고 생각하고 독자와 필자 역시 상호 작용하는 관계로 본다. 읽기와 쓰기를 바라보는 전통적 관점과 구성주의적 관점의 차이를 다음과 같이 정리할 수 있다.

<표 4.2> 읽기/쓰기에 대한 전통적 관점과 구성주의적 관점

	전통적 관점	구성주의적 관점
읽기와 쓰기의 목적	일방적인 메시지의 수용 또는 전달	필자의 독자의 의사소통
강조점	글 자체 중요시	독자와 필자 중요시
글에 담긴 의미	한 가지 의미로만 해석됨.	다양한 의미로 해석 가능함.
읽기와 쓰기의 성격	글을 이해하거나 표현한 결과	능동적인 의미 구성 과정
독자와 필자의 관계	일방적이고 분리됨.	상호 작용적
읽기와 쓰기의 관계	분리된 행위	상호 관련된 행위

(3) 유사한 의미 구성 과정을 거친다

앞에서 읽기와 쓰기 모두 능동적으로 의미를 구성하는 사고 과정이라고 설명하였는데, 최근 읽기와 쓰기 교육에서는 언어 행위의 사고 과정을 구체적으로 밝히는 것이 관심 대상이다. 학습자에게 읽기와 쓰기 행위를 무조건적으로 강요하기보다, 사고 과정을 가르치고 그에 적합한 전략을 지도함으로써 읽기나 쓰기 능력을 향상시킬 수 있다고 보는 것이다. 읽기와 쓰기 과정을 밝힌 지금까지의 연구를 종합하면, 효과적으로 읽고 쓰기 위해서는 의미를 구성하기 위한 준비 과

<표 4.3> 읽기와 쓰기 과정의 공통성

	전통적 관점	구성주의적 관점
사전 활동 (의미를 구성하기 위한 준비 과정)	독서의 목적 설정하기	작문의 목적 설정하기
	자신의 배경지식과 관련짓기	아이디어 생성과 조직
	작가의 입장 살피기	독자의 입장 고려하기
도중 활동 (의미를 구성하는 과정)	독해	작문
	목적과 관련지어 자신의 읽기 행위를 지속적으로 점검·조정하기	목적과 관련지어 자신의 쓰기 행위를 지속적으로 점검·조정하기
사후 활동 (의미를 구성한 후 점검하는 과정)	읽기 결과 평가하기	쓰기 결과 평가하기
	글 전체 구조 파악하고, 전체와 부분 관련짓기	글 전체 구조 파악하고, 수정하기
	이해를 심화시키는 활동하기	편집, 출판하기
	자신의 읽기 행위를 지속적으로 점검·조정하기	자신의 쓰기 행위를 지속적으로 점검·조정하기

정, 의미를 구성하는 과정, 의미를 구성한 후 점검하는 과정이 필요하다. 이를 읽기 행위에서는 '읽기 전(prereading), 읽기 중(reading), 읽기 후(postreading)' 과정으로 설명하고, 쓰기 행위에서는 '계획하기, 표현하기, 수정하기로 설명한다.[3] 이 3개의 과정은 읽기와 쓰기에서 각각 유사한 인지작용을 함으로써 상호 관련을 맺고 있다. 각 과정에서 주로 이루어지는 인지작용을 비교해 보면 다음과 같다.

각 과정별로 설명해 보면 첫째, 사전 활동에서는 글을 읽는 목적, 또는 글을 쓰는 목적을 설정하여야 한다. 그리고 읽기 전에는 읽을 내용과 관련하여 자신의 배경지식을 떠올리거나 관련짓는 적극적인 사고 작용이 필요하며, 쓰기 전에는 어떤 내용을 쓸 것인지 자신의 배경지식을 활용하여 아이디어를 생성하고 조직하여야 한다. 독자의 입장에서는 작가가 어떤 사람이며 어떤 의도를 가지고 글을 썼는지 고려해야 하며, 작가의 입장에서는 독자의 배경지식이나 흥미, 관심사 등을 고려하여야 한다.

둘째, 도중 활동, 즉 직접 글을 읽거나 쓰는 중에 중요한 것은 읽기와 쓰기의 과정에 모두 '초인지'가 작용한다는 것이다. 전통적 관점에서는 읽기나 쓰기 행위가 선조적이고 일회적이라고 인식하였으나 구성주의적 관점에서는 의미 구성 과정을 점검하고 조정하는 사고 작용을 중요시한다. 이렇게 의미 구성 과정 전체를 점검하고 조정하는 능력을 '초인지'라고 한다. 독자와 필자는 읽거나 쓰는 도중에도 목적과 관련지어 자신의 읽기, 또는 쓰기 행위를 지속적으로 점검 · 조정하여야 한다. 이 초인지는 읽고 쓰고 난 후의 활동에서도 매우 중요한 역할을 한다.

셋째, 사후 활동에서는 읽거나 쓴 결과를 스스로 평가하여야 한다. 그리고 자신의 이해 과정이나 쓰기 과정 전체를 점검해 보기 위해 독자들은 글 전체 구조를 파악하고 전체와 부분을 관련지어 보고, 필자들은 자신이 쓴 글의 전체 구조를 파악하고, 균형있게 수정하여야 한다. 독자의 경우는 읽은 내용을 심화시키기 위한 활동으로 토의, 관련 있는 다른 글 읽기 등을 할 수 있고, 필자의 경우는 자기가 쓴 글을 발표하거나 편집 · 출판하는 활동을 할 수 있다.

---

3) Flower & Hayes(1980).

2. 읽기와 쓰기 통합 활동

읽기와 쓰기 행위가 상호 작용적인 만큼 일상생활에서 읽기와 쓰기 행위는 서로 통합되어 발생하는 예가 많이 있다. 다만 통합의 정도나 목적, 읽기와 쓰기 중 어느 것이 중심이냐에 따라 다양한 유형이 있을 수 있다. 통합의 목적을 중심으로 읽기와 쓰기 통합 활동을 네 가지로 유형화하였다.

〈표 4.4〉 읽기와 쓰기 통합 활동의 유형

목적에 의한 통합유형	유형별 활동
학습을 위한 통합	요약하기(마인드맵, 벤다이어그램, K-W-L 차트 등)
	추론하기
이해의 심화를 위한 글쓰기	일지 쓰기
	비평문 쓰기
의사소통을 위한 글쓰기	보고서 쓰기
	논설문 쓰기
창조적 글쓰기	일부 바꾸어 쓰기
	유사한 장르의 쓰기

(1) 학습을 위한 읽기와 쓰기의 통합

학습을 위한 읽기와 쓰기의 통합 유형은 읽은 것을 보다 정확하고 깊이 있게 이해하기 위하여 쓰기 활동을 보조적으로 활용하는 경우이다. 이런 활동은 독서를 통해 사고력을 향상시키고 새로운 지식을 기존의 지식에 활발히 통합시킬 수 있다. 대표적인 유형으로는 '요약하기'와 '추론하기'가 있다.

1) 요약하기
요약하기는 독서 후 중심내용을 정확하게 파악하기 위한 활동으로, 학습을 도와주는 독서에서 활용하기에 좋다. 책 전체 내용을 요약하는 것을 어려워하는 아동들을 위해서 중심내용을 가시적으로 구조화하는 마인드맵, 벤다이어그램,

K-W-L 차트 등의 전략을 활용할 수 있다. 활용 예시와 함께 각 전략의 활용 방법을 소개하겠다.

① 마인드맵

마인드맵은 글의 중심내용과 하위 내용들과의 관계를 한눈에 볼 수 있도록 원과 선으로 시각화하는 전략이다. 다음은 Graves & Juel & Graves(1998:398)에서 1학년 학생들이 「케이트와 동물원」이라는 이야기를 읽고 크게 5가지로 나누어 자신들이 이해한 것을 구조화한 것이다.[4]

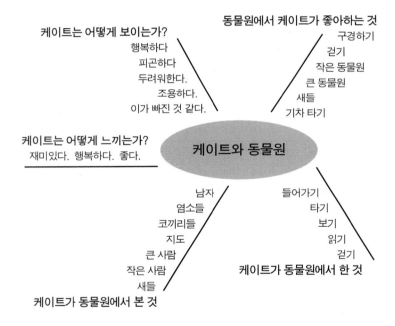

[그림 4.2] 1학년 학생이 '케이트와 동물원'을 읽고 만든 마인드맵

---

4) 안소령(2003: 63)에서 재인용.

② 벤다이어그램

벤다이어그램은 정보 전달이 목적인 글을 이해하는 데 유용하며, 글에서 비교나 대조가 되는 대상의 공통점과 차이점을 시각화하는 전략이다. 다음은 5학년 학생들이 『과학의 세계(Science in Our World)』라는 백과사전을 읽고 금성과 지구를 비교한 벤다이어그램이다.[5]

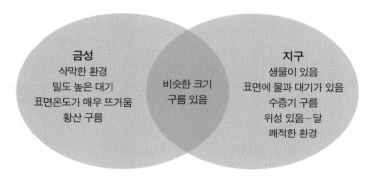

[그림 4.3] 5학년 학생이 백과사전을 읽고 금성과 지구를 비교한 벤다이어그램

③ K-W-L 차트

K-W-L 차트는 학습을 목적으로 독서할 때 유용하며, 글을 읽기 전에 자신의 사전 지식과 글을 읽은 후 새롭게 알게 된 것을 비교하여 인식하는 전략이다. 다음은 『바다 속의 마법 스쿨버스(The Magic School Bus on the Ocean Floor)』라는 책을 읽고, 4학년 학생이 작성한 K-W-L 차트이다.[6]

〈표 4.5〉 4학년 학생이 『바다 속의 마법 스쿨버스』를 읽고 작성한 K-W-L 차트

알고 있는 것 (What I know)	알고 싶은 것 (What I want to know)	알게 된 것 (What I learned)
▶바다는 깊다.	▶얼마나 깊을까?	▶알 수 없다.
▶바다에는 물고기가 산다.	▶물고기의 종류는?	▶소라게, 섬게, 해파리, 오징어 이것들은 뼈가 없는 무척추동물이기 때문에 어류가 아니다.

---

5) 안소령(2003: 64).

6) 안소령(2003: 65).

〈표 4.5〉 4학년 학생이 『바다 속의 마법 스쿨버스』를 읽고 작성한 K-W-L 차트

알고 있는 것 (What I know)	알고 싶은 것 (What I want to know)	알게 된 것 (What I learned)
▶바다는 짜다.	▶왜 짤까?	▶소금은 바위에서 만들어진다. 바위가 물에 녹을 때, 소금이 물에 들어간다.
▶바다에는 식물이 산다.	▶식물의 종류	▶해초, 플랑크톤
▶물고기는 물 속에서 숨을 쉰다.	▶물고기는 어떻게 숨을 쉴까?	▶물고기는 물 속에서 산소를 얻을 수 있는 아가미를 가지고 있다. 입을 통해 들어간 물은 아가미를 지나고, 양 옆 틈으로 나온다.
▶바다에는 파도가 친다.	▶파도는 무엇이 만들까?	▶바람

2) 추론하기

'추론하기'는 독서 후 글에 직접적으로 드러나지 않은 내용까지 이해하기 위한 활동으로, 효과적인 독서를 위한 핵심적 사고 기능 중의 하나이다. 독자가 글에 제시된 실마리를 바탕으로 필자가 직접 쓰지는 않았지만 글을 이해하기 위해 필요한 내용을 추측하는 것이다. 추론의 유형에는 뒷받침이 되는 세부 내용 추론, 중심생각 추론, 줄거리 추론, 비교 추론, ·인과 관계 추론, 인물의 성격 추론, 결과 예측, 비유적인 언어 해석 등이 있다. 다음은 추론하기 활동의 예이다.[7]

다음 문장을 읽고, 다음에 어떤 일이 일어날지 써봅시다.

① 그녀는 시계를 흘끗 본 후에 책가방을 집어 들어 재빨리 나갔다.

_____

② 어머니는 아침에 맛있는 빵을 구워주셨다. 우리가 학교에서 돌아왔을 때 어머니는 안 계셨다.

_____

③ 우리는 학교에서 돌아왔을 때 배가 무척 고팠다.

_____

---

7) 신헌재 외(1996: 115~121).

(2) 이해의 심화를 위한 글쓰기

읽은 것을 보다 깊이 있게 이해하고 자신만의 시각으로 해석하기 위해서도 독서와 관련된 쓰기 활동을 할 수 있다. 이런 경우는 학습을 위한 통합에 비해 쓰기 활동이 더 적극적이고 비중을 많이 차지한다고 볼 수 있다. 대표적인 유형으로는 '일지 쓰기'와 '비평문 쓰기'가 있다.

1) 일지 쓰기

일지는 독서나 학습의 경험을 기록함으로써 다양한 사고를 하도록 유도하는 데 유용한 도구이다. 독자는 일지 쓰기를 통해 광범위한 인지적 활동을 경험하게 되는데, 관찰하기, 질문하기, 사색하기, 자신에 대해 인식하기, 종합하기, 비판적으로 이해하기, 수정하기 등의 인지적 활동은 읽기와 쓰기 행위를 통합시키고 사고력을 길러준다. 일지에는 다양한 유형이 있을 수 있는데, 독서일지, 학습일지, 대화일지 등이 대표적이다.

2) 비평문 쓰기

비평문은 주어진 글의 틀 안에서 이해하는 것을 넘어서 독자가 비판적으로 인식하고 자기만의 시각으로 새롭게 해석하도록 하는 쓰기 활동이다. 비평문에는 두 가지 유형의 내용, 즉 비평해야 할 텍스트에 대한 간결한 해석이나 요약, 그리고 텍스트에 대한 평가적인 논평이 나타난다.[8] 이 중 텍스트 요약을 주로 하느냐, 논평을 주로 하느냐에 따라 다양한 양상을 띤다. 초등학생들이 쓰는 초보적 비평은 줄거리를 요약하고 간단한 논평을 덧붙이는 식이 많지만, 질적으로 높은 비평문을 쓰기 위해서는 텍스트 요약이나 인용과 그에 대한 논평이 교차하여 나타나는 것이 좋다.

---

8) Spivey(1997: 314).

(3) 의사소통을 위한 글쓰기

의사소통을 위한 글쓰기는 글을 쓰기 위해 독서를 병행하는 유형이다. 앞의 두 가지 유형은 읽기 행위가 주이고 쓰기 행위가 보조적이라면, 의사소통을 위한 글쓰기는 쓰기 행위가 주이고 읽기 행위가 보조적이다. 좋은 글쓰기는 좋은 독서로부터 나온다. 또한 정확하고 창의적인 글을 쓰기 위해서는 한 가지 자료만 읽고 쓸 수 없다. 다양한 자료를 읽고 요약하며 비판적으로 인식함으로써 새로운 글을 써야 한다. 그 과정에서 필자는 각 자료로부터 필요한 내용을 선택하고 재조직하며 관련 개념들을 연관시킴으로써 자신이 써야 할 글을 구조화시켜야 한다. 대표적인 유형으로는 '보고서 쓰기'와 '논술문 쓰기'가 있다.

1) 보고서 쓰기

정보 전달을 목적으로 하는 글쓰기이다. 주제에 대해 설명해야 할 상위 요소와 하위 요소들 간의 관계를 잘 설정하고, 그것이 잘 드러나도록 명료하게 구조화하여 쓰는 것이 좋다.

2) 논술문 쓰기

설득을 목적으로 하는 글쓰기이다. 주제에 대한 주장 또는 의견을 명확하게 설정하고, 독자를 설득할 수 있을 만한 타당성 있는 근거들을 제시하여야 한다.

(4) 창조적 글쓰기

창조적 글쓰기는 동화, 동시 등의 기존 문학 작품을 읽고 일부 또는 전체를 창조적으로 변형해 보는 글쓰기이다.

1) 일부 바꾸어 쓰기

문학 작품을 읽고, 작품의 구성 요소 중 일부를 바꾸어서 표현하는 기초적인 창작 활동이다. 예를 들어, 동화를 읽고는 인물의 성격, 배경, 주요 사건 등의 요소를 바꾼다면 이야기가 어떻게 바뀔지를 상상하여 써볼 수 있다. 또는 동시를 읽고는 전체 틀은 그대로 두면서 소재를 바꾸거나 의성어, 의태어, 비유적 표현 등 일부 표현을 바꾸어서 써볼 수 있다.

2) 유사한 장르 쓰기

전형적인 구조나 형식이 있는 문학 작품을 읽고 그 구조나 형식을 유지하면서 내용을 바꾸어서 표현하는 기초적인 창작 활동이다. 예를 들어, 유래담, 설화 등 유형화된 구조가 있는 이야기를 읽고 같은 유형을 지닌 다른 이야기를 직접 글로 써볼 수 있다. 시조, 일본의 하이쿠 등 정형화된 시를 읽고 같은 형식의 시를 써볼 수도 있다.

Ⅱ 읽기와 쓰기 통합 교육의 기반

읽기와 쓰기 통합 교육의 기반이 되는 이론을 알기 위해 통합 언어 교육의 철학이 무엇인지 알아보고, 읽기와 쓰기 능력을 동시에 신장시킬 수 있는 글 구조화 지도란 무엇인지 살펴보겠다.

1. 통합 언어(whole language) 교육

통합 언어 교육이란 1980년대 중반에 들어와 구미를 중심으로 두드러지게 일게 된 언어 교육 운동으로, 언어의 통합성, 학습자 중심 교육의 철학을 기반으로 하고 있다. 이 운동은 종래의 기능 중심의 획일화된 언어 교육에 반대하여 일어난 것이다. 통합 언어 교육에서는 언어의 실제적인 사용을 강조하면서 무엇보다 학습자의 입장에 서서 그들에게 진정으로 의미 있는 언어 학습이 되게 하는 데 초점을 둔다.[9] 그러려면 말하기, 듣기, 읽기, 쓰기라는 언어활동이 구분되기보다 통합적으로 지도되어야 효과적이라고 본다.

언어 교육에서 통합이 중요한 이유를 몇 가지로 살펴보면, 첫째, 언어의 각 영역, 즉 말하기, 듣기, 읽기, 쓰기 활동들이 근본적으로 분리되어 있지 않고 언어를 사용하는 실제적이고 자연스러운 상황 안에서 통합되어 사용된다는 것이다. 따라서 언어의 각 영역 지도는 다른 영역의 능력 발달을 강화한다. 읽기 학습은 쓰기 능력의 발달을 이끌어 내며 쓰기 학습은 읽기 능력의 발달을 이끌어 내므로 읽기와 쓰기를 통합하여 가르치는 것이 언어 능력 신장에 효과적이다.

둘째, 언어 학습은 학습자가 능동적으로 학습에 참여하여 흥미를 보이고, 자신의 경험이나 과거 학습과 연결[10]시킬 때, 깊이 있게 이루어진다. 학습자는 자신과 삶과 관련된 학습 상황이어야 능동적으로 참여하고 의미를 부여한다. 특히 언어는 우리 일상생활과 떼어낼 수 없는 것이므로 언어 교육도 실제적인 삶과 연결지어야만 할 것이다. 앞에서 밝혔듯이 실생활에서는 읽기와 쓰기 활동이 통합되어 나타나는 상황이 많다.

2. 글 구조 지도를 통한 읽기와 쓰기의 통합

읽기와 쓰기의 통합 교육은 다양한 관점에서 접근할 수 있지만, 여기서는 특히 글 구조화를 기반으로 접근한다. 글 구조 지도가 읽기와 쓰기의 통합 교육에서 왜 중요한지를 살펴보고, 실제로 글 구조화를 지도할 때 사용할 수 있는 전략들을 알아보기로 한다.

---

9) 신헌재 · 이재승(1994: 19).
10) 한철우 외(2001: 143).

(1) 설명적 글의 읽기와 쓰기 통합 지도

그 동안 읽기 지도는 주로 문학 작품 읽기, 쓰기 지도는 일기 · 편지 · 독서감상문 · 이야기 쓰기 지도가 반복적으로 이루어져 왔다. 상대적으로 정보 전달, 설득을 주 목적으로 하는 설명문, 논설문 등을 읽고 쓰는 방법에 대한 지도는 소홀히 다루어져 왔다. 일례로 스피비(Spivey)의 1997년 연구는 대학생들조차 설명적 글 내용을 종합하여 요약하는 일에 어려움을 느낀다는 사실을 보고하였다. 그는 대학생 실험집단에게 동일한 화제에 대해 세 종류의 자료를 제공하고, 자기 자신의 보고서를 쓰도록 하였다. 그들은 자료를 읽고 쓰는 과정에서 주로 필요한 내용을 선택하고, 관련된 내용들을 연결하고, 자신이 쓰려는 글에 맞게 조직함으로써 기존의 자료를 변형하였다. 이는 설명적 글을 읽고 쓰는 능력의 연결성을 보여 주고 있으며, 특히 글 구조 조직하기의 중요성을 보여 주고 있다. 미숙한 독자에 비하여 우수한 독자는 짜임새 있는 글을 만들었는데, 자신이 쓰려는 내용에 맞게 글을 구조화하고 상위 개념과 하위 개념 사이에 연결고리를 많이 만들었다. 앞으로 논리적 사고력, 정보 추론 능력, 논술력 신장을 위해 필요한 실용적이고 설명적인 읽기 및 쓰기 지도를 강화할 필요가 있다.

스피비 글

(2) 글 구조 지도를 통한 읽기와 쓰기의 통합

읽기와 쓰기는 의미를 조직하고 구성하는 행위라는 면에서 공통적이며, 이때 독자와 필자가 의미를 조직하고 구성하는 기제로서 기능하는 것이 '글 구조 지식'이다.

필자는 독자에게 메시지를 전달하기 위해 가장 효과적인 형태로 글을 구조화시킨다. 전형적인 글 구조에 대한 지식은 글에 담겨 있는 개념들 간의 논리적 연결을 구체화시켜서 글을 읽고 쓰는 데 유용하게 사용될 수 있다.

글의 구조를 이해하고, 자신이 글을 쓸 때 구조를 적용하는 경험은 전반적인 읽기와 쓰기 학습에 긍정적인 영향을 미친다.[11] 따라서 글 구조에 대한 지도는 독서지도뿐 아니라 작문 지도에서도 효과적으로 활용할 수 있다.

글 구조에 대한 연구는 주로 설명적 글의 전형적인 구조 유형이 주류를 이룬다. 구조 유형이란, 화자나 필자가 사고 단위를 글이나 말을 통해 정보를 조직하고 전개하는 방식 체계를 말한다.[12] 설명적 글의 구조 유형은 학자에 따라 분류 방법이나 특징이 다른데, 그 중 대표적인 것이 메이어의 분류이다.[13] 메이어의 설명적 글 구조 유형은 다음의 5가지로 나뉜다. 학자에 따라서 기술 구조는 수집 구조에 포함시키기도 한다.

① 수집 구조 : 관련된 개념이나 사건들을 나열식으로 보여 주는 구조. 다른 구조 유형에 비해 관련 정도가 약하다.
② 인과 구조 : 시간적으로 앞서 일어난 원인 개념과 뒤이어 일어난 결과 개념 사이의 인과적 관련성을 보여 주는 구조
③ 문제 해결 구조 : 어떤 화제에 대하여 문제를 제기하고 해결방안을 제시하는 방식의 구조
④ 비교 대조 구조 : 둘 이상의 화제를 여러 각도에서 비교, 대조하여 장단점을 판결하거나 공통점과 차이점을 나타내는 구조
⑤ 기술 구조 : 화제의 특성과 배경을 제시하거나 화제를 구체화하여 더 많은 정보를 알게 해 주는 구조

(3) 글 구조 지도의 전략

글 구조화를 지도하는 대표적인 전략은 두 가지가 있다. 한 가지는 글의 전체 구조를 가시화하기 위해 도형으로 표현하는 것으로, 읽기에서는 그래픽 조직자

---

11) 한철우 외(2001: 161).
12) 이경화(2003: 73).
13) Meyer(1975).

(graphic organizer), 쓰기에서는 마인드맵(mind mapping), 개요 짜기(outlining) 등이 있다. 다른 한 가지는 글에서 핵심내용을 강조하고 내용 구조를 정확히 알려주는 단서가 될 만한 단어를 사용하는 것으로, 이를 표지어라고 한다.

1) 읽기와 쓰기의 글 구조화 전략

글의 전체 구조를 도형이나 선을 이용하여 가시화하는 것은 읽기와 쓰기 모두에 유용한 전략이다. 길고 복잡한 내용의 글을 읽을 때는 독자가 지엽적인 이해에 신경을 쓰느라 글의 전체 구조를 파악하기가 쉽지 않다. 그래픽 조직자(graphic organizer)는 이때 자신이 읽은 글의 전체 구성 방식을 도형으로 그리고 핵심내용을 기재함으로써 정리하는 것이다. 글을 쓰기 전 상황도 마찬가지여서, 필자의 머리 속에는 써야 할 내용과 아이디어들이 어지럽게 들어 있는 상태이다. 이럴 때는 마인드맵(mind mapping)이나 개요 짜기(outlining) 전략을 활용하여 쓸 내용을 미리 정리하는 것이 도움이 된다. 마인드맵은 도형과 선을 이용하여 떠오르는 아이디어들을 비교적 자유롭게 기술하는 형태라면, 개요 짜기는 써야 할 글의 구조를 생각하며 내용의 순서와 체계를 정리하는 형태이다.

〈읽기〉　　　　　　　　　　　〈쓰기〉

그래픽 조직자(graphic organizer)　=　마인드맵(mind mapping)

개요 짜기(outlining)

[그림 4.4] 글 구조화 전략

글 구조화 전략은 글의 유형에 따라 다양한 형태를 취할 수 있다. 대중적으로 사용되는 구조화 전략의 형태를 몇 가지 들어보겠다. '일반적인 구조화'는 일상적인 생활문, 일기, 편지 등의 글에서 보이는 처음, 가운데, 끝의 구조를 가시화하는 데 적합하다. '비교·대조의 구조'는 주로 설명문에서 공통점과 차이점이 있는 두 개의 대상을 효과적으로 설명하는 데 적합하다. 예를 들어 배와 사과, 나비와 나방 등을 비교하여 설명할 수 있다. '분류 · 분석의 구조'는 대상을 어떤 기준에 의해 나누어야 할 경우에 쓰이는 구조이다. 분류는 여러 개의 대상을 공통적 성질을 가지는 것끼리 나누어서 묶는 방법이다. 예를 들면 교실에 있는 여러 물건들을 분류하기 위해 모양이라는 기준을 정하면, 사각형에 속하는 '공책, 책상, 필통, 칠판', 원형에 속하는 '선풍기, 시계, 공'으로 나눌 수 있다. 분석은 대상을 구성하고 있는 여러 가지 요소들을 기준을 정하여 쪼개어서 보여 주는 방법이다. 예를 들어 학교의 구성원을 '선생님'과 '학생'과 '직원'으로 나누고, 각각의 요소를 더 세분하여 보여 줄 수 있다. '문제 해결 구조'는 주로 논술문에서 문제를 제기하고, 문제의 원인과 결과 및 그 해결방안을 논하는 방식이다. 예를 들어, '소아 비만'이라는 문제를 제기하고, 문제의 원인으로 운동 부족, 변화된 식습관, 패스트푸드 선호 등을 찾아내어 각각의 원인에 대한 결과와 해결방안을 논하는 방식이다. '시간 순서 구조'는 주로 서사적인 글에 활용되는 구조이다. 아동이 이야기글을 쓸 때 가장 쉽게 취하는 방식이 시간 순서에 따라 일어난 사건을 쓰는 것이다. 다음은 각 유형의 구조에 적합한 그림 형태이다.

① 일반적인 구조화

처음
가운데
끝

② 비교 · 대조에 유용한 구조화

	대상1	대상2
차이점		
공통점		

③ 분류 · 분석에 유용한 구조화

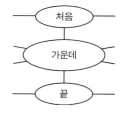

④ 문제 해결에 유용한 구조화

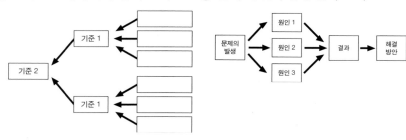

⑤ 시간 순서에 유용한 구조화

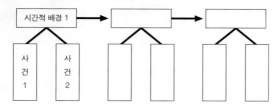

2) 글 구조화를 위한 표지어 활용 전략

글에서 핵심내용을 강조하고 내용 구조를 정확히 알려주기 위해 사용하는 단어로, 머리말, 요약문, 제목, 순서를 나타내는 지시어, 접속어 등이 있다. 이런 역할을 해 주는 단어들을 '표지어'라고 한다. 표지어란, 화제에 새로운 내용을 첨가하지 않으면서도 담화에서 특정한 부분을 강조하거나 명제들 사이의 관계를 명백히 알려주는 단어들을 말한다.[14]

필자는 전달하려는 정보를 각기 다른 형태로 조직하면서 명제와 명제 사이, 문장과 문장 사이, 단락과 단락 사이에 다양한 구조 표지어를 사용한다. 또한 독자는 정보 사이의 관계나 계층을 파악하기 위해 구조 표지어를 단서로 이해한다. 이러한 구조 표지어들은 독자로 하여금 글을 내적으로 재구성하도록 도와주는 기능을 한다.[15] 예를 들어 인과 관계 구조의 글에서는 '그러므로, 그 결과, 그래서, ~때문에' 등이 표지어가 되고, 비교·대조 구조의 글에서는 '대조적으로, 한편, 반면에' 등이 표지어가 된다. 글을 읽을 때 표지어를 보고 글 내용과 구조를 정확하게 파악하는 활동, 글을 쓸 때 표지어를 적절히 배치하고 표현하는 활동은 읽기와 쓰기 능력을 신장시키는 데 도움이 된다.

---

14) Meyer(1975).

15) 이경화(2003: 77).

Ⅲ 독서와 논술의 통합 지도

　독서와 논술의 통합 지도 방안을 알기 위해 독서와 논술의 관련성을 살펴보고, 사례를 들어서 독서와 논술교육의 구체적인 연계 방안도 모색해 보겠다.

1. 독서와 논술

　독서와 논술은 매우 깊은 관련성이 있다. 초등학생들이 논술을 어려워하는 이유는 정교한 사고력이 충분히 발달하지 않았을 뿐만 아니라 논리를 펼치기에 충분한 배경 지식이나 사고의 경험이 부족하기 때문이다. 논술은 궁극적으로 사고력을 신장시키기 위한 교육이므로 글쓰기뿐 아니라 독서, 토론 등의 다양한 활동과 연계하여야만 참된 논술이 가능하다. 논술교육에 독서가 어떻게 도움이 되는지를 논증과 관련지어 알아보기로 한다.

(1) 논술교육의 방향

　'논술'이란 어떤 것에 관하여 의견을 논리적으로 서술하는 행위, 또는 그런 서술을 가리킨다.[16] 논술에 대한 접근 방향은 크게 세 가지 방향으로 나누어 볼 수 있는데, 첫째, 논술에 대해 학생들이 배워야 할 글쓰기의 일환으로 접근하는 것, 둘째, 비판적·창의적 사고 교육의 일환으로 접근하는 것, 셋째, 평가방법 내지 도구의 일환으로 논술에 접근하고 있는 것이다.[17]
　그렇다면 논술교육을 보는 관점 역시 세 가지로 나눌 수 있을 것이다. 첫째는

---

16) 표준국어대사전(2006).
17) 김정자(2007: 86~88).

쓰기교육의 일환으로 보는 관점으로, 글을 많이 쓰다보면 논술력은 자연히 길러진다고 보는 전통적 관점이다. 둘째, 평가방법 내지 도구의 일환으로 보게 되면 논술교육을 입시 논술에 국한시키게 되므로 협소한 관점이라고 볼 수 있다. 셋째, 비판적·창의적 사고 교육의 일환으로 보는 관점은 궁극적으로 사고력을 신장시키기 위한 효과적 방법으로 보는 관점이다. 이 관점에서 본다면 논술 능력은 글쓰기뿐 아니라 독서, 토론 등의 다양한 활동과 연계하여야 효과적으로 신장된다.

논술과 독서활동이 깊은 관련성이 있음은 분명하다. 논술은 주제나 문제 상황에 대한 자신의 견해나 주장을 논리적으로 표현해야 하므로, 폭넓은 독서경험을 필수적으로 요한다. 이때의 독서는 다양한 유형의 자료들을 양적으로 풍부하게 읽어야 할 뿐 아니라 비판적 시각으로 깊이 있게 읽어야 한다.

(2) 논증과 독서의 필요성

논술력을 기르기 위한 글쓰기 교육은 '단순하게 주장과 근거의 관계에서 적절성을 따지는 데에만 그칠 것이 아니라 그러한 명제들 간의 관계를 더 다양하게 구성할 수 있는 능력을 아울러 길러주어야 한다.'[18] 설득을 목적으로 하는 글쓰기에서 명제들 간의 관계를 구성하는 것이 바로 '논증' 이다. 정의를 내려보자면 '논증' 이란 이유를 들어 주어진 판단의 정당성이나 확실성을 증명하는 것, 또는 자신의 주장을 상대방이 받아들이게 하는 텍스트 기술을 말한다.

논술에서 설득력 있는 글을 쓰기 위해서는 단순히 주장과 근거를 나열할 것이 아니라 다양한 방식의 논증으로 주장과 근거의 정당성을 확보하여야 한다. 그런데 논증의 방식 중에는 독서와 토론 경험을 통해서만 나올 수 있는 것들이 있다. 필자는 어떤 주제에 대하여 충분한 지식을 가지기 위해 관련 자료를 읽고 실생활 경험으로부터 필요한 것들을 선택해야 하며, 그런 자료들과 자신이 하려는 주장 사이의 연결고리를 만들기 위해 추론적 사고를 하여야 한다. 즉, 논증 기술을 기르기 위해서는 독서와 토론 활동이 필수적이라는 것이다.

---

18) 민병곤(2004: 71).

논증의 유형 중에서도 폭넓은 독서와 토론 경험에서 나온 것들이, 독자에게 근거를 제시할 때 설득력을 확보하기 쉽다. 다음은 논증의 유형 중에서도 독자에게 근거를 제시할 때 설득력을 확보하기 쉬운 것들이다. 필자의 배경지식이 풍부하고 추론능력이 뛰어날수록 논술문을 쓸 때 다음의 논증들을 적극적으로 활용할 수 있다.[19]

① 설명적 예시 : 일단 근거를 마련해 놓고 그 범주에 적절한 예시를 가상적으로 떠올려 조직하는 방식

> **예** 근거 = 만약, 학원에서 선행학습을 한다면 학교공부를 재미 없어 하는 아이들이 많아질 것이다.
> 주장 = 학원 교육은 부정적인 결과를 초래한다.
> 추론규칙 = 공부를 재미 없어 하는 것은 부정적인 결과이다.

② 귀납적 예시 : 개개의 사례들을 열거하고 사례들 간의 공통점을 기반으로 주장을 전개하는 방법

> **예** 근거 = 체벌은 육체적 고통을 수반한다, 선생님을 미워하는 마음이 생기게 한다, 공평하게 이루어지지 않는다.
> 추론규칙 = 육체적 고통, 증오심, 불공평은 부정적인 것이다.
> 주장 = 체벌은 부정적인 결과를 초래한다.

③ 유추 : 일반적으로 널리 알려진 대상과 논증하고자 하는 대상의 공유된 특성을 기반으로 한 논증 방법

---

19) 진영란(2005).

> **예** 근거 = B는 자유로울 권리가 보장되어 있다.
>
> 주장 = A는 자유로울 권리가 있다.
>
> 추론규칙 = A와 B는 유사한 특성을 갖고 있다.

④ 권위 : 해당 분야의 전문가나 권위자의 견해를 인용하여 주장을 전개하는 논증방식

> **예** 근거 = K는 'P'라고 말한다.
>
> 주장 = P이다.
>
> 추론규칙 = P가 속한 분야에 대해 K가 말한 것은 믿을 만하다.

2. 독서와 논술 통합 지도의 예

깊이 있고 비판적인 독서는 자연스럽게 논술력을 길러준다. 실제로 독서와 논술을 통합하여 지도하기 위해서는 논술에 적절한 제재를 선정하고 잘 읽는 것부터 시작하여야 한다. 여기서는 초등학교 읽기 교과서에 실린 제재를 선정하여 독서와 논술 통합 지도를 위해 단계를 설정하고, 각 단계에서 할 수 있는 활동의 예를 들어 보기로 한다.

(1) 독서와 논술 통합 지도의 단계

독서와 논술 통합 지도는 크게 '독서지도－쓸 내용의 준비－논술지도'의 세 단계로 나누어볼 수 있다. '독서지도 단계'에서는 논제거리를 풍부하게 찾을 수 있는 읽을거리를 제공하고, 읽은 내용에 대해 깊이 있게 이해하고 사고할 거리를 제공하여야 한다. 읽기 활동은 제재를 이해하는 수준에 따라 사실적 읽기, 추론

적 읽기, 비판적 읽기로 나눌 수 있다. '사실적 읽기'는 글에 제시된 내용을 충실하게 이해하는 수준의 읽기이다. 이 단계에서 교사는 내용을 정확하게 이해하는 데 도움이 되도록 요약하기 활동을 시킬 수도 있고, 글의 핵심내용에 대한 질문을 할 수도 있다. '추론적 읽기'는 글에 직접적으로 제시되지는 않았지만 글의 앞 뒤 내용 흐름으로 미루어 생략된 내용을 짐작한다거나 독자의 경험이나 배경지식과 관련하여 예상한다거나 하는 수준의 읽기이다. 이 단계에서 교사는 학생이 글 내용 중 추론하거나, 예측해야 할 만한 거리를 질문한다거나, 제재와 관련된 경험이나 배경지식을 되살리도록 유도하는 것이 좋다. '비판적 읽기'는 글 내용의 적절성이나 신뢰성, 창의성 등을 판단할 수 있는 수준의 읽기이다. 이 단계에서는 필자의 의도를 생각하면서 읽는다거나, 유사한 소재의 다른 글과 비교하면서 읽는다거나, 비평가의 입장에서 글을 평가하는 등의 활동을 할 수 있다.

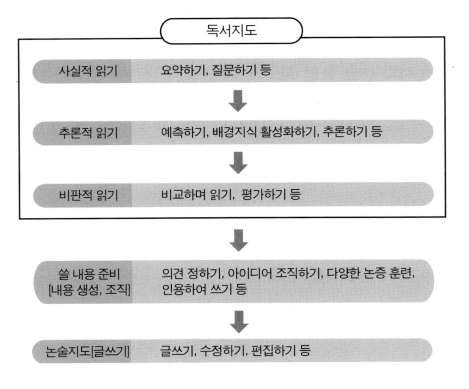

[그림 4.5] 독서와 논술의 통합 지도 단계

'쓸 내용의 준비 단계'는 그 소재에 대한 독서, 토론 활동을 바탕으로 자신이 써야 할 내용을 생성하고 조직하는 쓰기 전 과정이다. 이 단계에서는 논제에 대한 자신의 의견을 정하고, 쓰고 싶은 내용들을 어떤 순서로 쓸 것인지 아이디어를 조직할 필요가 있다. 교사는 본격적으로 글을 쓰기 전에 학생에게 다양한 논증을 활용하는 방법, 자료를 인용하여 글쓰는 방법 등을 지도하는 것이 좋다.

'논술 지도 단계'는 본격적으로 논술문을 쓰는 과정이다. 초고를 쓰고, 교사나 동료 학생들과 협의하여 수정하며 최종 완성글을 편집하는 활동들이 해당된다. 이 단계에서도 교사는 학생들에게 완전히 맡기지만 말고 앞에서 이루어진 독서와 토론 경험, 또 앞에서 배운 논술의 전략이 잘 활용되는지 점검하고 조언해 주는 것이 좋다. 지금까지 설명한 독서와 논술 통합 지도를 단계화하면 다음과 같다.

(2) 독서와 논술 통합 지도의 예

앞에서 제시한 독서와 논술 통합 지도 단계를 실제 제재에 적용하여 보았다. 제재와 논제는 6학년 읽기 교과서에서 빌려왔다. 다음은 학생들이 읽을 제재와, 그 제재를 활용하여 교사가 단계적으로 어떤 질문을 하거나 활동을 할 수 있는지 예시안을 제시한 것이다.

「나폴레옹은 침략자인가 영웅인가」
6학년 1학기 읽기 교과서 172~176쪽

나폴레옹의 성장과 업적에 대하여 간단하게 소개하고, 나폴레옹을 침략자라고 생각하는 근거를 제시하는 글. 진정한 영웅은 자기 야심을 실현하기 위해 다른 사람들을 희생시켜서는 안 된다는 주장을 폄.

나폴레옹은 침략자인가 영웅인가

나폴레옹은 널리 알려져 있는 인물이다. 굳이 나폴레옹에 관한 책을 읽지 않았더라도 "내 사전에 불가능이란 말은 없다"라는 그의 말은 누구나 한 번쯤 들어 보았을 것이다.

나폴레옹은 코르시카라는 조그만 섬나라에서 태어났다. 당시 코르시카는 프랑스의 지배를 받고 있었다. 나폴레옹은 프랑스로 유학을 떠나 열심히 노력한 끝에 프랑스의 포병 장교가 되었다.

나폴레옹이 스무 살이 되던 해에 프랑스에서는 대혁명이 일어났다. 이때 그는 혁명 진압군으로 참여하면서 명성을 얻게 되어 종신 집정관 자리에까지 올랐다. 그리고 2년 후, 다시 나폴레옹은 자신의 나라를 지배하였던 프랑스의 황제가 되었다.

그러나 나폴레옹은 프랑스의 황제 자리에 만족하지 않고 전 유럽의 지배자가 되려는 야심을 품었다. 나라가 강해야만 다른 나라의 침략을 받지 않는다는 이유를 들어 가며 나폴레옹은 유럽의 다른 여러 나라들을 계속 침범하였다.

초기에 나폴레옹은 이탈리아, 이집트, 네덜란드 등과 싸워서 승리하는 등 전 유럽에 그 명성을 크게 떨쳤다. 하지만, 러시아 점령을 위한 원정에 실패하면서 나폴레옹의 운세는 기울어지기 시작하였다. 결국, 나폴레옹은 강성해지는 프랑스를 견제하기 위하여 조직된 영국·러시아·프러시아·오스트리아 동맹군과 싸워 크게 패하였다. 그 결과, 나폴레옹은 파리에서 쫓겨나 지중해의 엘바 섬으로 귀양을 갔다.

엘바 섬으로 귀양 갔던 나폴레옹은 이듬해 그 곳을 탈출하여 파리로 돌아와 다시 황제에 즉위하였다. 그러나 여전히 야심을 버리지 못하고 다른 나라들과 싸움을 계속하다가 워털루 전투에서 크게 패하여 영국에 항복하였다. 그 뒤, 그는 대서양에 있는 세인트 헬레나 섬으로 귀양을 가 그 곳에서 최후를 마쳤다.

처음 나폴레옹 전기를 읽었을 때는 나폴레옹이 자기의 어려운 처리를 이겨 내고 꿈을 이룬 위대한 영웅이라고 생각하였다. 그러나 이번에 그의 전기를 다시 읽으면서 나는 나폴레옹이 과연 영웅인지에 대해 의문을 품게 되었다.

내가 그런 의문을 가지게 된 까닭은, 첫째, 나폴레옹이 세계를 지배하려는 자신의 야심을 실현하기 위해 많은 나라의 국민들에게 전쟁의 고통을 안겨 주었기 때문이다. 옛날에 자신의 조국 코르시카의 국민들이 프랑스의 지배를 받으면서 고통을 당했던 것처럼 나폴레옹의 지배를 받은 나라의 국민들도 많은 고통을 받았을 것이다. 나폴레옹은 식민지 국민들이 당하는 아픔을 이미 겪어서 알고 있으면서도 계속 다른 여러 나라들을 침략하였다. 만일, 나폴레옹이 옛날 코르시카 국민으로서 당했던 수모를 조금만 생각했다면, 다른 나라를 침략함으로써 사람들의 마음을 아프게 하지는 않았을 것이다.

둘째, 나폴레옹의 욕심이 지나치다고 생각하였기 때문이다. 나폴레옹은 프랑스의 식민지였던 코르시카 국민으로서 자기 나라를 지배하는 프랑스의 황제가 되었다. 하지만, 나폴레옹은 여기에 만족하지 못하였다. 결국, 그는 무리하게 전쟁을 일으키다가 전투에 패하였고, 쓸쓸하게 죽었다. 나폴레옹의 지나친 욕심이 결국에 불행한 최후를 부른 셈이다.

셋째, 나폴레옹은 국민의 소리를 듣지 않는 황제였기 때문이다. 한 나라를 다스리는 지도자에게는 국민이 행복하게 살도록 그들을 보살펴야 할 의무가 있다. 이를 위하여 무엇보다 국민의 의견을 경청하고 국민을 위한 정치를 해야 할 필요가 있다. 그러나 나폴레옹은 국민의.반대와 비난을 무릅쓰고 자기의 뜻만을 고집하며 전쟁을 계속하였다. 그가 국민의 소리를 들었더라면 프랑스는 침략국이라는 오명을 남기지 않았을 것이고, 자기도 그처럼 비참한 최후를 맞지 않았을지 모른다.

물론, 나폴레옹한테서도 배울 점은 있다. 열렬한 애국심, 뜻을 굽히지 않는 성격, 포기하지 않는 의지력 등은 우리가 본받을 만하다.

그러나 자기의 뜻을 펴기 위하여 남을 불행하게 하는 사람은 진정한 영웅이라고 할 수 없다. 굳은 의지력과 애국심은 높이 살 만하지만, 자기의 야심을 실현하기 위하여 다른 사람들을 희생시키고 그들을 고통스럽게 하는 사람은 진정한 영웅이라고 할 수 없다. 이 때문에 나는 그가 영웅이라기보다는 싸움을 좋아했던 침략자라고 생각한다.

● 단계별 적용 예시

| 사실적 읽기 | 요약하기, 질문하기 등 |

1. 글을 읽고 다음 물음에 대답하여 봅시다.

   (1) 나폴레옹의 성장 과정을 요약하여 봅시다.

   (2) 나폴레옹의 업적을 요약하여 봅시다.

   (3) 글쓴이가 나폴레옹이 침략자라고 생각하는 근거를 정리하여 봅시다.

| 추론적 읽기 | 예측하기, 배경지식 활성화하기, 추론하기 등 |

2. 글을 읽고 생각하여 봅시다.

   (1) 글쓴이는 왜 처음에는 나폴레옹이 영웅이라고 생각하였을까요?

   (2) 글쓴이는 왜 나중에는 나폴레옹이 침략자라고 생각이 바뀌었을까요?

   (3) 글쓴이가 나폴레옹이 침략자라고 하는 근거가 적절한지 생각하여 봅시다.

| 비판적 읽기 | 비교하며 읽기, 평가하기 등 |

3. 다른 글도 읽고 생각하여 봅시다.

   (1) 나폴레옹이 영웅이라는 관점에서 쓴 글을 찾아 읽어봅시다(전기문, 소설, 영화 등).

   (2) 나폴레옹에 대한 사실만을 객관적으로 쓴 글을 찾아 읽어봅시다(인물 사전, 역사서, 다큐멘터리 등).

   (3) '나폴레옹은 침략자인가 영웅인가'와 새로 찾아 읽은 글 중 사실을 더 많이 제시하는 글은 무엇인지 평가하여 봅시다.

   (4) '나폴레옹은 침략자인가 영웅인가'와 새로 찾아 읽은 글 중 의견과 근거가 더 설득력있는 글은 무엇인지 평가하여 봅시다.

   (5) 나폴레옹과 유사한 생애를 보낸 위인(알렉산더, 시저 등)을 찾아 보고, 그가 어떻게 평가받는지와 그 이유를 정리하여 봅시다. 그 위인과 나폴레옹의 유사점을 생각하여 봅시다.

쓸 내용 준비 [내용 생성, 조직]	의견 정하기, 아이디어 조직하기, 다양한 논증 훈련, 인용하여 쓰기 등

4. 나의 의견과 근거를 정하여 봅시다.

(1) 여러 가지 글을 읽고 난 후 나폴레옹에 대한 나의 생각을 정리하여 봅시다.

(2) 나폴레옹에 대한 나의 의견과 근거를 마인드맵으로 정리하여 봅시다.

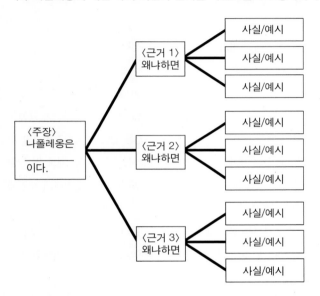

- 적절한 근거를 제시하기 위해 근거를 뒷받침하는 사실이나 예시를 제시합니다.
- 이때 사실이나 예시는 내가 읽은 글의 내용이나 내가 평상시 생각한 것 등이 될 수 있습니다.
- 독자를 설득하기 위하여 나폴레옹과 유사한 위인의 경우에 빗대어 근거를 제시할 수도 있습니다.
- 글의 설득력을 높이기 위하여 관련된 글에서 나온 내용을 적절하게 인용할 수 있습니다.

사실적 읽기	요약하기, 질문하기 등

5. 마인드맵으로 정리한 것을 생각하며 나폴레옹에 대한 나의 주장을 글로 써 봅시다.

※ 다음 글들은 '인터넷'이라는 공통적 소재를 다루지만, 글의 종류나 전하려는 내용은 매우 다릅니다. 글을 잘 읽고 참고로 하되, 자신만의 관점을 설정하여 '인터넷 시대의 빛과 그늘'이라는 주제로 논술문을 써 봅시다.

1) 다음 글을 읽고 '인터넷 시대의 빛과 그늘'에 대하여 생각해 봅시다.

우리는 좋든 싫든 이제 인터넷이 열어젖힌 가상 세계에 점점 들어가고 있다. 우리의 삶은 가상 세계와 현실 세계를 넘나들며 진행되는 중이다. 사이버 공간은 분명 일상의 물리적 공간과는 다르다. 하지만 이 공간을 단순히 가상적이라고 하는 것은 낡은 관점이다. 가상 세계는 현실 세계의 연속선 상에 있다. 때로 이 가상의 공간은 현실보다 더한 현실성을 갖는다. 컴퓨터 게임에 빠지고 인터넷 서핑에 미치는 것은 그 공간이 현실보다 더욱 현실적이라고 느끼기 때문이다.

이제 굳이 현실계와 가상계, 디지털과 아날로그, 온라인과 오프라인을 구분하는 것도 무의미해 보인다. 이들은 상호 침투하고, 보완하고 융합하며 인류의 역사를 새로운 지경으로 끌고 가는 중이다.

사이버 공간이 가져올 미래에 대해 특히 낙관적인 철학자는 프랑스의 피에르 레비(Pierre Lévy)가 아닌가 한다. 그는 『사이버 문화』, 『집단 지성』, 『누스페어』 같은 역저들을 쏟아 내며 근래 가장 주목받는 디지털 테크놀로지 철학자로 떠올랐다.

레비는 사이버 문화가 21세기 '문화의 은하계'가 되리라 전망한다. 그는 또 "디지털 기술이 인간의 상상력과 지적 역능을 결합시켜 인간의 해방과 발전에 기여할 것"이라고 확신한다. 인터넷은 단순한 가상 공간이 아니라 자유 · 평등 · 박애라는 프랑스 혁명의 이상과 가치를 실현하는 연장선 상에 있다는 것이 그의 주장이다.

그의 통찰이 아니라도 우리는 인터넷이 가져온 수많은 변화를 실감하고 있다. 삶의 양식이 바뀌고, 새로운 문화 운동이 일어나며, 다양한 민주적 공간이 구성되고 있다. 여론의 수집과 전파가 인터넷을 통해 급속도로 이루어지고 작은 집단도 인터넷을 통해 당당한 목소리를 낸다. 개인은 네트워크를 통해 지구촌을 안방처럼 누비며 자신을 표현하는 세계 시민이 되어 간다.

저널리즘 영역에도 큰 변화가 일고 있다. 이제 인터넷에 접속할 수 있는 모든 사람은 기자가 될 수 있다. 1인 언론으로 불리는 '블로그'는 국내에만 1,000만 개를 넘어선 것으로 추정된다. 누구나 온라인 상에 글을 올리고, 토론하며, 의제 설정에 참여하는 '만인 기자'의 시대가 열리면서 전통 저널리즘 영역은 빠르게 잠식되고 있다.

사회 내 권력 관계에 미치는 영향도 지대하다. 인터넷을 통한 여론 형성과 의제 창출, 사회 운동은 이제 '디지털 권력'이란 말까지 탄생시키고 있다. 2002년 월드컵, 대통령 선거, 촛불시위에서 최근의 17대 총선까지 우리가 목도해 온 일련의 '네티즌 파워'가 그것이다.[20]

인터넷 중독증 : 컴퓨터의 키보드를 만지고 있지 않으면 불안하며 사이버 상의 인간관계에만 열중하고 현실적인 대인관계를 제대로 맺지 못하는 정신적인 중독 상태

인터넷 중독증은 특히 젊은 세대들에게 많이 나타난다. 이들은 타인과의 교류나 교제를 피하고, 타인과 협조 능력을 상실하는 반면 컴퓨터와 관련된 일이라면 야간 근무나 휴일 근무도 마다하지 않는 경향을 보인다. 이러한 상태가 계속 진행되면 조울증이나 심신쇠약 상태에 빠질 수도 있다. 인터넷 중독증은 우울증, 양극성 기분장애(bipolar disorder), 분노, 자기 비하감 등의 정신적 문제를 일으키며 그 결과 실직, 이혼, 파산, 고립감 등을 초래할 수 있는 것으로 알려졌다. 뿐만 아니라 인터넷 중독자는 중독적 인격으로 변해 약물중독이나 알코올 중독 등에 쉽게 빠지기도 한다. 이와 반대로 컴퓨터 조작에 익숙하지 않은 세대는 컴퓨터에 대한 거부반응으로 인한 스트레스를 받기 쉽다.[21]

---

20) 정희모 · 이재성(2005: 139), 박동수 〈국민일보〉 편집위원의 글.
21) 엠파스 백과사전.

〈기자〉

한 달 전 일본의 극우단체가 만든 UCC 동영상입니다.

일본군 위안부를 매춘부로 표현하고 있습니다.

[조선인은 모두 매춘부다. 조선 매춘부들의 거짓말에 일본인들이 가만히 있을 것으로 생각한다면 큰 오산이다.]

다른 동영상은 위안부를 강제 동원했다는 증거가 전혀 없다고 주장합니다.

[위안부를 강제 연행했다는 사실을 증명할 자료가 전혀 없다.]

위안부 월수입이 일본 군인의 월급보다 수십 배 많았다는 어처구니없는 주장을 펴는 동영상도 있습니다.

개인 동영상을 모아 놓은 일본 사이트입니다.

위안부의 진실을 왜곡하는 동영상이 모두 300여 개에 달하는데, 대부분 최근 한두 달 사이에 만들어졌습니다.

[김은식/민족문제연구소 상임연구원 : 작년 말 위안부 문제에 대한 사죄 결의안이 미국, 유럽, 캐나다 각국 의회에서 통과되자 일본 우익들이 조직적으로 이에 대한 위기감을 느끼고 대항하고 있다고 봅니다.]

위안부 피해 할머니는 차마 말을 잇지 못합니다.

[길원옥 할머니/위안부 피해자 : 저희들은 우리가 그렇게 뼈아픈 일을 당할 때 태어나지도 않았었어. 그랬는데 뭘 알아서, 돈이 얼마?]

잘못을 뉘우치기는커녕 사실까지 왜곡하는 UCC가 국경 없는 인터넷 상에서 피해자들을 두 번 울리는 흉기가 되어 떠돌고 있습니다.[22]

2) 위 글의 주요 내용을 '인터넷 시대의 빛과 그늘'이라는 주제에 맞게 요약하여 봅시다.

☞ 요약을 위해 마인드맵, 벤다이어그램 등을 활용할 수 있습니다.

---

22) SBS 8시 뉴스(2008.2.29).

〈마인드맵의 예〉

〈벤다이어그램의 예〉

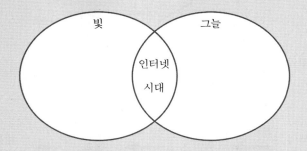

3) 주장하는 글을 쓰기 위해 계획을 세워봅시다.

· 이 글을 쓰는 목적은 무엇입니까?

_____

· 이 글을 읽을 독자는 누구입니까?

_____

· 내가 하고 싶은 말을 한 문장으로 써 봅시다.

_____

4) 나의 주장을 전개하기 위해 필요한 내용을 떠올려 봅시다. 부족하다고 생각되는 부분
은 여러 가지 방법을 사용하여 필요한 자료를 찾아 읽어봅시다.

5) 글을 쓰기 전에 쓸 내용을 미리 구조화해 봅시다.

☞ 구조화의 예 1 – 비교 · 대조 방식

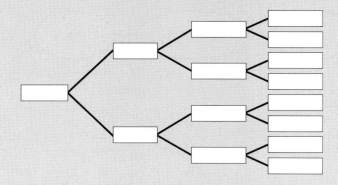

☞ 구조화의 예 2 – 문제 해결(원인 · 결과) 방식

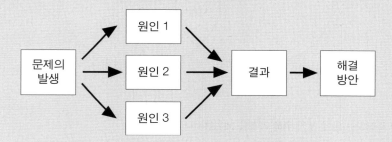

6) 초고를 써 봅시다.

7) 동료와 초고를 바꾸어 읽어보고, 동료의 의견을 참고하여 고쳐 써봅시다.

※ 독서와 논술의 연계를 위해 여러분이 학생들을 지도한다면, 여기서 제시한 활동이나 자료 이외에 어떤 것이 필요할지 생각하고 제작하여 봅시다.

1) 학생들에게 제시할 수 있는 논술문의 주제와 주제에 관련된 다양한 자료들을 모아봅시다.

2) 학생들이 읽기 활동과 쓰기 활동을 통합하는 것을 돕기 위한 활동지를 만들어 봅시다.

3) 학생들이 제시된 자료를 활용하여 글을 쓰는 것을 어려워한다면, 어떤 발문을 통해 도울 수 있을지 생각하여 봅시다.

☾ 요 약

1. 읽기와 쓰기의 공통점
    ① 문자언어를 매개로 하는 활동으로, 음성언어와 구별되는 공통점을 지닌다.
    ② 읽기와 쓰기는 모두 능동적으로 의미를 구성하는 사고 과정이다.
    ③ 유사한 의미 구성 과정을 거친다.

2. 읽기와 쓰기 행위의 통합 유형
    ① 학습을 위한 통합 활동 : 요약하기, 추론하기
    ② 이해의 심화를 위한 글쓰기 : 일지 쓰기, 비평문 쓰기
    ③ 의사소통을 위한 글쓰기 : 보고서 쓰기, 논술문 쓰기
    ④ 창조적 글쓰기 : 문학 작품의 일부 바꾸어 쓰기, 유사한 장르 쓰기

3. 통합 언어 교육 : 말하기, 듣기, 읽기, 쓰기가 근본적으로 분리되어 있지 않고 언어를 사용하는 실제적이고 자연스러운 상황 안에서 통합되어 사용된다고 보는 교육 관점

4. 글 구조 지도를 통한 읽기와 쓰기의 통합
    ① 읽기와 쓰기 통합 교육에서 글 구조 지식 : 독자와 필자가 의미를 조직하고 구성하는 기제
    ② 메이어(Meyer, 1975)의 설명적 글 구조 유형 : 수집 구조, 인과 구조, 문제 해결 구조, 비교 대조 구조, 기술 구조

③ 글 구조 지도의 전략

ㄱ) 글 구조화 전략

- 읽기 : 그래픽 조직자(graphic organizer)
- 쓰기 : 마인드맵(mind mapping), 개요 짜기(outlining)

ㄴ) 표지어 활용 전략

5. 논술교육 : 비판적, 창의적 사고 교육의 일환으로 글쓰기뿐 아니라 독서, 토론 등의 다양한 활동과 연계하여야 효과적이다.

6. 독서와 논술의 통합 지도 단계

① 요약하기 · 질문하기 등을 통한 사실적 읽기

② 예측하기 · 배경지식 활성화하기 · 추론하기 등을 통한 추론적 읽기

③ 비교하며 읽기 · 평가하기 등을 통한 비판적 읽기

④ 의견 정하기 · 아이디어 조직하기 · 다양한 논증 훈련 · 인용하여 쓰기 등을 통한 쓸 내용 생성 · 조직하기

⑤ 글쓰기, 수정하기, 편집하기 등을 통한 글쓰기

■ 연구과제 및 해설

---

1. 나의 실생활에서 읽기와 쓰기 활동이 통합되어 나타나는 사례를 찾아봅시다. 그리고 활동 목적에 비추어 보았을 때 통합 유형 중 어디에 해당되는지 생각하여 봅시다.

(해설) 읽기와 쓰기 행위는 실생활에서 서로 통합되어 발생하는 예가 많은데, 통합의 정도나 목적, 읽기와 쓰기 중 어느 것이 중심이냐에 따라 다양한 유형이 있을 수 있다. 통합의 목적을 어디에 두느냐에 따라 독서를 중심으로 쓰기를 보조적으로 활

용할 수도 있고, 새로운 글을 쓰기 위해 기존 자료나 문학 작품을 단지 재료로 활용할 수도 있다.

일상생활 속에서도 시험공부를 위해 책을 읽고 요약한다든지 감명 깊게 읽은 책을 비평하거나 감상문을 쓴다든지, 특정 주제에 대해 자료를 찾아 가며 보고서나 논술문을 작성하는 경우 등 읽기와 쓰기 행위가 통합되는 사례는 의외로 빈번하다. 통합의 목적을 중심으로 읽기와 쓰기 통합 활동의 유형을 나누어 보면 네 가지 정도로 범주화할 수 있는데, 학습을 위한 통합, 이해의 심화를 위한 글쓰기, 의사소통을 위한 글쓰기, 창조적 글쓰기가 있다. 학습을 위한 통합은 읽은 것을 보다 정확하게 이해하기 위하여 쓰기를 보조적으로 활용하는 것이고, 이해의 심화를 위한 글쓰기는 읽은 것을 보다 깊이 있게 이해하고 자신만의 시각으로 해석하기 위해 독서와 관련된 쓰기를 하는 것이다. 의사소통을 위한 글쓰기는 다양한 자료를 읽고, 요약하며, 비판적으로 인식함으로써 새로운 글을 쓰기 위한 것이며, 창조적 글쓰기는 문학 작품을 창조적으로 변형하여 문학적 글쓰기를 하기 위한 것이다.

2. 논술교육을 위해 독서가 중요한 이유를 생각하여 봅시다. 그리고 최근 학교나 학원 등의 교육 현장에서 논술교육이 제대로 이루어지고 있는지 비판하여 봅시다.

(해설) 논술은 비판적, 창의적 사고 교육의 일환으로서 궁극적으로 사고력을 신장시키기 위한 교육이다. 이런 관점에서 보면 글쓰기뿐 아니라 독서, 토론 등의 다양한 활동과 연계하여야만 참된 논술이 가능하다. 논술은 주제나 문제 상황에 대한 자신의 견해나 주장을 논리적으로 표현해야 하므로 단순히 지식을 나열하는 것은 의미가 없다. 폭넓은 독서 경험을 필수적으로 요하는데, 이때의 독서는 다양한 유형의 자료들을 양적으로 풍부하게 읽어야 할 뿐 아니라 비판적 시각으로 깊이 있게 읽어야 한다. 단시간 안에 문제집 풀이처럼 논술의 요령이나 기법을 익히는 교육 방식은 지양하여야 한다.

3. 평소 문제의식을 가졌던 주제를 하나 정하고, 관련 자료를 찾아 읽거나 주변 사람들과 이야기를 나누어 본 후, 다양한 논증 기법을 활용하여 논술문을 써 봅시다.

(해설) 논증은 이유를 들어 주어진 판단의 정당성이나 확실성을 증명하는 것으로, 자신의 주장을 상대방이 받아들이게 하는 텍스트 기술이다. 설득력 있는 글을 쓰기 위해서는 단순히 주장과 근거를 나열할 것이 아니라 다양한 방식의 논증으로 주장과 근거의 정당성을 확보하여야 한다. 논증의 방식 중에는 오랜 동안의 독서와 토론 경험을 통해서만 나올 수 있는 것으로, 설명적 예시, 귀납적 예시, 유추, 권

위의 방법 등이 있다. 특히 유추는 일반적으로 널리 알려진 대상과 논증하고자
하는 대상의 공유된 특성을 기반으로 하는 논증 방법으로, 풍부한 배경지식과 추
론능력 등 고도의 사고력을 요하는 논증 방식이다.

논술문을 쓰면서 상식적인 주장이나 근거만을 나열하지 말고, 독서나 토론 경험
에서 얻은 생생한 예시를 사용하거나 권위 있는 자료의 내용을 인용하여 설득력
을 높여보자.

■ 참고문헌

- 김정자(2007), 「초등학교 논술교육의 성격과 문제점」, 『27회 경인초등국어교육학회 동계 연구발표회 자료집』.
- 민병곤(2004), 「논증 교육의 내용 연구」, 서울대학교 박사학위논문.
- 신헌재 외(1996), 『열린 교육을 위한 국어과 교수 · 학습 방법』, 박이정.
- 신헌재 · 이재승 편저(1994), 『학습자 중심의 국어교육』, 서광학술자료사.
- 안소령(2003), 「읽기와 쓰기 간의 영역 통합적 평가 방안 연구」, 한국교원대 석사학위논문.
- 이경화(2003), 『읽기 교육의 원리와 방법』, 박이정.
- 정희모 · 이재성(2005), 『글쓰기의 전략』, 들녘.
- 진영란(2005), 「6학년 논증 텍스트에 나타난 논증 도식 양상 연구」, 한국교원대 석사학위논문.
- 한철우 · 박진용 · 김명순 · 박영민(2001), 『과정 중심 독서지도』, 교학사.
- Meyer, B. J. F.(1975), *The organization of prose and its effects on memory*, North Halland Publishin Co..
- Spivey, N. N., 신헌재 외 역(2004), 『구성주의와 읽기 쓰기』, 박이정.

제 **5** 장

갈래별 독서지도(1)

−아동문학의 이해

■ **학습목표**

아동문학의 역사와 본질을 이해하고, 그 하위 장르인 '동시'와 '동화'에 대해 학습하며, 나아가 아동문학 교육의 관점과 방법에 대해 탐색한다.

■ **주요용어**

아동, 근대, 국민국가, 아동문학, 동시, 동화, 서사 장르, 교육

I 아동문학의 형성과 전개

한국 근대문학사에서 '아동(兒童)'을 하나의 독립된 인격체의 단위로 보고, 그들을 대상으로 하는 문학작품이 창작되기 시작한 것은 대략 20세기 들어서이다. 독립된 주체로서 아동의 등장이 근대문학의 중요한 표지(標識) 가운데 하나라는 점은 그 동안 많은 연구자들이 적극 동의해 온 사실이다. 근대 국민국가가 제도 교육의 중요한 일원으로 아동을 받아들이면서, 다시 말해 아동이 근대적 제도에 의해 '발견(가라타니 고진의 『일본 근대문학의 기원』)'되면서 아동문학은 근대문학에서 매우 중요한 권역으로 등장하게 된 것이다.

한국 근대문학 초창기의 선구자 가운데 한 사람인 육당(六堂) 최남선(崔南善)이 "우리 대한으로 하여금 소년의 나라로 하라. 그리하랴면 능히 이 책임을 감당하도록 그를 교육하라(「권두언(卷頭言)」)"는 취지문을 내걸고 최초의 과도기적 매체였던 〈소년(少年)〉(1908)을 창간한 것도 이러한 아동의 중요성을 발견한 근대문학의 한 과정적 풍경을 보여 주는 획기적 사건이었다고 할 수 있다. 하지만 이것은 순전한 의미에서의 '아동문학'이 아니라 오랜 쇄국의 세월 속에서 문호를 개방하여 근대화 운동을 촉진하려 했던 시대에 국가의 장래를 (청)소년에 의탁하려 했던 민족운동 내지 독립운동의 한 방편이었다고 할 수 있을 것이다.

육당이 힘을 쏟았던 초창기 아동문학은 소파 방정환에 의해 획기적 발전이 이루어진다. 우리 근대사에서 아동(어린이)에 대한 본격적인 독립적 인식은 아마도 소파가 1923년 5월 1일 서울에서 처음으로 '어린이날' 기념식을 거행하면서 시작되었다고 해도 과언이 아닐 것이다. 그는 일본 유학 중에 이미 동화집 『사랑의 선물』(1922)을 펴낸 바 있고, 식민지 시대 아동문학 운동을 펼쳤던 본격적 아동지 〈어린이〉(1923~1934)를 창간함으로써 종래 비칭이나 천칭으로 불렸던 '애들'이라는 호칭을 '어린이'로 바꾸면서 아동 인권의 역사적 회복을 의미하는 운동을 어린이날 제정과 함께 보편화시키기에 이른 것이다. 이를 통해 아동문학의 대중적 보급이 본격화되기에 이른다.

이처럼 근대와 전통 혹은 외세와 자주가 가파르게 길항하던 근대 초기에 방정환은 아동문학을 통해 독립운동과 문학운동을 동시에 펴 나갔으며, 우리 말과 글의 소중함을 세상에 널리 제창하였다. 이러한 아동문학의 형성기에 주류로 등장한 것이 바로 '동시'와 '동화'이다. 애국 독립운동의 일환이기도 했던 동시(동요) 창작 운동은 방정환과 동시대를 살았던 윤극영을 비롯하여 많은 시인들과 박태준, 홍난파, 정순철 등의 작곡가들을 통해 풍부하고도 세련되게 펼쳐지게 된다. '창가(唱歌)'에 뒤이어 사람들의 입에 오르내린 근대 초기 동시(동요)는 그래서 모국어의 힘과 아름다움을 보여 준 가장 첨예한 문학사적 실례라고 할 수 있을 것이다. 마찬가지로 근대 동화 역시 민족운동의 일환으로 펼쳐지다가 점차 순수한 아동문학의 권역으로 미학적 확장을 하기에 이른다.

Ⅱ 동시의 형성과 전개

1. 동시의 기원

1922년 소파 방정환의 주도로 '어린이날'이 제정되고 이때부터 '아동문학'이라는 특수 장르가 개척되었다는 사실은 이제 문학사의 상식이 된 감이 없지 않다. 방정환의 「형제별」, 한정동의 「따오기」, 윤극영의 「반달」, 서덕출의 「봄편지」, 유지영의 「고드름」과 같은 '동시(童詩)' 혹은 '동요(童謠)'가 나오면서, 나라를 잃은 슬픔을 어린이로 하여금 노래를 통하여 느끼게 한 다음 은연중 민족의식이나 독립정신까지를 고취시켜 보자는 애상적 충정이 그때부터 나타나게 된 것이다. 이 시대에는 즐겁고 밝은 노래를 부르고 싶어도 부를 수 있는 노래가 없었는데, 그때 동시와 동요는 어린이들의 감정이나 심리를 나타낸 노래로 폭 넓은 대중성을 확보하게 된다.

이때 우리가 말하는 동시는 어린이들의 생각이나 느낌을 소재로 하여 창작된 자유시(自由詩)를 말하고, 동요는 그것을 음악과 결합시켜 가창(歌唱)하게 된 노래를 지칭한다. 다시 말해 동시와 동요는 밝고 맑은 어린이의 마음으로 누릴 수 있는 운문 문학을 이름하는 것이다. 여기서는 동시로 그 개념을 통합하여 문학적 속성을 알아보기로 하자. 왜냐하면 종래 동요라는 이름으로 불리던 창작동요 가운데 노래로서의 성격이 우세한 작품은 동요로, 가사의 성격이 우세한 작품은 동시로 남게 된 것이니까 말이다.

2. 동시의 특성과 교육적 가치

동시에 대하여 아동문학 학자인 이재철 교수는 그의 『세계아동문학사전』에서 다음과 같이 설명하고 있다.

어린이다운 심리와 정서로 어른과 어린이 모두가 공감할 수 있게 성인이 쓴 시이다. 그러므로 동시는 적어도 어린이들이 이해할 수 있는 언어와 소박하고 단순한 사상·감정을 담아야 한다. 동시가 성인 시와 다른 점은 바로 어린이답다는 조건에 있다.

동시가 어린이의 공감을 얻을 수 있어야 한다는 것은 무엇보다도 그 내용이나 형식에서의 특수성을 말하는 것이다. 물론 동시가 어떤 한 가지 방법에 의해서만 표현되는 것은 아닐 것이다. 오히려 시인들은 동시가 지녀야 할 기본적 속성을 유지하는 한에서 여러 형상화 방식을 선택하게 마련이다. 그런가 하면 동요는 형식상 음악성이 강한 어린이를 위한 정형시라는 정의를 통해서 보듯 그것은 어린이를 독자로 삼는 시의 한 갈래로서, 다만 운율과 형식에서 자유로운 형태를 취하는 자유 동시와 변별되는 명칭의 하나이다.

결국 동요는 어린이의 노래이며, 동시는 어린이의 시다. 어린이는 어린이를 위한 노래와 시를 부르고 느끼며 동심(童心)을 충분히 누려야 한다. 1910년대로부터 1920년대에 이른 시기에는 어린이들이 마음껏 즐길 만한 놀이도 없었고 흥얼거리고 부를 만한 동요도 없었다. 어린이를 하나의 인격체로 보지 않고 부모의 소유물로 보는 경향이 강했기 때문에 어린이 문화에 대해서 큰 관심을 가지지 않았던 것이다. 하지만 방정환의 주도로 어린이날이 제정되고 이때부터 아동문학이라는 장르가 개척되었다. 그래서 방정환의 「형제별」, 한정동의 「따오기」, 윤극영의 「반달」, 서덕출의 「봄편지」, 유지영의 「고드름」과 같은 동요가 나오게 된 것이다. 또한 이원수, 윤석중 등이 우리 어린이들이 눈물이나 한숨을 짓게 하지 않기위해서 밝고 희망에 찬 동요와 동시를 만들었던 것이다. 결국 동요와 동시는 밝고 맑은 어린이의 마음으로 누릴 수 있는 아름다운 문학이라 할 것이다.

우리가 잘 알 듯이 동시는 어린이다운 마음과 눈으로 어른과 어린이 모두가 공감할 수 있게 쓴 시를 말한다. 물론 이때 시를 쓴 사람이 꼭 어린이일 필요는 없다. 오히려 대부분의 동시는 어린이의 마음과 눈을 가진 어른이 쓴 것이다. 하지만 동시는 적어도 어린이들이 이해할 수 있는 말과 소박하고 단순한 생각이나 느낌을 담고 있어야 한다. 그래서 동시는 어린이의 시선과 마음으로 사물과 삶을 바라보아 그것을 운율이 있는 소박하고 단순한 언어로 형상화한 시라고 정의할수 있다.

종래 동요라는 이름으로 불리던 창작동요 가운데 노래로서의 성격이 우세한 작품은 동요로, 가사의 성격이 우세한 작품은 동시로 남게 된다. 또한 동시를 소재 중심으로 분류할 때는 서정·서경·서사의 세 가지 종류로 나눌 수 있고, 형식 중심으로 분류할 때는 자유로운 동시와 정형 동시로 나눌 수 있다. 우리가 읽는 많은 동시들이 바로 자유로운 운율을 활용한 동시이다. 정형 동시는 다른 말로 '동시조(童時調)'라고 부르기도 한다. 말하자면 '동시조'는 어린이의 시선으로 씌어진 시조를 뜻한다. 또한 '동화시(童話詩)'는 대체로 서사 동시의 영역에 내포되는데, 이는 동화의 내용을 운율을 갖추어서 쓴 갈래를 뜻한다. 이 모두가 어린이의 눈과 마음으로 쓰인 동시의 종류들이다.

하지만 동시가 꼭 어린이만을 위해 쓰인 문학이라고 할 수만은 없다. 동시의 독자는 어린이는 물론이고, 어린 시절을 지나 '어린이였던' 기억을 가지고 있는 모든 사람이라고 할 수 있기 때문이다. 여기서 중요한 것이 어린이였던 사람 곧 어린 시절에 대한 기억을 가진 사람들이다. 그들은 나이로 보면 청소년 혹은 어른일 것이다. 그들의 경험 속에 혹은 기억 속에 깃들여 있는 어린 시절의 모습은 때로는 아름답고 때로는 애틋한 것들이다. 지금은 그러한 기억들을 잊어버리고 살아가지만, 아직도 그들에게는 어린이의 눈으로 세상을 보고 그 안에서 희망을 가지려고 하는 생각이 많이 있다. 그 기억을 동시가 일깨워 주고 다시 경험하게 하며 심지어는 어린이의 눈을 회복하게 해 준다. 그래서 동시는 어린이의 문학이요, 어린이였던 사람들의 문학이기도 한 셈이다.

그렇기 때문에 동시는 성인들이 읽는 일반적인 '시'와 다르다. 그 우선적인 조건이 바로 '어린이답다'는 데 있다. 동시가 일차적으로 어린이의 공감을 얻을 수 있는 것이어야 한다는 것은 무엇보다도 그 내용이나 형식에서 어린이답다는 요건을 충족시켜야 함을 의미한다. 그렇다면 동시에 나타나는 어린이답다는 말의 뜻은 무엇일까? 그것을 우리는 크게 세 가지로 정리할 수 있을 것이다.

첫째, 어린이답다는 말은 곧 천진한 시선을 의미한다. 사물과 삶을 복합적으로 보면서 거기서 여러 가지 모순된 의미를 발견하는 것보다는 단순하고 소박하지만 사물과 삶의 참 이치가 되는 것을 명료하게 노래하는 것이 바로 어린이의 시선이다. 그렇기 때문에 동시의 주제는 복잡하지 않고 단순하며, 모호하지 않고 명료하다. 그것이 바로 어린이다운 시선이기 때문이다. 가령 피천득의 「아기의 그림」에서는 "집과 자동차를 작게 그리고/하늘을 넓고 넓고 푸르게 그립니다//아빠의 눈이 시원하라고/하늘을 넓고 넓고 푸르게 그립니다"라는 구절이 나오는데, 이때 집과 자동차는 작게 그리고 하늘은 넓고 푸르게 그릴 수 있는 시선이 바로 천진한 시선이다.

둘째, 어린이답다는 말은 세상에서 가장 긍정적인 시선을 뜻한다. 우리가 살아가는 동안 마주치게 되는 사람들이나 사물들에는 부정적이고 위험하며 때로는 폭력적인 것들도 많이 있다. 하지만 어린이의 시선은 그것들이 갖는 부정적인 속성들을 긍정적이고 화해로운 마음으로 바꾸어 놓는다. 동시의 주제들이 갈등보다는 화해, 분열보다는 친화에 가까운 것도 이러한 까닭에서이다. 예를 들면, 윤극영의 「설날」에서 "까치까치 설날은 어저께구요/우리우리 설날은 오늘이래요/곱고 고운 댕기도 내가 드리고/새로 사 온 구두도 내가 신어요" 같은 구절이 바로 어린이의 시선이 갖는 긍정적인 마음이다. 일제 시대의 고단한 삶 속에서도 명절을 맞아 희망에 찬 긍정을 보여 주고 있기 때문이다.

마지막으로, 어린이답다는 말은 세상에서 가장 근원적인 생각을 뜻한다. 표면적이고 현란한 외모보다는 깊은 마음 속에서 피어나는 꿈이랄까 희망이랄까 하는 가장 근원적인 것에 대한 관심을 어린이들의 눈은 갖게 되기 때문이다. 예컨대, 정지용의 「산 너머 저쪽」에서는 "산 너머 저쪽에는/누가 사나?//철나무 치는 소리만/서로 맞어 쩌 르 렁!"라는 구절이 나오는데, 동시에서는 이처럼 '산 너머' 같은 미지의 공간에 대한 근원적인 꿈과 관심이 많이 발견된다.

우리는 이러한 속성들을 가지고 있는 동시를 읽음으로써 천진한 어린이의 시선으로, 또는 세상에서 가장 긍정적인 눈으로, 그리고 근원적인 눈으로 사람과 사물을 바라보는 마음을 경험하게 된다. 따라서 우리는 잘 쓰인 동시 작품들을 통해 우리가 지금은 잃어버리고 사는 것들을 회복하게 되는 것이다.

다음으로 우리는 우리가 즐겨 읽는 동시 작품들은 크게 네 가지 정도의 주제로 구분할 수 있다. 먼저 동시는 자연이 들려주는 목소리를 많이 담는다. 거기서는 자연의 수많은 사물들이 서로 부르기도 하고 어울려 노래하는 풍경이 펼쳐진다. 자연 속에 담겨 있는 여러 모습들 곧 '꽃'이나 '나무' 같은 식물들, '사슴'이나 '개구리' 혹은 '종달새'나 '굴뚝새' 같은 동물들, '잠자리'나 '귀뚜라미' 같은 곤충들, 그리고 '해', '달', '바람', '호수', '샘물', '비' 같은 여러 자연 현상들이 그 안에는 아름답고도 생생하게 살아 있다. 대표적으로 권태응은 「감자꽃」이라는 작품에서 "자주 꽃 핀 건 자주 감자/파 보나 마나 자주 감자//하얀 꽃 핀 건 하얀 감자/파 보나 마나 하얀 감자"라고 노래함으로써 자연의 분명한 순리와 그것을 긍정적 시선으로 바라보는 어린이들의 마음을 같이 표현하고 있다. 아주 명료하고 단순한 언어 속에서 자연의 아름다움을 노래하고 있다.

그 다음으로 가족 사이의 사랑을 다룬 것이 많다. 거기서 우리는 가족에 대한 따뜻하고도 애틋한 기억들을 노래한 작품들을 만날 수 있다. 대표적으로 윤석중의 「먼길」은 "아기가 잠 드는 걸/보고 가려고/아빠는 머리맡에/앉아 계시고/아빠가 가시는 걸/보고 자려고/아기는 말똥말똥/잠을 안 자고"라고 노래하고 있다. 아빠와 아기의 시선의 교차 속에서 우리는 그 누구도 흉내낼 수 없는 가족 간의 사랑을 경험할 수 있다. 서로의 존재를 확인하려는 부자간의 사랑이 가족 해체 시대를 맞이하여 살아가고 있는 모든 이들에게 따뜻한 공감을 보낸다.

다음은 계절의 흐름에 대해 노래하는 경우가 많다. 여기서는 계절의 변화를 읽어내는 천진한 어린이의 눈을 만날 수 있다. 가령 서정주의 「푸르른 날」은 "눈이 부시게 푸르른 날은/그리운 사람을 그리워하자"면서 "저기 저기 저, 가을 꽃 자리/초록이 지쳐 단풍 드는" 풍경을 아름답게 노래하고 있다. 물론 서정주의 작품은 전형적인 동시라고 볼 수 없을 수도 있지만 긍정적이고 근원적인 관심을 가지고 있는 천진한 시선이라는 점에서 확장된 동시 개념으로 보아도 무방할 것이다.

마지막으로, 동시는 마음의 고향에 대한 그리움을 많이 보인다. 어린 시절에 대한 회상을 하고 있는 어른들의 마음과 고향을 그리는 어른들의 마음이 잘 전해진다. 가령 한정동의 「갈잎 피리」는 "어머니 가신 나라/멀고 먼 나라/거기까지 들린다면/좋을 텐데요"라면서 돌아가신 어머니에 대한 지극한 그리움을 노래하고 있다.

이러한 근대적 서정의 일환으로서의 동시의 위의(威儀)는 우리 근대 문학사에서 매우 편재적(遍在的)인 것이다. 가령 근대시의 거장이라 할 수 있는 정지용은 물론 김소월, 윤동주, 박목월 등이 초기에 동시 흐름의 서정시를 집중적으로 창작하였고, 이원수, 한정동, 윤석중 등의 동시를 전문적으로 쓴 시인들이 족출(簇出)하였기 때문이다. 이는 근대적 서정의 원리 가운데 가장 중요한 동일성의 원리가 동시 흐름의 언어적 실천을 통해 가능했기 때문이다. 그들의 가편(佳篇)들을 통해 우리는 잃어버린 어떤 인간의 원형을 상상적으로 회복하는 경험을 갖게 된다.

> 엄마야 누나야, 강변 살자.
> 뜰에는 반짝이는 금모래 빛
> 뒷문 밖에는 갈잎의 노래
> 엄마야 누나야, 강변 살자.
> ─김소월 「엄마야 누나야」

두말할 필요 없이 유명한 동시다. 가족에 대한 사랑이 물씬 풍기고 자연적 배경과 글귀들이 따스하게 다가오는 것 같다. 순수하고 때묻지 않은 소년의 목소리가 마음으로 와 닿는다. 엄마와 누나와 나, 세 식구가 한 가족이다. 아빠가 안 계시니 식구가 단출하고 외롭기도 하다. 그래도 복잡한 도시보다는 조용한 시골인 강변에서 살고 싶다. 뜰에는 금모래가 반짝반짝 빛을 보내온다. 모두가 친구가 되어 주려는 듯 눈짓을 보내온다. 뒷문 밖에는 바람을 타고 갈잎의 소리가 들려온다. 마음을 위로해 주려는 듯 정겨운 노랫소리로 들려온다. 자연을 사랑하고 아끼는 마음이 시 안에서 묻어 나오는 듯하다.

> 물새는
> 물새라서 바닷가 바위 틈에
> 알을 낳는다.
> 보얗게 하얀
> 물새알.
>
> 산새는
> 산새라서 잎수풀 둥지 안에
> 알을 낳는다.
> 알락달락 알록진
> 산새알.
>
> 물새알은
> 간간하고 짭조름한
> 미역 냄새,
> 바람 냄새.
>
> 산새알은
> 달콤하고 향긋한
> 풀꽃 냄새,

이슬 냄새.

물새알은
물새알이라서
날갯죽지 하얀
물새가 된다.

산새알은
산새알이라서
머리꼭지에 빨간 댕기를 드린
산새가 된다.
　　　　　　ー박영종 「물새알 산새알」

　　이 시편은 물새알과 산새알을 통해, 자기에게 주어진 운명에 따라 피어나는 생명의 신비를 노래했다. 시각, 후각을 통해 감각적으로 표현한 것이 아름답다. 특별히 음률적 배려를 통해 율독성을 강화하고 감각적인 선명함으로 기억의 밀도를 높였다. 이처럼 우리는 서정의 원형으로서의 근대 동시들을 통해 우리 삶에서 가장 긍정적이고 근원적이며 보편적인 소재와 주제, 그리고 정서와 가치관을 배우고 경험하게 된다. 그렇게 한국 근대 동시는 '서정'의 원형을 구성해 간 것이다.

　　이처럼 우리는 동시 작품들을 통해 우리 삶에서 가장 긍정적이고 근원적이며 보편적인 소재와 주제 그리고 정서와 가치관을 배우고 경험하게 된다. 그렇다면 마지막으로 동시 속에 나타난 이야기를 접하면서 우리가 얻게 되는 교육적 가치에 대해 생각해 보자.

　　첫째, 우리는 잘 쓰인 동시를 읽음으로써 우리가 지향해야 할 아름답고 참된 인간성이 무엇인지를 알게 된다.

　　둘째, 동시를 읽음으로써 우리는 어린이의 순수하고도 발랄한 상상력을 통해 전혀 새로운 세계를 경험하게 된다.

　　셋째, 동시를 읽음으로써 우리는 힘들고 어려운 삶을 사랑으로 극복해 가는 정신의 아름다움을 배우게 된다. 이를 통해 진정한 인간의 가치를 알아가는 것이다.

넷째, 동시를 읽음으로써 우리는 가족 간의 사랑과 믿음에 대해 배우게 된다. 부모님의 숭고한 사랑으로부터 형제간의 따뜻한 사랑에 이르기까지 경험을 하게 될 것이다.

다섯째, 시의 독자로 나아가는 단계를 배움으로써 보다 더 온전한 시각을 갖게 하는 역할을 한다.

그렇기 때문에 소년기, 청소년기를 지나는 동안 충실한 동시 독자가 됨으로써 우리는 예비적인 문학 독자의 길은 물론이요, 문화적 교양을 쌓아가는 가장 중요한 길을 선택하게 되는 것이다. 우리는 이러한 속성들을 가지고 있는 동시를 읽음으로써 천진한 어린이의 시선으로, 또는 세상에서 가장 긍정적인 눈으로, 그리고 근원적인 눈으로 사람과 사물을 바라보는 마음을 경험하게 된다. 따라서 우리는 잘 쓰인 동시 작품들을 통해, 우리가 지금은 잃어버리고 사는 것들을 회복하게 되는 것이다. 그 점에서 동시는 동일성을 회복하고자 하는 서정 양식의 가장 오래된 원형이라 할 수 있을 것이다.

Ⅲ 동화의 형성과 전개

1. 동화의 기원

근대 초기 소파 방정환의 의욕적 활동을 시작으로 하여 한국 아동문학은 개화하였다. 근대 사회를 바탕으로 한 이러한 아동문학의 역사는 우화, 전래동화, 창작동화 같은 서사 작품들로 분화되면서 발전하게 된다. 이 같은 동화문학의 분화가 근대 사회 전체에 걸쳐 활발하게 일어나는데, 처음에는 민족운동의 일환으로 전개되다가 나중에는 순수한 미학적 동화 창작으로 이어지게 된다. 하지만 이처럼 축적된 성과를 구별하고 질서화하는 작업은 매우 지지부진했다. 최근에 와서야 동화문학은 아동문학의 가장 중요한 권역으로 새롭게 조명되고 있는데, 이는 '이야기'에 대한 인간의 남다른 관심과 아동 특유의 호기심이 결합하여 낳은 반응적 속성이라 할 것이다.

요컨대 『소년』과 『어린이』의 역할이 발생하고 이어진 1900년대부터 1930년대까지는 어린이와 아동문학에 대한 인식이 처음으로 이루어진 태동기이다. 따라서 한국 아동문학은 이제 100여 년의 역사를 갖게 되었다고 할 수 있다. 이 100여 년이라는 문학사의 흐름 속에서 해방 전 동화에 대한 연구조차 활발히 이루어지지 않았다. 이제 우리는 100여 년의 역사를 가진 한국 동화문학을 아동 교육의 관점에서 활성화해야 할 것이다.

2. 동화의 특성과 교육적 가치

'동화(童話)'는 원래 어린이를 위하여 지어진 '이야기 문학'의 한 갈래를 뜻한다. 자연스럽게 그 안에는 어린이들만이 가질 수 있는 순수하고도 천진한 시선이 담겨 있다. 또한 동화 안에는 비록 힘겨운 삶이지만 그것을 꿋꿋하게 이겨 나가는 사람들의 밝고 순수한 모습이 많이 등장한다. 그것 역시 어린이의 눈이기 때문에 가능한 긍정적 태도라 할 수 있다. 물론 가끔 동물들이 주인공으로 나올 때도 있지만, 이 또한 사람들을 비유한 것이므로, 동화는 결국 사람들이 살아가는 여러 이야기를 어린이의 천진한 시선으로 해석하고 기록한 문학이라고 정의할 수 있다.

동화는 흔히 '성인문학'이라고 일컬어지는 '소설(小說)'과 매우 밀도 높은 상관 관계를 가진다. 이들은 우선 '이야기'를 기록하는 문학이라는 공통점을 띠고 있다. 이때 이야기란, 인물이 사건을 구성해 가는 과정을 의미한다. 동화에도 소설에도 주인공이나 부수적인 인물들이 벌이는 갖가지 사건들이 구성되어 나타난다. 그 점에서 이 두 가지 문학을 '서사(敍事)문학'이라고 일컫기도 한다. 그 안에는 사람들이 겪는 여러 사건이 담겨 있고, 작가는 그 사건을 통해 우리의 삶 속에서 가장 중요한 것이 무엇인가를 들려준다.

하지만 동화와 소설에는 차이점도 적지 않다. 먼저 동화가 비교적 천진하고 긍정적인 어린이의 시선에 의해 사물과 삶을 해석하고 있다면, 소설은 냉정하고 객관적인 어른의 시선으로 사물과 삶을 바라보고 해석함으로써 인간의 부정적 속성까지 포함하는 다양한 주제가 나타난다. 이 점에서 동화는 긍정적이고 따뜻한 인간 이해를 담은 문학이라고 할 것이다. 또한 동화가 사물과 삶을 바라보는 인간의 발달단계를 중시하여 창작된 데 비해 소설은 완성되어 있는 최종적인 시선을 전제하고 쓰인다는 점에서 차이점을 가진다. 말하자면, 동화는 아직 성장 과정 중에 있는 어린이 혹은 청소년을 주요 대상으로 하기 때문에 사물과 삶을 발견해 가는 이야기를 주로 담는 데 비해 소설은 성숙한 사람의 자기 이야기나 타인들의 이야기를 적어 놓을 때가 많다. 마지막으로, 동화가 비교적 쉽고 명료한 문체와 짧은 길이로 이루어진 데 비해 소설은 개성적 문체와 구성 그리고 비교적 긴 길이로 이루어진다는 차이점이 있다. 그래서 우리는 소설의 독자로 나아가기 전에 이처럼 동화의 독자라는 경험을 치르게 되며, 이러한 경험이 독서의 발달단계로 볼 때 매우 자연스럽고 바람직한 과정이라 할 것이다.

동화의 종류로는 오랜 옛날부터 전해져 내려오는 '전래동화'와 전문적인 작가에 의해 새로 쓰인 '창작동화'가 있다. 우리 옛 조상들의 숨결이 담겨 있는 전래동화는 오랜 시간 동안 전해져 내려오면서 그 내용이 일정하게 변형되고 첨가되기는 했지만 여전히 현재의 우리가 살아가는 데 필요한 지혜와 성장의 밑거름을 제공해 준다. 또한 창작동화는 한 사람의 작가가 자신의 경험과 상상력을 통해 새로이 구성한 작품을 뜻한다.

또한 동화는 이야기가 현실 속에서 일어날 수 있는 것들을 담았느냐를 기준으로 하여 '사실동화'와 '환상동화'로 나뉘기도 한다. 이야기가 현실 속에서 일어날 법한 것을 다룬 사실동화는 소설과 매우 유사한 구성을 갖게 되고, 작가의 상상 속에서 허구적으로 일어날 일들을 담은 환상동화는 동화만이 보여 줄 수 있는 개성적인 양식이라고 할 것이다. 또한 동화는 탐정·모험·명랑·과학·역사·순정·서정·가정 등의 여러 주제 양상으로도 분류되기도 하며, 길이와 수법에 따라 장편 · 단편 · 장편(掌篇)으로 나뉘기도 한다.

그렇다면 동화가 가져야 할 조건에는 어떤 것이 있을까? 그것을 내용과 형식 면으로 나누어 보자. 먼저 내용 면에서 본다면, 첫째, 동화는 꿈과 낭만을 주제로 하는 이상(理想)이 담겨 있어야 한다. 아직 성숙하지 못한 어린이에게 꿈과 동경의 세계를 보여 주는 것은 현실과 있는 그대로의 세계를 보여 주는 것보다 더 중요한 것이기 때문이다. 둘째, 동화는 냉혹하고 비관적인 이야기보다는 사랑의 힘과 아름다움을 보여 주는 윤리적, 교육적 가치를 담아야 한다. 그것은 어린이 심신의 발달단계를 고려한 것이기도 하지만, 동화를 통한 교육적 가치야말로 매우 중요한 독서의 동기이기 때문이다. 형식 면에서 동화는 무엇보다도 단순하고 명쾌하여야 한다. 그것은 어린이의 사고와 상상이 아직 성숙하지 못한 단계이므로 그들의 생활에 맞는 표현이나 언어가 단순하고 명쾌할 수밖에 없기 때문이다.

그렇다면 훌륭한 동화는 어떤 요소를 갖고 있어야 할까? 먼저 동화는 무엇보다 문학작품으로 성공해야 하고 훌륭한 예술성에 의해 뒷받침되어야 한다. 이것을 독자의 측면에서 말한다면 동화는 무엇보다 재미가 있어야 하고 삶의 감동을 불러일으키는 것이어야 한다는 말이 될 것이다. 따라서 동화의 특성은 어린이의 생활 체험 내용을 담고 있거나 정신 발달의 단계에 따라서 쉽고 재미있으며, 교육적 가치를 함께 가진 것이어야 한다. 그 점에서 난해한 동화, 비교육적인 동화는 성립하기 어렵다.

동화는 소재 · 주제 · 인물 등에서 어린이의 독자적인 가치관이 반영되었을 때 성립한다. 이 같은 동화에 의하여 어린이는 자신의 내면 세계를 비추어주는 거울을 가지게 되며, 현실 사회와 인간의 진실을 발견하게 된다. 또한 성인 독자는 동화를 통해 어린이의 내면 세계를 알게 되고, 자신이 잃어버리고 사는 중요한 가치에 대해 생각하게 된다. 여기서 우리가 강조해야 할 것은, 동화의 기능이 예술성을 상실하지 않는 테두리 속에서 교육적 가치, 곧 어린이의 단계적 발달에 공헌해야 된다는 것이다. 훌륭한 동화는 언제나 이 같은 예술성과 교육성의 조화에서 그 온전한 기능을 발휘할 수 있는 것이다.

그렇다면 우리는 동화를 어떻게 읽어야 할까? 어떤 마음가짐과 태도로 읽어야 동화를 제대로 읽는 것이 될까? 먼저 주제별로 나뉜 구성에 따라 동화가 삶의 여러 국면들을 형상화하고 있음을 배우는 것이 중요하다. 동화는 어린이의 시선으로 포착할 수 있는 환상적인 요소나 사람에 관한 이야기, 가족들에 관한 이야기와 힘겨운 현실을 극복해 가는 아름다운 이야기를 담고 있다. 어린이의 순수하고도 발랄한 상상력을 통해 전혀 새로운 세계를 발견해 가는 환상적인 이야기로부터 힘들고 어려운 삶을 사랑의 힘으로 극복해 가는 이야기까지 우리가 동화를 통해 경험할 수 있는 세계는 참으로 많이 있다.

또한 우리가 동화를 읽을 때 유의해야 할 것은 그것이 특정한 시대의 산물이라는 점이다. 일제 시대를 살아갔던 사람들이 가졌던 생각과 경험, 그리고 해방 후의 대한민국에서 살아갔던 사람들이 가졌던 생각과 경험은 다를 수 있다. 그렇기 때문에 독자들은 어떤 작품이 어떠한 시대를 배경으로 하고 있는지를 섬세하게 알아보고 작품을 읽는 것이 좋다. 그렇다면 작품의 실제에 관한 이야기를 해 보자.

먼저 '환상(幻想)'의 즐거움을 다룬 작품들이 있다. 그것들은 어린이의 순수한 상상력을 통해 새로운 세계를 경험하는 환상적 이야기를 보여 준다. 채만식의 「왕치와 소새와 개미와」에서 나오는 '소새'나 '개미'와 달리 빈둥거리고 게으른 '왕치'가 벌이는 해프닝은 매우 해학적이다. 왕치를 골려주기 위해 번갈아 잔치를 벌이기로 계획한 소새와 개미, 이 둘의 잔치는 성공적으로 차려졌지만, 혼자 먹을 것을 구해본 일이 없는 왕치는 그저 난감할 뿐이다. 결국 잉어에게 잡아먹히고도 오히려 자기가 잉어를 잡았다고 뻔뻔하게 능청을 떨다 머리가 훌러덩 벗겨진 왕치의 이야기가 재미를 더한다. 이주홍의 「가자미와 복장이」 역시 '가자미'와 '복어'를 의인화하여 인간의 덧없는 탐욕을 풍자하고 있는 작품이다. 서로에 대한 불신 때문에 상대가 손해를 끼치러 올까봐 볼일도 보러 나가지 못하는 풍경이 매우 재미있게 그려져 있다. 이처럼 웃음 속에 날카로운 비판 정신이 숨어 있는 것이 바로 '풍자'이다. 여기서 「가자미와 복장이」의 마지막 부분을 잠깐 보자.

밖에는 비가 억수로 쏟아졌다. 눈을 뜰 수가 없었다. 그렇지만 몸이 틈바귀에 꼭 끼여 있으니, 어쩔 도리가 없었다. 귀로 물이 들어갔다. 코로 물이 들어갔다. 아무리 고개를 옆으로 돌려 봐도 입으로 들어오는 물을 막아 낼 재간이 없었다. 물이 들어가면 갈수록 배는 터져 나갈 듯이 부풀어올랐다. 금방 툭 터질 것만 같이 괴로웠다.

가자미가 기름틀에 치여서 괴로워하고 있는 것도, 꼭 이 복장이가 괴로워하고 있는 때와 같은 한 시각이다.

그들이 제각기 혀를 빼어 물고 있는 새, 산더미 같은 큰 물살이 마을을 집어삼켰다. 소나기에 홍수가 진 것이었다. 집이 물 속에 들었으므로, 마을 사람들은 자다가 물을 피해 높은 산마루로 기어올라갔다.

그러나 가자미는 기름틀에 치여서, 복장이는 틈바귀에 끼여서 그대로 집과 함께 큰물에 휩싸여 떠내려갔다.

헤엄을 쳐도 소용이 없었다.

가자미는 종잇장같이 얇아서, 복장이는 고무 풍선같이 배가 불룩해서 물에 떠내려가기에 좋기만 했다.

물살에 둥둥 떠내려가면서, 가자미는 복장이가 입으로 콩물을 토해 내는 것을 보았다.

복장이는 가자미가 깻묵 물을 토해 내는 것을 보았다.

"너 이놈, 오래도록 왜 안 돌아오는가 했더니, 내 집에 가서 콩 훔쳐 내고 있었구나."

"너 이놈, 아가리에서 깻묵 물 내놓는 걸 보니, 내 집에 가서 깨 훔쳐 내다 온 모양이로구나."

둘은 서로 원망스러운 눈으로 흘겨만 봤다. 저마다 붙들고 갈겨 주고는 싶었지만, 하나는 몸이 납작하고 하나는 배가 불룩해서, 모두 몸이 말을 듣지 않았다.

바다로 흘러간 둘은, 영영 원수가 된 채로 바다에서 살았다. 지금도 생선 가게에 가 볼라치면, 가자미와 복장이는 늘 서로 흘겨만 보고 있는 것이다.

"여어, 한쪽으로 두 눈 몰아붙인 병신 납작이?"

"여어, 배불뚝이 영감 안녕하신가?"

그러다가 나중엔 꼬옹한 눈으로 노려보면서 이를 악문다.

"너 이놈, 내 집에 와서 깨 훔쳐먹었지이."

"너 이놈, 두고 보자. 내 집에 와서 콩 훔쳐먹은 도둑노옴."

이처럼 「가자미와 복장이」는 서로를 믿지 못할 때 생겨나는 해학을 풍자한 작품이다. 이에 이어서 김성도의 「대포와 꽃씨」는 적국에서 날아온 대포알에 꽃의 뿌리와 씨가 들어 있다는 흥미로운 발상을 통해 평화를 위해 경쟁하는 즐거운 상상을 하고 있다. 우리도 이 작품을 통해 전쟁이 없는 세상을 꿈꾸면 어떨까 생각해본다.

그 다음으로 동화에는 어린이들의 우정과 사랑을 다룬 작품들이 많다. 여기서는 힘들고 어려운 시간을 우정과 사랑의 힘으로 이겨내는 아름다운 이야기들이 펼쳐진다. 먼저 박화목의 「군밤장수 이야기」는 어린 군밤장수 복남이와 우연히 만난 학수의 우정을 통해 춥고 어려운 시절을 견뎌내는 어린이들의 따뜻한 이야기를 보여 준다. 또한 강소천의 「딱따구리」는 어린이들의 진한 우정과 아버지에 대한 그리움을 잘 표현하고 있다. 김복진의 「운동화」는 운동화를 사이에 둔 은용이와 철수의 우정을 다루고 있다. 소풍은 아이들에게 즐거움도 주지만 상처가 되기도 한다. 기대를 주지만 실망을 주기도 한다. 하지만 은용이 같은 친구로 인해 철수의 소풍은 즐거워진다. 우리도 이러한 작품들을 통해 가난이나 아픔을 우정과 사랑을 극복하는 삶을 배우면 어떨까?

다음으로 부모님의 따뜻한 마음을 다룬 작품들이 많다. 여기서는 어려운 시대를 살아가면서 발견하게 되는 부모님의 숭고한 사랑에 관한 이야기들이 펼쳐진다. 김영수의 「어머니는 다 아신다」는 어린이들의 마음과 생각을 다 아시는 어머니의 사랑을 그리고 있다. 현덕의 「고무신」은 가난 때문에 고무신을 사주지 못하는 어머니의 아픈 마음과, 그럼에도 불구하고 아이를 기쁘게 해 주려는 어머니의 애틋한 마음이 같이 나타나 있다. 두 작품 모두 한결같이 어머니의 아름다운 마음을 그리고 있다. 그런가 하면 김요섭의 「샛별과 어머니」는 제2차 세계대전 때 일본군으로 끌려간 우리나라 병사와 러시아 병사가 두만강가에서 싸우다 죽는 이야기이다. 두 병사의 고향에는 각각 아들이 돌아오기만을 바라는 어머니의 마음이 있다. 서로 적이지만 아들의 무사귀환을 바라는 어머니의 마음은 다 같은 것이 아닐까? 그런데 이러한 마음을 전쟁이 꺾어놓은 것이다.

다음으로 아름다운 상상을 다룬 작품들이 많다. 여기서는 힘들고 어려운 삶의 길목에서 아름다운 상상과 그리움을 통해 참된 인간의 모습을 찾아가는 이야기들이 나타난다. 강소천의 「꿈을 찍는 사진관」은 한국전쟁 때 남쪽으로 내려온 주인공이 어릴 때 북쪽에서 같이 놀던 순이를 그리워하는 이야기이다. 그 그리움이 꿈을 찍는 사진관으로 나타나는 것이다. 주인공은 스무 살인데 사진 속의 순이는 여전히 열두 살인 게 재미있다. 그게 바로 '추억'의 힘이다.

나는 골목길에서 이북에 두고 온 내 아이와 모습이 흡사한 아이를 만난 적이 있다. 나는 달려들어 부둥켜안고 싶은 충동을 느꼈다. (…) 나는 때때로 사진이라도 한 장 있었으면 하는 생각을 가져본다. 그런 생각이 이번 나로 하여금 「꿈을 찍는 사진관」이란 작품을 쓰게 했는지도 모른다.

위의 창작 동기에서 알 수 있듯이 분단과 이산의 아픔을 극복하기 위한 자유의 꿈, 상실감을 회복하기 위한 희망의 꿈, 인류를 위한 사랑 실천의 꿈들을 실제 자면서 꾸는 꿈을 통해 이루어 내고자 했다. 즉, 강소천은 어린이들에게 아름다운 꿈을 주기 위해 동화를 쓴다고 하며 당시의 결핍된 현실이라는 벽에 가로막혀 꿈의 세계에서 살아가지 못하는 것에 대한 안타까움의 표현이라고 할 수 있다. 또한 주요섭의 「벼알 삼형제」는 농부의 모가 잘 자라는 데 벼알 삼형제의 지극한 사랑과 도움이 있었다는 이야기를 통해 아름다운 상상력의 힘을 보여 준다. 이원수의 「춤추는 소녀」는 숲 속에서 춤을 추는 소녀와 그 소녀를 따라 결국 같이 춤을 추는 선생님의 상상적 리듬을 보여 준다. 그 안에는 수많은 꽃들의 합창 소리도 들리고, 달빛과 장미꽃으로 옷을 지어 입은 소녀의 모습이 담겨 있다. 이 모두가 우리의 문학적 상상력이 만들어 낸 아름다운 장면들이다.

그 다음으로 어려운 시대를 가족에 대한 사랑과 꿈으로 이겨내는 주인공들의 따뜻한 이야기들이 많다. 박노갑의 「소년 물장수」는 물장수를 하는 어린이 영이를 통해 가족의 아픔과 꿈을 보여 주고 있고, 최영주의 「석류나무」는 할머니의 말씀을 통해 할아버지에 대한 애틋하고도 선명한 기억을 떠올리고 있다. 그런가 하면 아동운동으로 유명한 방정환의 「만년 샤쓰」에는 주인공의 효성을 통해 일제 시대 우리 어린이들이 밝고 씩씩하게 자라기를 바라는 작가의 뜻이 반영되어 있다.

다음으로 좋은 동화는 고단하고 아픈 시대를 살아가는 우리 주위의 사람들에 대한 이야기를 담아낸다. 현덕의 「나비를 잡는 아버지」는 가난한 어린이가 집안이 어려워서 겪는 고통이 아버지의 나비를 잡는 풍경을 통해 진하게 드러나 있는 동화이다. 하지만 우리는 그 안에서 인간이 진정 추구해야 할 가치가 무엇인지 깨닫게 된다. 누가 누구를 용서해야 하는지를 우리는 거꾸로 생각할 수 있다. 안회남의 「싸움닭」도 신분이 다른 두 어린이 사이에서 벌어지는 아픈 상처를 다루고 있고, 송영의 「쫓겨가신 선생님」 역시 일제 시대에 올바른 교육을 하시려다가 학교에서 쫓겨난 한 선생님을 통해 우리가 진정으로 생각해야 할 것이 무엇인가를 넌지시 말해 주고 있다.

이러한 동화 작품을 통해 우리는 삶과 가치에 대해 눈뜨는 경이로운 경험을 하게 된다. 이제 마지막으로 동화 속에 나타난 이야기를 접하면서 우리가 교육적으로 얻을 수 있는 효과에 대해 생각해 보자.

첫째, 우리가 지향해야 할 아름답고 참된 인간성이 무엇인지를 알게 된다.

둘째, 어린이의 순수하고도 발랄한 상상력을 통해 전혀 새로운 세계를 경험하게 된다.

셋째, 힘들고 어려운 삶을 사랑으로 극복해 가는 정신의 아름다움을 배우게 된다. 이를 통해 진정한 인간의 가치를 알아가는 것이다.

넷째, 가족 간의 사랑과 믿음에 대해 배우게 된다. 부모님의 숭고한 사랑으로부터 형제간의 따뜻한 사랑에 이르기까지 경험을 하게 된다.

다섯째, 우리는 소설의 독자로 나아가는 단계를 배움으로써 보다 더 온전한 시각을 갖게 된다. 이러한 동화 작품을 통해 우리의 아름다운 생의 중요한 길목을 튼튼하고도 아름답게 꾸며가자. 결국 동화는 사랑의 문학이다. 다음에서는 '동화'를 포괄하는 서사문학의 위상과 특성에 대해 알아보기로 하자.

IV 서사 장르의 위상과 그 특성

　　현대에 이르러 동화와 아동소설로 대표되는 서사문학은 그 근원을 신화 (myth), 전설(legend)및 민화(folk tale)에 두고 있다. 서사문학 장르, 즉 어린이를 대상으로 하는 '이야기 문학'으로서의 개념을 지닌 이 장르는 다른 모든 장르와 마찬가지로 그 시기와 장소 및 향수 주체에 따라 다양한 문학 형식들로 변모, 확산되어 왔다. 본 절에서는 아동문학 내에서의 서사 장르의 위상과 그 특성을 알아보고자 한다.

1. 아동문학의 장르

　　문학의 장르 이론은 『시학』(아리스토텔레스)에서부터 찾을 수 있다. 즉, 서정 양식(lyric mode), 서사 양식(epic mode), 극 양식(dramatic mode)의 3분법이 그것이다. 이 방법은 전통적으로 가장 널리 통용되는 방법이지만 문학의 장르를 가장 단순하게 나누는 방법은 운문과 산문으로 나누는 2분법이며, 서정·서사·극 양식에 교술 문학을 더한 것이 4분법이다. 또한 최근에는 전통적인 3분법에서 아동수필과 아동문학 비평을 더 첨가하여 5분법으로 나누기도 한다.

　　아동문학의 장르 구분에 대하여 서로 다른 방법들로 논의를 하고 있지만, 여기서는 아동문학의 개념을 넓게 보고 또 우리의 교육과정 편성을 고려하여 아동문학의 장르를 서정, 서사, 희곡, 아동수필, 아동문학 비평이라는 5대 장르로 나눈다. 그리하여 그 하위 갈래로 서정을 동요와 동시, 서사는 동화와 아동소설로 나누며, 희곡은 다시 아동극과 시나리오로 나눈다. 그리고 아동수필과 아동문학 비평을 포함하고 있는 것으로 하여 아동문학의 장르를 나눈다.

2. 서사 장르의 범주

여기서는 아동을 향수 주체로 하여 발전되어 온 것 가운데 현재까지 영향력을 지녀온 모든 유형의 서사문학 장르를 대상으로 하여 서사문학 장르의 하위 범주를 더 자세히 밝힘으로써 서사문학 장르에 대한 개념을 명확히 하는 작업을 해보려고 한다.

서사문학 장르는 다시 크게 '동화'와 '아동소설'로 구분된다. 그런데 동화와 아동소설 간에도 구분이 모호하다. 박민수 교수는 아동소설을 동화의 하위 분류로 넣고 있지만, 동화와 아동소설 간에는 시적 환상과 아동 생활이라는 말로 그 본질적인 차이를 나타낼 수 있다. 즉, 동화는 공상적, 시적, 비사실적, 비산문적인 특성을 가지고 꿈의 세계를 시적으로 처리하고 있는 데 비해 아동소설은 사실적, 산문적, 비판적, 필연적인 세계, 그리고 모든 현실 문제를 일상적으로 처리해 나가는 특성을 가지고 있다.

먼저 동화의 정의를 위에서 살펴본 바와 같이 아동소설과 구분되는 시적 환상을 지닌 작품이라고 했을 때, 동화는 작품의 창작이나 시대적인 관점에 따라 '전래동화'와 '창작동화'로 나눈다. 여기서 전래동화는 우화, 신화, 전설, 민담 등의 형태와 내용을 아동에게 알맞게 재구성하거나 개작 또는 현대적인 감각이나 기법으로 재현한 것인 반면, 창작동화는 순수한 창작에 의해 쓰인 동화를 말한다. 전래동화는 다시 전달 매체에 따라 구전동화와 정착동화로 나누며, 창작동화는 소재의 성격과 표현 방법에 따라 순수동화와 생활동화로 나눈다.

한편 소년소설 또는 소년소녀 소설이라 불리는 '아동소설'은 현실적 아동 생활을 제재로 하여 사실적으로 아동상을 묘사한 소설이다. 이는 6·25를 겪으면서 동화가 점차 쇠퇴하기 시작함에 따라 대두된 장르인데, 일반 문학작품 가운데서 아동에게 고쳐 쓴 개작소설과 작가가 직접 창조한 창작소설로 구분된다. 이것은 다시 주제에 따라 탐정소설, 모험소설, 명랑소설, 과학소설, 역사소설, 순정소설, 가정소설 등으로 구분한다.

3. 서사 장르의 특성

　서사문학도 하나의 구조로서, 그것을 이루는 부분적 요소들의 총화에 의해 독자적 의미 작용을 갖는 전체라고 할 수 있다. 따라서 서사문학은 문학성의 여러 요소인 언술적 요소, 허구적 상상 요소, 형식적 요소, 표현적 요소, 함축적 의미 요소, 정서적 요소 등에 의해 문학적 의미 작용을 이룬다.

　문학을 정서나 사상, 상상의 힘을 빌어 말과 글로 표현한 작품이라고 정의할 때 아동문학을 이해하기 위해서는 이러한 정의가 지니고 있는 각각의 요소, 즉 '사상, 정서, 상상, 말과 글, 표현' 등의 개념을 음미해 볼 필요가 있다. 그리고 이것은 곧 아동을 위한 서사문학 작품에도 그대로 적용되어 서사문학의 구조를 분석하여 개별 작품의 특성을 면밀히 분석하는 수단으로서 의미가 있다고 할 수 있다.

　서사문학 장르를 '이야기' 체로 쓰여진 서술문학이라고 할 때, '이야기'는 일정한 주인공이 시간과 공간을 배경으로 일정한 행위를 하여 사건을 연출해 내는 과정을 포함한 것이다. 신헌재 교수는 서사 장르의 특성을 모두 아우르는 기술 방식으로 박민수 교수가 제시한 동화의 구조 요소 6가지를 인용하면서, 그 중에서 정서적 요소는 개인의 속성과 반응에 따라 좌우될 수 있는 주관적인 것이라는 이유로 제외하고 5가지에 대해서 자세히 언급하고 있다.

(1) 언술적 요소 - 작중 화자, 시점

　서사문학은 일정한 화자가 어떤 이야깃거리를 제3자에게 들려주는 언술 형식의 한 가지로서 작중 화자(narrator) 요소와 또 이 화자가 어떤 위치에서 서술하는지를 밝히는 시점 요소(view point)를 포함하고 있다. 작중 화자는 해설자로서 때로 작가 자신의 목소리를 갖기도 하지만 반드시 작가 자신이라고 할 수도 없으며, 화자 자신의 체험이나 행동을 말하는 것도 아니다. 그렇기 때문에 서사문학은 여러 형태의 화자 설정이 가능하며, 그 화자가 일정한 자리에서 이야기를 펼쳐 나가는 시점도 다르다. 작중 화자는 화자의 위치에 따라 작품 내적 화자(1인칭 화자)와 작품 외적 화자(3인칭 화자)로, 또 화자의 태도에 따라 전지적 화자와 관찰자적 화자로 나눌 수 있다. 작품 내적 화자는 다시 자의식적 화자(self-conscious narrator)와 신뢰할 수 없는 화자(unreliable narrator)로 나뉘고, 작품 외적 화자도 침입적 화자(intrusive narrator)와 비침입적 화자(또는 개관적 화자) 등으로 세분된다.

그리고 시점도 관점에 따라서 둘로 나눌 수가 있는데, 먼저 화자 중심의 관점에서는 1인칭 주인공 시점(전지적 작가 시점)과 1인칭 관찰자적 시점(작가 관찰자적 시점)으로 나누며, 그 다른 하나인 화자의 태도에 의한 관점으로는 주관적 시점과 객관적 시점으로 나눈다.

(2) 허구적 상상 요소 - 판타지

문학은 현실을 모방했거나 흔히 있을 수 있는 일들에 관하여 상상력을 발휘하여 지어 붙여 만든 이야기들이다. 그러므로 그 하위 장르의 하나인 서사문학 역시 실제 삶을 그대로 기록한 전기물이나 픽션물이 아니고 작가가 의도적으로 가상하여 꾸며낸 허구적인 글이다. 마찬가지로 아동문학 역시 현실 속의 개연성 있는 행위를 모방한 것이라고 할 수 있는데, 이때 모방의 대상은 현실적, 사실적 세계만이 아니라 아동의 자유분방한 사고와 상상의 수준에 걸맞는 환상의 세계까지도 포괄된다는 점에 아동을 위한 서사문학의 독자성이 있다. 아동문학은 현실적 삶의 사실적 묘사와 더불어 꿈의 세계, 또는 환상의 세계를 도입함으로써 신비감이나 시적 정서를 고조시키는 수법을 쓰는데, 이것이 바로 전통적 동화 개념의 판타지이다.

판타지(fantasy)란, 그리스어로 '보인다' 또는 '눈에 보이는 것 같이 하는 것'이란 어원을 가진 말이라고 한다. 옥스퍼드 사전에는 '지각의 대상을 마음으로 이해하는 것', '상상력, 현실에 나타나지 않는 것을 형태로 바꾸는 일, 힘 또는 결과'라고 한다. 따라서 양점열은 '판타지란 작가의 독창적인 상상력에 의하여 미분적 세계와 현실을 논리적 질서로 창조되는 생명력'이라고 정의하고 있다.

판타지는 서사문학에서 몇 가지의 예술적 의도를 내포한다. 즉, 하나는 단순한 환상 체험 그 자체를 목적으로 하는 것이고, 다른 하나는 그 환상적 체험의 내면에 은근히 자연과 인간에 대한 비밀스러움을 암시적으로 알려주는 예술적 의도를 갖는 것을 들 수 있다.

따라서 판타지는 실제의 작품에서 여러 가지 수법이 동원될 수 있다. 그 대표적인 하나가 꿈을 이용하는 것이지만 동물의 세계나 식물 등 자연의 세계를 의인화하여 신비로운 환상의 세계를 도입하는 방법도 있다. 또한 이것은 화자의 유형, 시점, 또는 대상의 종류에 따라 다른 모습을 보이게 된다. 생활동화나 소년동화가 주로 리얼리티를 중심으로 한 현실적 상상력이라고 하면 순수동화는 비현실적 상상력에 의한 것이라고 할 수 있으며 동물을 등장시켜 인생의 교훈적인 것을 나타내는 우화적 상상력도 있다.

(3) 형식적 요소 – 플롯

인간의 삶 속에서 일어나는 일상적인 이야기들을 서사문학으로 끌어올리기 위해서는 심미적 효과를 고려하여 고도의 미적 장치를 설치할 필요가 있다. 이때 만들어 놓은 의도적 장치 가운데 대표적인 것이 바로 플롯(plot)이다. 즉, 플롯은 단순한 이야기(스토리)를 인과 관계에 의해 엮어 놓은 것으로서, 흔히 서사문학을 구성하는 뼈대라고 불린다. 플롯은 자연적 자료로서의 스토리를 일정한 문학적 효과를 위해 재구성한 것이고, 그 재구성 과정에서 플롯은 자연히 시간적 질서를 무시한 독자적 질서를 확보하게 된다. 바로 이것이 플롯의 단계이며 구성이라고 할 수 있는 것이다. 이러한 플롯의 단계는 흔히 '발단 → 전개 → 위기 → 절정 → 대단원(결말)'의 5단계로 구분되는데, '위기와 절정' 단계를 빼고 3단계 혹은 4단계로 나누기도 한다.

플롯의 중심을 이루는 것은 인물과 행동이다. 이러한 인물을 중심으로 전개되는 일련의 행동 사건이 구체화된 것이 플롯이다. 다시 말하면, 행동이란 플롯의 구체 내용으로서 인과 관계에 의해 조직화된 스토리이다. 이 행동을 통해 인물의 성격이 드러나고 그러한 성격의 체험이 동화의 중요한 예술적 체험 내용의 하나가 된다.

그런데 아동을 위한 서사문학 작품에서는 어린이들의 독서 지속 능력을 고려하여 짧은 길이에 의존하기 때문에 이러한 플롯이 대체로 단순하게 제시되는 경향이 있다고 할 수 있다.

(4) 표현적 요소 – 문체

문체는 내용의 구체적인 표현 기술이다. 서사문학 작품들을 이루는 문장들은 흔히 서술 문장과 대화 문장으로 구분하고, 서술 문장은 다시 묘사하기(showing)와 설명하기(telling)의 두 유형으로 세분되고 있다. 그런데 문학작품에서 서사적 문장으로서 중요한 것은 서술 양식으로서의 묘사와 설명이라고 할 수 있다.

묘사란 단적으로 대상에 대한 보여 주기(showing), 즉 감각에 대해 호소하는 구체적 감각적 표현을 말한다. 그리고 설명이란 대상에 대해 말해 주기(telling), 즉 이해력에 호소하는 설화적 표현을 말한다. 따라서 묘사하기를 위주로 한 기술은 독자들에게 구체적인 이미지를 생생하게 재현하여 독자의 상상 속에 인물과 환경의 실재를 재생시키는 효과를 주는 대신 이야기의 생략과 압축미를 꾀할 수가 없고 템포가 느려져서 플롯을 전개하기 어렵게 한다. 반면 설명하기를 위주로 한 서술은 이야기에 대한 추상적이고 요약적인 표현과 더불어 필자에게 개입을 허용하여 해설과 평가를 할 수 있도록 하므로 서술상의 편의를 주는 대신 독자에게는 이야기 내용의 구체적인 형상화와 실재성을 맛볼 기회를 주지 못한다.

그런데 아동을 위한 서사문학 작품에서는 무엇보다도 단순 명쾌한 메시지 전달의 문체를 요구하고 있다. 아울러 묘사와 설명이 적절히 배합되면서 문학작품들은 스스로의 문체를 이루게 되는데, 이러한 문체가 또한 중요한 문학적 체험 내용의 일부가 된다.

(5) 함축적 의미 요소 – 주제

작품의 배후에 숨어서 통어력을 발휘하는 존재를 뭉뚱그려 '함축적 의미 요소'라고 부르는데, 이 함축적 의미 요소 가운데 핵심이 되는 것이 주제다. 즉, 주제는 서사문학에서 소재를 다루어가는 통일의 원리요, 단순한 이야기에 통일성 있는 구조화를 갖추게 하는 추진체다. 그러므로 주제는 서사문학의 존재 의미를 밝혀 주는 핵심 요소가 된다. 박민수 교수도 주제는 독자로 하여금 가치 있는 사상이나 어떤 의미를 함축적으로 지각할 수 있게 해 주는 핵심이 되는 것이라고 하였다. 그러나 그것이 문학적 체험의 최후의 도달점은 아니라는 점에 유의할 필요가 있다. 왜냐하면 문학작품이 궁극적으로 그 중심 사상인 주제만을 전달하는 목적으로 쓰여지는 것은 아니기 때문이다.

한편 문학작품에서 주제는 논설문이나 설명문에서처럼 글의 어느 부분에 놓여 명시적으로 드러나서는 안 된다. 때문에 문학작품에서 주제를 찾는 일이나 그 설정 등은 쉬운 게 아니라고 할 수 있다. 여기에서 작가에게는 문학적 직관력이, 독자에게는 예술적 수용 능력이 요구된다고 할 수 있다. 그리고 아동문학은 그 대상이 미성숙한 아동이라는 한계성 때문에 그 주제도 제한될 수밖에 없는데, 가능하면 주로 아동 생활과 친숙한 주제가 좋다고 할 수 있다.

이상에서 아동을 위한 서사문학 작품이 지녀야 할 특성을 5가지에 대해서 간단히 언급해 보았다. 아동문학은 독자가 아동이란 특수성 때문에 성인문학보다는 더 많은 제약이 따른다. 즉, 아동문학은 고정된 화자 시점으로 신뢰할 수 있는 화자에 의해 이야기를 전개해 나가야 한다든가, 아동 나름의 논리로 이해할 수 있는 한계 내에서의 판타지를 구사하는 것, 단순 명쾌한 플롯, 생동감 있는 대화 문장이 적절히 들어간 것, 아동들의 생활과 친숙한 주제 등의 요건을 아울러 갖추어야 한다. 그리하여 이러한 조건을 충족시켰을 때 비로소 아동을 위한 아동문학 작품이 될 수 있는 것이다.

V 아동문학 교육

1. 문학의 인지적 · 반응적 속성

우리가 잘 알고 있듯이, 문학은 '지식'의 대상이 아니라 '체험'의 대상이다. 교육의 전수적 기능보다는 매개적 기능이 강조되어야 하는 까닭은 이러한 논리 위에서 찾을 수 있다. "문학은 우리를 가르치지 않는다. 다만 감동을 주어 우리를 변화시킬 뿐"이라는 독일의 대문호 요한 볼프강 폰 괴테(J. W. Goethe)의 언급은 이러한 차원의 가장 적절한 사례가 될 것이다. 텍스트의 온전한 이해와 수용을 토대로 한 수용자의 심미적 고양과 인식의 확장이 다 그러한 언급들의 목표가 됨은 물론일 것이다. 이는 문학을 자아 실현의 문화 '체험' 또는 문화 '활동'이라는 관점에서 바라보아야 문학의 실상을 온당하게 파악할 수 있다는 관점을 자연스럽게 초래하게 된다. 하지만 우리는 문학교육에 수용자들의 주체적 반응과 수용 못지않게 문학 자체의 특수성을 알게 하는 기능이 부가되어야만 한다고 이야기할 수 있다. 이는 마치 철학교육이 도덕교육이 될 수 없는 것과 같은 이치이다. 그럼에도 불구하고 문학교육의 최종적 목표는 문학 현상을 통한 학습자들의 수용 능력의 극대화에 있을 것이다.

최근 우리는 활자 매체보다는 인터넷이라는 매체 앞에 있는 자신을 발견할 때가 많다. 젊은 세대는 물론이고, 비교적 연령이 든 세대들도 인터넷의 강한 영향력에서 예외가 아니다. 그만큼 인터넷은 불가피한 우리의 일상적 환경이 되었다. 그렇다면 명실상부한 인터넷 시대에 우리는 다음과 같은 질문을 던질 수 있을 것이다. 이렇게 생활하는 오늘날 우리 어린이들에게 즐겨 부르는 동요가 있을까? 그리고 외워서 낭송할 수 있는 동시가 있을까? 가슴 깊이 담아두고 있는 동화는 있을까? 아마도 그리 좋은 답변이 돌아오지 않을 것이다. 이를 위해서 문학사의 빛나는 동시와 동화를 보급하고 그 교육적 가치를 가려서 교육하는 것은 매우 긴요한 요청이라 하겠다. 이러한 서정과 서사의 체험을 통해 어린이들은 언어적 풍요에 대한 경험은 물론 학교 교육과 연계되는 경험을 할 수 있을 것이다.

2. 문학교육의 관점

　　문학교육의 목적은 결국 문학적 경험을 통해 어린이에게 상상력, 사고력, 창의력을 길러주며 정서적 인격 형성에 큰 도움을 주는 데 있다. 또한 아름다운 언어를 만남으로써 모국어에 대한 긍지를 갖게 하는 것도 중요한 목적 가운데 하나이다. 국어과 교육과정에서는 말하기, 듣기, 읽기, 쓰기 등의 언어 영역과 더불어 문학 영역이 국어교육의 지도 내용을 이루는 주요 범주로 인정되어 오고 있다. 그리고 국어교육의 경우, 아동문학이야말로 문학 영역 지도 내용의 원천 구실을 담당해 왔다.

　　초등학교 문학교육에서 문학의 본질에 대한 인지적 측면의 지도 내용은 5, 6학년에서 강조된다. 이는 저학년 단계에서는 지식 관련 학습보다 학생들이 능동적으로 수행하는 창의적인 언어활동이 더 중요하다고 보았기 때문이다. 문학교육은 아동들로 하여금 문학이 자기들과 무관한 별개의 세계가 아니라 자신들이 실제 겪는 일상의 현실 세계와 연결된 것임을 인식시켜 관심과 친근감을 높이는 데 그 일차적인 의의가 있다. 또한 이것은 판타지적인 요소가 더 지배적인 순수 동화류를 주로 다루는 저학년 시기보다 생활동화와 아동소설을 주로 감상하게 되는 고학년 수준에서 지도가 가능한 내용으로서 다분히 문학에 대한 반영 이론적 접근의 경향을 띠고 있는 셈이다.

　　특히 6학년에서는 작품의 분석 과정에서 각 작품마다 한두 가지 주된 사상이나 정서로 집약되는 주제와 이를 정점으로 하여 모든 작품의 요소들이 긴밀하게 짜여져야 한다는 점을 인식하는 데 초점을 둔다. 이러한 지도 내용은 다분히 문학에 대하여 구조론적 측면에서 접근하는 입장인데, 초등학교의 문학교육에서도 이 점은 예외가 될 수 없다. 다만 너무 정교한 분석을 강요함으로써 문학작품 자체에 대한 거부감과 부담이 생기지 않도록 유의하여야 한다. 왜냐하면 초등학교에서는 문학작품을 통한 감상의 즐거움으로 책을 가까이 하는 정의적 요소를 길러 주는 일이 무엇보다도 중요하기 때문이다.

이상에서 살펴보았듯이 초등학교에서의 문학의 본질에 대한 인식은 주로 반영 이론과 구조 이론적 입장에 한정하고 있음을 본다. 그러나 문학의 본질을 규명하는 접근 방법은 이 밖에도 다양하다. 그리고 신헌재 교수는 초등학교 고학년 단계에서 문학 일반의 본질을 인식시키는 일을 반영 이론과 구조 이론으로 한정한 것은 그 시기에 효과적인 내용으로 적합할 수 있다는 가정에서 온 방법상의 문제이지 그것만이 오로지 인식시켜야 할 문학의 본질임을 인정하는 것은 아니라고 말하고 있다.

따라서 어린이들에게 문학의 본질에 대한 편협하지 않은 인식을 갖게 하기 위해서는 아동문학 작품도 지나친 현실 고발과 비판을 위주로 한 것이나 또 예술성 고양이라는 미명하에 주로 비현실적 공상과 추상의 세계에서 유영하는 것은 지양해야 할 것이다. 즉, 현실 반영의 측면과 예술적 균제미가 겸비된 우수한 창작품을 엄선하여 문학교육 현장에 투입해야 할 것이다.

3. '이야기' 분야에 대한 이해와 감상

이야기 분야는 교육과정 진술 상에서 초등학교 어린이들에게 걸맞도록 지칭한 서사문학 장르의 별칭이다. 초등학교에서는 신화, 전설, 설화, 우화를 포함한 전래동화와 창작동화, 그리고 아동소설이 이 범주에 든다. 이야기 분야의 이해와 감상의 지도 내용을 분석해 보면, 저학년은 작품 속 주인공의 입장이 되어 생각하며, 읽은 후에 이야기의 흐름에 관심을 가지도록 하였다. 중학년은 작품의 요소, 전개 순서, 플롯 등을 중심으로 학습하며, 고학년에서는 작품의 주제, 작품요소 사이의 상호 관련, 작중 인물의 성격과 심리 상태에 관한 학습이 이루어지도록 하였다.

이상의 논의에 부합되는 아동문학 작품으로서 갖추어야 할 요건을 신헌재 교수는 다음과 같이 정리해 놓고 있다.

첫째, 현실 반영의 측면과 예술적 균제미가 겸비된 우수한 창작품을 엄선하여 문학 감상 작품으로 삼아야 할 것이다.

둘째, 너무 추상적인 내용과 교훈적인 우화류 위주의 내용을 지양하고 아동들에게 친근함과 매력을 주는 주인공들이 부각된 이야기가 제공되어야 할 것이다.

셋째, 작중 인물의 성격이 뚜렷이 드러날 수 있도록 섬세하게 묘사될 뿐만 아니라 이들이 모두 하나의 통일성을 이룬 것이어야 할 것이다. 그리고 인과 관계가 뚜렷하고 플롯의 단계가 확연히 드러날 수 있도록 역동성을 지니며, 인물, 사건, 배경 등 각 요소 간의 긴밀한 관계 속에서 조화와 균형미를 맛볼 수 있도록 배려된 짜임새 있는 작품이어야 할 것이다.

넷째, 어떤 형태의 작품이든 아동의 경험과 사고체계를 바탕으로 하여 친근감과 흥미를 줄 뿐 아니라 확산적인 사고를 자극할 수 있는 참신한 기지와 아이디어가 풍부한 것이어야 할 것이다.

이상의 논의들을 요약해 보면 결국 국어과에서의 문학작품의 이해, 감상 활동은 학습자의 문학에 대한 이해와 작품 감상 능력을 신장시켜 주는 데 그 목적이 있다고 할 수 있다. 또한 작품 감상을 통하여 즐거움을 느끼게 하고, 삶의 다양한 모습에 관심을 가지고 이해하게 하며, 풍부한 상상력을 길러주는 데 있다. 그러므로 문학에 관한, 또는 문학작품과 관련된 지식의 전달에 치우친 교수—학습 활동은 지양되어야 함을 알 수 있다.

ℂ 심화학습

1. 한국 아동문학사의 전개와 그 구체적 양상을 대표적인 작가와 작품별로 경험해 보자. 다양하게 출간되어 있는 시화집이 있으므로, 중요 작가와 작품에 대한 이해를 넓힐 수 있을 것이다.

2. 동시와 동화의 장르적 본질에 대해 심화된 학습이 필요하다. 성인을 대상으로 하는 '시'와 '소설'이 가지는 미학적 특성과 '동시'와 '동화'의 차이를 충실하게 이해할 필요가 있다.

3. 초등 국어교육에서 아동문학 교육이 차지하는 비중과 의의를 탐색해 보자. 교육과정을 일별하고 참다운 아동문학 교육이 교육 현장에서 어떻게 이루어질 수 있는가를 심화학습할 필요가 있다.

요 약

1. 육당 최남선이 힘을 쏟았던 초창기 아동문학은 소파 방정환에 의해 획기적인 발전이 이루어진다. 근대와 전통 혹은 외세와 자주가 길항하던 근대 초기에 소파는 아동문학을 통해 독립운동과 문학운동을 동시에 펴 나갔으며, 우리의 말과 글의 소중함을 세상에 제창하였다. 이러한 아동문학의 형성기에 주류로 등장한 것이 바로 '동시'와 '동화'이다.

2. '동시'는 어린이들의 생각이나 느낌을 소재로 하여 창작된 자유시를 말한다. 그것은 어린이다운 마음과 눈으로 어른과 어린이 모두가 공감할 수 있게 쓴 시를 말한다. 물론 이때 시를 쓴 사람이 꼭 어린이일 필요는 없다. 오히려 대부분의 동시는 어린이의 마음과 눈을 가진 어른이 쓴 것이다. 하지만 동시는 적어도 어린이들이 이해할 수 있는 말과 소박하고 단순한 생각이나 느낌을 담고 있어야 한다. 그래서 동시는 어린이의 시선과 마음으로 사물과 삶을 바라보아 그것을 운율이 있는 소박하고 단순한 언어로 형상화한 시라고 정의할 수 있겠다. 동시를 읽음으로써 천진한 어린이의 시선으로, 또는 세상에서 가장 긍정적인 눈으로, 그리고 근원적인 눈으로 사람과 사물을 바라보

는 마음을 경험하게 된다. 따라서 우리는 잘 쓰인 동시 작품들을 통해 우리가 지금은 잃어버리고 사는 것들을 회복하게 되는 것이다. 그 점에서 동시는 동일성을 회복하고자 하는 서정 양식의 가장 오래된 원형이라 할 수 있을 것이다.

3. 근대 사회를 바탕으로 한 동화의 역사는 우화, 전래동화, 창작동화 같은 서사 작품들로 분화되면서 발전하였다. 이 같은 동화문학의 분화가 근대 사회 전체에 걸쳐 활발하게 일어난다. '동화'는 원래 어린이를 위하여 지어진 '이야기 문학'의 한 갈래를 뜻한다. 자연스럽게 그 안에는 어린이들만이 가질 수 있는 순수하고도 천진한 시선이 담겨 있다. 또한 동화 안에는 비록 힘겨운 삶이지만 그것을 꿋꿋하게 이겨 나가는 사람들의 밝고 순수한 모습이 많이 등장한다. 그것 역시 어린이의 눈이기 때문에 가능한 긍정적 태도라 할 수 있다. 물론 가끔 동물들이 주인공으로 나올 때도 있지만, 이 또한 사람들을 비유한 것이므로, 동화는 결국 사람들이 살아가는 여러 이야기를 어린이의 천진한 시선으로 해석하고 기록한 문학이라고 정의할 수 있다. 이러한 동화 작품을 통해 우리의 아름다운 생의 중요한 길목을 튼튼하고도 아름답게 꾸며갈 수 있다.

4. 서사문학 장르는 다시 크게 동화와 아동소설로 구분된다. 먼저, 동화를 아동소설과 구분되는 시적 환상을 지닌 작품이라고 했을 때 동화는 작품의 창작이나 시대적인 관점에 따라 '전래동화'와 '창작동화'로 나뉜다. 여기서 전래동화는 우화, 신화, 전설, 민담 등의 형태와 내용을 아동에게 알맞게 재구성하거나 개작 또는 현대적인 감각이나 기법으로 재현한 것인 반면, 창작동화는 순수한 창작에 의해 쓰여진 동화를 말한다. 전래동화는 다시 전달 매체에 따라 구전동화와 정착동화로 나누며, 창작동화는 소재의 성격과 표현 방법에 따라 순수동화와 생활동화로 나눈다.

5. 국어과에서의 문학 작품의 이해, 감상 활동은 학습자의 문학에 대한 이해와 작품 감상 능력을 신장시켜 주는 데 그 목적이 있다. 또한 작품 감상을 통해 즐거움을 느끼게 하고, 삶의 다양한 모습에 관심을 가지고 이해하게 하며, 풍부한 상상력을 길러주는 데 있다. 아동문학의 이해와 교육은 그 점에서 매우 중요한 권역이 아닐 수 없다.

1. 아동의 정서 및 경험을 대상으로 하는 '동시'와 성인을 대상으로 하는 '시'의 중요한
   차이점에 대해 생각해 보자. 실례를 들어 그 명료한 차이점을 이해해 보자.

   (해설) 다음 두 시편을 비교해 보자.

   > 별똥 떠러진 곳,
   > 마음해 두었다
   > 다음날 가보려,
   > 벼르다 벼르다
   > 인젠 다 자랐오.
   > ― 정지용 「별똥」 전문

   어린 시절 하늘에서 긴 꼬리를 만들며 떨어지는 별똥과 그 떨어진 곳은 신비로움
   과 동경의 대상이었다. 낯선 곳에 대한 궁금함과 동경을 '벼르다 벼르다'라는 표
   현으로 두 번 반복하면서 끝내는 가보지 못한 아쉬움을 나타내고 있다. 어린 시
   절의 궁금함과 동경이 '인젠 다 자랐오'라고 표현함으로써 사라져 버린 것에 대
   한 안타까움이 얼마나 큰지를 표현하고 있다. 어린이의 호기심과 천진성이 강렬
   하게 표현되어 있다. 어린이의 천진성과 긍정성과 근원 지향성이 잘 나타나 있
   다. 하지만 다음 시편은 어른이 된 다음의 기억을 담고 있어서 대조적이다.

   > 고향에 고향에 돌아와도
   > 그리던 고향은 아니러뇨.
   >
   > 산꿩이 알을 품고
   > 뻐꾸기 제철에 울건만
   >
   > 마음은 제 고향 지니지 않고
   > 머언 항구로 떠도는 구름

오늘도 뫼 끝에 홀로 오르니
흰 점 꽃이 인정스레 웃고

어린 시절에 불던 풀피리 소리 아니 나고
메마른 입술에 쓰디쓰다.

고향에 고향에 돌아와도
그리던 하늘만이 높푸르구나.
　　　　　　　　　ー정지용 「고향」 전문

고향의 모습 그 자체는 변화가 없으나 마음은 '머언 항구로 떠도는 구름'과 같이 고향 주변을 겉돌고 있다. 이러한 이질감은 하늘처럼 불변하는 자연의 영속적 이미지와 대조를 이루어 더욱 극대화된다. 폐쇄된 내면의 공간과 자연의 열린 공간의 대립이 긴장을 이루고 있다. 그리하여 '고향에 고향에 돌아와도/그리던 고향은 아니러뇨' 하며 고향을 부정하게 되는 것이다. 따라서 이 작품은 현실의 인식에서 오는 내적 공허감에서 기인한 시인의 정서를 역설적으로 표현한 예이다. 천진하고 긍정적인 마음보다는 사후적(事後的) 해석과 슬픔이 흩뿌려져 있는 근대시의 한 전범이라 할 수 있다. 이처럼 같은 시인이 창작한 동시와 시는 그 창작 의도와 결과가 대조적으로 나타난다 할 것이다.

2. 아동의 발달 특성은 인지, 도덕성, 사회성 발달 등으로 나누어 볼 수 있다. 이러한 아동 발달 특성에 대한 이론을 검토하여 아동문학 교육에 접목해 보자.

(해설) 피아제에 의해 대표되는 인간의 주요 인지 발달의 4단계는 감각 운동기(생후~2세), 전조작기(2~7세), 구체적 조작기(7~11세), 형식적 조작기(12~성인기)로 나뉜다. 12세를 넘으면 각각의 사고 유형에서 아직 1, 2단계에 있는 저학년 아동들과는 새로운 면모를 보이는데, 이제 꿈과 현실을 충분히 분리할 줄 알게 되며, 또 이름은 사람들이 목적물에 붙인 것이고 꿈은 머리 속에 차지하고 있는 사고의 산물이라는 것을 인식한다. 그리고 자발적으로 움직이는 것만을 살아 있는 것으로 여기며, 인간 활동이 태양계의 창조에 작용하지 않음을 알게 된다.

콜버그는 아동의 도덕적 추론 기술이 발달함에 따라 공정감에 대한 개념도 더 성숙해진다고 보았다. 도덕적 추론의 발달에 대한 기본적인 개념은 다른 사람의 견해를 이해하는 개인의 능력이다. 따라서 이 시기 아동의 도덕적 특징을 요약해 보면, 전기는 아직도 전 도덕 단계에 머물러 있으므로 주제 면에서 저학년과 크게 다를 바 없다. 다만 4학년에 들어서면서 남을 객관적으로 인식하며 거기에서 자신의 도덕적 행위의 모델을 구하는 면이 강하게 일어나기 시작한다는 것이다. 따라서 우리는 저학년 때는 인지나 도덕성 측면에서 아직 어린이들이 미분화된 상태에 있으므로, '동시'의 경우 주로 음악성에 충실한 모국어의 음성적 묘미를 주는 작품을 통해, '동화'의 경우 언어의 아름다움과 밝은 관점을 주로 보여 주는 작품을 통해 교육하는 것이 적절하다. 그러다가 중학년 이후로는 내용상으로 다양화되어 나타나는 작품들을 편제해야 함을 알 수 있다.

■ 참고문헌

• 김용희(1999), 『동심의 숲에서 길찾기』, 청동거울.
• 김자연(2000), 『한국 동화문학 연구』, 서문당.
• 김제곤(2003), 『아동문학의 현실과 꿈』, 창작과비평사.
• 박민수(1993), 『아동문학의 시학』, 양서원.
• 박상재(1998), 『한국 창작동화의 환상성 연구』, 집문당.
• 유성호(2006), 『현대시 교육론』, 역락.
• 유창근(1997), 『현대 아동문학의 이해』, 동문사.
• 이상섭(1992), 『문학 연구의 방법』, 탐구당.
• 이재철(1989), 『세계아동문학사전』, 계몽사.
• 이재철(1994), 『아동문학의 이론』, 형설출판사.
• 이재철(1977), 「한국현대동시약사소고」, 『단국대학교 대학원 논문집』, 단국대학교.
• 이태준(1993), 『문장강화』, 창작과비평사.
• 임원재(2000), 『아동문학교육론』, 신원문화사.
• 히로코 사사키(2004), 고향옥 역, 『그림책의 심리학』, 우리교육.
• L. H. Smith(1979), 김요섭 역, 『아동문학론』, 정음사.

제 **6** 장

갈래별 독서지도(2)

−옛이야기, 그림동화, 동화, 전래동요와 시

I 옛이야기

1. 옛이야기의 근원과 성격

옛이야기란, 옛날부터 전해 내려오는 이야기이다. 먼 옛날부터 입에서 입으로 전해져 왔는데, 그 중의 일부가 『삼국사기』나 『삼국유사』 등의 문헌에 정착되어 오늘날 우리가 책으로 읽게 되었다. 또한 지금까지 구전되어 온 옛이야기를 채록하면서 많은 옛이야기가 문헌에 정착되었다. 이 가운데 동심을 바탕으로 꾸며진 이야기를 골라 '전래동화집'으로 묶어 발행하였는데, 1924년부터 1995년까지 '전래동화집'이라는 이름으로 발행된 단행본이 약 355권이다.

이후 최근까지 발행된 각종 옛이야기 책은 그 수를 헤아리기 어려울 정도이며, 이야기 하나에 그림을 결합시켜 한 권의 책으로 발간한 '옛이야기그림책'까지 출간도 활발히 이루어지고 있다.

옛이야기는 구비문학인 설화에 뿌리를 둔 고전 서사문학이다. 구비문학이란 말로 전한다는 뜻에서 구전문학(口傳文學)이라 부르기도 하고, 말로 전해 오면서 계속 변하며, 계속된 변화의 누적으로 개별적인 작품이 존재한다는 뜻에서 유동문학(流動文學), 표박문학(漂迫文學), 적층문학(積層文學)이라고도 한다. 그러나 이들을 포괄적으로 표현하는 말로서 일반적으로 구비문학이라는 말을 사용한다.[1]

어린이 구비문학으로서 옛이야기는 설화에 속한다. 옛이야기의 뿌리가 설화라는 뜻이다. 설화를 창작한 이가 주로 성인이고 성인의 구연을 중심으로 설화가 전승되었다는 점에서 어린이 옛이야기는 설화에 뿌리를 둔다. 설화문학의 구전

---

[1] 구비문학의 개념 및 특징은 다음과 같이 서술된다. 첫째, 구비문학은 말로 된 문학이다. 둘째, 구비문학은 구연(口演, oral, presentation)되는 문학이다. 셋째, 구비문학은 공동작의 문학이다. 넷째, 구비문학은 단순하며 보편적인 문학이다. 다섯째, 구비문학은 민중적이며 민속적인 문학이다〔(김기창(1992), 최운식·김기창(1998)〕.

과정에서 어린이에게 들려주기에 적합하다거나 어린이에게 들려줄 필요가 있다고 판단되는 설화가 어린이 청중에게 구연되면서 어린이의 옛날이야기로 전승되었다.

옛이야기는 지은이를 알 수 없는 문학이다. 구비 전승되는 과정에서 다양한 이본도 생겨났다. 현대에 와서도 옛이야기는 여러 경로로 구전되기도 하고, 문헌에 정착되기도 하며, 문헌 정착 과정에서 변모하기도 한다. 이본은 더 다양해졌다. 「선녀와 나무꾼」이야기만 해도 이본이 여럿이어서, 서로 조금씩 다른 이야기가 전한다.

2. 옛이야기의 갈래와 특징

(1) 옛이야기의 세부 갈래

옛이야기는 설화에 속하므로 그 세부 갈래를 나누자면 설화의 그것과 같다. 그래서 옛이야기도 신화, 전설, 민담으로 나뉜다.

① 신화 : 자아와 세계가 동등하게 대결하여 상호보완적인 관계에 이르는 질서를 제시함(「단군신화」, 「주몽신화」, 「박혁거세 신화」, 「마고할미 신화」 등)
② 전설 : 세계의 우위에서 일어나는 자아와 세계의 대결로, 세계의 경이를 보여줌(「선문대할망 전설」, 「금강산 개구리바위 전설」, 「망부석 전설」, 「수탉의 볏 전설」 등)
③ 민담 : 자아와 세계가 자아 우위의 대결로 자아의 가능성 보여줌(「흥부와 놀부」, 「돼지는 맞돈 주고 먹는 줄 알았지」, 「도련님과 인절미」, 「떡보 이야기」 등)

(2) 옛이야기의 특징

옛이야기의 내용이나 형식이 지니는 일반적인 특징은 다음과 같다.

첫째, 내용과 주제는 고전적 윤리와 가치 및 민중 의식을 다룬다.

둘째, 서두와 결말, 대립과 반복, 진행의 형식을 지닌다.

셋째, 사건 중심으로 이야기가 전개된다.

넷째, 인물의 개성이 약하고 평면적 성격이다.

다섯째, 설화의 많은 양을 차지하는 민담의 경우 구체적인 배경이 없다.

옛이야기는 주로 다음과 같은 내용을 담고 있다.

① 충·효·우애·신의 등의 윤리 : 「의좋은 형제」, 「효녀 심청」, 〈검정말 이야기〉, 「효자리의 세 무덤」 등

② 민족의식 : 「떡보 만세」, 「충선왕과 봉숭아꽃」, 「찔레와 찔레꽃」 등

③ 민간신앙 : 「북두칠성과 가짜 풍수」, 「바리 공주」, 「저승의 곳간」 등

④ 민중들의 생활과 멋과 지혜 : 「약은 토끼와 어리석은 호랑이」, 「도련님과 인절미」, 「아버지의 유산」 등

⑤ 민중들의 꿈과 소망 : 「도깨비 감투」, 「금도끼 은도끼」, 「반쪽이」, 「혹부리 영감」 등

⑥ 민중들의 지배 계층에 대한 저항 : 「한겨울의 독사」, 「나무 그늘을 산 총각」 등

⑦ 웃음과 재치, 해학과 풍자 : 「주먹밥이 열리는 나무」, 「호랑이와 곶감」, 「양초 도깨비」 등

옛이야기는 뚜렷한 형식을 지닌다. 서두와 결말이 분명하고, 대립과 반복이 나타난다. 서두는 '옛날에', '옛날 옛날 아주 오랜 옛날에' 등으로 시작하며, '잘 살았단다', '행복하게 살았대' 등으로 끝이 나는 형식을 보인다. 대립과 반복의 형식도 뚜렷하여 선악의 대립, 힘과 꾀의 대립, 미추의 대립이 두드러지고, 동질적 반복이나 대립적 반복, 발전적 반복 등이 나타난다.

(3) 옛이야기 독서의 의의와 지도 방법

1) 어린이와 옛이야기의 재미

어린이는 특히 옛이야기를 좋아한다. 옛이야기에 담긴 재미를 즐긴다. 어린이가 옛이야기를 좋아하는 까닭은 세 가지 면에서 분석할 수 있다.

첫째, 발달적인 면에서 옛이야기가 지닌 원초성과 단순성과 용이성이 어린이를 옛이야기의 세계로 쉽게 끌어당긴다. 옛이야기는 그것이 흘러온 원초적 시간성과 역사성을 지니고 있어 인류 발달과 인간 발달 면에서 어린이들은 옛이야기에서 유사성과 동질감을 더 많이 느낀다. 또한 옛이야기는 단순한 구조와 플롯으로 인지 발달의 도정에 있는 어린이에게 쉽게 다가간다.

둘째, 옛이야기는 모방과 동일시의 세계를 보여 준다. 옛이야기는 권선징악의 주제가 분명하다. 이런 이야기에서 어린이는 성장과 발달의 도정에서 필요한 모방과 동일시의 대상을 쉽게 발견한다. 또 착한 사람이 복을 받고 악한 사람이 벌을 받는 이야기에서 어린이들은 대리 만족을 느낀다. 승리와 성취감의 대리 만족도 경험한다. 행복한 결말이 주는 평화로움도 어린이를 즐겁게 한다. 이 만족감이야말로 어린이가 옛이야기를 진정으로 즐기는 핵심적인 요인이 된다.

셋째, 옛이야기는 이야기의 자체의 재미를 한껏 누리게 한다. 어린이 역시 자아를 키우고 있는 존재이자 재미와 행복을 추구하는 인간의 보편적 특성을 지닌 주체로서 재미를 추구한다. 이야기 안의 주인공에게 감정을 이입시키고, 이야기 세계가 자기 주변의 세계인 양 즐기면서 이야기 세계에 몰입한다. '그 다음에 어떻게 되었을까?', '그래서 주인공은 어떻게 했을까?'를 중심으로 한 호기심 또한 이야기 세계에 빠져들게 하는 요인이다. 옛이야기가 지닌 이런 이야기성이 이야기 자체의 재미를 한껏 누리게 해 준다. 어린이는 묘사의 탁월함보다 이야기 줄거리(story line) 자체의 재미를 즐긴다.

2) 옛이야기 독서의 의의

① 옛이야기 듣기는 즐거움과 재미를 느끼는 흥미진진한 경험이다.
② 아이들은 옛이야기를 들으며 인간과 인간의 삶에 대한 원형을 각인한다.

③ 옛이야기 속의 다양한 삶과 지혜로 마음과 정신을 키운다.

④ 옛이야기 속의 인간과 세계를 경험하며 인간과 삶에 대한 인식을 키운다.

⑤ 이야기를 들으며 집중하고 생각하고 경험을 축적시킨다.

⑥ 옛이야기에 담긴 민족 정서를 경험하고 이해하며 습득한다.

⑦ 옛이야기를 들으며 전통 문화를 계승하고 발전시킨다.

⑧ 옛이야기 들려주기는 부모와 자녀, 교사와 학생의 대화이며 소통이다.

3) 옛이야기 지도 방법

옛이야기 지도에 가장 적합한 방법은 구연이다. 구연은 음성언어에 의한 이야기 경험이요 문학적 체험이다. 여기에 구연은 '소리와 표현의 연기'라는 구연의 특성이 덧붙여진다. 소리와 표현의 연기란 이야기를 들려주는 과정에서 구현되는 음성언어와 구연자의 표정 및 몸동작을 포함하는 행위 및 기교를 의미한다.

먼저 소리의 연기는 이야기를 들려주는 음성언어를 구현하는 과정에서 덧붙여지는 목소리 기교에서 나온다. 이야기를 들려주는 서술자(narrator)의 목소리나 주인공 및 등장인물이 하는 말을 흉내낼 때의 말소리가 지니는 말의 빠르기, 어조, 음색, 톤(tone) 등의 기교 등이 그것이다.

다음으로 구연자의 표정과 몸동작의 연기는 이야기 구연 과정에서 사용하는 구연자의 행동 연기이다. 눈빛이나 입 모양, 얼굴 표정과 고개, 머리, 어깨, 팔, 몸통 등의 동작 연기가 이에 해당된다. 연기라고 해도 구연의 연기 표현은 직업 연기자의 그것과는 달리 구연자가 이야기를 들려주는 과정에서 자연스럽게 흘러나오는 표정과 몸동작이다.

예를 들어, "갑자기 호랑이가 '어흥' 하고 나타났어"라고 구연을 할 때 구연자는 '어흥' 하는 대목에서 눈이 커지고 코가 벌룽거려지며 입은 크게 벌어지게 된다. 그러다 보면 얼굴 표정이 호랑이 흉내로 일그러지게 되면서 자연스럽게 표정 연기가 나타난다. 이때 두 팔을 들어서 호랑이 앞다리 모양으로 만들어 '어흥' 하면서 청자를 움켜쥐는 듯한 흉내까지 내게 되면 구연은 더욱 생생해진다. '어흥' 소리를 흉내 내면서 눈빛 하나, 표정 하나, 목소리 하나 변하지 않고 무미건조하게 '어흥'이라고 하는 구연자는 흔치 않다. 이는 동화 구연의 속성 자체가 소리와 표정 및 몸동작의 연기를 동반한다는 뜻이다. 구연에서 나오는 소리와 표현의 연기는 자연스럽게 동반되는 경우가 많다.

일반적으로 '동화구연'이라고 하면 구연의 기교와 기법과 자료를 활용하여 이야기를 들려주는 방법으로 인식된다. 하지만 이런 방법은 구연자가 자료를 준비하고 동화를 외야 한다는 부담을 떠올리기 십상이다. 그러므로 최근에는 기교와 기법을 중시하지 않고, 음성언어에 의한 이야기 경험과 문학적 체험을 중시하는 구연이 부각된다. 이런 관점에서 구연을 이야기 '들려주기'와 이야기 '읽어주기'로 나눌 수 있다.[2]

'들려주기 구연'은 교사가 아는 이야기를 어린이에게 들려주는 구연 방법이다. 이 방법은 이야기를 구비 전승하던 시대에 조상들이 행했던 이야기 들려주기의 구비문학적 전통과 같다. 출판문화가 성행하고 있는 현대적 상황에서도 이야기를 들려주는 구연은 어린이의 독서방법으로서 의의를 지닌다. 교사가 이야기를 이미 알고 있으므로 이야기를 들려주는 동안 어린이의 반응에 집중할 수 있다는 장점을 지닌다.

'읽어주기 구연'은 교사가 책을 보고 읽어 주는 구연 방법이다. 교사는 어린이 앞에서 책을 보고 이야기를 읽어주게 된다. 이때 구연자는 구연과 동시에 어린이의 반응에게 주의를 기울인다. 시선을 책과 어린이에게 번갈아 맞추어야 하며, 반응을 감지하면서 이야기의 완급을 조절하고, 목소리의 고저장단을 맞추어야 한다. 또 삽화가 제시되는 장면에서는 책을 돌려 삽화를 보여 주기도 한다.

구연의 방법은 이야기를 구술적인 방법으로 경험하게 한다는 점에서 그 교육적 활용도가 높다. 특히 읽어주기 구연은 활용도가 더 높다. 들려주기 방법이 이야기를 다 알고 들려 줄 수 있어야 한다는 부담을 주는 데 반해 읽어주기 방법은 그런 부담이 없어 실질적인 활용도가 높다. 그것은 좋은 옛이야기 책을 선정하여 편안하게 읽어 줌으로써 이야기를 함께 나눌 수 있게 한다.

---

2) 한명숙(2007: 110~113, 408~409).

이야기 구연은 어린이가 혼자 책을 읽을 때와는 다른 깊이 있는 인지적 소통을 꾀하게 한다. 그것은 청각 자극과 함께 학습독자의 시각적 인지를 자극하게 되고, 구연자의 목소리와 표정 등의 연기에 주의를 기울이게 하여 이야기와의 인지적 소통을 활성화해 준다. 초등학교 저학년 학생이나 미처 책을 읽는 데 주의를 기울이지 못하는 학생들에게 아주 유용한 독서방법이다.

Ⅱ 그림동화

1. 그림동화와 그림책의 관계

'그림책'은 펼친 페이지에 커다란 그림이 들어가 있고 대체로 짧막한 글이 실려 있는, 어린이를 위해 만들어진 짧고 허구적 혹은 비허구적 책[3]으로 정의되었다. 비허구적인 그림책은 주로 지식이나 정보를 담고 있으며, 허구적인 그림책은 꾸며진 이야기를 전한다. 이 가운데 이야기를 전하는 그림책을 '그림동화'라 칭한다. 따라서 초창기의 그림책은 그림동화를 포함하는 개념으로 사용되었다.

그림책과 그림동화는 그림이 주요 기능을 차지한다는 점에서 같다. 그러나 그림의 기능에서는 차이를 보인다. 그림책에서는 그림이 글을 보충 설명하거나 꾸며 주는 등 주로 지시적인 기능을 하지만, 그림동화에서 그림은 글과 조화를 이루면서 이야기를 그림 자체로 표현하는 독립된 기능을 수행한다. 또한, 그림책에서는 그림이 주로 사물이나 개념, 지식 등을 표현하는 데 반해, 그림동화에서는 그림이 구체적인 장면을 제시하거나 서사를 진행한다는 점도 다르다.

---

3) 페리 노들먼(2001: 546).

이와 같은 차이가 부각되면서 그림동화를 '글(text)과 그림(illustration)이 결합하여 허구적인 이야기를 엮어 내는 책'이라는 점에서 그림책과 구별하기도 한다. 그림동화의 그림이 글을 보충 설명하거나 꾸미는 삽화라는 기존의 개념에서 벗어나 글과 조화를 이루면서 이야기를 그림 자체로 표현하는 독립된 시각 예술[4]로 정의하는 관점도 대두되었다. 그림동화가 허구적 이야기로서의 특성을 지님으로써 문학 작품의 범주 안에 드는 반면, 그림책은 사실성에 기반을 둔 비문학 도서로 분류된다는 점에서 가장 큰 차이를 보인다.

최근에는 그림동화를 그림책에서 떼어 내어 독립적인 갈래로 인식하는 경향도 대두되었다. 허구적 이야기 그림책만을 따로 추출하여 '그림동화'라는 명칭을 분명히 사용한 논의도 이런 관점을 반영한다.[5] 최근 그림동화가 허구적 산물이라는 점에서 문학작품의 한 갈래로 다루어지면서 이런 관점은 더 강화되는 경향이다. 따라서 그림책을 사실성에 바탕으로 둔 책으로, 그림동화는 허구성에 바탕을 둔 책으로 구분하는 관점도 성립된다. 그림책에서 그림동화를 분리해 내면, 그림책과 그림동화는 다음과 같이 정의될 수 있다.

- 그림책 : 글과 그림이 결합하여 사실적 정보나 지식 등을 제공하는 책
- 그림동화 : 글과 그림이 결합하여 허구적 이야기를 엮어 내는 문학작품

이와 같이 보면 그림책과 그림동화의 관계는 다음 두 가지 그림으로 설명이 가능하다.

[그림 6.1] 포함 관계 모형   [그림 6.2] 상호 독립 관계 모형

---

4) 박선희 · 김경중(1999: 158).
5) 김상욱(2001).

최근 어린이 독서물의 경향성을 보면, 비문과 비문학의 경계가 모호해지면서 통합되는 경향을 보이기도 하고, 경계를 가르기 어려운 불확정 독서물이 증가하는 등 그 변화 추세가 두드러진다.[6] 그림책과 그림동화 또한 이런 변화의 중심에 있다. 이에 따라 그림책, 만화 등과 같은 어린이 독서물이 급격히 확산되고 팽창되면서 그림을 중심으로 하여 그림동화를 그림책의 범주에 넣던 관점도 변화를 맞을 수밖에 없다. 팽창은 분화를 수반한다. 이제 그림책은 사실성과 허구성에 따라 분화되고 있는 양상이다.

독서지도의 관점에서도 그림책과 그림동화의 분화는 중요하다. 그림책과 그림동화를 포함 관계로 인식하는가, 상호 독립 관계로 인식하는가 하는 점이 어린이 독서지도에 영향을 미친다는 점에서 그러하다. 그 구분의 기준이 사실성과 허구성이므로, 그것은 어린이 독서지도의 방향성에 영향을 준다. 그림책과 그림동화를 구분하면, 그림책은 정보 추출적 독서지도 방법에 따라, 그림동화는 심미적 감상 지향의 독서지도 방법에 따라 어린이에게 수용되리라고 본다.

2. 그림동화의 구성 요소

(1) 형태와 첫인상

책의 크기와 모양, 종이의 종류 등과 관련하여 책의 형태와 첫인상은 책의 물리적 특성으로 시각적 정보에 따라 이야기에 어떻게 반응할지, 기대할 지를 지시해 준다.

① 표지 : 책 읽기 전에 일단 훑어보기 때문에 그 책에서 무엇을 기대해도 좋을지 알려주는 가장 중요한 원천이며, 그림이나 장정은 때때로 이야기의 기본적인 특질을 나타낸다.

---

6) 한명숙(2007).

② 책 안쪽 : 테두리가 있는 그림과 없는 그림은 각각 다른 반응을 자아낸다. 또 다양한 크기, 다양한 유형의 그림과 글, 위치와 상호 관계에 대해서도 다르게 반응한다.

③ 테두리 : 디자인의 효과가 얼마나 큰지를 보여 준다. 단호히 설정된 테두리 안에서 펼쳐지는 사건은 분리와 객관성을 의미한다.

(2) 분위기

그림의 분위기는 작품의 분위기나 느낌에 영향을 미친다.

① 색조 : 특정 색조가 지배하는 책이 색다른 분위기를 창조한다. 어떤 색조는 그 색조가 지배하는 실제 사물이나 배경을 떠오르게 한다. 특정 색조는 관습적으로 관련이 없는 특성 감성을 의미하기도 한다.

② 채도 : 색깔의 상대적 집중력, 그 색깔이 하얀 색깔과 섞인 정도를 말하는 것으로, 채도 높은 색깔은 더 활달해 보이고 낮은 것은 부드러워 보인다. 서로 안 어울리는 색깔을 충격적으로 섞어 사용하는 책은 에너지와 흥분의 특성을 보여 준다. 서로 어울리는 색조와 명암을 부드럽게 섞은 색조들은 침착함을 나타낸다.

③ 흑과 백 : 신문 사진이나 다큐멘터리 필름을 봤기 때문에 흑백 그림은 진지함과 권위를 내포하는 것으로 생각하는 경향으로 이를 이용하여 환상적인 상황의 리얼리티를 깔아 놓는다.

④ 모양 : 둥근 모양은 부드러움과 유연함으로, 뾰족한 모양은 완고함과 질서 정연함으로 인식된다.

⑤ 선 : 열린 선은 고정적이지 않고 힘찬 것으로 닫힌 선은 보다 안정적이고 평화로운 것으로 보는 경향이 있다.

⑥ 매체 : 어떤 매체를 선택하느냐가 스토리의 의미에 큰 영향을 미친다. 매체들은 특정 생각이나 감정과 연결되어 있어 목판화를 단순하며 민중적인 것으로, 유화는 아주 우아한 것으로 보는 경향이 있다. 가령 흰 종이 위의

검은 선은 색깔이 내는 무드 전달이 어렵고, 목판화로 옷감이 주는 느낌을 표현하기는 어렵다.

(3) 그림 유형

색조나 매체와 달리 그림의 유형(style)은 분리될 수 있는 특질이 아니다. 이 것은 한 작품의 모든 요소가 총체적으로 작용해 만드는 효과이며, 그림과 문자더 미를 다른 것과 구별되게, 독특해 보이도록 만드는 방식이다.

① 초현실주의 : 초현실주의적 기법은 낯선 느낌을 준다.
② 인상주의 : 꿈꾸는 듯하고 낭만적인 분위기를 형성한다.
③ 표현주의 : 작가의 자기표현과 자신의 내면 표현에 중점을 둔다.
④ 민족주의 : 전통의 환기에 초점화된다.

(4) 빛의 원천과 그림자

그림 속에 들어 있는 빛은 그림 안쪽 원천과 바깥쪽 원천, 양쪽에서 올 수 있 는데, 그림에 그려진 실질적인 빛의 원천은 빛 자체와 그것이 비추는 대상 양쪽 에 주의를 집중시킨다. 이런 원리를 잘 변형시키면, 신비한 분위기를 만들어 내 게 된다. 가령 『잃어버린 강아지』(난 그레고리 글, 론 라이트 번 그림)나 『고릴라』(앤 서니 브라운 글, 그림)와 같은 작품에서 주인공이나 주변 인물의 그림자가 두드러 지게 나타나는데, 이것이 독특한 분위기를 형성한다.

(5) 그림 안의 움직임과 시간

스토리는 움직임과 변화에 관한 것이기 때문에 필연적으로 시간 안에서 자리 를 잡게 되어 그림은 시간의 흐름을 담기 위해 몇 가지의 관습적인 방법을 이용 한다.

① 불완전한 행동 : 행동이 덜 끝난 순간을 묘사하여 독자들이 그 행동을 끝내는 상상을 하도록 만든다. 예를 들어, 걷는 일은 두 발을 모두 바닥에 붙이는 움직임과 바닥에서 떼는 움직임이 있는 순간을 모두 포함하기 때문에, 그림에서는 캐릭터가 걷는 것을 묘사하기 위해 한 발이 바닥에서 떨어져 있는 모습을 그린다.

② 직선적 연속성 : 그림 안에 있는 선은 실제로 그려진 선을 넘어선 선을 상상하여 그것을 완성시키려고 하는 경향을 자극한다. 팔이나 다리 선을 서너 번 겹쳐 그리면 독자는 그 선을 보고 그 사이의 공간을 메우면서 연속적인 움직임을 상상하게 한다.

3. 그림의 비중에 따른 그림동화의 분류

(1) 글자 없는 그림동화

글자 없이 그림만으로 이야기를 전개한다.

예 『노란 우산』(류재수), 『눈사람 아저씨』(레이먼드 브리그스), 『나무』(엘라 마리), 『떠돌이 개』(가브리엘 뱅상), 『이상한 자연사박물관』(에릭 로만)

『노란 우산』 류재수 그림

『눈사람 아저씨』
레이먼드 브리그스 그림

(2) 그림의 비중이 큰 그림동화

글이 들어가 있으나 전체적인 내용이나 이야기 전개에 그림의 비중이 상대적으로 큰 그림동화책이다. 이런 그림동화는 작품의 이해와 감상에 그림의 기능이 더 크게 작용하거나 그림이 주는 감동이 더 크다. 글자만 읽어서는 이야기 세계를 온전하게 구성하기 어려우며, 반드시 그림을 함께 읽어야 이야기 세계를 제대로 구성할 수 있다. 글자보다 그림이 의미 구성에 더 큰 역할을 한다. 때때로 글자를 모르는 어린이도 작품의 의미 구성이 가능할 만큼 그림의 큰 비중을 차지한다.

『괴물들이 사는 나라』 모리스 샌닥 글·그림

예 『아기 오리는 어디로 갔을까요』(낸시 태퍼리), 『괴물들이 사는 나라』(모리스 샌닥), 『물고기는 물고기야』(레오 리오니)

(3) 글의 비중이 큰 그림동화

작품의 이해와 감상에 그림이 일정한 기능을 하기는 해도, 이야기 전개와 구성에 글로 제시되는 내용이 더 큰 비중을 차지하는 그림동화이다. 이런 작품의 경우 그림만으로는 이야기 세계를 온전하게 구성하기 어렵다. 그림이 의미 구성에 영향을 미치기는 하지만, 서사를 구성하는 주요 기능을 글이 담당한다. 문자 위주로 발표된 작품을 다시 그림동화로 재출판하는 경우가 여기에 해당하는 경우가 많다. 그러나 그림동화가 기본적으로 그림이 의미 구성에 참여한다는 특성을 지니므로, 글의 비중이 큰 작품이라 해도 그 그림이 나름대로의 기능을 수행한다는 점에서 삽화와는 구별된다.

예 『만년샤쓰』(방정환), 『나비를 잡는 아버지』(현덕), 『메아리』(이주홍), 『우리 순이 어디 가니』(윤구병·이태수), 『폭죽소리』(리혜선), 『나무를 심은 사람』(장 지오노), 『행복한 청소부』(모니카 페트) 등

『나비를 잡는 아버지』 현덕 글, 김찬영 그림

『나무를 심은 사람』 장 지오노 글

4. 그림동화에서 그림의 기능

그림동화에서 그림은 이야기의 배경을 제시하거나, 인물과 이야기를 구체적으로 표현하고, 글의 서사 진행과 관련하면서 이면적 서사를 진행하기도 하며, 이야기 자체를 풍성하게 하기도 하는가 하면, 서사의 연결을 가능하게 하는 단서를 제공하는 기능을 한다.[7] 즉 그림이 글로는 제시하지 못하는 인물이나 배경을 구체적으로 묘사해 주고, 인물의 행위를 서술해 주기도 하는 데서 생겨나는 기능이다.

이와 같은 그림의 기능은 서사문학 작품에서 서술자가 갖는 기능과 같다. 일

---

7) 김상욱(2002: 82~89).

8) 현대 서술 이론에서는 이야기를 들려주는 이를 화자(미케 발), 서술 주체(스티븐 코헨·린다 샤이어스), 서술자(채트먼, 리몬-케넌, 주네트) 등으로 칭하는데, 어린 학생들을 고려하고, '서술자'가 가장 일반적인 용어라고 보아 이 용어를 택한다. '서술자'라는 용어는 화법 교육의 '화자' 및 시의 '시적 화자(persona)'와도 구분할 수 있으며, 이것이 독서교육에서도 비교적 쉽고 무리 없이 사용할 수 있는 용어라고 본다. 이하 그림의 서술자 기능에 관한 내용은 다음의 논문을 참고할 수 있다[(한명숙(2007)].

「손큰 할머니의 만두 만들기」 채인선 글, 이억배 그림

반적으로 동화나 서사문학에서 서술자는 이야기를 들려주는 화자를 말한다.[8] 그림동화의 경우도 글의 양이 적기 때문에, 그림으로 이야기 세계를 보여 주게 된다. 이때 그림은 작품 속의 인물, 사건, 배경 등에 관하여 자세하게 이야기를 들려주는 서술자로서의 기능을 갖게 된다. 어떤 작품의 경우 글 속에는 이야기를 들려주는 서술자의 존재가 없고, 인물의 대화만으로 이야기를 들려주기도 하는데, 이 경우에는 그림이 갖는 서술자 기능이 더욱 강화된다.[9]

앞에서 제시한 그림동화『손큰 할머니의 만두 만들기』(채인선)의 한 장면을 보면 그림동화에서 그림서술자가 얼마나 많은 서술 기능을 담당하는지 쉽게 알 수 있다. 위의 작품에서 그림은 5줄의 글로 3인칭 서술자가 전해 주지 못하는 이야기를 다 들려주고 있다. 할머니가 사다리를 타고 솥에 올라가고 있다는 이야기, 장작을 수레에 싣고 오는 호랑이와 그 수레를 미는 여우를 비롯하여 할머니와 17명의 동물 등장인물과 그들의 다채롭고 섬세한 행동을 모두 그림으로 전해 준다.

그림 서술자가 구체적이고 풍성하게 전해 주는 이야기의 풍성함은 결국 인물의 행위를 세세하게 전달해 주는 데서 비롯된다. 그림은 한 인물이나 그 이상의 인물이 어떤 행위를 하는지를 포착하여 독자에게 전해 준다. 글이 들려주지 못하는 인물의 섬세한 표정과 세밀한 행위까지도 잘 묘사해 준다. 이렇듯 그림동화에서 그림은 인물의 행위를 전해 주는 매우 중요한 구실을 담당한다. 그림 서술자

---

9) 외국 작품으로『그건 내 조끼야』(나카에 요시오),『야, 우리 기차에서 내려』(존 버닝햄),『엄마가 알을 낳았대』(배빗 콜),『우리 할아버지』(존 버닝햄) 등의 작품에서 이런 경향을 볼 수 있다. 이들 작품은 그림 서술자와 등장인물의 대화만으로 이야기를 전개하고 있으며, 들려주는 다른 서술 주체로서 서술자가 없다.

의 이와 같은 기능을 행위 서술자로서의 기능이라고 할 수 있다.

1인칭 서술자와 그림 서술자가 함께 이야기를 전해 주는 그림동화로 앞에서 『우리 엄마 어디 있어요?』(이동진 글, 그림)에서는 그림이 이야기의 배경을 서술해 주는 서술자의 기능을 한다. "나는 알에서 깨어났어요. 물고기들이 꼬리를 흔들며 다가왔어요"라는 1인칭 서술자의 이야기와 그림이 함께 전개되면서 '나'라는 서술자가 살고 있는 공간적 배경이 물 속임을 드러내 주기 때문이다. 물론 그림이 다른 등장인물 및 사건, 배경에 관한 이야기를 들려주기도 하지만, 글이 말하지 않은 이야기의 배경을 전달해 준다는 점에서 그림 서술자의 기능은 배경을 서술하는 데 특화된다. 이를 배경 서술자라고 할 수 있다.

그림 서술자가 인물의 행위를 상세하게 보고하거나 이야기의 배경을 묘사해 주기도 하지만, 서술자나 인물의 모습을 구체적으로 드러내 주는 기능도 한다.

> 나는 기억이 하나도 안 나지만 내가 아기였을 때 삼촌이 나를 많이 업어 주었대요. 삼촌은 지금 군인 아저씨가 되었어요. 학교를 마치고 집에 들어서니 삼촌이 와 있었어요.
>
> —『삼촌과 자전거 여행』(채인선 글, 김동성 그림)

이 작품에서 서술자이기도 한 주인공 '선미'는 작중 인물의 대화 중 '선미'라고 불리는 이름을 읽음으로써 여자 어린이라고 추측하게 된다. 그러나 선미가 몇 살 된 어린이인지는 알 수 없다. 하지만 독자는 그림으로 선미가 초등학교 1-2학년 쯤의 여자 어린이임을 알게 된다. 이렇게 그림 서술자는 글이 제시하지 않은 인물 특성을 자세히 서술해 주는 기능도 담당한다. 바로 인물서술자의 기능이다.[10]

---

10) 외국의 그림동화 가운데 『동물원』(앤서니 브라운)이나 『사자가 좋아』(로렌 차일드) 등의 작품에서 인물 그림 서술자를 볼 수 있다. "지난 일요일, 우리 가족은 동물원에 갔다. 나랑 동생은 무척 신이 났다"로 시작되는 『동물원』에서는 그림으로 '나'와 '동생'이 사내아이임을 서술한다. 『사자가 좋아』에서도 "나는 정말 애완 동물을 기르고 싶어요"라고 말하는 서술자가 여자 어린이임을 글로 제시하지 않고 그림으로 보여 준다.

이처럼 그림동화에서는 글과 그림의 서술 기능이 독자성과 조화를 이루며 작품의 형상화에 기여한다. 그렇기 때문에 그림 역시 기호로서 작용하며 언어적 기능을 수행한다. 작품의 세계를 충실하게 전달해 준다. 그 기능은 앞에서 살펴본 바와 같이 인물의 행동과 모습을 구체적으로 묘사해 주고, 이야기의 배경을 서술해 주는 구체적인 기능을 의미한다.

5. 그림동화 선정과 지도

그림동화의 평가 기준은 그림책의 일반적인 평가 기준과 다소 차이가 있다. 그것은 그림동화가 문학작품으로서 위상을 지니기 때문이다. 그러므로 그림책의 평가 기준에 글과 그림의 조화, 이야기 세계 구성 등의 평가 기준이 부가된다. 물로 책의 체제 면이나 글자 면, 그림 면 등의 평가 기준도 그림책의 평가 기준과 다르다. 이를 구분하고 살펴 다음과 같은 평가 기준을 적용하여 책 선정에 활용할 수 있다.

(1) 책의 체제와 흥미 끌기

그림동화는 책의 체제부터 읽는다. 책의 표지와 속표지, 디자인 등이 독자적이며, 그로부터 작품 이해가 시작된다. 그림동화를 읽힐 때에는 책의 체제로 흥미를 유발할 수 있다. 어린이의 관심과 흥미에 따라 책의 체제 가운데 한 요소로 이야기를 시작한다. 책의 체제는 다음과 같은 세부 요소로 이루어진다.

① 책의 크기, 형태, 커버, 표지 디자인, 여백 등이 조화
② 표지와 표지 그림 등이 주는 책의 품위
③ 종이 질과 제본상태 등의 품질과 느낌
④ 겉표지와 속표지가 나타내는 작품세계의 암시

옆의 그림 자료는 『지각대장 존』(존 버닝햄)의 속표지이
다. 그림책이나 그림동화의 속표지를 보면 노랑, 분홍, 연두,
보다 등의 색지를 대 놓은 경우도 많다. 그러나 특별한 의도
와 기획으로 책의 내용을 암시하거나 미리 보여 주거나 책의
분위기를 드러낼 수 있도록 관련된 그림으로 구성하기도 한
다. 이런 경우 독서동기를 유발할 수 있도록 흥미를 끌게 되
며, 책으로 독자를 유인하기도 한다.

『지각대장 존』의 속표지

이와 같이 의도된 속표지는 적극적이고 풍요로운 독서경험을 가능하게 한다.
『곰 사냥을 떠나자』(마이클 로젠 글, 헬린 옥슨버리 그림)의 속표지도 의도와 기획으
로 한 편의 풍경화를 보여 주고 있으며, 『우리 순이 어디 가니』(윤구병 글, 이태수
그림)를 비롯한 사계절 그림동화 4권은 앞 쪽 속표지와 뒤 쪽 속표지의 그림을 따
로 마련하여 계절의 느낌을 살려 냈다. 속표지를 펼치고 어떤 이야기가 펼쳐질지
를 예상하게 한다.

(2) 그림으로 이야기 상상하기

그림동화는 그림을 먼저 읽게 지도 한다. 어린이 수준이나 읽기 상황에 따라
차이가 있겠지만, 일반적으로 그림을 먼저 넘겨보면서 어떤 이야기가 전개될지를
상상하게 하면 상상력을 키우는 데 효과적이다.

그림동화의 그림은 다음과 같은 점을 중시하여 선정한다.

① 어린이가 이해하기에 쉬운 그림
② 모양이 선명하고 알아보기에 정확한 그림
③ 어린이의 정서에 안정적인 색채
④ 예술적인 색감, 양감, 질감
⑤ 이야기를 구성하는 독자적인 의도성을 지닌 그림

『소피의 달빛 담요』(에일린 스피넬리)는 그림에서 탁월한 경지를 보여 준다.

소피라는 거미 주인공이 가난한 여인의 아기를 위하여 달빛으로 담요를 짜 주고 생을 마감한다는 이야기인데, 색채나 색감 및 그림의 전체적인 분위기

『소피의 달빛 담요』 에일린 스피넬리 글, 제인 다이어 그림

등이 환상적인 분위기를 조성한다. 여기에 아름답고 숭고한 이야기 세계가 가미되어 독자를 사로잡는다. 환상적인 그림만으로도 거미의 징그러움에 대한 거부감을 불식시키기에 충분하다. 소피의 숭고한 삶에 대한 이야기 세계를 전달하는 데에도 그림의 역할은 대단히 크다.

(3) 글을 읽으면서 의미 보강하기

그림동화를 읽어 줄 때 그림에 주의를 기울인 다음에 글자를 읽어 준다. 글의 내용은 그림으로 형성한 일차적 의미를 보강한다. 대부분의 경우 그림과 글의 내용이 조화를 이루기 때문에 글의 내용을 이해함으로써 작품의 이해가 깊어지고 확장된다. 글자를 읽을 줄 아는 어린이에게 그림동화의 글자를 스스로 읽게 하면 그림으로 형성한 의미를 보강할 수 있다.

그림동화의 글은 다음과 같은 면을 중시하여 선정한다.

① 글자의 크기와 모양
② 글자 모양의 선명도와 정확도
③ 글의 양과 어린이 발달 수준의 적합성
④ 글의 배치와 안배 및 구성

『우리 엄마 어디 있어요?』(이동진)는 두 가지 글자 모양을 사용하고 있다는 점에서 특징을 보인다. 작품 속에서 일인칭 서술자이기도 한 주인공의 말과 주변 인물의 말은 명조체로 처리하고, 주인공이 직접 하는 말은 모양이 다른 글자체로 나타냈다. 이렇게 차별화된 글자 모양은 어린 독자에게 글자체가 달라짐으로써 말하는 이가 다르다는 점을 차별화하는 인지를 도울 수 있다. 『난 토마토 절대 안 먹어』(로렌 차일드 글, 그림)의 경우도 이와 같은 글자 모양과 크기의 변화를 의도하였다.

『우리 엄마 어디 있어요?』 이동진 글 · 그림

(4) 그림과 글을 통합하여 읽기

그림동화 지도에서 그림과 글의 조화와 통합을 이해하는 과정이 중요하다. 의미 구성력과 상상력을 기른다는 점에서 그러하다. 또한 그림과 글의 통합으로 의미를 구성함으로써 작품 세계를 깊이 있게 이해할 수 있다는 점에서도 그림과 글의 통합 지도는 중요하다. 그림과 글이 어떻게 조화를 이루며 이야기를 전개해 나가는지 스스로 발견할 수 있도록 유도하는 방법도 유용하다.

그림동화에서 그림과 글의 조화는 다음과 같은 점을 중시한다.

① 글과 그림의 구성과 배치는 어떠한가?
② 글과 그림이 어떻게 조화를 이루면서 내용을 전개해 나가는가?
③ 글과 그림이 어떻게 상호 관련되면서 이야기 세계를 구축하는가?
④ 그림의 양식과 매체는 이야기 내용에 적합하고 조화로운가?
⑤ 글의 내용이 어떻게 그림의 내용과 연결되거나 관련되는가?

이호백 글, 이억배 그림

『세상에서 제일 힘센 수탉』(이호백)은 글과 그림을 함께 읽어 나갈 때 그 조화를 이루어 내는 경지가 따로 열린다는 점에서 특성을 지닌다. 그림을 글을 함께 읽을 때 그 묘미가 달라진다는 점에서 서로 다른 독자적 그림의 세계를 보여 준다. 이런 점을 고려하여 작품을 읽게 지도한다. 그러나 『소나기』(황순원 글, 강요배 그림)나 『메아리』(이주홍 글, 김동성 그림)와 같이 기존의 작품에 그림을 입혀 그림동화로 출판된 경우에는 그림이 이야기의 분위기를 어떻게 살려 의미 구성에 영향을 미치는지에 초점을 둔다.

(5) 이야기 이해와 의미 구성하기

그림의 비중이 큰 그림동화라 할지라도 궁극적으로 책이 전하는 것은 이야기이다. 이야기가 주는 재미는 그림의 아름다움 못지않게 어린이를 사로잡는다. 그러므로 어린이 독서지도에서 이야기를 잘 이해하도록 하는 과정이 요구된다. 그러나 이야기 자체를 파악하는 데 초점을 두기보다 이야기와 어린이 자신의 삶을 관련짓도록 하는 데 중점을 두어 지도함이 바람직하다.

그림동화를 선별하고 지도할 때 다음 사항을 고려한다.

① 이야기를 제시하는 언어는 명확하고 감정을 환기시키는가?
② 등장인물이 잘 묘사되고 등장인물의 성격과 행동이 분명한가?
③ 시간적 배경과 공간적 배경을 글과 그림으로 명료하게 제시하는가?
④ 특정한 배경은 글과 그림에서 정확하게 표현되었는가?
⑤ 등장인물이나 사건이 어린이에게 신뢰성 있게 전개되는가?
⑥ 이야기의 주제는 어린이의 인지와 정서 발달에 맞는가?

『구름빵』(백희나)은 독특한 그림동화의 세계를 개척하였다. 간명한 문장으로 이야기의 뼈대를 제시하고, 독특한 그림으로 인물과 사건과 배경을 잘 묘사함으로써 그림이 구성하는 이야기 세계를 독자적이고 풍부하게 열어 보였다. 현실적 실재물과 만든 실재물 및 그리거나 오린 작품 등으로 장면을 구성한 후 그것을 사진으로 찍은 독자적인 그림 형태는 일반적으로 그림동화에서 그림이 하는 기능을 고루 수행해 내고 있다. 『프레드릭』(레오 리오니 글, 그림)이나 『무지개 물고기』(마루쿠스 피스터 글, 그림)도 독자적인 그림으로 이야기 세계를 구

『구름빵』 백희나 글·그림, 김향두 사진

축한 작품으로 평가된다. 독서지도의 실제에서는 이들 이야기를 어린이 자신의 경험과 관련지어 보도록 한다.

Ⅲ 동화

1. 동화의 명칭과 특성

일반적으로 '창작동화'라고 불리기도 하는 동화는 근대에 들어와 형성된 문학 갈래이다. 과거에 작가가 없는 옛이야기와 구별하여 특정한 작가에 의해 창작된 이야기를 '창작동화'라 일컬었다. 그러나 최근에는 '동화'라는 용어가 주로 사용되며 갈래 용어로 정착되고 있다. 동화를 "어린이와 동심을 향유하려는 성인들을 위하여 창작되어지는 문학양식"이라고 한 박상재의 언급에서 이런 경향을 발견할 수 있다.[11]

---

11) 박상재(1998).

'동화의 특성'은 다음과 같이 거론된다. 첫째, 동화는 그것의 독자가 일차적으로 성장기의 어린이라는 것을 감안해서 이상주의적인 것이어야 한다는 근원적인 제약이 따른다. 둘째, 자연과의 교감을 들 수 있다. 셋째, 동화는 간결하고 단순하면서도 심오성이 있다. 넷째, 동화의 내용에 담겨져 있는 뜻은 미래 지향적이다. 다섯째, 동화의 특성으로 소재의 향토성을 들 수 있다.[12]

동화는 어린이문학에서 옛이야기와 대비되는 위상을 지닌다. 둘 다 서사문학이면서 하나는 창작된 것이고, 하나는 전래된 것이기 때문이다. 같은 서사 양식이고 이야기를 들려주면서 동화와 옛이야기로 갈리는 두 갈래의 차이를 서사문학의 관점에서 비교해 보면 〈표 6.1〉과 같다.[13]

〈표 6.1〉 옛이야기와 동화의 차이 비교(서사문학의 관점에서)

구분	옛이야기	동화
지은이	언제 누가 지었는지 모른다.	작가가 예술적으로 창조하였다.
서술	대체로 줄거리와 사건의 진술을 중심으로 한다.	묘사가 많고 인물과 사건 및 배경에 관하여 고루 서술한다.
인물	평면적이며 전형적이다.	입체적이고 개성적이다.
사건	상상 위주이며, 우연의 일치, 천우신조, 불가사의한 인과관계에 의존한다.	상상을 바탕으로 하면서도 리얼리티를 소홀히 하지 않는다.
배경	시간, 장소, 인물 설정이 추상적이다.	시간, 장소, 인물 설정이 구체적이다.
주제	대체로 권선징악과 인과응보의 도덕률을 주제로 한다.	주제의 폭이 넓고 다양하다.
내용	민족의 생활과 이상과 정서와 가치관이 녹아 들어 있다.	한 작가의 상상적 체험, 즉 개인적 정서가 더 큰 비중을 차지한다.
형식	관용적 표현이 많고 대립과 반복의 형식이 많다.	다양한 형식을 취한다.
향유 대상	어린이는 물론 청소년이나 어른들도 즐길 수 있는 내용으로 되어 있다.	주요 독자는 어린이지만, 어른도 독자로서 위상을 지닌다.

---

12) 박화목(1993).

13) 최운식 · 김기창(1998).

2. 환상동화의 이해

환상동화[14]는 넓은 의미로 보아 현실적이지 않은 배경 속에서 현실적이지 않은 인물이 등장하거나, 현실적이지 않은 사건이 전개되는 이야기를 통칭한다. 그러나 엄격한 의미에서 환상동화는 환상 세계가 현실 세계와 대비적으로 존재하는 동화를 의미한다. 마리아 니콜라예바(Maria Nikolajeva)가 이런 동화의 특성을 '시공간'이라는 개념으로 조명하였듯이, 환상동화를 이해하는 가장 기본적인 요건은 환상적인 시간과 공간이다.

마리아 니콜라예바는 다음과 같은 그림으로 환상의 시공간을 나타냈다.

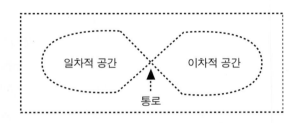

[그림 6.3] 환상의 시공간(니콜라예바)

보통 '판타지'라고 불리는 환상동화를 보면 일반적으로 다음의 6가지 요소가 특징적으로 나타난다.[15] 첫째, 등장인물 요건으로서 인간인 주인공과 인간이 아닌 주변 인물로 이야기가 구성된다. 『오즈의 마법사』(리만 프랑크 바움)에서는 도로시라는 인간 소녀와 마녀, 오즈 대왕, 사자 등 인간 아닌 인물들이 등장한다.

---

14) 환상동화는 흔히 '판타지(fantasy)'라 불리는 동화 작품을 칭하는 용어이다. 우리말을 살려 쓰며 정확한 용어를 선택해야 함은 어린이문학과 어린이 독서교육의 중요한 과제이다. '판타지'를 우리말로 바꿀 용어가 마땅치 않지만, 박상재가 '환상동화'라는 용어를 사용한 바 있으므로, 이를 수용하여 '판타지'를 맥락에 적합하게 '환상동화' 혹은 '환상', '환상성' 등으로 바꾸어 쓴다. '판타지 동화'는 '환상동화'로 명명한다.

15) 한명숙(2002).

『피터팬』(제임스 배리)에도 웬디라는 인간이 나오고 피터팬이나 요정 등의 인간 아닌 인물들이 나온다. 환상동화는 인간 주인공과 인간이 아닌 인물들이 엮어 내는 이야기이다.

둘째, 환상동화는 주인공이 현실 세계에 있다가 환상 세계로 빠져드는 공간 이동 일어난다. 『오즈의 마법사』에서는 회오리 바람이 불어와 도로시를 비현실의 세계로 옮겨 놓고, 『피터팬』에서는 윈디가 피터팬을 따라 날아가서 비현실 세계로 가게 된다. 모두 다 현실계에 있다가 비현실계로의 이동을 경험하게 되는 이야기다. 이러한 현실계와 환상 세계로의 이동 현상은 이야기마다 다른데, 『이상한 나라의 앨리스』(루이스 캐롤) 같은 동화에서는 앨리스의 꿈 속 세계가 바로 환상 세계로 나타나기도 해 잠에 빠져 드는 것이 바로 그 이동 현상이 되기도 한다.

셋째, 환상동화의 주요 이야기는 환상 세계에서 일어나는 일로 구성된다. 『오즈의 마법사』나 『피터팬』 모두 이야기의 주요 사건은 환상 세계에서 일어나는 것으로 이루어져 있다. 『오즈의 마법사』는 '오즈의 나라'에서 일어나는 신비로운 사건들로 이루어지는 이야기이다. 『피터팬』도 요정, 해적, 후크 선장이 살고 있는 섬에서 벌어지는 사건을 들려주고 있다. 서구 동화에서 보여 주는 환상 세계는 다채롭게 나타나는데, 『걸리버 여행기』(조나단 스위프트)에서는 거인국이나 소인국 등의 환상 세계가 창조되기도 한다. 『사자와 형제의 모험』(아스트리드 린그렌)도 요나탄과 스코르판 형제가 낭기열라라는 비현실 세계에서 겪는 이야기를 다루고 있다. 『끝없는 이야기』(미하엘 엔데)는 다른 작품과는 달리 구성이 독특한데, 주인공 바스티안이 환상 세계에서 겪는 이야기를 다루었다는 점은 같다.

넷째, 환상 세계에서 주인공과 주변의 신비한 인물들 사이에 여러 가지 신비한 사건이 벌어진다. 『오즈의 마법사』에서 도로시가 허수아비나 양철로 된 나무꾼을 만나 동행하게 되는 사건이나 도로시가 은구두를 신고 단숨에 오즈 대왕이 사는 메메랄드 성에 도착하는 사건 등이 그것이다. 또 『피터팬』에서도 후크 선장에게 잡힌 아이들은 피터팬이 구해 주는 사건이나 피터팬과 후크 선장의 싸움, 요정의 질투 등도 신비한 인물이 벌이는 신비한 사건이다. 환상 세계에서 일어나는 신비한 사건은 신비한 환상 세계의 특징이자 환상 세계를 이루는 요인이 되기도 한다.

다섯째, 환상 세계에는 마법이 존재한다. 『오즈의 마법사』는 그런 면에서 더욱 전형적이다. 나쁜 마녀가 모자를 벗어 들고 주문을 외워 날개가 달린 원숭이 떼를 불러오는 마법을 부리기도 한다. 도로시가 은구두를 신은 발로 땅을 쿵쿵 구르며 나쁜 마녀가 사라졌으면 좋겠다고 말하자 나쁜 마녀가 사라져 버리기도 한다. 『피터팬』에서는 요정이나 피터팬의 존재 자체가 마법이라고 볼 수 있다.

여섯째, 환상동화의 결말은 주인공이 다시 현실 세계로 복귀하는 것으로 나타난다. 『오즈의 마법사』에 나오는 주인공 도로시도 토토와 함께 살던 집으로 다시 돌아온다. 『피터팬』의 윈디도 집으로 돌아온다. 최근에 나온 서구 현대 환상동화 가운데 수작으로 꼽히기도 하는 『괴물들이 사는 나라』(모리스 샌닥 글, 그림)의 주인공 맥스도 괴물들이 사는 나라에 가서 놀다가 집으로 돌아오는 결말 구조를 보인다. 현실을 떠난 주인공이 현실로 다시 복귀한다는 결말은 떠남이 있기에 가능한 플롯이기도 하다.

이와 같은 특징을 지니는 환상동화의 본질은 거기에 구현된 시간이나 공간의 동질성과 이질성에서 찾을 수 있다. 물론 전래형 환상설화나 광범위한 환상동화는 시공간 개념만으로 설명하기에 충분하지 않다. 그런 환상의 세계에는 시공간의 '뒤틀림' 없이도 신비한 인물이 등장하거나 신비한 사건이 현실 속에서 혹은 환상 공간이 아닌 배경 속에서 발생하기 때문이다.

3. 사실동화의 이해

'사실동화'라는 용어는 어린이문학에서 환상동화와 대비되는 작품을 지칭하는 용어로 그 우세함을 드러냈다. 그래서 동화나 그림동화의 하위 갈래를 구분할 때 가장 많이 적용되는 기준은 비현실적인 이야기인가 사실적인 이야기인가 하는 것이다. 이 가운데 사실적인 이야기는 주로 어린이의 생활과 현실적인 문제를 이야기의 소재로 삼아 형상화하여 창작한 동화 작품을 말한다.

사실동화가 어린이의 생활을 소재로 다룬다는 점에서 '생활동화'라는 이름으로 불리기도 한다. 하지만 이 용어는 다소 편향성을 지닌다. 사실동화가 다루는 소재가 어린이의 생활이기도 하지만 광범위하게 볼 때 생활 그 자체에 머물러 있지 않기 때문이다. 사실동화가 다루는 작품의 소재는 어린이의 생활과 그것을 둘러싼 모든 현실적인 문제이다.

그렇다고 해서 생활동화라는 용어를 '현실동화'라고 바꾸는 것은 바람직하지 않다. 이들 두 용어는 동화 작품이 무엇을 다루고 있는가 하는 데에만 초점을 두고 있다는 점에서 한계를 지닌다. 하지만 사실동화의 특성은 무엇을 다루고 있는가 하는 점보다 어떻게 다루고 있는가 하는 데서 더 두드러진다. 그렇기 때문에 작품이 어린이의 생활과 현실을 사실적으로 다룬다는 데 초점을 둔 용어로서 사실동화라는 용어가 적합하다.

사실동화라는 용어는 어린이가 관심을 갖는 폭넓은 작품의 세계를 두루 포괄할 수 있다는 장점을 지닌다. 가령 2004년에 제14회 방정환 문학상을 수상한『사람을 길들이는 개 쭈구리』(소중애)와 같은 독특한 작품에도 이 용어는 적합하다. 이 작품에 어린이는 중요한 인물로 등장하지 않는다. 다만 어른 2명과 과 '쭈구리'라는 애완견이 주인공으로 등장할 뿐이다. 그리고 주요 사건은 이들 사이에 벌어진다. 쭈구리라는 강아지가 주인공인데, 중요한 주변 인물 둘이 모두 어른이라는 점은 다른 동화와 구별되는 독특한 특징이다. 더욱이 이 작품은 쭈구리라는 개가 서술자가 되어 이야기를 들려주고 있으며, 쭈구리가 실존하는 인물이며 그 사진까지 함께 이야기를 끌어 나가는 데 힘을 보태고 있어 재미를 더한다. 이렇게 최근에 나오는 독자적인 작품의 세계까지 모두 포함할 수 있다는 점에서 사실동화라는 용어의 위상이 확립된다.

일반적으로 사실동화 작품이 지니는 특성을 다음과 같이 거론할 수 있다.

첫째, 사실동화 작품은 일차적으로 현실을 탐구한다. 여기서 현실이란 사실적인 세계를 의미한다. 그것은 역사 속에 묻힌 이야기도 아니고, 비현실적인 상상의 세계도 아니며, 실현 불가능한 환상의 세계도 아니다. 사실적인 세계란 바로 실제적인 사람과 삶이 이루어지는 사실적인 현실 세계를 의미한다.

둘째, 사실동화는 작품의 소재를 현실에서 찾는다. 사실동화 작품을 이루고 있는 이야기의 소재는 모두 현실을 기반으로 한다. 즉, 어린이의 구체적인 삶을 소재로 다룬다는 것이다. 그런데 여기서 현실이란 역시 어린이의 현실이어야 한다는 점이 중요하게 다루어져야 한다. 즉, 어린이의 삶을 둘러싸고 있는 현실적인 사건들이 이야기의 소재가 되는 것이다. 예를 들면, 장애 문제를 다루는 고정욱의 동화에서 다루는 장애라는 소재는 장애 어린이나 장애 어린이의 둘러싼 다른 아이들의 이야기가 작품의 소재가 되는 경우를 들 수 있다. 이 외에도 성장기 어린이의 발달이나, 자아개념 및 정체성 문제, 부모, 형제 등을 둘러싼 가정환경과 관련된 이야기, 친구 관계나 학교생활 등을 비롯하여 사회, 인류, 환경, 문화 등 어린이를 둘러싼 다양한 현실적 문제들이 작품의 소재로서 다루어진다.

셋째, 사실동화 작품은 현실의 논리에 맞게 이야기가 전개된다. 사실동화 작품에 등장하는 이야기는 실제 삶 속에서 일어날 수 있는 개연성을 지닌 것이다. 어린이는 5~6세만 되어도 동물들이 말을 할 수 없다는 것이나, 생명이 없는 사물에 눈이 없다는 점 등 이야기 동화 속에서 보여 주는 동화적 상상력의 세계가 실제 세계와 다르다는 점을 인지하게 된다. 즉, 유아기를 벗어나 어린이기에 접어든 독자들은 이미 사실적인 세계와 비현실적인 상상의 세계를 구분하게 되는 것이다.

이들 분류는 작품이 다루고 있는 대상을 중심으로 한 것이다. 사실동화의 유형을 분류할 때 그것이 다루고 있는 대상을 중심으로 할 것인가, 주제를 중심으로 할 것인가 하는 점은 논란거리가 될 수 있다. 소재 중심의 분류도 그것이 다시 하위 분류될 수 있다는 점에서 분류의 한계를 지닌다. 가령 친구 이야기를 소재로 하는 작품에서 우정의 문제를 다룰 수도 있지만, 그 친구가 장애우라면 장애의 문제에 접근할 수 있게 되고, 빈부의 격차를 지닌 친구의 이야기는 빈부 문제를 다룰 수 있게 되며, 친구의 죽음을 소재로 하게 되면 죽음의 문제를 풀어 나갈 수도 있게 된다. 이렇듯 소재 중심의 분류는 다시 주제 중심의 하위 분류를 낳게 되면서, 사실동화 작품을 유형화하는 데 명료함을 얻기 어렵다. 게다가 소재보다는 주제가 더 중요하게 다루어짐이 마땅하다.

사실동화 작품의 유형을 고찰하기 위해서는 소재 중심의 분류보다는 주제 중심을 분류가 가능하다. 사실동화가 어린이의 현실적인 삶에서 소재를 얻기는 하지만, 소재보다 더 중요한 것이 바로 추구하는 주제이며, 사실동화라는 문학작품을 토하여 탐구하고자 하는 대상이 아닐 수 없다. 따라서 사실동화가 어린이의 현실적인 삶을 탐구하는 문학 작품이라는 특징과 개념에 따라 주제 중심으로 분류하여 봄이 바람직하다.

그러면 사실동화 작품에서 탐구하고자 하는 현실의 문제는 무엇이 있는가? 첫째, 사실동화는 독자층을 고려하여 성장의 문제를 많이 다룬다. 이는 성장기 어린이를 대상으로 하는 동화작품이 즐겨 다루는 주제이자 소재이기도 하다. 어린이문학의 독자가 성장기에 있다는 점을 고려하면 성장을 주제로 하는 작품이 많이 나와야 한다. 그러나 아직까지 성장을 주제로 다룬 작품은 부족한 실정이다.

이주홍 글, 김동성 그림

▶ 『메아리』(이주홍) : 누나가 시집을 가게 되면서 혼자 남겨진 돌이라는 아이가 누나와의 이별을 극복하고 자신의 삶을 다시 열어가는 모습을 보여 준다.

▶ 『우리는 바다를 보러 간다』(린하이원), 『아버지의 꽃은 지고 나는 이제 어린애가 아니다』(린하이원) : 북경 이야기 시리즈 2편으로 어린 소녀 잉쯔의 눈에 비친 어른들의 세계와 그 세계 속의 복잡한 경험으로 성장해 나가는 잉쯔의 모습을 섬세하게 묘사한 작품이다.

린하이원 글
관웨이싱 그림

둘째, 관계의 문제는 사실동화가 아주 즐겨 다루는 주제이다. 어린이를 둘러싼 가족 관계로부터 친구 관계, 교사와의 관계, 친척과의 관계 등 다양 관계 형성의 문제를 다룬다.

박기범 글
박경진 그림

이금이 글
송진헌 그림

▶ 『문제아』(박기범) : 초등학교 5학년 창수가 가정 형편과 주변 환경과의 관계 형성에서 문제아로 낙인 찍히기까지의 과정을 사실적으로 다루었다.

▶ 『너도 하늘말라리야』(이금이) :

결손 가정의 아이들, 이혼한 엄마의 딸인 미르와 재혼한 부모와 헤어져 할머니와 사는 소희, 그리고 엄마가 돌아가시고 홀아비 아버지와 사는 아들 바우를 중심으로 엮어지는 관계의 문제와 가족의 문제를 다루었다.

셋째, 민족 문제는 세계 공통의 주제로서 다루어질 수 있는 것으로서, 어린이 문학의 주요 탐구 대상에서 제외될 수 없다. 우리나라의 경우, 중국, 일본, 동남아, 미국, 호주, 유럽 등지에 많은 민족이 살고 있거니와 이들 재외 민족의 문제를 사실동화가 외면할 수 없다. 특히 재중국 동포들의 입국을 어린이가 흔히 경험할 수 있게 된 요즘에 이들 민족의 이야기를 들려줌은 당연하다.

리혜선 글, 이근희 외 그림

▶『폭죽소리』(리혜선) : 우리 민족이 중국에 이주하여 살기 시작하던 때의 이야기로 낯선 땅에서 버려져 중국인 가정에서 자라게 된 한 여자 아이의 이야기를 통하여 이민 민족의 단면을 들려준다.

▶『연변에서 온 이모』(소중애) : 어느 날 연변에 살던 이모를 만나게 된 어린이가 새롭게 보는 언어와 행동을 통해 민족의식을 일깨우고 있다.

넷째, 분단·통일의 문제는 한국의 사실동화 문학으로서는 한 분류 가지를 형성할 수 있다. 분단과 통일의 문제, 즉 우리 민족이 분단의 시대를 살아가고 있다는 분명한 역사적 사실이 어린이의 삶과 무관할 수 없기 때문이다.

▶『몽실언니』(권정생) : 육이오가 남긴 비극을 온몸으로 겪어내야 했던 주인공 몽실이의 삶을 통하여 전쟁과 분단의 비극을 그렸다. 반공 이데올리기 중심의 소설을 극복한 작품으로서 의미가 있다.

▶『꽝포 아니야요. 남북공동초등학

권정생 글
이철수 그림

신천희 글
백명신 그림

교』(신천희) : 통일 조국을 대비한 초등학교 아이들의 삶과 언어의 문제를
재미있게 다루고 있다.

다섯째, 빈부의 문제 역시 어린이문학의 주요 관심사이다. 빈부의 본질이나
그와 관련된 삶과 가치의 문제를 깊이 있게 조명한 작품을 보기는 쉽지 않으며,
주로 가난한 아이들의 삶을 조명한 작품이 많다.

▶ 『만년샤쓰』(방정환) : 가난하지만 씩씩하고 용기있게 생활하는 남자 어린이
　　를 통하여 가난의 비극성과 그것을 꿋꿋하게 이겨내고자 하는 어린이의 굳
　　센 마음을 그려냈다.

▶ 『종이밥』(김중미) : 부
　　모를 잃고 할머니, 할
　　아버지와 사는 남매의
　　가난한 삶과 그로 인
　　해 겪게 되는 가슴 아
　　프고 따뜻한 이야기를
　　보여 준다.

박정환 글, 김세현 그림

김중미 글, 김환영 그림

여섯째, 장애의 문제는 최근에 사실동화의 중요 관심이 되었다. 장애 문제를
문학적으로 잘 형상화시킨 고정욱의 작품들이 나오면서, 장애 문제는 어린이문학
의 주요 소재이자 탐구 대상이 되었다.

▶ 『가방 들어 주는 아이』(고정욱 글, 백남원 그림) : 다리가 불편한 장애아 친
　　구의 가방을 들어다 주는 어린이의 이야기를 통하여 더불어 사는 모습을
　　감동적으로 보여 준다.

▶ 『네 손가락의 피아니스트』(고정욱 글, 김담 그림) : 희아라는 실존 인물의
　　이야기에 허구성을 가미하여 창작한 작품이다. 오른손 피아니스트 라울
　　소 사(Raoul Sosa)와의 만남이라는 허구적 사건이나 재호와 재호 아빠라는
　　허구적 인물 등으로 이야기를 구성하였다.

이 외에도 죽음의 문제나 환경 문제 등을 다룬 작품들이 사실동화의 한 유형을 차지할 수 있다. 최근에는 다문화나 다문화 가정을 소재로 한 작품도 한 경향성을 이룬다. 외국의 경우 형제나 가족의 죽음을 소재로 작품을 더러 볼 수 있다. 이들 사실동화 작품이 탐구하고자 하는 대상, 즉 주제에 따라 그것을 하위분류해 보면 다음과 같은 분류가 가능하다.[16)]

① 성장   ② 관계   ③ 민족   ④ 분단·통일
⑤ 빈부   ⑥ 장애   ⑦ 죽음   ⑧ 환경
⑨ 다문화

『연금술사』의 작가로 알려진 파울로 코엘료는 그의 소설 『11분』의 서문에서 우리를 꿈꾸게 하는 문학과 우리에게 현실을 인식하게 하는 문학이 있다고 말했다. 환상동화는 어린이를 꿈꾸게 한다. 사실동화는 어린이에게 현실을 인식하게 한다.

4. 동화 감상 지도 방법

동화 감상 지도 방법으로 다양한 독후 활동을 활용할 수 있다. 독후 활동은 독서 후의 생각이나 느낌 등을 언어, 그림, 몸짓 등의 다양한 언어적 코드로 표현해 보는 활동을 말한다. 작품을 읽은 후의 독후 활동은 독서경험을 심화하고 확장하며 내면화를 돕는다는 점에서 의미를 지닌다.

---

16) 아래의 분류 외에 다음과 같이 분류도 볼 수 있다[Brown & Tomlinson(1999), 제7장 참고].
    ① 가정 이야기 Families   ② 친구 이야기 Peers
    ③ 청소년 문제 Adolescent Issues   ④ 모험과 생존 이야기 Survival and Adventure
    ⑤ 장애자 이야기 People with disabilities   ⑥ 문화 다양성 이야기 Cultural Diversity
    ⑦ 스포츠 이야기 Sports Stories   ⑧ 환경 이야기 Environment Stories
    ⑨ 과학 이야기 Science Stories

독후 활동은 그 목적에 따라 적용되고, 또 학생 수준 및 목적에 적합하게 활용한다. 독후 활동의 종류는 다음과 같다.

(1) 쓰기를 활용한 방법

- 독후감 쓰기
- 작중 인물에게 편지 쓰기
- 작가에게 편지 쓰지
- 줄거리를 시로 쓰기
- 서평 쓰기
- 주인공에게 편지 쓰기
- 친구에게 독서편지 쓰기
- 책 안내 기사 쓰기
- 인물 모습을 시로 쓰기
- 비평문 쓰기

(2) 그림을 활용한 방법

- 주인공 초상화 그리기
- 이야기 속의 배경 그리기
- 인물의 모습 그리기
- 등장인물 캐리커처 그리기
- 인상적인 장면 그리기

(3) 다양한 표현 활동을 활용한 방법

- 책 광고 만들기
- 내가 읽은 책 소개하기
- 무언극으로 나타내기
- 노래로 만들어 부르기
- 내가 권하는 책 한 권 안내하기
- 독서정보 안내하기
- 연극으로 나타내기
- 구연하기
- 몸짓으로 나타내기

독후 활동 가운데 토의·토론은 자신의 생각과 느낌을 다른 사람과 나누면서 정교화하는 방법으로서 의의를 지닌다. 독서토의 활동은 토의 과정에서 작품에 대한 상대방의 생각이나 느낌을 이해하고 의미를 교섭하면서 자신의 의미를 구성해가도록 돕는다. 또 토의 과정을 거치면서 자신의 생각이나 느낌을 명료히 하며, 다양한 생각과 의견을 모아 자신의 생각을 정립하게 한다.

어린이 독서지도를 위하여 쉽게 적용할 수 있는 독서토의 방법으로는 이야기식 독서토의(conversational discussion group)와 토의망식 독서토의(discussion web)가 있다. 이야기식 토의는 자연스러운 분위기에서 대화하듯이 읽은 책에 대하여 대화를 나누는 독서토의이다. 이야기식 독서토의의 목적은 토의를 원활히 하기 위한 환경을 조성하는 것이고, 이러한 환경은 동료와의 상호 작용 속에서 공감대와 조화를 이루도록 하는 것이다. 토의의 과정은 규칙 소개하기, 교사의 질문에 토의하기, 반성하기의 단계로 진행된다.

토의망식 토의(discussion web)는 책을 읽은 후 주어진 인물의 말과 행동에 대해 찬반 표를 작성한 다음 찬반 표의 내용을 바탕으로 해서 토의를 하는 방식이다. 이 방법은 작중 인물이나 사건에 대해 서로 다른 견해를 가질 수 있을 때, 서로 다른 생각이나 관점을 충분히 생각해 보는 데 초점이 있다. 작품을 읽고 난 후 흔히 나타날 수 있는 견해의 불일치나 상반되는 의견을 보다 명료하게 하려는 데 목적이 있으며, 이 목적을 달성하기 위해 그래픽 보조 자료로 토의망을 이용한다.

가령 이야기에 등장하는 인물의 행동에 대해서 찬반 토의를 한다고 하자. 학생들은 현재 그들이 알고 있는 정보, 자료, 경험에 근거하여 자신의 입장을 정리하여 토론을 한다. 이때는 자신의 주장에 대한 상대의 비판을 반박하고 상대방의 주장을 분석하고 비판한다. 이는 상대방의 주장에 대해 관심을 가지게 하고, 새로운 인지적 분석을 자극하고, 새로운 대안을 창조할 수 있다.

독후 활동을 선택하고 활용할 때는 다음 사항을 고려한다.

① 학년별로 적용 가능한 활동을 선정한다.
② 독서 후에 할 수 있는 활동을 구안하여 활동 내용을 계획한다.
③ 활동에 필요한 자료를 제작한다.
④ 활동 방법을 안내하고 제작된 활동지를 배부한다.

독후 활동은 학년별로 적합한 것을 선택함이 중요하다. 학생의 흥미에 적합한 활동을 선택해야 함은 물론이다. 독후 활동은 다양하게 개발되어 있어 학생의 흥미를 고려하여 적용할 수 있다. 또 독서지도의 의도와 목적에 따라 특정한 독후 활동을 채택하여 독서지도의 효과를 높인다.

Ⅳ 전래동요와 시

1. 어린이 서정문학으로서 전래동요와 시

어린이문학의 갈래 가운데 서정문학은 비교적 그 위상이 낮다. 그러나 초등학교 1~2학년 어린이들은 전래동요나 시 등 서정문학에도 관심을 보인다. 고학년으로 갈수록 서사문학에 집중하는 경향을 보이지만 어떤 연령의 어린이에게라도 서정문학을 경험하게 하는 독서지도가 이루어져야 한다. 옛이야기나 동화가 서사문학으로서 이야기를 들려주는 문학적 경험을 제공한다면, 전래동요나 시는 간결하게 함축된 언어로서 독자적인 문학적 경험을 제공한다. 전래동요는 옛날 어린이들의 삶과 마음을 경험하게 하고, 시는 현대를 살아가는 다른 어린이들의 삶과 생각을 느껴보도록 한다.

서정문학은 운율과 이미지로 이루어지는 언어 예술이다. 음악성을 그 특질로 삼는 문학 갈래이기도 하다. 전래동요나 시 역시 음악성을 특질로 하여 노래를 부르는 듯한 즐거움과 함께 문학을 경험하게 한다. 또한 함축된 언어 속에 정제된 한 세계를 경험함으로써 사람과 세상을 바라보는 눈과 마음을 길러주고 심미안을 갖게 하는 데 기여할 수 있다. 이런 의의를 고려하여 어린이 서정문학으로서 예로부터 전해 내려오는 전래동요와 현대에 창작된 시 가운데 어린이가 향유할 만한 작품을 선정하여 다룬다.

2. 전래동요의 특성

전래동요는 옛 아이들이 즐겨 부르던 노래이다. 우리나라에서 가장 오래된 전래동요로서는 신라 진평왕 때 백아이들 사이에서 불렸다는 「서동요」를 든다.[17] 「서동요」는 『삼국유사』에 전하는 향가 가운데 하나이기도 한데, 조동일은 이것이 원래는 민요였을 것인데 어떤 계기로 향가에 편입되었을 듯하다고 보았다.[18] 「서동요」가 본래 민요였다고 보고, 그 향유 대상이 아이들이라는 점을 고려하며, 「서동요」를 전래동요의 출발로 볼 수 있다.

> 선화공주님은 남 그스기 얼어두고,
> 서동 방으로 밤에 몰래 안겨간다.

전래동요는 구비 전승된 노래이다. 「서동요」로부터 시작되는 전래동요는 지은이가 누구인지 모르는 체 형성되어 끊임없는 구비 전승 과정을 거쳐 현대에 이르기까지 계속 계승되고 있다. 또 전래동요가 현대에 이르기까지 계속 구비 전승의 과정을 거치고 있으므로 현대에 이르기까지 폭넓게 불린다. 게다가 현대에 와서 채록이 더해지면서 더욱 많은 양을 확보하게 되었다.

요즘의 어린이들 역시 악보나 책에서 전래동요를 보고 익혀 부르기도 하지만 어린이들 사이에 입에서 입으로 전해 가며 전래동요를 부른다. 이렇게 전래동요는 입에서 입으로 전해 내려온 노래이며, 지금도 구비 전승되고 있는 어린이 서정문학의 한 갈래이다.

> 타박 타박 타박네야, 너 울면서 어디 가니
> 우리 엄마 무덤가에 젖 먹으러 찾아간다.
> 산이 높아서 못 간단다. 산이 높으면 기어가지

---

17) 유창근(1998: 116).
18) 조동일(1982: 132).

물이 깊어서 못 간단다. 물이 깊으면 헤엄치지

명태 주랴. 명태 싫다. 가지 주랴. 가지 싫다.

우리 엄마 젖을 다오, 우리 엄마 젖을 다오.

「타박네」라는 제목으로 불리는 이 노래는 최근에도 흔히 불리는 전래동요이다. 아직까지도 우리 전래동요는 계속 채록되고 있으나 보다 적극적인 자세와 폭넓은 관점으로 전래동요를 채록하여야 할 것이다. 전래동요를 채록하는 폭 넓은 관점이란 전래동요를 신라에서 고려와 조선을 지나 근대 이후에 형성된 것까지 모두 전래동요 안에 포함시키는 관점을 의미한다. 「타박네」처럼 근대 이후에도 창작동요가 대중화되기 이전에 형성되고 전승된 전래동요가 적지 않으리라고 본다.

전래동요는 지은이를 알 수 없다. 전래동요가 구비 전승을 특징으로 하는 데는 특정 지은이가 없음을 함의한다. 물론 전래동요를 지은이의 반 정도는 아이들일 것이라고 볼 수 있다. 전래동요를 아이들이 즐겨 불렀다는 의미 안에는 아이들이 지어 불렀다는 의미가 함의되었다고 볼 수 있기 때문이다. 또 전래동요가 아이들의 놀이 장면이나 집안일을 돕는 가운데 자연스럽게 지어지고 불리었을 가능성을 고려해 보면, 아이들 자신이 노래를 짓고 불렀을 가능성을 충분히 인정할 수 있다. 이렇듯 전래동요는 지은이가 밝혀지지 않은 채 전해지는 어린이의 노래이다.

전래동요는 생활 속에서 즐기며 부른 노래이다. 전래동요는 본래 옛날 아이들이 생활 속에서 집안일을 도우거나 놀이를 하면서, 또는 즐기기 위하여 부른 노래이다. 「서동요」 역시 신라 진평왕 때 아이들이 서동의 말에 따라 이 노래를 배워서 부르고, 이 노래를 부르면서 놀고 즐기며 퍼뜨렸다는 점을 생각하며 옛 아이들의 노래로서 전래동요의 의미를 반추할 수 있다. 즉, 옛날 아이들이 생활 속에서 즐겨 부르던 노래가 바로 전래동요인 것이다.

아이들이 생활 속에서 동요를 부르던 장면은 크게 놀이 장면과 집안일 돕기 장면을 들 수 있다. 놀이장면을 나타내 주는 전래동요로는 「앞니 빠진 중강새」나 「두껍아」, 「대문놀이」 등이 있고, 집안일 돕기 장면에서 불렀을 노래로는 「나물노래」, 「외따기」, 「방아노래」 등을 들 수 있다.

앞 이 빠진 중강새/ 우물 가에 가지 마라 / 개구리 새끼 놀란다.

앞니빠진 갈가지/ 뒷나빠진 덕새기/ 도랑가에 가지마라/ 개구리새끼

놀린다/

동시가에 가지마라/구데기새끼 놀린다.(편해문, 70)

외 따자 외 따자/ 칭이야 칭칭 외 따자/ 꼬리야 꼬리야 잘 쳐라/

여기도 따고 저기도 딴다/ 이리 치고 저리 치고/ 외 따자 외 따자

전래동요는 어린이의 서정문학이다. 전래동요가 예로부터 전해 내려오는 노래라는 것과 함께 중요하게 다루어질 것은 바로 아이들의 서정문학이라는 점이다. 특별한 놀이 기구가 없었던 옛날에 아이들은 노래를 부르며 놀이를 하고 집안일을 돕기도 했다. 뿐만 아니라 옛날 아이들은 노래에 자기들의 생각과 감정을 담아내기도 하고 소망이나 바라는 것을 노래에 담아 부르기도 했다.

이렇게 발달되었을 전래동요는 그 성격이 자연히 운율성과 음악성을 띠게 되었을 것이다. 놀이하면서 일하면서 그 상황을 표현한 결과는 당연히 이야기체가 아닌 노래체여야 한다. 이렇게 운율성과 음악성을 지니게 된 전래동요는 가운데 자연스럽게 어린이의 서정문학으로서 자리를 잡게 된다. 결국 전래동요는 옛날 아이들의 서정문학으로서 아이들의 삶을 가꾸는 중요한 매개이자 도구로서의 기능을 했다고 볼 수 있다.

유명한 전래동요 가운데 「달아달아」를 보아도 이러한 점을 알 수 있다.

달아 달아 밝은 달아/ 이태백이 놀던 달아/ 저기 저기 저 달 속에/ 계수나무 박혔으니/

옥도끼로 찍어내고/ 금도끼로 다듬어서/ 초가삼간 지어 놓고/ 양친부모 모셔놓고/

천년만년 살고지고/ 천년만년 살고지고

「달아 달아」는 어린이 서정문학으로서 작품성을 보여 주기에 충분하다. 4음보로 이어지는 정형률의 편안한 율격이 있다. 달을 대상화하여 부르는 표현 기법

은 세상 만물이 살아 있다고 보는 어린이의 마음을 넉넉히 드러내 준다. 달 속에 계수나무가 살고 있을 것이라고 여기는 생각은 초월적 상상력을 아낌없이 보여 준다. 게다가 계수나무로 초가삼간 지어서 양친부모 모셔다가 천년만년 살고 싶다는 소망의 표현은 감동의 극치를 자아낸다. 이렇게 전래동요 한 편으로 인간의 생각과 상상력과 소망을 담아 4음보의 정형률로 유려하게 표현해 내고 있으니, 어린이에게 음악성과 함께 상상력과 꿈을 심어 주는 서정문학으로서 위상을 세우기에 손색이 없다.

전래동요는 어린이를 위한 노래 문학이다. 위에서 언급한 바와 같이 전래동요가 옛 아이들이 즐겨 부르던 노래이고, 구비 전승되는 서정문학이며, 어린이들이 생활 속에서 즐겨 부른 노래임과 동시에 또 한 가지 개념적 특징을 지닌 것은 그것이 어린이를 위한 노래 문학이라는 점이다. 이는 전래동요를 창작하고 향유하던 계층에 어른이 포함된다는 점에서 차별화된다.

전래동요는 그 특성상 많은 작품들의 경우 아이들이 창작자로서의 역할을 하였을 것이라는 점에서 여타의 어린이문학과 차이가 있다. 동시에 전래동요 역시 어른이 아이들을 위하여 짓고 불러 준 노래라는 점에서 다른 어린이문학과 같은 면모를 지닌다. 전래동요 가운데 어른이 짓고 아이들에게 들려주었을 작품의 대표적인 예는 아이를 재울 때 불렀다는 전래동요 「자장가」이다.

자장 자장 우리 애기 자장자장 우리 애기
꼬꼬 닭아 우지 마라 우리 애기 잠을 깰라
멍멍 개야 짖지 마라 우리 애기 잠을 깰라
자장 자장 우리 애기 자장 자장 잘도 잔다

초등학교 음악 교과서에도 수록되어 있는 이 전래동요는 노랫말을 보면 지은이가 바로 부모임을 알 수 있다. 아이를 재우면서 사랑을 담아 흥얼흥얼 하던 말에 가락이 붙으면서 오늘날 전해지는 바와 같은 「자장가」가 되었을 것이다.

이 「자장가」는 우리말의 음보율을 바탕으로 전통 가락을 잘 살려서 편안하고 포근한 느낌을 주는 동요로서, 그 노랫말 안에 아기를 사랑하는 부모의 지극한 마음과 아기가 잘 자라서 훌륭한 사람이 되기를 바라는 마음까지 담겨져 있다. 어린이들이 이런 전래동요를 자장가로 들으며 자란다면 아름답고 부드러운 정서를 키우는 데 도움이 될 것이다.

3. 어린이의 시

'어린이의 시'란 어린이가 읽는 시를 명명하기 위한 말이다. 어린이를 위하여 출판된 시로 '동시'가 있으나, 동시 또한 시이다. 일반문학의 시 가운데 어린이가 읽을 수 있는 시도 많다.[19] 이런 점에서 시와 동시를 구분함은 바람직하지 않아 보인다. 다음의 시를 아이들이 읽는다고 동시라고 할 수 있는가를 생각해 보면 시와 동시의 구분이 의미 없음을 알게 된다.

김소월「엄마야 누나야」,「개아미」,「부헝새」
윤동주「호주머니」,「해바라기 얼굴」,「귀뚜라미와 나와」,「누구일까」,「굴뚝」
백 석「청시」,「수라」,「개구리네 한솥밥」
정지용「감나무」,「하늘 혼자 보고」,「바람」,「호수」
박목월「엄마하고」,「아버지」,「해바라기와 나」
기형도「엄마 걱정」
김춘수「꽃」

누나의 얼굴은 해바라기 얼굴/ 해가 금방 뜨자 일터에 간다//
해바라기 얼굴은 누나의 얼굴/ 얼굴이 숙어들어 집으로 온다//

---

19) 겨레아동문학연구회 엮음(1999).

열무 삼십 단을 이고 시장에 간 우리 엄마/ 안 오시네, 해는 시든 지 오래/ 나는 찬밥처럼 방에 담겨/ 아무리 천천히 숙제를 해도/ 엄마 안 오시네, 배추잎 같은 발소리 타박타박/ 안 들리네, 어둡고 무서워/ 금간 창 틈으로 고요히 빗소리/ 빈방에 혼자 엎드려 훌쩍거리던// 아주 먼 옛날/ 지금도 내 눈시울을 뜨겁게 하는/ 그 시절, 내 유년의 윗목//

윤동주의 「해바라기 얼굴」과 기형도의 「엄마 걱정」이다. 작가가 어린이 독자를 고려하여 이 시를 지었는지 알 수 없지만, 분명한 점은 어린이도 이들 시를 읽는다는 점이다. 어린이가 이들 시를 읽는다고 '시'가 '동시'라 불릴 수 없다. 어린이가 읽어도 '시'는 '시'이고, 어른이 읽어도 '시'는 '시'일 뿐이다.

시 가운데 노래로 창작된 작품도 있다. 시를 노랫말로 삼고 거기에 가락을 붙여 만들어져 동요로 불린다. 「반달」(윤극영, 1924), 「오빠생각」(최순애, 1927), 「고향의 봄」(이원수, 1926) 등이 그것이다. 이 가운데 「오빠 생각」은 시대성이 강하게 나타난 수작으로 꼽힌다.

오빠 생각
뜸북뜸북 뜸북새 논에서 울고/ 뻐꾹뻐꾹 뻐꾹새 숲에서 울 때
우리 오빠 말 타고 서울 가시며 / 비단 구두 사가지고 오신다더니
기럭기럭 기러기 북에서 오고·/ 귀뚤귀뚤 귀뚜라미 슬피 울건만
서울 가신 오빠는 소식도 없고 /나뭇잎만 우수수 떨어집니다.

시는 간결하게 함축된 언어로서 독자적인 문학 경험을 제공한다. 「오빠 생각」은 뜸북새와 뻐꾹새라는 시어로서 오빠가 떠난 때가 봄임을 나타내고, 기러기와 귀뚜라미로 가을이 되어도 오빠가 오지 않았음을 표현했다. 봄에 떠난 오빠가 가을이 되어도 오지 않으니 귀뚜라미 울음소리는 '슬피' 들리고, 나뭇잎은 '우수수' 떨어진다. 탁월한 시적 성취를 보인 작품이다. 이렇게 시는 함축된 언어 속에 정제된 한 세계를 경험함으로써 사람과 세상을 바라보는 눈과 마음을 길러주고,

심미안을 갖게 해 준다.

　어린이가 좋아하는 시의 두드러진 특질은 음악성이다. 전래동요처럼 시 역시 음악성을 특질로 하여 노래를 부르는 듯한 즐거움과 함께 문학을 경험하게 함으로써 어린이를 사로잡는다. 시의 음악성과 운율은 음보율에서 나온다. 한국 시가의 율격은 3음보나 4음보 율격을 보인다. 그래서 음보율에 따라 시를 읽으면서 시의 세계를 음미하게 하는 낭송 방법은 어린이에게 시를 즐기도록 하는 방법으로 효과적이다.

　최근에 시 작품 하나가 그림동화 한 편으로 출간되는 등 시문학의 출판이 왕성해지고 있다. 윤석중의 동시 「넉점 반」이 그러하고, 백석의 동화시로 출간된 「개구리네 한솥밥」도 이에 해당한다. 그림동화로 출판된 시는 어린이의 의미 구성과 감상을 돕는다.

넉점반
아기가 아기가/ 가겟집에 가서//
"영감님 영감님/ 엄마가 시방/ 몇 시 냐구요"//
"넉 점 반이다"//
"넉 점 반/ 넉 점 반"//
아기는 오다가 물 먹는 닭/ 한참 서서 구경하고.//
"넉 점 반/ 넉 점 반"//
아기는 오다가 개미 **거둥**/ 한참 앉아 구경하고.//
"넉 점 반/ 넉 점 반"//
아기는 오다가 잠자리 따라/ 한참 돌아다니고.//
"넉 점 반/ 넉 점 반"//
아기는 오다가/ 분꽃 따 물고 **니나니 나니나**//
해가 **꼴딱** 져 돌아왔다.//
"엄마/ **시방** 넉 점 반이래"//

이 작품에서 진하게 표시한 부분은 2학년에게 어렵겠다고 여겨지는 어휘이다. 그러나 2학년 여자 어린이는 그림과 함께 시를 읽으며 '거둥'은 '개미가 움직이는 것'으로, '꼴딱'은 '해가 넘어간 것'이고, '시방'은 '시간이 그렇게 되었다는 것'이라고 이해했다. '니나니 나니나'는 흉내내는 말(의성어)인 줄 모르고 발음도 제대로 하여 읽지 못하면서 '분꽃을 따서 물고 하는 것'이라고 이해한다. 축어적 의미는 정확하지 않으나 나름대로 의미를 구성해 나간다. 백석의 동화시로 출판된 「개구리네 한솥밥」도 그림과 함께 시가 제시되어 '소시랑게', '벌' 등의 낯선 어휘가 있어도 그림과 함께 시를 읽게 함으로써 어린이의 시 감상을 돕는다.

4. 어린이를 위한 전래동요와 시의 선정

어린이에게 적합한 전래동요나 시를 읽히고자 할 때 이들 서정 작품의 평가 및 선정에 있어서 다음과 같은 사항을 제시할 수 있다.[20]

- 생각과 느낌의 분명한 지향과 가치가 담겨 있다.
- 소재 및 주제가 신선하거나, 일상적인 소재라도 신선하게 나타낸 시가 좋다.
- 풍부한 상상력으로 사물과 사람, 세상을 보는 관점이 나타나 있다.
- 생각과 느낌에 대한 표현이 독특하고, 일상적인 것을 새로운 시각으로 받아들이게 하는 시가 좋다.
- 아이들의 경험에 적합한 것이어야 하며 교훈성이 표면적으로 드러나지 않아야 한다.
- 아이들의 시각을 통해 사물과 세상을 보여 주고, 아이들의 삶과 행동에 초점을 두되 모든 연령의 사람들도 관련지어 나타내는 작품이면 더욱 좋다.
- 아이들의 욕망에 야합하기보다는 아이들이 즐기면서 가치있는 선택을 할 수 있는 작품이어야 한다.

---

20) Brown & Tomlinson(1999: 45~46)을 참고하되, 한국의 전래동요와 시에 두루 해당하도록 다듬어 제시함.

- 시집의 질을 따질 때는 우선 겉모양보다는 시의 내용을 보아야 한다. 시집에 실린 시들이 좋은 내용으로 구성되었는지가 일단 확인이 되면 시집의 삽화나 모양새도 꼼꼼히 살펴보는 것이 좋다. 지나치게 화려한 삽화는 시를 오히려 묻히게 할 수 있다.
- 아이들은 이야기 시를 좋아한다. 따라서 다른 유형의 시들과 함께 이야기 시를 포함시키는 것이 좋다.
- 시를 지은이가 누구인지 간단히 소개할 수 있는 시인의 대표시를 소개해도 좋다.
- 아이들이 특정 시인을 좋아한다 하더라도 다른 시인들을 좋아할 여지는 항상 있다. 다양한 작가들의 시를 공유할 수 있게 해 주는 것이 필요하다.

❰ 심화학습

1. 한국 그림동화의 경향성

현대 어린이 독서물의 두드러진 특징 가운데 하나는 그림책과 그림동화의 부각 현상이다. 이 가운데 그림동화는 다양한 예술성과 문학성을 내포한 작품이다. 책 형태의 다양함부터 화풍, 그림 양식, 소재, 주제 등의 다양함을 구현하였다. 우리나라 작가의 그림동화도 21세기에 들어와 부흥기를 맞이하고 있다. 『노란 우산』(류재수 글, 신동일 편곡)과 『도대체 그 동안 무슨 일이 일어났을까?』(이호백 글, 그림)가 2002년과 2003년에 각각 미국 뉴욕 타임즈 최우수 그림책 수상작으로 선정되었고, 『구름빵』(백희나 글, 그림, 김향수 사진)은 2005년 볼로냐 국제도서전에서 픽션 부문 올해의 일러스트레이터 상을 받았다.

이 가운데 『구름빵』은 그림이 구성하는 이야기 세계를 독자적이고 풍부하게 열어 보였다. 간명한 문장으로 이야기의 뼈대를 제시하고, 독특한 그림으로 인물과 사건과 배경을 잘 묘사하였다는 점에서 그러하다. 현실적 실재물과 만든 실재물 및 그리거나 오린

이미지 등으로 장면을 구성한 후 그것을 사진으로 찍은 독자적인 작품 형태가 일반적으로 그림동화에서 그림이 하는 기능을 고루 수행해 내고 있음도 탁월하다. 어린이의 관심과 흥미를 끌기에도 충분하다.

앞으로 우리나라 그림동화도 구미의 작품처럼 질과 양 면에서 풍요로워지리라는 전망이 가능하다. 한 작가가 글과 그림을 동시에 창작하는 작품이 늘어나고 있다. 이런 경향을 이어 유수의 작가가 계속 배출되어야 하고, 우수한 작품도 더 많이 생산되어야 한다. 매력적인 서사가 보강되고 아름다운 그림이 더욱 발전하는 가운데, '옛이야기그림책'이나 '시가그림책' 등도 더욱 번성하리라 기대된다.

현재까지 우리 그림동화의 출간 경향을 정리하면 다음과 같다.

① 그림동화로의 재창조 : 『소나기』(황순원 글, 강요배 그림), 『메아리』(이주홍 글, 김동성 그림) 등
② 그림 미학 중심의 작품 : 『동강의 아이들』(김재홍 글 그림), 『솔이의 추석 이야기』(이억배 글, 그림) 등
③ 한국 문화 지식 소재의 작품 : 『만희네 집』(권윤덕 글, 그림), 『어처구니 이야기』(박연철 글, 그림) 등
④ 옛이야기그림책 : 『훨훨 간다』(권정생 글, 김용철 그림), 『아씨방 일곱 동무』(이영경 글, 그림) 등
⑤ 시가그림책 : 『시리동동 거미동동』(제주도 꼬리따리 노래, 권윤덕 그림), 『넉 점 반』(윤석중 시, 이영경 그림) 등
⑥ 본격 그림동화 : 『구름빵』(백희나 글, 그림, 김향수 사진), 『고양이는 나만 따라해』(권윤덕 글, 그림) 등

2. 어린이 독서물의 확장과 독서언어의 다양화

독서 행위를 이끄는 '읽기'란 범박하게 보아, 담문(text)의 기호를 해독하여 그 의미를 이해하고 구성하는 행위라고 할 수 있다. 이와 같은 읽기의 개념 정의에는 구성주의적 관점이 반영된 것이다. 즉, 구성주의의 관점에서 읽기 행위의 '주체'를 반영하고, 읽

기의 개념에 '의미 구성 행위'를 강조하여 읽기의 개념을 정의하였다. 이는 담문의 의미를 '파악'하는 것으로 읽기를 정의하던 과거의 관점과는 다르다.

물론 읽기 행위에서 '주체'만 강조되는 것은 아니다. 읽기 행위에는 '담문'과 '주체'가 모두 중요하게 다루어진다. 여기에 구성주의에서 강조되고 있는 중요한 개념으로서 읽기의 '과정'도 강조된다. 또 읽기 행위가 실제로 일어나는 '맥락' 역시 중요하게 다루어진다.[21]

읽기를 정의하는 이들 요소가 어린이 독서물과 관련해서 변화를 보이고 있다. 가장 큰 변화 요소는 언어 형태에서 나타난다. 읽어야 할 언어 형태가 문자언어에 국한되지 않고, 다양한 매체언어까지 포괄한다는 점에서 그러하다. 언어 형태의 변화는 어린이에게는 읽어야 할 기호의 변화를 의미하며, 더 나아가서는 읽기의 개념까지 확장해 준다. 주로 문자언어를 대상으로 하던 읽기에서 확장되어 문자가 아닌 것까지 읽기 행위의 대상으로 삼게 되었다는 뜻이다. 영화 읽기, 드라마 읽기, 뉴스 읽기, 광고 읽기, 가요 읽기 등이 이런 경향을 볼 수 있는 예이다.

이와 같은 읽기는 읽기 과정에서 저자(생산자)가 제시하여 독서물 안에 존재하게 된 단서의 다양함을 제각기 포착하여 의미를 구성하게 하는 능력을 요한다. 그러므로 21세기의 어린이에게는 다양한 종류와 다채로운 형식의 독서물을 읽는 능력이 요구된다. 책을 읽어야 하고 동영상이나 만화영화를 읽어야 한다. 그림이나 사진도 마찬가지이다. 이들을 이해하고 감상하는 행위가 모두 의미 읽기이며, 이들 독서물을 구성하고 있는 언어 기호는 음성 기호, 문자 기호, 매체 기호이기 때문이다.

이들 언어는 어린이 독서물에서 각각의 의미를 지닌다. 첫째, 음성언어 독서물은 음성언어 기호를 매개로 제시되는 교재로 구연된 동화, 교사의 동화 구연 등으로 활용될 수 있다. 여러 매체를 통하여 음성으로 제공되는 다양한 독서물도 마찬가지이다. 둘째, 문자언어 독서물은 활자로 제공되거나 문자언어가 주를 이루는 도서를 의미한다. 삽화가 들어

---

21) 이와 같은 읽기의 의미는 읽기에 관한 다음과 같은 정의에서 잘 드러난다.
   "읽기는 독자 자신의 사전 경험과 저자가 제시하는 단서를 사용하여 어느 특정한 맥락 안에서 독자 자신에게 유용한 하나의 의미를 구성하는 과정이다[Irwin, 천경록·이경화 역(2003: 25)]."

있거나 글을 보조하는 그림으로 이루어진 그림책은 일반적으로 문자언어 독서물 범주에 넣는다. 셋째, 매체언어 독서물은 음성언어나 문자언어 외에 매체언어의 형태로 제시되는 독서물을 말한다. 어린이가 흔히 보는 플래시 애니메이션이나 동영상, 만화 영화 및 인터넷에서 쉽게 보는 그림, 사진, 만화 등을 구성하는 언어가 매체언어이다.

한편 어린이 독서물에서 이들 세 가지 언어는 또 다른 변형을 거쳐서 구체화된다. 문자언어는 주로 인쇄물로 나타나지만, 인쇄되지 않은 문자언어도 텔레비전이나 인터넷 등에서 흔히 볼 수 있다. 음성언어나 영상언어로 이루어진 독서물도 많다. 이들 독서물은 많은 경우 문자언어가 아닌 그림이나 이미지 등의 비문자 언어를 활용한다. 또 그림이 내용 전개에 주축이 되는 그림동화처럼 문자언어와 매체가 언어를 통합하여 복합적 독서물을 이루기도 한다. 어린이 독서물을 언어 종류 및 형식에 따라 분류하여 나타내면 다음과 같다.

① 음성언어 / 문자언어 / 매체언어
   (spoken language & written language & media language)
② 문자언어 / 비문자 언어
   (written language & non-written language)
③ 인쇄 언어 / 비인쇄 언어
   (printed language & non-printed language)

위와 같이 분류되는 어린이 독서물 가운데 음성언어와 매체언어, 문자언어와 매체언어 등 두 가지 이상의 언어 기호가 통합된 복합적 독서물도 존재한다. 어린이 독서물이 매체언어의 활용 면에서도 매우 적극적인 경향성을 띠고 있음을 나타낸다. 또 매체 환경의 변화가 곧바로 다매체 독서물의 출판으로 이어지기도 한다. 다매체 독서물은 매체언어를 질료로 하며, 종래의 독서물과는 다른 독서행위를 이끈다.

매체언어의 활성화는 어린이 독서물에 그림 도서나 만화 도서 출간의 급진적 증가 현상을 초래했다. 특히 지식 정보서의 경우 매체언어의 일종은 만화를 주요 언어로 하는 독서물이 다량으로 출간되는 데 영향을 미치고 있다. 속담사전, 백과사전, 학습도서 등이 그림이나 만화와 결합하여 출간되고 있다. 학습만화나 지식만화까지 가세하면 그 양적

팽창은 급속하다. 이들 독서물의 주종을 이루는 정보서는 그림이나 사진과 함께 출판되는 경향이 짙다. 독자의 지적 부담을 줄이면서 흥미를 끌기에 적합한 방식이다. 이런 경향은 만화 및 다매체 문학으로 문학의 경계가 확장된 데서 비롯된다.

이러한 경향 속에서 어린이들은 만화로 『삼국사기』와 『삼국유사』를 읽고, 『명심보감』이나 『맹자』와 『노자』까지도 만화로 읽는다. 고구려 왕조 700년의 역사부터 신라, 백제, 고려, 조선의 역사도 만화로 읽고, 세계 4대 문명이나, 세계 역사도 만화로 읽어 지식을 습득한다. 네덜란드, 프랑스, 도이칠란트부터 일본, 미국에 이르기까지 세계 유명한 나라의 역사와 문화 등을 알려주는 『먼 나라 이웃나라』 시리즈가 출간된 지는 20여 년이 되어 간다. 뿐만 아니라 백과사전까지 만화로 출간되어 있으니, 가히 만화의 천국이라 할 만하다.

문학작품이 만화로 출판되는 경향을 보인지는 이미 오래 전이다. 『플란다스의 개』를 비롯하여 『그리이스·로마 신화』, 『삼국지』, 『플루타크 영웅전』, 『키다리 아저씨』, 『폭풍의 언덕』, 『제인 에어』 등이 만화로 출간된 문학작품은 무수히 많다. 구비문학의 범주에 드는 속담이나 수수께끼 등은 만화 아닌 도서를 찾기가 더 어렵다. 이제 만화책은 어린이 독서활동에 매우 적극적으로 개입되어 있다.

어린이 독서지도의 관점에서 이를 어떻게 인식하고 다루어 낼까에 관한 관심을 가져야 한다. 외국 만화의 번역 출판을 보면 만화를 어린이 독서지도에 적극적으로 활용해 내야 할 때임을 확인할 수 있다. 만화 같은 그림동화 『곰』(레이먼드 브리그스 글, 그림)이나 『못 말리는 종이 괴물』(루이 트롱댕 글, 그림), 『토토와 마법의 나무』(에릭 오몽 글, 요안 쉬바르 그림) 등은 만화를 좋아하는 어린이 독자의 흥미를 고려한 작품으로서 문학성과 아름다움을 지녀 그 가치를 높이 평가할 만하다. 어린이 도서의 대중성을 반영하는 이와 같은 현상을 독서교육은 간과할 수 없으며, 고민과 연구로 어린이 독서교육을 뒷받침해야 하는 요구도 받아들일 때이다.

1. 옛이야기는 어린이 독서지도의 큰 비중을 차지하는 갈래의 문학 작품이다. 흔히 '전래 동화'라 불리는 옛이야기는 옛날부터 전해 내려오는 이야기로서, 구비문학인 설화에 뿌리를 둔 고전 서사문학이다. 지은이를 알 수 없으며, 현대에 와서도 옛이야기는 여러 경로로 구전되기도 하고, 문헌에 정착되기도 하며, 문헌 정착 과정에서 변모하기도 한다. 옛이야기는 신화, 전설, 민담으로 세분된다.

2. 옛이야기의 독서지도에 적합한 방법은 구연이다. 구연은 음성언어에 의한 이야기 경험이요 문학적 체험이며, 구연자의 소리와 몸동작 등의 연기로 이야기를 경험하게 하는 방법이다. '들려주기' 구연과 '읽어주기' 구연으로 나뉘는데, 들려주기가 아는 이야기를 면대면 상황에서 들려주는 구연이라면, 읽어주기는 독자에게 책을 읽어 주는 방법이다. 둘 다 이야기를 들려주는 과정에서 구현되는 음성언어와 구연자의 표정 및 몸동작을 포함하는 행위에 연기적인 기교를 덧붙여 이야기를 들려주게 된다.

3. 그림동화는 글과 그림의 조화로 이야기를 전달하는 문학작품이다. 그림동화는 글과 그림의 비중에 따라 세 가지로 분류된다. 글자 없는 그림동화, 그림의 비중이 큰 그림동화, 글의 비중이 큰 그림동화가 그것이다. 그림동화에서 그림은 특정한 기능을 수행한다. 이야기의 배경 제시, 인물과 이야기의 표현, 이면적 서사 진행, 장면 묘사, 서사의 연결 단서 제공 등의 기능이 그것이다. 또한 그림은 이야기를 보고하는 서술자로서의 기능도 수행하는데, 인물의 모습, 인물의 행위, 이야기의 배경 등을 자세히 서술해 준다.

4. 어린이 독서지도에 활용할 그림동화를 선정할 때에는 그 구성 요소인 책의 형태와 첫 인상, 표지, 책 안쪽, 그림 테두리 등을 살피고, 그림의 색조, 채도, 흑백, 모양, 선, 매체 등이 형성하는 그림의 분위기도 중요하게 본다. 그림의 유형(style)과 빛, 그림 안의 움직임과 시간 등도 그림을 이루는 요소로 살펴본다. 실제 지도에서는 이들 요소와 함께 책의 체제로 흥미를 끌고, 그림으로 이야기를 상상하게 하며. 글을 읽으면서 의미를 보강하게 한다. 아울러 그림과 글을 통합하여 읽게 하고, 이야기와 어린이 자신의 삶을 관련지어 이야기 세계를 구성하도록 하는 데 중점을 두어 지도함이 바람직하다.

5. 동화는 옛이야기와 같이 어린이 서사문학의 범주에 드는 문학작품이다. 동화는 어린이와, 동심을 향유하려는 성인들을 위하여 창작된 문학양식으로 정의되는데, 환상동화와 사실동화로 대별된다. 환상동화는 비현실적인 배경에서 일어나는 비현실적인 이야기이다. 사실동화는 현실의 법칙에 따라 사건이 전개되는 이야기이다. 동화 감상 지도 방법으로는 다양한 독후 활동을 활용할 수 있다. 동화를 읽은 후의 생각이나 느낌을 다양하게 표현해 보도록 한다. 또 토의·토론 활동으로 다른 사람과 생각이나 느낌을 교환하고 공유하면서 작품 감상을 내면화하도록 하는 방안도 활용 가능하다.

6. 전래동요는 옛 아이들이 즐겨 부르던 노래로서 입에서 입으로 구비 전승되면서 전해져 내려온 어린이 서정문학이다. 따라서 전래동요는 지은이를 알 수 없으나 어린이가 놀이나 집안일 돕기 등의 생활 속에서 즐기며 부른 노래라는 점에서 옛날 어린이들의 생활을 드러내 준다. 아울러 전래동요는 어린이를 위한 노래문학으로서의 특성도 지닌다. 전래동요는 시와 함께 어린이의 독서지도에서 충분히 활용되어야 한다. 전래동요도 시처럼 어린이 서정문학으로서 중요한 위상을 차지한다.

7. 시는 서정문학의 백미와도 같다. 어린이가 읽는 시를 '동시'라고 따로 지칭하기도 하지만, 일반문학의 시 가운데 아이들이 읽을 수 있는 시도 많다는 점에서 동시와 시를 구분하는 관점은 바람직하지 않다. 어린이들은 김소월, 윤동주의 시도 읽고, 백석, 정지용, 박목월, 기형도와 김춘수 등 여러 시인의 시를 읽는다. 중요한 점은 어린이가 감상할 수 있는 작품인가 아닌가 하는 점이다. 시의 선정 기준을 고려하여 어린이가 향유할 수 있는 시를 선정한 후 지도한다.

■ 연구과제 및 해설

1. 옛이야기의 갈래적 특성과 명칭에 관하여 알아보자.

(해설) 옛이야기는 어린이 서사 문학 갈래에 속하는 문학작품이다. 신화, 전설, 민담 등
의 설화에 뿌리를 둔 고전 서사문학이며, 구비 전승되어 온 구비문학이고, 지은
이를 알 수 없는 작품이 대부분이다. '옛이야기'라는 명칭은 신화, 전설, 민담 등
의 설화를 총칭하면서 어린이가 이해하기 쉬운 본질적 용어로 사용되는 별칭으
로 쓰인다.

2. 그림동화에서 그림의 기능에 관하여 정리해 보자.

(해설) 그림동화는 글과 그림이 조화를 이루며 이야기를 구성해 내는 작품이다. 이때 그
림은 이야기의 배경 제시, 인물과 이야기의 표현, 이면적 서사 진행, 장면 묘사,
서사의 연결 단서 제공 등의 기능을 수행하며, 인물의 모습, 인물의 행위, 이야기
의 배경 등을 자세히 서술해 주는 서술자로서의 기능도 수행한다. 글의 비중이
큰 그림동화는 그림의 기능이 약화되고, 글이 주된 기능을 한다. 그림의 비중이
큰 그림동화는 글의 기능이 약화되고, 그림이 주된 기능을 한다. 그림만으로 구
성된 그림동화는 그림만으로 이야기를 구성하게 한다.

3. 그림책과 그림동화의 같은 점과 다른 점을 생각해 보고, 작품으로서의 갈래 위상을 정
립해 보자.

(해설) 그림책은 그림과 글로 구성되어 있으며, 글과 그림이 동시에 주체적으로 의미 구
성에 작용하는 작품을 일컫는 말이다. 그림책의 내용은 크게 사실적인 내용과 허
구적인 내용으로 구분되는데, 이 가운데 허구적 이야기를 전하는 그림책을 따로
그림동화라 칭하여 구분하게 된다. 그림동화는 이야기를 전달하는 데 초점을 두
고 있다는 점에서 문학작품으로서의 위상을 지닌다. 그러므로 그림동화를 제외
한, 주로 사실적 지식이나 정보를 제공하는 책으로서 그림책을 그림동화와 차별
화하여 그림책이라 부른다. 그림동화는 문학작품이지만, 그림책은 비문학 도서
로 분류된다.

4. 동화의 유형을 크게 둘로 구분하여 보자.

(해설) 동화는 크게 환상동화와 사실동화로 나눌 수 있다. 환상동화는 비현실적인 시간과 공간을 배경으로 일어나는 이야기를 중심으로 하는 작품이다. 그러나 이런 환상동화도 현실의 문제를 바탕으로 이야기가 시작되고 결국 현실로 돌아오면서 이야기가 끝나는 경우가 대부분이어서 환상동화를 읽는 어린이의 생각을 결국에는 현실로 이끈다. 사실동화는 어린이의 생활 주변에서 일어나는 일을 소재로 현실의 법칙에 따라 이야기를 전개한다. 이런 사실동화는 어린이가 현실의 삶을 포착하고 인식하도록 해 준다.

5. 전래동요의 가치 및 의의에 대하여 정리해 보자.

(해설) 전래동요는 옛날 아이들이 즐겨 부르던 노래로서, 구비 전승되어 온 어린이 서정 문학으로서의 가치를 지닌다. 지은이를 알 수 없으나 어린이 스스로 생활 속에서 지어 부르는 경우도 많았다. 따라서 어린이 스스로 놀거나 집안일 돕기 등의 생활 속에서 즐기며 부른 노래라는 점에서 어린이의 삶과 주체적 향유 의식이 반영되었다는 점에서 의의를 지닌다. 옛날 어린이들의 생활 모습을 알 수 있다는 점에서도 의의가 있다.

6. 어린이 서정 문학으로서 시와 동시라는 두 용어의 적합성에 대하여 토의해 보자.

(해설) 어린이가 읽는 시를 '동시'라고 따로 지칭하는 경향이 있지만, 일반문학의 시 가운데 아이들이 읽을 수 있는 시도 많다는 점에서 동시와 시를 구분하는 관점은 바람직하지 않다. 어린이들은 김소월, 윤동주의 시도 읽고, 백석, 정지용, 박목월, 기형도와 김춘수 등 여러 시인의 시를 읽는데, 어린이가 읽는다고 이들 시가 동시가 되지는 않는다. 향유 주체에 따라서 시와 동시로 구분할 수도 없으며, 특정 갈래의 문학이 특정 향유 주체에 따라 나뉘기도 어렵다. 물론 시 가운데 어린이가 모르는 어휘가 나오는 경우도 있지만, 그럼에도 어린이들은 나름대로 의미를 구성하며 읽으므로, 어린이의 향유가 가능한 시를 선정하여 읽히면 감상도 가능해진다. 따라서 어린이가 읽는 시를 따로 동시라 칭함을 합당치 않다. 동시가 특정한 미학적 원리와 갈래적 특성을 지닌 서정문학으로서 갈래 위상을 정립하였다고 보기도 어렵기 때문이다.

7. 독서토의의 교육적 의의는 무엇인가?

(해설) 독서토의는 독후 활동의 일종으로서 토의 과정을 거치면서 자신의 생각이나 느낌을 명료히 하고, 다양한 생각과 의견을 모아 자신의 생각을 정립하게 한다는 점에서 독서교육적 의의를 지닌다. 뿐만 아니라 토의 과정에서 다른 사람의 생각과 반응을 경험할 수 있고, 상대방의 생각이나 느낌과 의미를 교섭하면서 자신의 의미를 구성해 가도록 돕는다는 점에서 더욱 큰 의의가 있다. 더 나아가 독서토의 과정을 거치면서 작품에 대한 자기의 생각이나 느낌이 수정되고 조절되는 기회를 가질 수 있다는 점은 독서토의가 지니는 가장 가치있고 두드러진 의의이다. 여기에 독서 후의 생각이나 느낌을 표현할 수 있게 한다면 독서토의의 교육적 의의를 극대화할 수 있다.

8. 독서토의 지도 방법으로서 이야기식 독서토의와 토의망식 독서토의 방법의 절차 및 활동의 차이를 알아보자.

(해설) 이야기식 독서토의(conversational discussion group)는 자연스러운 분위기에서 대화하듯이 읽은 책에 대하여 대화를 나누는 독서토의이다. 이야기식 독서토의의 목적은 토의를 원활히 하기 위한 환경을 조성하는 것이고, 이러한 환경은 동료와의 상호작용 속에서 공감대와 조화를 이루도록 하는 것이다. 토의의 과정은 규칙 소개하기, 교사의 질문에 토의하기, 반성하기의 단계로 진행된다. 토의망식 토의(discussion web)는 책을 읽은 후 주어진 인물의 말과 행동에 대해 찬반 표를 작성한 다음 찬반 표의 내용을 바탕으로 해서 토의를 하는 방식이다. 이 방법은 작중 인물이나 사건에 대해 서로 다른 견해를 가질 수 있을 때 서로 다른 생각이나 관점을 충분히 생각해 보는 데 초점이 있다. 작품을 읽고 난 후 흔히 나타날 수 있는 견해의 불일치나 상반되는 의견을 보다 명료하게 하려는 데 목적이 있으며, 이 목적을 달성하기 위해 그래픽 보조 자료로 토의망을 이용한다.

■ 참 고 문 헌

- 김기창(1992), 『한국구비문학교육사』, 집문당.
- 김상욱(2002), 『숲에서 어린이에게 길을 묻다』, 창작과 비평사.

- 박상재(1998), 『한국창작동화의 환상성 연구』, 집문당.
- 박선희 · 김경중(1999), 『유아문학』, 한국방송대학교출판부.
- 박화목(1993), 『아동문학개론』, 민문고.
- 석용원(1983), 『동화구연의 이론과 실기』, 백록출판사.
- 유창근(1998), 『현대아동문학의 이해』, 동문사.
- 이경화(2004), 『읽기교육의 원리와 방법』, 박이정.
- 이규연(2000), 『동화 구연의 이론과 실제』, 유아문화사.
- 이상금(1996), 『어린이 그림책의 세계』, 한림출판사.
- 이상금(1998), 『그림책을 보고 크는 아이들』, 한림출판사.
- 이재철(1983), 『한국아동문학연구』, 서문당
- 이지호(2007), 「옛이야기 그림책에 관한 몇 가지 생각」, 『창비어린이』 16호, 창작과비평사.
- 조동일(1982), 『한국문학통사 1』, 지식산업사.
- 최운식 · 김기창(1998), 『전래동화교육의 이론과 실제』, 집문당.
- 편해문(2002), 『옛아이들의 노래와 놀이 읽기』, 박이정.
- 한국어문교육연구소 · 국어과교수학습연구소 편(2006), 『독서교육사전』, 교학사.
- 한명숙(2002), 「한국전래동화의 판타지 구현 방식과 그 지도 방안」, 『설화고소설교육론』, 민속원.
- 한명숙(2007), 「동화의 서술자와 문학교육」, 한국 국어교육학회, 『새국어교육』, 제76호.
- 한명숙(2007), 『이야기문학교육론』, 박이정.
- 한명숙(2008), 「옛이야기교육을 위한 용어 사용의 문제와 과제」, 한국문학교육학회, 『문학교육학』, 25호.
- Brown & Tomlinson(1999), *Essentials of Children's Literature*(3rd.). Allyn & Bacon.
- D. Buckingham, 정현선 역(2004), 『전자매체 시대의 아이들』, 우리교육.
- Huck. C. S., Hepler. S., Hickman. J., Kiefer. B. Z.(2001), *Children's Literature in the Elementary School*(7rd.), Mcgraw-Hill.
- J. Irwin, 천경록 · 이경화 역(2003), 『독서지도론』, 박이정.
- J. Prince, 이기우 · 김용재 역(1992), 『서사론사전』, 민지사.
- M. Bal, 한용환 · 강덕화 역(1999), 『서사란 무엇인가』, 문예출판사.
- M. Nikolajeva, 김서정 역(2000), 『용의 아이들』, 문학과 지성사.
- P. Nodelman, 김서정 역(2001), 『어린이 문학의 즐거움』 Ⅰ · Ⅱ, 시공주니어.

제 **7** 장

갈래별 독서지도(3)

−아동 역사소설, 위인전, 지식정보책

■ **학습목표**

1 역사소설 장르의 특질에 대해 정확히 이해하고, 이를 바탕으로 아동 역사소설의 다양한 독법에 대한 안목을 기를 수 있도록 한다.

2 위인전과 과학 환경도서, 아동을 대상으로 한 지식정보책의 자질들을 비교 평가할 수 있도록 한다.

3 지식정보책의 다양한 스펙트럼과 그 의미를 파악하고, 실제 독서지도의 방법들을 개발할 수 있도록 한다.

■ **주요용어**

역사동화 − 사실과 허구의 만남. 아동을 독자로 하여 역사상의 사건이나 인물, 풍속 등 사실(史實)을 소재로 하여 구성한 소설

지식정보책 − 사실에 근거한 정보나 지식을 어린이 독자를 위해 이해하기 쉽게 전달하는 도서

과학동화 − 과학적 지식이나 정보를 작가가 상상력을 동원하여 동화형식으로 쓴 것

I 아동 역사소설

1. 사실과 허구, 역사와 문학의 만남

역사소설이란 역사와 소설의 만남을 전제로 한다. 상식적인 선에서 역사란 과거의 사실을 말하며, 소설이란 작가의 상상력으로 꾸며낸 서사문학이다. 사실과 허구의 만남이 곧 역사소설의 필요조건이 된다. 하지만 그 둘의 만남은 생각처럼 간단히 정의되지 않는다. 과거의 수많은 역사적인 사건들과 영웅적인 인물들, 역사책에 굵은 활자로 강조되어 있는 왕과 신하들, 또한 과거 특정 시기의 풍속과 문화들, 그것들을 떠받들고 역사의 격랑에 몸을 실었던 이름 없는 백성들 모두 역사의 구성물이다.

이러한 전제를 바탕으로 우리는 역사소설을 '역사상의 사건이나 인물, 풍속 등 사실(史實)을 소재로 하여 구성한 소설', 혹은 '실제의 역사적인 시대를 배경으로 삼아 특정의 실존 인물이나 역사적 사건을 재현 또는 재창조하는 소설'로 정의할 수 있을 것이다. 그렇다면 역사소설 작가는 과거의 그 무수한 사건과 인물들, 풍속과 문화들 중 무엇을 취할 것인가.

역사소설 작가는 역사의 여러 구성물 중 하나를 선택한다. 그것이 곧 역사소설의 씨앗이 되며 뼈대가 된다. 과거의 역사를 처음부터 끝까지 온전히 복원하고 기록하는 것은 현실적으로 불가능할 뿐 아니라 의미 있는 작업이 될 수 없다. 중요한 것은 선택이다. 선택과 배제의 원칙이 적용된다는 점에서 사가(史家)와 역사소설의 작가가 딛고 있는 출발선은 같다.

하지만 그 둘이 지향하는 바는 전혀 다른 것이 될 수밖에 없다. 사가(史家)의 목적이 과거 사실의 기록과 전수—그것이 누구의 관점이든 간에—에 있는 것이라면, 역사 소설가는 단순히 과거를 기록하거나 기억하기 위해 소설을 창작하지 않는다. 역사소설은 '역사로부터 빌려온 사실과 소설적 진실성을 지니는 허구를 접합하여 역사적 인간의 경험을 보편적 인간의 경험으로 전환하는 문학양식'이다. 이러한 전환에 필요한 작가의 상상력이나 의도를 조절하는 주제는 역사적 사실을 변형, 수정, 가감하는 기준이 된다. 따라서 고정된 소재로 역사적 사실이 다양한 모습으로 재현되는 이면에는 늘 작가의 역사관이나 세계관이 매개변수로 존재한다.

2. 역사소설의 전통과 어린이 역사소설의 독법

'무엇을 쓸 것인가?' '어떻게 쓸 것인가' 그래서 궁극적으로 '무엇을 말하려 하는가?'와 같은 질문은 비단 역사 소설가뿐 아니라 작품을 창작하는 모든 작가의 본질적 고민이다. 더욱이 과거의 역사적 사실에 기초한 역사 소설가에게 이러한 질문은 곧 작품의 성격을 결정짓는 것이기도 하다. 그것은 역사소설이 단순히 과거 사실의 복원에 있지 않고 역사를 바라보는 관점과 해석의 문제에 닿아있기 때문이다.

따라서 근래에 와서는 역사소설이 소재나 의상과 같은 단순히 외면적인 것의 복원과 고증만으로는 구성될 수 없다는 의식이 지배적이다. 즉, 소설의 배경이 되는 시제가 과거든 현재든 상관 없이 '역사의식'을 소설의 당위적 전제로 삼아야 하며, 역사소설이라는 개념은 역사의식이라는 개념 속에 수용되어야 한다는 것이다. 역사의식의 중요성은 청소년과 어린이를 대상으로 한 역사소설의 경우도 예외가 될 수 없다.

역사의식의 핵심은 과거의 역사를 바라보는 '현재'의 눈이다. 역사는 단지 지나간 과거의 사실이 아니라 현재를 비추는 거울이다. 그러기에 역사소설의 작가는 고고학자가 되기 이전에 고현학자가 되어야 한다. '지금 여기'에 대한 고민과 성찰이 없는 과거의 역사는 서류뭉치일 뿐이다. 어린 독자들에게 역사소설을 비롯한 역사 관련 도서들을 읽히려는 이유가 단순히 과거의 역사를 암기하고 학습 보조 자료로 활용하기 위한 것이 되어서는 안 된다.

어린이와 청소년 권장도서 목록에 빠지지 않고 등장하는 것이 『그리스 로마 신화』와 『삼국지』이다. 이들 관련 도서들만 하더라도 만화를 비롯하여 해설서에 이르기까지 수십 종에 이른다. 특히 『삼국지』의 경우에는 대학 입학 논술시험과 관련하여 대한민국 고등학생이라면 누구나 읽어야 하는 필독서가 된 듯한 분위기이다. 왜 읽는가? 무엇 때문에 읽히려 하는가?

대학 입학 논술시험이 부활한 지 10년이 지났다. 지금껏 매해 최소한 20개의 대학이 논술시험을 치렀다고 가정하면 약 200개의 문제가 존재하게 되는 셈인데,[1] 필자의 기억에 『그리스 로마 신화』와 『삼국지』가 제시문으로 출제된 예는 그 중 5%에도 미치지 못한다(통상 하나의 문제에 2개 이상의 제시문이 출제되므로 사실 그 수치는 다시 절반 이하로 떨어질 수밖에 없다). 이름도 헷갈리는 외국 신(神)들의 이름을 암기하고, 단 한 권의 장편소설도 부담스러울 수밖에 없는 우리의 교육 현실 속에서 『삼국지』[2]를 읽어낸 학생들로서는 억울한 노릇이요, 아직 읽지 않은 어린 독자들에겐 참으로 다행한 일이 아닐 수 없다. 하지만 과연 그러한가?

모든 독서와 독서지도가 처음부터 입시 때 써먹기 위한 콘텐츠를 전제로 진행되어서는 안 된다. 『삼국지』와 『그리스 로마 신화』가 단순히 과거 중국의 전쟁 이야기이거나 외국의 낯선 신들의 이야기일 수만은 없다. 우리가 어린 독자들에게 '권장'하고 '필독'을 요하는 이유는 역사 속의 무수한 인물 군상들과 신화 속의 등장인물들이 만들어 내는 여러 사건들과 관계들 속에서 오늘을 보는 시각과

---

1) 해마다 논술시험을 채택하고 폐지하는 대학이 유동적이어서 정확한 통계를 내기는 어려운 형편이다. 2006년을 기준으로 하면 약 20개의 대학이 논술시험을 채택하고 있다. 2007년에는 약 40개의 대학이 논술시험을 채택하고, 그 반영 비율도 높일 것이라는 보도가 있었다. 지금 우리 사회에서 확인할 수 있는 어린이와 청소년 독서지도를 포함한 논술 열기는 여기서부터 비롯되었다고 보는 것이 솔직한 진단이다. 꼭 대학입시가 아니어도 논리적인 사고력과 깊이 있고 독창적인 사고, 비판적 시각 등은 우리 아이들이 세상을 살아가는 데 꼭 필요한 덕목들이다. 그것들은 단기간의 학습을 통해서 이루어질 수 있는 것이 아니다. 어린이 독서지도가 필요한 이유이다.

2) 현재 서점에서 구할 수 있는 『삼국지』의 판본만 하더라도 10여 종이 넘는다. 그 중 가장 많이 알려진 것이 박종화(대현출판사), 이문열(민음사), 황석영(창작과비평) 등의 판본이며, 그 외에도 조성기(열림원), 정비석(고려원), 김홍신(대산출판사), 김구용(솔) 등이 번역하거나 평역한 판본들이 존재한다. 이 중 단연 베스트셀러는 이문열의 삼국지이다. 그러나 베스트셀러가 곧 베스트북을 담보하는 것은 아니다. 각 판본들 모두 나름의 특징을 가지고 있다. 독자 각자의 독서 체험과 수준을 고려한 독서가 전제되어야 할 것이다.

지혜를 구하기 위함이다. 그것은 세상을 바라보는 안목을 키워 가는 과정이기도 하며, 자신을 비추어 보는 소중한 경험이기도 하다.

어른들은 아이들에게 역사이야기를 들려주고 싶어 한다. 어른들은 아이들이 아직 과거를 잘 모르며, 따라서 자신이 아는 것과 자신의 지난 날 경험 내용을 아이들한테 들려주어야 한다고 믿는다. 하지만 이런 믿음이 아이들 스스로에게 '역사란 무엇인가?' 하는 물음을 던질 기회를 가로막는다. 그것은 어른들의 체험이자 기억일 뿐이다. 중요한 것은 기성세대의 경험을 객관화하여 아이들의 현실로 되돌리는 일이다. 과거는 현재를 사는 아이들의 행동을 통해 미래로 이어진다. 과거 역사가 어른들 사이에서 이미 결론이 난 것이며, 다만 다음 세대인 아이들에게 전수해야 하는 지식이라 여긴다면 과거 역사는 아동문학에서 더 이상 의미 없는 소재일 뿐이다.[3]

독서는 삶의 문제를 해결하는 데 도움이 되는 텍스트를 제공한다. 텍스트를 수용하는 과정에서 학생들은 새로운 지식을 얻고, 스스로 품은 문제를 해결하게 되며, 나아가 자신의 가치관을 뒷받침할 수 있는 근거와 증거를 얻거나 생각하게 된다. 중요한 것은 텍스트 그 자체라기보다는 텍스트를 대하는 방식이다. 독서지도의 중요성이 여기에 있다.[4]

권장도서 목록을 아이들의 손에 쥐어주는 것만으로 독서지도의 임무가 완수될 수는 없다. 그런 의미에서 바라본다면 아이들에게 중요한 것은 독서의 양이 아니라 질이다. 현장에서 만나본 『그리스 로마 신화』와 『삼국지』를 읽었다는 그 많은 학생들 중에서, '무엇을? 왜? 그래서?' 등의 질문에 '자신'의 목소리로 답하고, 그것의 현재적 의미를 설명해 주는 학생들은 많지 않았다. 숙제하듯 읽고 독서 노트에 도장을 받는 것만으로는 독서과정이 완수되었다고 할 수 없다.

---

3) 김옥선(2005 여름: 33).

4) 독서지도는 단순히 책읽기에서 나아가 그것을 표현하는 행위로서의 논술(글쓰기), 구술(말하기)과 연계되어야 한다. 결국 독서와 논술, 구술은 상호 피드백 관계에 놓여 있다고 할 수 있다. 텍스트나 대상이 없는 사고는 있을 수 없다. 그것을 표현하는 행위가 없다면 그 텍스트나 대상은 죽은 것과 마찬가지이다.

개인이 살아가는 삶은 독서를 할 수 있는 근원적인 원동력이 되고, 독서는 삶을 풍요롭게 하는 에너지원이 된다. 여기에 이를 바탕으로 한 토론과 글쓰기 등의 다양한 독후 활동들이 수반될 수 있다면, 그것은 곧 어린 독자들에게는 새로운 세상을 만나고 창조해 나가는 행위가 될 수 있을 것이다.

3. 또 하나의 역사, 창작 역사동화

김기정 글, 김환영 그림

여기서는 독자와 평단으로부터 많은 주목을 받았던 우리의 창작 역사동화 『해를 삼킨 아이들』(김기정)을 사례로 창작 역사동화가 나아가야 할 바를 검토해 보도록 한다. 작품에 대한 분석과 함께 여러 논자들의 서로 다른 평가들을 점검해 봄으로써 무엇을 읽힐 것인지, 어떻게 읽힐 것인지, 독서지도에 나서는 우리에게 많은 시사점을 제공할 수 있을 것이다.

『해를 삼킨 아이들』은 제8회 '좋은 어린이책 원고 공모' 창작 부문에 『기찻길 옆 동네』 1 · 2(창비아동문고 212 · 213, 김남중 글, 류충렬 그림)[5]와 공동 당선된 작품이다. 수상 당시 『해를 삼킨 아이들』은 '날카로운 현실 인식을 바탕으로 한국 근현대사의 다양한 사건들을 다루고' 있으며, '옛이야기에 바탕한 익살스런 캐릭터들을 동화에 끌고 들어와 뛰어난 해학과 풍자로 동화의

---

5) 김남중의 『기찻길 옆 동네』는 우리의 아동문학에서 '이리역 폭발사고'와 '광주항쟁'이라는 소재를 리얼리즘 관점에서 정면으로 다룬 보기 드문 작품이다. 이 작품은 아동문학에서 먼 과거의 일이 아닌 비교적 가까운 우리의 현대사를 다루는 방식, 작가의 자기 검열, 독자의 눈높이와 역사 해석의 수준 등에 관해 많은 토론거리들을 제공해준다. 이 작품의 공과에 대해서는 차후에 논의토록 하자. 일독을 권한다. 이 외에 '광주항쟁'을 소재로 한 작품들로는 윤기현의 「산비둘기」(『어리석은 독재자』, 산하, 1992)와 박신식의 『아버지의 눈물』(푸른나무, 2001), 김옥의 『손바닥에 쓴 글씨』(창비, 2002) 등이 있다.

새 장을 열었다'는 평가를 받았다.

『해를 삼킨 아이들』에서는 외세가 밀고 들어오던 구한말부터 가깝게는 2002년 월드컵 대동의 몸짓까지, 한국 근현대사 100여 년을 살아온 옛이야기에 바탕한 익살스런 주인공들이 등장해 모두 10개의 이야기를 들려주고 있다. 구한말의 외세 침탈, 명성황후 시해 사건, 일제의 식민 통치, 6·25 동족상잔, 제주 4·3항쟁, 유신시대의 폭정과 반공교육, 광주민중항쟁, 2002년 월드컵 등 굵직굵직한 사건들 사이로 아기장수, 거지공주, 놀부, 당금애기 같은 신화, 전설, 민담의 주인공들이 근현대 역사의 무대를 누비고 다닌다. 작품 속에서는 이들을 통해 현실세계에서는 꿈도 꾸지 못했던 한풀이와 통쾌한 복수가 이루어지기도 한다.

원종찬은 이 작품의 과감한 형식실험을 높이 평가하면서, 한편으로 "작품의 캐릭터들이 과장에 따른 명징한 대조법이 구사"되고 있으면서도 "이분법적 도식"을 넘어서고 있음을 평가한다.

> 이는 풍자와 해학, 아이러니와 패러디 등이 함께 작용하는 민간양식의 왕성한 소화력, 그 개방성에서 말미암는다. 놀부의 심술을 고스란히 옮긴 곰보대장의 악행은 일본군에 대한 통쾌한 응징이 되고, 바보 허봉달의 못 말리는 고집은 남들이 경배해 마지않는 숨 막히는 유신시대의 절대권력을 향해 '똥침'과도 같은 조롱을 바치게 한다. 일종의 야사, 야담, 유언비어처럼 흘려놓은 이런 이야기가 엄중한 역사의 진실이라는 기본 뼈대까지 구부러뜨려놓은 것은 아니다.
>
> 그런데 이렇게 웃음을 선사하는 옛이야기의 시공간에는 맞섬의 대상도 증오나 반감을 일으키기보다 하나의 놀이 상대처럼 느껴지게 된다 …… 이런 민중적 낙관의 여유로움을 바탕에 깔고 있었기에 마지막 장에서 한 차례 역사가 비약하는 승리와 화합의 대동세상이 펼쳐질 수 있지 않았나 싶다. (이러한 결말은) 지난 한 세기에 걸친 희생자들에 대한 해원(解寃)과 그 험난한 세월을 뚫고 살아온 자의 자부심으로 각인될 것임이 틀림없다.[6]

『해를 삼킨 아이들』에 대한 원종찬의 고평에 대해 윤기현은 "역사는 심한 과장을 허용하지 않고 가지고 놀 성질의 것이 아니다"라고 전제하면서 "역사라는 주제를 판소리의 연희적인 특성에 맞춰 과장하고 희화하고 초점을 흐려놓고 놓치는 것은 맞지 않는 형식"이라고 혹평을 서슴지 않는다.

원종찬은 이 작품의 제일 중요한 성취를 '역사와 더불어 놀기'라고 한다. 내가 보기에 김기정의 『해를 삼킨 사람들』은 ① 역사를 과장하고 ② 문제의 초점을 흐려놓았고 ③ 너무 단순하게 도식화해 놓아 ④ 캐릭터에서 인간의 숨결이 느껴지지 않고 ⑤ 노력하지 않아도 너무 쉽게 문제가 해결되고 있으며 ⑥ 옛 이야기의 형식을 빌려왔으나 어떤 특징도 살리지 못해 ⑦ 결국 실험 자체로 끝나고 말았다.[7]

한편, 어린이도서연구회 사무총장으로 있는 김옥선은 다른 의견을 제시한다. 작품 자체의 구조적 완결성에서 흠결을 가지고 있다는 지적이다.

이 작품은 '역사와 이야기의 이중 패러디'라 할 수 있다. 조금 단순하게 말하면, 인물은 옛이야기 식으로 그리고 사건은 역사에 기대어 있다고 본다. 작가는 역사를 통쾌하게 뒤집어 보고자 그런 방법을 선택한 듯하다. 그런데 알려진 사건의 뒤집어 보기라 하여도, 작가는 이를 작품 속 인물과 현실로 제대로 형상화해서 독자들이 작품을 읽는 과정에서 역사를 온전히 체험하게 해야 할 것이다. 그러나 이 작품은 인물과 사건의 관련성, 사건들의 인과관계가 잘 드러나지 않아서 어린 독자들이 작품을 읽을 때 작품 밖에서 참고해야 할 역사 지식에 지나치게 의존해야 된다. 그것은 곧 작품의 내적 현실성이 부족하다는 것이며, 주제에 대한 탐구가 깊지 않음을 보여 준다.[8]

---

6) 원종찬(2005 여름: 26).
7) 윤기현(2005 여름: 53~54).

요컨대, 아이들은 이 작품을 읽고도 역사를 새롭게 체험하지 못한 채 작품 밖에서 어른들의 설명을 듣고 인물의 행동과 결과를 이해하게 될 것이란 지적이다. 역사에 대한 인식이 어느 정도 자리 잡은 고학년 및 중학생 독자들은 "그때 만일……" 하는 가정법과 작가의 새로운 역사해석을 기반으로 자기 생각의 폭과 깊이를 더할 수 있을 것이다. 물론 우리 역사에 대한 자의식이 없는 어린 독자들도 이 작품을 마치 옛날이야기를 듣듯이 읽어나갈 수는 있을 것이다. 하지만 '역사' 동화로서의 의미를 얼마만큼 가질 수 있을까?[9]

아동문학은 어린이와의 대화이다. 교사도, 평론가도, 독서지도사도 참고인일 뿐 아동문학의 일차적 독자는 아니다. 이 작품에서 이미 알려진 역사를 뒤집어 읽는 즐거움은 주로 어른이 느끼는 즐거움이기 쉽다. 이와 관련해서 비평가들을 포함하여 아동문학에 관여하는 어른들이 내포독자인 어린이의 눈을 어떻게 받아들이는가 하는 근본적인 질문은 여전히 유효하다.

한편 『해를 삼킨 아이들』에 대한 다음과 같은 지적은 간과하기 쉬운 과도한 남성성에 대한 지적으로 귀 기울일 만하다.

> 김기정의 『해를 삼킨 사람들』의 경우 비록 풍자와 해학, 아이러니 같은 전복적 장치들을 사용하는 새로움은 인정할 만하지만, '하늘님의 손자, 단군 할아버지'의 족보를 통해 민족적 정체성—주체성을 구축하는 가운데, 민족을 신비화하고 있을 뿐만 아니라 도깨비로 희화화된 제국과의 관계 속에서 거세된 남성성을 과잉의 남성성으로 전치시키려는 구도를 보여 준다. 수난사를 상상적인 차원에서 영웅사로 전치하려는 이러한 구도는 여전히 아동문학이 제국/식민의 구도에서 벗어나지 못하고 있음을 의미한다.[10]

---

8) 김옥선(2005 여름: 34).

9) 이 작품에 대한 독자 리뷰를 살펴보면, '어른들을 위한 동화', 혹은 '어렵다'는 의견을 발견할 수 있는데, 아마도 위와 같은 맥락에서 이해할 수 있을 것이다.

10) 김은하(2005 여름: 40~41).

아동문학은 역사가 아니라 '문학'이어야 한다. 아무리 생생한 역사의 현장을 증언하고 있다 하더라도 아동문학이 문학인 이상 미적 자율성을 지녀야 한다는 사실에는 변함이 없다.[11] 만약 역사적 사실과 지식 전달이 목적이라면 굳이 문학을 통해 에둘러 가야 할 이유가 없다.

어린 독자들이 과거의 풍속이나 역사적 사건과 관련된 체험을 다룬 작품들을 읽으면서 재구성하는 과거는 담론으로 습득된 보편적 역사로의 과거이다. 그것은 집단의 역사이기는 하지만 동시에 집단을 형성하고 있는 수많은 개인들의 삶이 공존하는 역사가 되어야 한다. 그때야 비로소 아동문학 작품들은 역사를 이데올로기적 차원에서 다루는 수준에서 벗어나 문학으로서의 생명력을 담보할 수 있을 것이다. 그러기 위해서는 차이를 지닌 다양한 목소리들이 공존하는 역사적 현장을 보여 주어야 할 것이다. 다양한 목소리란, 결국 역사를 보는 관점이 획일화될 수 없음을 말한다.

Ⅱ 위인전

아마도 자녀가 있는 집이라면 어느 집에나 위인전 한 질씩은 가지고 있을 것이다. 내 어렸을 때의 기억만 되돌려 보아도 동양, 서양, 한국의 위인들이 각각 저마다의 모습으로 나를 압도하며 방 한 켠을 지키고 있었다. 대개 그러한 모습은 아이의 선택이라기보다는 부모의 선택이기 십상이다. 부모들의 바람이란, 위인전을 통해 아이들 스스로가 미래 자신의 모습을 위인 속에 투사하고 닮아가는

---

11) 김화선(2005 여름: 46).

것이다. 해프닝이라기에는 너무 큰 사건이었지만, 한때 황우석 박사 관련 어린이 서적들이 봇물처럼 쏟아지고 베스트셀러를 기록했던 현상도 이와 무관하지 않다.

역사 관련 어린이 독서지도에서 빠질 수 없는 장르가 위인전 양식이다. 위인전은 사실 과거의 역사를 이해하는 데 아이들이 가장 흔하고 손쉽게 접할 수 있는 양식이다. 위인전은 단순히 한 인물의 일대기를 소개하는 차원을 넘어 어린 독자들에게는 위인이 살았던 동시대의 사회상과 문화, 삶을 엿볼 수 있게 하고, 과거의 상(像)을 그릴 수 있게 하는 중요한 텍스트가 된다.

1. 위인전은 어떻게 쓰여지는가?

원래 전(傳)은 사마천(司馬遷)의 열전(列傳)을 기원으로 하며 후세인을 감계 (鑑戒)하거나 포폄(褒貶)할 수 있는 인물의 일대기를 기술하는 양식으로써 도덕적 표창의 차원에서 특정인물의 덕성이나 인간적 자질을 몇몇 특징적 일화에 의해 드러내는 장르이다. 이 점에서 전은 가치를 찾아가는 장르라기보다, 이미 찾아낸 가치를 적절한 예화(例話)를 통해 추인하는 장르라 할 수 있다. 전의 구성은 세 부분으로 나눌 수 있는데, 우선 입전 인물의 가계 및 출생 주변이 기술되고, 그 다음은 생애 중 두드러진 행적 및 처세 상황이 기술되며, 끝으로 평결(評決)이 이루어진다.

위인전은 실제로 살아 있는 혹은 살았던 사람의 생애를 기술한 이야기이다. 그러나 단순히 인물의 행적을 나열한 연대기가 아니라 문학작품에서와 유사하게 문학의 제 구성 요소를 취하고 있다. 그렇지 않다면 한 인물의 이력서를 훑어보는 것과 같아서 읽는 이의 감동을 자아내지 못한다. 단순히 역사적 사건들을 병렬시킨 연대표가 역사가 될 수 없듯이 주인공이 되는 인물의 행적만을 따라가서는 제대로 된 위인전이 창작될 수 없다.

위인전은 문학적 요소를 배합하여 기술되는 것이며, 작품에 나오는 사건, 인물, 배경 등은 확실한 사료 또는 증거물을 토대로 기술된다. 따라서 전기는 문학성, 예술성과 더불어 역사성을 지닌다.

한 작가의 '문학적 전기'를 구성할 때에도 작가의 일상과 출생부터 죽음까지의 모든 것을 기록할 수는 없는 노릇이다. 그러한 작업은 비효율적일 뿐 아니라 작가를 이해하는 데도 유의미한 작업이라 할 수 없다. 마찬가지로 위인전의 전체 서사는 이야기가 생애의 어느 부분을 중심으로 기술될 수도 있고 전체적으로 줄여서 기록되었을 수 있다. 혹은 독자에게 강조하고 싶은 위인의 특정 부분이나 시기를 부각시킬 수도 있다. 이는 주로 위인전의 작가가 그 전기를 통하여 전달하려고 하는 테마에 따라 결정된다.

따라서 같은 위인에 대한 서로 다른 관점에서 바라본 위인전의 생산이 가능해진다. 이문열의 『삼국지』에서 형상화된 조조의 모습과 황석영의 『삼국지』에서 형상화된 조조의 모습이 다른 것은 동일한 인물에 대한 서로 다른 해석이 적용되었기 때문이다. 나아가 위인전 중에서도 문학적 형상화를 위주로 한 위인전이 존재하는 반면, 대상 인물과 사건 및 역사에 대한 데이터를 기초로 사실적으로 기록한 위인전도 존재한다. 이 경우 문학적 형상화에 방점이 찍혀 있다고 하더라도 인물 설화에서와는 달리 사실에 대해서는 정확한 정보를 바탕으로 하여야 한다.

2. 위인전에 대한 견해의 변화[12]

어린이를 위한 위인전은 어린이에 대한 사회의 인식 및 책의 내용에 대한 사회의 견해에 영향을 받으며 변화한다. 서양에서 쓰인 17세기 내지 19세기의 전기 (傳記) 및 이른바 위인전들은 청교도의 교훈적 테마가 주종을 이루었다. 또 종교적 훈련 및 부모님에 대한 효를 강조하였다. 전기 작가들은 전기를 종교적·정치적 훈련 및 사회교육의 도구여야 한다고 생각하였다. 이러한 생각은 무모하게 어른의 생각만을 일방적으로 나타내는 전기를 생산하게 만들었다.

20세기에 들어와서 아동 발달에 대한 새로운 시각이 열리고 심리학이 발전하

---

12) 전기서와 위인전에 관한 이론적 소개와 그 적용에 관해서는 유소영(2005: 386~410) 참조.

면서 어린이의 약한 면을 주목하고 법적으로 보호할 필요가 있음을 강조하게 되었다. 우리나라에서는 한국전쟁의 상흔이 어느 정도 진정된 후 구체적으로 어린이 헌장이 만들어졌고(1957) 어린이의 정체성에 대해 인식하기 시작하였다. 이후 반세기가 지나는 동안 어린이에 대한 인식은 더욱더 변화하여 어린이를 독립적인 인격체로 대하여야 한다는 것이 상식화되고 있다. 이러한 인식의 변화는 종교나 부모에 대한 효성, 나라에 대한 충성보다는 도덕적 의무를, 타인에 대한 책임을 강조하는 전기 출판의 기대치를 높이고 있다.

지금까지 아동문학에서 위인전이나 전기의 출판은 교육적 용도나 역할 모델을 제공하는 것이었다. 이러한 이유에서 이상적인 영웅들의 바람직한 면, 전기를 쓸 만한 필요가 인정되는 측면들만 부각하여 기술하고 그들의 민감한 정치적 신념이나 개인 생활에 관한 이야기는 기술을 피하였다. 또한 유명하지 않은 사람들의 이야기, 훌륭하지 않은 행위, 쟁점이 되는 주제들은 포함시키지 않았다.

일반적으로 어른들이 생각하기에 좋은 전기란 어린이를 전기의 인물 속에 몰입하게 만들어 어린이를 그 인물과 일체감을 갖도록 만드는 것이다. 아동들은 위대한 사람들에게서 자기가 본뜨고 싶은 전형을 본다. 그리고 그 인물을 본뜨게 된다. 스스로 닮고 싶은 사람이 있다는 것은 아동들에게 더 없이 좋은 일이다.

하지만 이러한 위인전의 영향이 항상 긍정적으로만 적용되는 것은 아니다. 아동을 위한 전기 작품의 전통이 확실히 서 있는 서양에서는 유명한 사람들의 훌륭한 점만 보여 주어서는 곤란하다는 견해를 받아들인다. 기존 위인전의 틀을 고수할 경우 아이들이 생각하기에 자신들은 결점이 많기 때문에 결코 훌륭하게 될 수 없을 것이라고 여기게 되어 오히려 해롭다는 생각에 빠질 수도 있기 때문이다. 따라서 서구에서는 유명하지 않은 보통 사람들이지만 위대한 인물들의 전기를 생산해 낸다. 또 유명한 인물을 다루더라도 보다 전체적인 구도로 솔직하게 다루는 경향을 보인다. 스포츠 스타나 영화배우나 유명 연예인들의 전기물 출판도 그러한 범주에서 설명할 수 있을 것이다.

위인전을 비롯한 전기류의 작품들은 소설이나 기타 장르에 비해 작품으로서 극복해야 할 벽을 더 많이 가지고 있다. 진정한 전기 작가는 그 대상이 되는 인물을 완전히 장악할 수 있어야 한다. 주인공이 되는 인물에 대해 완벽하게 이해하고 그 지식을 통해 작가가 헤아리는 어떤 개성 있는 모습을 문학적으로 구현해 내야 한다.

단순히 문필에 익숙한 것만 가지고는 좋은 작품을 생산하기 힘들다. 지금까지의 전기물들은 대개 글쓰기를 하는 사람들이 저술하였다. 우리나라 어린이를 위한 좋은 전기 작품이 많이 나오기 위해서 중요한 것은, 전기 작가의 대상에 대한 끊임없는 탐구와 누적된 전문성이다. 나아가 시대가 요구하고 그에 부합하는 인물의 발굴과 소개 또한 전기 작가와 위인전이 가져야 할 중요한 사명이다.

3. 좋은 전기물, 혹은 위인전의 선택

(1) 기술(記述)의 수준과 정확성

전기물을 평가할 때 '표현이 좋다'는 것은 사실에 대한 기술과 판단이나 생각을 기술함에 구별을 두고 있다는 의미를 포함한다. 이 점은 신문 기사에서 사실이 어디까지이고 그 사실에 대한 논평이나 의견이 어떤 것인지 구별하여 기술해 주는 것과 같다. 또한 세세한 설명에서도 정확성을 기하여야 한다.

예를 들어, 한국전쟁 당시의 사람들이 입은 복장(치마, 저고리, 바지, 등)이 당시의 모습을 정확하게 전하여야 한다. 학술 논문에서도 정확성, 신뢰성을 확보하기 위해 참고문헌이나 각주, 혹은 주제가 무엇이냐 하는 것을 중요하게 여긴다. 마찬가지로 전기의 기술에서도 대상이 되는 인물이 생전에 작성했던 편지나 기타 관련 문서를 사용하여 기술의 신빙성을 높일 수 있다면 독자들에게 더욱 설득력을 얻을 수 있을 것이다.

나아가 참고로 사용한 자료들의 출처를 밝히고 대상 인물에 대해 더 연구하려는 독자들에게 자료를 안내해 줄 수 있을 정도의 정확한 참고문헌을 제시하여 활용할 수 있도록 해야 한다.

(2) 정직성

앞에서 긍정적인 측면만을 부각시킨 전기물의 위험성을 언급하였다. 인물을 전지전능한 존재로 가정해서는 안 된다. 전기물은 종교적 경전이 아니다. 따라서 주인공의 부정적인 특징을 무시하지 말고 솔직하게 기술하여야 한다. 실제의 사람은 흠이 있다. 정직하다는 점에서 전기자는 대상 인물의 결점도 기록할 책임이 있다. 결점이 없는 사람으로 만드는 것은 신을 만드는 것이다. 사람은 결점이 있으며 그것을 극복하고 지혜롭게 해결하는 모습에서 참인간을 만나게 된다. 또 독자는 그러한 인간상을 통해서 자신의 가능성을 발견하고 그것을 얻으려는 노력을 하게 된다. 좋은 전기는 칭찬이나 칭송하는 문구만을 쓰지 않는다.

(3) 그림에서의 정확성 및 정직성

전기물뿐 아니라 아동을 대상으로 하는 모든 텍스트에서 삽화의 중요성은 아무리 강조해도 지나치지 않는다. 좋은 삽화는 단순히 작품의 내용을 설명하는 보조 수단이 아니라 작품을 이해하고 아이들이 나중에 그 책을 기억할 수 있게 만드는 기표이자 기의가 되어야 한다. 따라서 그림에서도 사실을 정확하게 전달할 책임이 있다. 사진이나 그림이 들어 있을 경우 철저한 고증이 뒷받침되어야 한다. 그렇지 않을 경우 아동들에게 잘못된 편견이나 고정관념을 심어줄 수 있으며 전체 작품을 오독하게 만들 수도 있다.

(4) 문학작품으로의 질적 수준

인물을 중심으로 한 텍스트라 하더라도 자서전이나 회고록, 평전의 경우에는 문학적 함량을 문제 삼지 않는다. 하지만 전기물이나 위인전류의 작품은 단순한 사실의 기술이나 보고서와 같은 지식 전달의 도구만이 아니라 문학작품으로서의 가치가 전제 되어야 한다. 사실 기술에 충실한 전기물은 지루한 연대기에 불과할 뿐이다. 위인전을 위시한 전기물은 총체적으로 문학작품의 제 구성요소가 적절히 배합되어 작품으로서의 수준을 유지하고 있어야 한다.

4. 독후 활동과 지도방법

전기물 혹은 위인전의 독후 활동으로 다음과 같은 내용들을 점검해 볼 수 있다.

① 주인공이 처한 역사적 배경과 함께 위인들이 살았던 당시의 역사적인 정보를 찾아본다. 문학·사회·경제·역사·지리 등의 교과목 등이 모두 동원될 수밖에 없다. 전기물은 이른바 통합 교육의 더 없이 좋은 텍스트이다.

② 주인공이 성장한 어릴 때의 환경과 생활을 정리한다. 그가 역경과 고난을 극복하기 위해 어떻게 했는지 살피면서, 한 인물의 기록을 책 한 권에서만 찾을 것이 아니라 참고할 만한 다른 도서들을 찾아본다.

③ 전기물은 연대기가 아니라 기본적으로 이야기로 구성되어 있다. 이야기 속에 나타난 인물의 말과 행동에서 드러나는 성격을 주의깊게 살펴본다.

④ 배울 점이 무엇인지 생각해 본다. 또한 그것이 가능할 수 있었던 이유나 배경에 대해서도 생각해 본다. 다른 한편으로 그 인물의 결점은 무엇이었는지 생각해 보고, 그것의 극복 과정 혹은 인물에게 끼친 영향 등에 대해 생각해 본다.

⑤ 주인공이 한 일을 오늘의 상황과 연결지어 생각해 본다. "만약 ○○○이 오늘날 살아 있었더라면"과 같은 내용으로 글을 써보는 것도 좋은 방법이다. 반대로 독자인 어린이가 그때 당시에 살았다면 어땠을지 상상해 볼 수도 있다. 전기물의 특정 장면이나 인상 깊었던 장면을 현재의 상황에 맞추어 신문기사의 형식으로 재구성해 보는 것도 좋은 방법이다.

⑥ 국내 인물의 경우라면 인물의 행적을 따라 지도를 만들어 보고, 가능한 장소를 골라 답사를 한다. 사진 찍기가 목적이 아니라면 답사가 꼭 인물의 생가(生家)나 기념관, 기념비, 문학관 등만을 의미하는 것은 아니다. 박물관에서 그 인물이 살았던 시대의 문화와 생활, 풍속 등을 확인하는 것도 소중

한 경험이다. 전기에 언급된 구체적인 자료들을 도서관에 가서 직접 찾아보고 확인하는 것도 방법이 될 수 있다. 생존 인물의 경우 질문지를 만들고 인터뷰에 대한 사전 연습 후에 직접 인터뷰를 시도해 볼 수도 있다.

⑦ 비슷한 분야의 인물 중에서 서로 다른 역사적 배경을 가진 위인들(혹은 동시대의 인물들)과 비교해 본다. 동서양의 인물들을 서로 비교해 보는 것도 좋은 방법이다. 가능하면 교사가 직접 개입하기보다는 학생들이 스스로 연상되는 인물을 골라 비교해 보도록 하고, 그 이유를 설명하게 한다.

⑧ 전기물에 묘사된 내용을 중심으로 연대기를 작성해 본다. 비어 있는 부분은 자료들을 통해 보충한다. 어린이 스스로 개연성을 토대로 상상력을 동원하고 유추토록 하여 빈틈을 채우고 발표토록 한다.

⑨ 전기는 어떤 사람의 생애에 관한 이야기이다. 아주 평범한 사람의 일생도 하나의 연극과 같은 면이 있다. 이런 측면을 고려하여 복잡한 연극이 아니라 특정한 장면을 정하여 몇 분간의 대화극을 만들어 본다. 이때 대화는 전기물의 기술을 그대로 할 수도 있고 대화가 많지 않을 경우 설명적 기술을 대화체로 바꿀 수도 있다. 필요하다면 대화하는 장면의 사이사이에 내레이션을 넣어 설명한다. 초등학생들이 읽기 좋은 전기물은 구성이 복잡하지 않고 대화가 많아서 이런 정도의 대화극이 모든 학생들에게 부담스럽지 않다. 간단한 의상이나 소품을 준비하도록 하면 아이들의 흥미를 배가시킬 수 있을 것이다.

※ 연극 준비 방법

- 두세 학생이 같은 전기를 읽은 후 한 조가 되어 대화극으로 꾸밀 만한 장면을 서로 의논하여 선택한다.
- 전기서의 기술을 바탕으로 대본을 작성한다. 극화하기 곤란한 부분은 내레이션으로 잇는다.
- 대본의 대화를 각자가 연습하고 모여서 연습하는데, 연습에 들어가기 전 또는 연습하는 동안 인물의 특징과 성격 등에 대해 서로 이야기하고 목소리, 몸짓, 얼굴 표정 등을 의논하면서 연구한다.

- 학급 전체에서 연습한 것을 발표할 기회를 갖는다.
- 대화극을 끝낸 후 구두 평가의 기회를 갖거나 관람한 학생들이 각자의 소견을 무기명으로 간략하게 적어서 연기를 담당했던 학생들에게 돌려서 참고하도록 한다.
- 학생들이 연극을 공연할 때 캠코더를 이용하여 녹화해 두었다가 다음에 연극을 공연하는 학생들에게 보여 줄 수 있도록 한다. 촬영 자체가 아이들을 무대에서 더욱 진지하게 만들며 집중력도 높일 수 있다.

⑩ 학생들은 스스로가 살아온 내력을 잘 안다. 어렸을 때 일에 대해서 잘 기억나지 않으면 부모님이나 누나 혹은 형에게 물어 자신의 전기를 쓸 자료를 쉽게 모을 수 있다. 또 특별히 누구에 대해서 쓰고 싶은 사람이 있다면, 어머니나 아버지, 선생님처럼 주변에 잘 아는 사람에 대해 쓸 수 있을 것이다. 웨인버그는 성인 전기서 작가나 어린이들을 지도하는 어른이 참고할 수 있는 전기 쓰기 지침을 다음과 같이 적고 있다.[13]

- 전기는 연대순의 편년체로 쓴다. 행위가 보다 분명해지기 때문이다.
- 전기 작가는 일차적 자료를 사용하여 그 세부 사항의 사실성을 점검하여야 한다.
- 한 사람의 생애를 설명하기 위해 전기 작가는 시간 경과에 대해 주의하여야 한다.
- 전기 작가는 전기의 연대적 순서가 혼돈되지 않도록 한다.
- 전기 작가는 대상이 되는 인물의 안목으로 세상을 보도록 노력하고 그에 대한 공명심을 가져야 한다.
- 전기 작가는 대상 인물을 전혀 만나지 못했거나 한두 번 만난 사람에 대해 쓰고 있기 때문에 그 인물에 대한 생각을 알 수 없다. 인물에 대한 심리 분석을 세심하게 해야 하는 이유이다.

---

13) 유소영(2003: 409~410).

- 전기 작가는 대상 인물의 생애와 그들에게 영향을 준 사람들을 종합적으로 이해하도록 노력하여야 한다.
- 전기 작가는 인물의 생애를 그리면서, 특히 자료가 없는 부분을 메우는 데 있어서 독자들에게 솔직하여야 한다.
- 전기 작가는 대상 인물에 대한 자료가 많을 때 필요한 자료를 엄선하여 골라야 한다.
- 전기 작가는 독자들에게 사실에 대한 느낌을 잘 전달할 수 있도록 문체를 신중히 고려하여야 한다.

Ⅲ 지식정보책[14)]

자연·과학·역사 및 최근의 경제에 관련된 내용에 이르기까지 지식정보책은 어린이가 자신의 삶과 자기 주변의 모든 것을 학습하는 데 특별한 역할을 한다. 지식정보책의 역할이란, 더 많은 지식과 정보로 아이의 머릿속을 무장시키기 위한 것이 아니다. 잘 만들어지고 적절한 때에 아이에게 쥐어진 지식정보책은 어린 독자에게 세상에 대한 호기심을 만족시켜 주고 대상에 대한 체계적인 이해를 확장시켜 주는 씨앗이 된다.

---

14) '지식정보책'이란 용어는 어린이 '지식책', 혹은 '정보책'으로 불리기도 한다. 지식과 정보는 모두 사실에 근거한 진술을 기초로 한다는 공통점을 지니지만, 정보는 유용성이나 목적성을 지닌다는 점에서 지식과 구별하기도 한다. 그 둘을 아우르는 개념으로 본고에서는 '지식정보책'을 사용하기로 한다.

1. 정 의

지식정보책은 '사실에 근거한 정보나 지식을 어린이 독자를 위해 이해하기 쉽게 전달하는 도서'로 정의할 수 있다. 영미권에서는 어린이 독자를 위한 지식정보책을 '아이들을 위한 논픽션(nonfiction for children)' 혹은 '정보책(information books)'라고 표현하기도 한다. 교과서나 학습 참고서는 정보나 지식을 제공하는 것을 일차적인 목적으로 삼지만, 여기서 논의하는 지식정보책의 범주에서는 제외된다. 이들은 독서의 즐거움을 위한 읽을거리라기보다는 학교공부와 직접적인 관련을 지니는 책이기 때문이다. 지식정보책은 어디까지나 독서를 위한 읽을거리로 제공된다. 따라서 지식정보책은 지식과 정보의 전달도 중요하지만 재미 또한 중요한 요소가 된다. 지식정보책과 학습서는 다르다. 아이들의 호기심을 자극하고, 흥미를 불러일으킬 수 없는 책, 너무 많은 지식과 정보를 담은 책은 어린 독자에게 그 내용을 제대로 전달할 수 없을 뿐 아니라 오히려 독서에 대한 흥미와 관심마저 잃게 한다.

2. 좋은 지식정보책의 조건

지식정보책이 전달하고자 하는 지식이나 정보는 두말할 나위도 없이 사실에 근거하여 정확하고 신뢰할 만한 것이어야 한다. 그 외에도 필자의 전문성, 참고 자료, 언어적 표현, 감수기관의 신뢰 수준, 균형 잡힌 시각 등[15] 여러 요소들이 책의 수준과 함량을 결정짓는다. 구체적으로 다음과 같은 질문을 던질 수 있다.

---

15) 어린이 책 중, 지식정보책으로 분류할 수 있는 도서들의 최소한의 안전망은 검증과 다양성이다. 일차적으로 최소한 검증된 사실을 내용으로 삼아야 하고, 논쟁이 벌어지고 있는 사안에 대해서는 다양한 관점을 제시할 수 있어야 한다. 이른바 '황우석' 사태에서 보여 준 여러 모습들은 이러한 최소한의 안전망조차도 갖지 못한 어린이 출판시장의 잘못된 관례와 취약한 시스템을 보여 주는 하나의 사례이다. 당시 위인전인지 과학도서인지 모를 정체불명의 책들이 쏟아져 나오며,

① 어린이의 생활과 관련된 생활 주변에 관한 지식인가? 어린이에게 흥미로운 내용인가?

② 책을 보게 될 어린이의 연령이나 발달적 특성에 적합한가? 그 어린이에게 새롭고 신선한 내용인가? 어린이가 이해할 수 있는 내용인가?

③ 정보(지식)가 일련의 과정에 따라 제시되고 있는가? 정보의 근원과 유출 과정을 설명하고 있는가?

④ 내용이 정확하고 사실적인 것인가? 그것은 객관성을 확보하고 있는가?

⑤ 사실과 의견이 구분되어 있는가?

⑥ 문장이 간결하고 명확히 제시되는가?

⑦ 글과 그림이 조화를 이루고 있는가? 그림이 간결하면서도 정확하게 표현되었는가? 그림이 글의 내용을 충분히 설명해 주는가? 그림이 어린이의 추론을 이끌 수 있도록 흥미롭게 제시되었는가?

⑧ 어린이뿐만 아니라 책을 읽어줄 부모나 교사에게도 흥미로운 내용인가?

⑨ 어린이가 스스로 예측하고 추측해 봄으로써 사고를 확장시킬 수 있는가?

⑩ 어린이가 스스로 결과를 확인해 볼 수 있는가?

지식정보책은 사실과 재미의 긴장 관계에 있으면서 다양한 시각적·서사적 형태화를 시도한다. 그리고 이러한 형태화에 허구적 작품 못지않은 창의성과 독창성이 요구되는 것은 당연하다. 창작동화와 다른 기준이 있다면 전달되는 정보 또는 지식의 정확성 여부가 또 하나의 중요한 평가 잣대라는 점이다.

'국보급 과학자', '세계 최초' 등의 신기루들이 아무런 검증이나 여과도 없이 어린이 독자들에 전달되었다. 그것들은 위인전으로서 최소 자질도, 과학도서로서 최소한의 함량도 가지지 못한 것들이었다. 당시 황우석 관련 도서 출판의 현상과 관련해서는 김동광, 「이상한 나라의 위인전—황우석과 벌거벗은 상업성」, 『창비어린이』(2005년 봄: 180~193) 참조.

3. 과학·환경 도서

쥘 베른 글, 오승철 그림
정제광 역

허버트 조지 웰스 글
임종기 역

서양에서 과학소설은 19세기 중반 이후에 비로소 독자적 위치를 차지하는데, 무엇보다도 쥘 베른(Jules Verne)의 『해저 2만리』와 허버트 조지 웰스(H. G. Wells)의 『타임머신』 덕택이다. 하지만 이 장르의 실제적 형성은 1920년대에 비로소 이루어졌다.[16] 우리 과학소설의 역사를 짚어보면, 근대 계몽기에 쥘 베른의 원작을 번안한 『철세계(鐵世界)』(이해조, 1908)가 간행된 이래 해방 전까지는 잡지와 신문을 통해 몇몇 번안과 번역이 있었을 뿐 창작은 거의 이루어지지 않았다.[17] 그 후 과학소설의 창작과 번역은 한국전쟁이 끝나고 1950년대 중반에 이르러서야 비로소 모습을 드러내며, 이후 1980년대 정부의 시책과 더불어 쏟아져 나오기 시작했다.

현재 서점이 나와 있는 어린이 과학 관련 도서 중 가장 많은 부분을 차지하는 것은 '만화'를 통한 접근이다. 사실 만화는 문학뿐 아니라 인문·사회·과학 전 분야의 장르를 넘나들며 가장 큰 영향력을 행사하며 가장 많은 독자를 확보하고 있다고 해도 과언이 아니다. 만화의 효용에 대한 논의는 차치하고라도 만화의 힘은 막강하다.

나래기획 글·그림
하광렬 감수

---

16) 과학소설의 개념과 장르 형성에 관해서는 대중문학연구회 편(2003) 참조.

17) 예컨대 1926년 잡지 『별건곤(別乾坤)』은 웰스(Herbert George Wells, 1866~1946)의 『타임머신』(1895)을 '世界的 名作 八十萬年後의 社會, 現代人의 未來社會를 旅行하는 科學的 大發見'이란 설명과 함께 『八十萬年 後의 社會』라는 제목으로 번역하여 싣고 있다. 하지만 "점점 신기한 발견과 무서운 광경과 자미잇는 이야기는 다음으로부터 진경으로 드러간다. 이러한 취미 만혼 사건의 발단은 다음 호라야 볼 수 잇다"(『별건곤』, 1926. 12호: 136)는 광고가 있은 뒤 아무런 설명 없이 연재가 중단되고 만다.

만화의 활용은 보다 많은 독자를 확보하기 위한 것이기도 하지만, 다른 한편으로는 잠재 수요는 있으나 현실적으로 많은 독자를 확보하기 어려운 경우에도 적극적으로 활용된다.

과학도서에서 특히 만화가 많이 활용되는 경우는 후자의 경우에 해당되는 것이라 할 수 있다. 만화의 경우를 제외하면 과학 관련 도서들은 주제를 다루는 방법에 따라 크게 다음의 세 가지로 나누어 볼 수 있다.

① 과학동화 : 과학동화는 과학적 지식이나 정보를 작가가 상상력을 동원하여 동화 형식으로 쓴 것이다. 과학적인 사실이 삶과 부딪칠 때 일어나는 이야기가 주된 내용으로 다루어진다. 비록 동화일지라도 동화 구성의 한 수단으로 과학적 근거가 필요하다. 따라서 과학동화의 작가는 과학적으로 정확한 사실을 숙지하고 있어야 한다. 여기에 그 사실을 동화로 완성할 수 있는 상상력과 문학성을 동시에 지니고 있어야 한다. 지식은 뇌의 언저리를 두드리다 사라지지만, 느낌과 감동은 쉽게 사라지지 않는다. 창작동화와 옛날 이야기책을 좋아하는 아이들이 과학도서를 읽지 않는 경우, 그것은 이 느낌과 감동이 부족하기 때문이다. 지식이 아니라 느낌과 감동을 주는 데는 이야기가 제격이다. 그냥 이야기가 아니라 줄거리를 갖춘 이야기라면 더욱 좋다. 아이들이 몰입할 수 있도록 하여야 한다.

하지만 동화로 되어 있다고 쉽게 책을 선택해선 안 된다. 사실 동화로 쓴 글은 재미있고, 사실을 토대로 쓴 글은 재미없을 거라는 생각도 일종의 편견이다. 사실 진술도 어떻게 쓰느냐에 따라서 달라질 수 있고, 재미없는 동화도 분명 존재한다. 중요한 것은 글의 내용이 구체적으로 공감을 불러일으킬 수 있는가에 달려 있는 것이다.

주변 이야기는 동화로 되어 있지만 정작 원리 설명은 너무 어렵게 되어 있는 것이 많다. 그리고 아이들이 그 주변 이야기에 빠져 재미있어 한다고 아이가 그 원리를 이해할 수 있다면 큰 오산이다. 아이들 머리에는 대부분 그 주변 동화 내용만 기억하는 경우가 태반이다. 오히려 작지만 원리 하나를 정확하게 이해하고 자기 입으로 이야기할 수 있는 과학책이어야 한다.

과학소설은 그래서 중요하다.[18] 아이작 아시모프의 『아임 로봇』, 아서 찰스 클라크의 『태양계 최후의 날』, 『꿈과 지혜가 담긴 과학 동화 시리즈』, 『동화로 읽는 5분 과학 이야기』 등이 이에 해당한다.

찰스 J. 커조 글
김옥진 역

② 과학 상식책 : 어린이 과학 관련 도서 중 가장 많이 읽히는 분야이다. 대부분 문답식으로 이루어져 있거나 과학적 사실들에 관한 설명과 해설로 꾸며져 있다. 과학의 단편적 사실들을 빠르고 손쉽게 숙지할 수 있다는 장점이 있다. 그러나 과학의 본질에 접근하지 못하고 흥미 위주로 흐르거나 이야깃거리 제공 수준에 머무르는 한계를 노출하기도 한다. 무엇보다 아이들이 스스로 묻고 고민하고 문제를 해결해가는 과정이 축소되어 있거나, 여지가 부족한 것을 가장 큰 문제점으로 지적할 수 있다. 『퀴즈탐험 과학의 신비(오리이 마사코)』, 『알을 낳는개(한스 헤르만 두벤)』, 『어린이가 꼭 읽어야 할 과학 이야기 30가지』(박종규) 등이 이에 해당한다.

김기명 글

③ 과학책 : 동화나 퀴즈 등과 같이 간접적인 방법이 아닌 직접적인 방법으로 과학적 사실을 소개하는 책이다. 『악착같이 달라붙은 실험관찰 이야기』(김기명), 『(실험과 함

---

18) 사실 동화와 과학은 서로 상반되는 개념이기도 하다. 과학은 객관적인 사실을 다루는 것이고 동화는 사실을 다루기도 하지만 아이들에게는 상상력을 키워주는 것이다. 이 엄연한 차이를 망각하고 원리과학을 대하게 되면 큰 잘못에 빠진다. 더군다나 잘못 의인화해서 과학적인 사실조차 허구라고 생각하게 되는 경우도 있다. 그런데 왜 동화 형식을 빌고 있는가? 원리를 설명하는 것이 너무 어렵고 딱딱하기 때문이다. 동화 형식을 빌면 아이들이 흥미를 갖는다. 그런데 사실은 동화와 과학적 사실을 이어 붙이는 것이 절대 쉬운 일이 아니다. 많은 경우 동화와 과학이 따로 노는 것이 태반이다. 아이들이 이런 책을 읽게 되면 쉬워 보이는 동화만 생각나지 어려운 과학 원리는 전혀 머리에 남지 않는다. 과학 상식책과 과학책은 많아도 좋은 과학동화가 드문 이유가 여기에 있다.

께 읽는) 어린이 생태학』(최형선), 『아이슈타인과 떠나는 시간과 공간 여행』(러셀 스태나드) 등이 이에 해당한다.

(1) 과학·환경 도서와 가치

『숲은 누가 만들었나』(윌리엄 제스퍼슨)는 미국 메사추세스 황무지에서 200여 년에 걸쳐 숲이 만들어져 가는 과정을 보여 준다. 우리가 보고 있는 저 숲의 울창함은 처음에는 어떤 모습에서 지금은 어떤 모습으로 변화해 왔는지 알려준다. 이 책은 정겹고 세밀한 그림으로 숲을 더욱 쉽고 재미있게 이해하는 데 도움을 준다. 이 책의 중요한 덕목 중에 하나는 단순히 과학적 지식만을 전달하는 것이 아니라, 과학과 환경이 결국 분리되어 논의될 수 없음을 보여 준다는 점이다.

윌리엄 제스퍼슨 글
척 에커트 그림
윤소영 역

① 미래는 과학의 시대이다. 미래를 준비하기 위해서 필요하다.
② 사고력과 분별력, 창조력을 길러준다.
③ 미래에 대한 상상력을 불러 일으켜 현실을 좀 더 편리하게 하고 미래의 세계를 새롭게 개척하게 한다.
④ 환경 문제를 정확히 알려준다.
⑤ 자연 속에서의 인간의 존재를 깨닫게 하고, 환경과의 관계를 알려준다.

(2) 도서 선정 기준

대개 어린이 도서의 구매자는 어른이다. 가끔 어른이 읽으라고 만든 책이 인기를 모으면 그것을 어린이용으로 만드는 경우가 있는데, 이런 경우 대개 글 길이를 줄이고 글자 크기를 크게 키운 뒤 그림을 끼워 넣는 식으로 진행된다. 과학 도서의 경우도 마찬가지이다. 어린이들은 어른용 과학책에 나오는 내용을 이해할 만큼의 기본 지식을 가지고 있지 않다. 따라서 어른 책으로 기획된 책을 어린이 책으로 만든다는 발상 자체가 무리이다. 꼭 필요하고 만들어야 한다면 아이들의 눈높이에 맞춰 다시 만들어져야 한다.

최근 어린이 전문 서점 생겨나고 있고 아이들이 쉽게 책을 읽고 고를 수 있게 되었다 하더라도 아직은 역부족이다. 만약 부모가 사줘서 그냥 읽었는데, 읽고 나니까 재미있고 과학에 흥미를 가지게 되었다면 그 책은 성공했다고 보아도 좋다. 최소한 그 아이와 책의 코드가 맞은 운이 좋은 경우이다.

지식정보책, 특히 과학도서의 경우 아이들의 흥미와 호기심을 불러일으킬 수 있다면 이미 반은 성공한 셈이다. 과학의 출발이 결국은 사물과 현상에 대한 흥미와 호기심에서 출발하는 것과 마찬가지로 말이다. 그러기 위해서는 이미 많이 알려진 사실에 대해 다른 시각으로 해석할 수 있는 여지를 주어야 한다. 이것만이 옳은 이야기라고 틀을 지어 버리면 새로운 발상을 할 수 없게 된다. 아이들은 거기서 멈추고 더 이상 아무런 흥미를 가지지 못한다. 생각해 보라. 실제로 과학자들이 밝힌 사실들 가운데 시간이 지나면 전혀 엉뚱한 방향으로 풀리는 예가 얼마든지 있다.

창작동화를 좋아하는 아이들도 과학도서를 어려워하고 기피하는 경우를 쉽게 발견할 수 있다. 생소한 내용이니만큼 용어의 선택에 남다른 신경을 기울여야 할 것이다.

1) 언어와 이해력의 발단 단계별 특성을 고려하여 선택하여야 한다
① 용어나 개념이 지나치게 많이 등장하지 말 것
② 어렵고 생소한 어휘나 용어에 대한 풀이나 안내가 있을 것
③ 단위를 일반적이고 익숙한 것으로 표기할 것
④ 사실에 근거한 구성일 것
⑤ 선명한 사진이나 그림 등 적절하고 정확한 이미지의 사용을 확인할 것[19]

앞의 다섯 번째 항목의 경우는 부연 설명이 필요하다. 과학도서는 상상력을 키워주는 동화 같은 그림책이 아니다. 과학 원리를 그림으로 보여 주어야 하기

때문에 원리 과학 그림은 정보를 담고 있으면서 아이들이 좋아하고 아이들의 관심을 끌어내는 것이 있어야 한다. 그래서 그림은 다양해야 하고 내용에 따라 기법도 달라야 한다. 과학도서에서 그림에 대한 평가는 미적인 부분이 아니라, 그 책이 그림을 통해서 이루려고 하는 것이 무엇인가, 그 의도를 그림이 얼마나 잘 살리고 있느냐가 관건이다.

즉, 원리를 말로만 설명하면 어렵기 때문에 그림을 통해서 아주 구체적이고 실질적으로 원리를 이해할 수 있도록 하는 것이다. 바로 그런 점에서 원리 과학의 그림에는 그런 원리의 설명이 아주 잘 담겨 있어야 한다. 또한 그 그림이 그냥 설명식으로 되어 있으면 딱딱해서 아이들이 잘 보지 못한다. 또한 내용에 따라서 아주 다양한 기법을 써야 한다. 세밀화 기법 · 만화식 기법 · 설명식 기법 · 이야기식 기법 등을 주제에 맞게 적재적소에 배치하여야 한다.

과학도서를 통해 아이들은 문제를 객관적으로 보는 법을 익히고 문제가 생겼을 때 다양한 방법으로 해결하는 방법을 배울 수 있다. 아이들은 독서를 통해 새로운 것을 깨달았을 때 느끼는 기쁨과 즐거움을 맛보아야 하며, 고민하고 있는 주제를 다른 주제로 확장시킬 수 있어야 한다. 무엇보다 주변에서 흔히 일어나는 일을 남다른 각도로 보는 방법을 배워야 한다. 정답이 아니라 아이들에게 계속 질문할 수 있도록 하여야 한다. 좋은 과학책이란 이런 것이어야 한다.

---

19) 지식정보책에서 사진과 그림이 언제나 활자의 보조 자료로만 기능하는 것은 아니다. 오히려 그림 그 자체로 훌륭한 정보 전달의 임무를 수행하기도 한다. 『노란 풍선의 세계여행』(샤를로테 데마톤스)이 그러한 책이다. 처음 책을 펼치면 글자가 많지 않아 지식정보책으로 적절치 않아 보인다. 이 책은 기구를 타고 바라본 세계 곳곳의 모습을 정교한 그림으로 성실히 담고 있다. 사막 도시와 피라미드, 오아시스, 빙하와 부딪혀 침몰한 타이타닉 호, 아마존 밀림, 원주민들의 집과 사냥 모습, 밀림의 희귀한 동물들, 밀림을 파괴하는 벌목꾼, 에베레스트 산, 만리장성 등 그 외에도 곳곳에 주에 나오는 기구, 타잔과 배트맨, 빨간 모자, 브레멘 음악대, 일곱 난장이, 헨젤과 그레텔, 메리 포핀즈, 인어공주 등이 페이지마다 숨어 있다. 해설서가 있었으면 하는 게으른 생각도 들지만, 그 자체로 끝없는 이야기가 숨어 있는 보물창고 같은 책이다.

2) 문제의 본질과 기본 원리를 깨달을 수 있어야 한다

① 환경 문제를 정확히 알려주는 내용일 것

② 인간과 환경은 공존한다는 점을 깨닫게 하는 내용일 것

③ 인간이 할 일에 대해 생각해 보게 하는 내용일 것

④ 과학동화는 단편적인 사실을 전하는 참고서가 아니라 과학적 태도와 사고를 키우는 책으로, 재미있고 문학적 완성도가 높아야 한다.

과학 교육은 학년이 올라 갈수록 정보량이 느는 것이 아니다. 내용이 깊어진다. 즉, 옆으로 늘어나는 것이 아니라 내용이 깊어지고 더 세분화되는 것이다. 몸에 대해서만 보면 초등학교 때는 몸의 각 부분의 이름과 기능을 배우지만 중·고등학교에 들어가면 그런 기능이 어떤 과정을 통해서 일어나는지 세포나 효소 등 훨씬 세부적이고 화학적인 반응을 배우게 된다. 이것은 그냥 원리를 설명한다고 해서 이해가 되는 것은 아니다. 이를 위해 기본적으로 알아야 할 지식이 필요하다. 이를 모르고 많은 설명이 되어 있다고 해서 아이들이 금방 이해할 수 있다고 생각하면 오산이다. 부력에 대해서도 마찬가지이다. 기본 원리를 알게 되면 높은 단계에서는 말 그대로 물 속에 있는 물체에 미치는 힘들을 실제 계산해 보고 하는 과정이 높은 단계에서 배우는 것이다.

자연과 환경을 테마로 하는 책의 주인공은 자연을 지키는 생생한 인물의 등장을 원한다. 하지만 현실에서의 그러한 인물은 오히려 특별한 배경의 아이들이거나 괴팍하다 싶게 원칙을 따르는 아이들이기 십상이다. 왜냐하면 현대 사회가 자연과 친화하는 인물을 구조적으로 방해하고 있기 때문이다. 그러기에 더욱 자연 책에서 전형이 되어줄 살아 있는 인물의 형상화가 끊임없이 요구될 수밖에 없다.

3) 실생활 속에서 쉽게 접할 수 있는 이야기이거나 도움을 줄 수 있는 것이라면 좋다

원리를 그냥 주입식으로 설명하거나 동화식으로 허구의 상황을 만들어 설명하는 것만으로 아이들에게 과학의 원리를 이해시킬 수 없다. 그 원리를 아주 잘게 쪼개서 아이들이 자기 경험과 연결하여 이해할 수 있도록 할 때 그 원리를 이

해하게 되는 것이다. 그러고 난 후에 아이들은 단순히 호기심 차원이 아니라 문제를 구체적으로 인식하고 해결할 수 있는 힘을 기를 수 있을 것이다. 나아가 교과 학습과 연계된 과학·환경 이야기이라면 이른바 통합 교육의 효과를 거둘 수 있을 것이다.

(3) 지도방법

① 작가의 의도를 파악하고 책의 특징을 살펴본다.
② 과학(환경) 동화의 경우, 사실을 나타낸 부분과 동화적 구성을 구분해 본다.
③ 저학년의 경우는 지적 호기심과 질문이 왕성하므로 궁금증에 부딪혔을 때 과학에 관한 책이나 도감에서 찾도록 안내해 주도록 한다.
④ 고학년은 자연의 세계와 우주에 대한 탐구심을 높여 가도록 이끌어 주어야 한다.
⑤ 어떻게 새로움을 창조했는가, 그 창조를 위하여 어떻게 어려움을 극복했는가를 깊이 살펴본다.
⑥ 독서를 통하여 내가 지금까지 모르고 있었던 사실이나 지식을 깨달은 것이 무엇인가를 확인해 본다.
⑦ 책을 보고 배운 내용을 실생활에서 확인할 수 있는지, 구체적으로 내가 할 수 있는 일이 무엇인지 알아본다.
⑧ 독서감상문·논설문·관찰기록문·보고문 등을 작성해 본다.

1. 역사소설은 '역사로부터 빌려온 사실'과 '소설적 진실성을 지니는 허구'를 접합하여 역사적 인간의 경험을 보편적 인간의 경험으로 전환하는 문학양식이다. 이러한 전환에 필요한 작가의 상상력이나 의도를 조절하는 주제는 역사적 사실을 변형, 수정, 가감하는 기준이 된다. 따라서 고정된 소재로써의 역사적 사실이 다양한 모습으로 재현되는 이면에는 늘 작가의 역사관이나 세계관이 매개변수로 존재한다.

2. 근래에 와서는 역사소설이 소재나 의상과 같은 단순히 외면적인 것의 복원과 고증만으로는 구성될 수 없다는 의식이 지배적이다. 즉, 소설의 배경이 되는 시제가 과거든 현재든 상관 없이 '역사의식'을 소설의 당위적 전제로 삼아야 하며, 역사소설이라는 개념은 '역사의식'이라는 개념 속에 수용되어야 한다는 것이다. 역사의식의 중요성은 청소년과 어린이를 대상으로 한 역사소설의 경우도 예외가 될 수 없다.

3. '역사의식'의 핵심은 과거의 역사를 바라보는 '현재'의 눈이다. 역사는 단지 지나간 과거의 사실이 아니라 현재를 비추는 거울이다. 그러기에 역사 소설가는 고고학자가 되기 이전에 고현학자가 되어야 한다. '지금 여기'에 대한 고민과 성찰이 없는 과거의 역사는 서류뭉치일 뿐이다. 어린 독자들에게 역사소설을 비롯한 역사 관련 도서들을 읽히려는 이유가 단순히 과거의 역사를 암기하고 학습 보조 자료로 활용하기 위한 것이 되어서는 안 된다.

4. 자연·과학·역사 및 최근의 경제에 관련된 내용에 이르기까지 지식정보책은 어린이가 자신의 삶과 자기 주변의 모든 것을 학습하는 데 특별한 역할을 한다. 지식정보책의 역할이란, 더 많은 지식과 정보로 아이의 머리속을 무장시키기 위한 것이 아니다. 잘 만들어지고 적절한 때에 아이에게 쥐어진 지식정보책은 어린 독자에게 세상에 대한 호기심을 만족시켜 주고 대상에 대한 체계적인 이해를 확장시켜 주는 씨앗이 된다.

5. 지식정보책이 전달하고자 하는 지식이나 정보는 두말할 나위도 없이 사실에 근거하여 정확하고 신뢰할 만한 것이어야 한다. 그 외에도 필자의 전문성·참고자료·언어적 표현·감수기관의 신뢰 수준·균형 잡힌 시각 등 여러 요소들이 책의 수준과 함량을 결정짓는다.

6. 지식정보책, 특히 과학도서의 경우 아이들의 흥미와 호기심을 불러일으킬 수 있다면 이미 반은 성공한 셈이다. 과학의 출발이 결국은 사물과 현상에 대한 흥미와 호기심에서 출발하는 것과 마찬가지로 말이다. 그러기 위해서는 이미 많이 알려진 사실에 대해 다른 시각으로 해석할 수 있는 여지를 주어야 한다. 이것만이 옳은 이야기라고 틀을 지어 버리면 새로운 발상을 할 수 없게 된다. 창작동화를 좋아하는 아이들도 과학도서를 어려워하고 기피하는 경우를 쉽게 발견할 수 있다. 생소한 내용이니만큼 용어의 선택에 남다른 신경을 기울여야 할 것이다.

7. 과학도서를 통해 아이들은 문제를 객관적으로 보는 법을 익혀야 하고, 문제가 생겼을 때 다양한 방법으로 해결하는 방법을 배워야 한다. 독서를 통해 새로운 것을 깨달았을 때 느끼는 기쁨과 즐거움을 맛보아야 하며, 고민하고 있는 주제를 다른 주제로 확장시킬 수 있어야 한다. 무엇보다 주변에서 흔히 일어나는 일을 남다른 각도로 보는 방법을 배워야 한다. 정답이 아니라 아이들에게 계속 질문할 수 있도록 하여야 한다.

■ 연구과제 및 해설

1. 역사소설에 대한 개념을 정리해 보자. 이를 바탕으로 최근 출간된 어린이 역사소설 중 한 권을 골라 그 성과와 한계에 대해서 평가해 보자.

   (해설) 역사소설이란 '역사상의 사건이나 인물·풍속 등 사실(史實)을 소재로 하여 구성한 소설', 혹은 '실제의 역사적인 시대를 배경으로 삼아 특정의 실존 인물이나

역사적 사건을 재현 또는 재창조하는 소설'로 정의할 수 있다. 이때 역사소설의 작가는 역사의 여러 구성물 중 하나를 선택한다. 그것이 곧 역사소설의 씨앗이 되며 뼈대가 된다. 역사소설이 소재나 의상과 같은 단순히 외면적인 것의 복원과 고증만으로는 구성될 수 없다. 역사소설의 개념은 소설의 배경이 되는 시제가 과거든 현재든 상관 없이 '역사의식'을 소설의 당위적 전제로 삼아야 한다. 이 장에서는 『해를 삼킨 아이들』(김기정)에 대한 여러 시각에서의 접근과 다양한 평가들을 살펴보았다. 여기서 사용된 방법론들을 참고하여 실제 작품에 적용해 보도록 하자.

2. 위인전 기술의 변화 과정에 대해 정리해 보자. 아이들과 함께 위인전의 대상이 될 만한 인물을 선정하여 자료의 수집에서 작성까지 지도해 보자.

(해설) 어린이를 위한 위인전은 어린이에 대한 사회의 인식 및 책의 내용에 대한 사회의 견해에 영향을 받으며 변화한다. 서양에서 쓰인 17세기 내지 19세기의 전기(傳記) 및 이른바 위인전들은 청교도의 교훈적 테마가 주종을 이루었다. 전기 작가들은 전기를 종교적·정치적 훈련 및 사회 교육의 도구여야 한다고 생각하였다. 20세기에 들어와서 아동 발달에 대한 새로운 시각이 열리고 심리학이 발전하면서 어린이의 약한 면을 주목하고 법적으로 보호할 필요가 있음을 강조하게 되었다. 과거의 위인전은 역할 모델로서 위대한 인물의 긍정적인 면만을 부각시키는 경향이 많았다. 그러나 최근에는 위인전을 통해 유명한 사람들의 훌륭한 점만 보여 주어서는 곤란하다는 견해가 설득력을 얻고 있다. 기존 위인전의 틀을 고수할 경우 아이들이 생각하기에 자신들은 결점이 많기 때문에 결코 훌륭하게 될 수 없을 것이라고 여기게 되어 오히려 해롭다는 생각에 빠질 수도 있기 때문이다. 보통 사람들이지만 훌륭한 업적을 남긴 사람들의 전기가 많이 생산되는 것도 이와 같은 까닭이다.

3. 좋은 지식정보책의 조건에 대해 생각해 보고, 관련 도서들을 정리해 보자.

(해설) 지식정보책은 '사실에 근거한 정보나 지식을 어린이 독자를 위해 이해하기 쉽게 전달하는 도서'로 정의할 수 있다. 영미권에서는 어린이 독자를 위한 지식정보책을 '아이들을 위한 논픽션(nonfiction for children)' 혹은 '정보책(information books)'이라고 표현하기도 한다. 사실에 근거한 정확하고 신뢰할 만한 정보, 필자의 전문성, 참고자료, 언어적 표현, 감수기관의 신뢰 수준, 균형 잡힌 시각 등 여러 요소

들이 지식정보책의 수준과 함량을 결정한다. 지식정보책은 사실과 재미의 긴장 관계에 있으면서 다양한 시각적, 서사적 형태화를 시도한다. 그리고 이러한 형태화에 허구적 작품 못지않은 창의성과 독창성이 요구되는 것은 당연하다. 창작동화와 다른 기준이 있다면 전달되는 정보 또는 지식의 정확성 여부가 또 하나의 중요한 평가 잣대라는 점이다.

4. 아동 과학도서의 선정기준에 대해 생각해 보고, 기존에 나와 있는 권장도서 목록들을 비판적으로 검토해 보자.

　(해설) 어린이들은 어른용 과학책에 나오는 내용을 이해할 만큼의 기본 지식을 가지고 있지 않다. 따라서 어른 책으로 기획된 책을 어린이 책으로 만든다는 발상 자체가 무리이다. 꼭 필요하고 만들어야 한다면, 아이들의 눈높이에 맞춰 다시 만들어져야 한다. 용어나 개념이 지나치게 많이 등장하지 말아야 하며, 어렵고 생소한 어휘나 용어의 경우 풀이나 안내가 있어야 한다. 또한 단위를 일반적이고 익숙한 것으로 표기해야 하며, 선명한 사진이나 그림 등 적절하고 정확한 이미지의 사용을 통해 아이들의 이해를 도울 수 있도록 하여야 한다.

■ 참고문헌

• 공임순(2000), 『우리 역사소설은 이론과 논쟁이 필요하다』, 책세상.
• 김상욱(2002), 『숲에서 어린이에게 길을 묻다』, 창작과비평사.
• 김슬옹(2000), 『삐딱하게 보고 뒤집어 생각하라』, 미래 M&B.
• 김옥선(2005, 여름호), 「어린이들에게 역사는 어떤 의미가 있는가」, 『창비어린이』, 창비.
• 김은하(2005, 여름호), 「'소년' 중심의 역사 재현, 어떻게 넘어설 것인가」, 『창비어린이』 9, 창비.
• 김은하(2000), 『우리 아이, 책날개를 달아주자』, 현암사.
• 김종헌(2003), 『아동문학의 이해와 독서지도의 실제』, 민속원.
• 김화선(2005, 여름호), 「기억하기의 정치성 : 집단의 역사에서 개인들의 역사로」, 『창비어린이』, 9, 창비.
• 대중문학연구회 편(2000), 『과학소설이란 무엇인가』, 국학자료원.
• 박민수(1998), 『아동문학의 시학』, 춘천교대출판부.

- 선안나(2007), 『천의 얼굴을 가진 아동문학』, 청동거울.
- 손정표(2003), 『신독서지도방법론』, 태일사.
- 원종찬(2005, 여름호), 「우리 아동문학은 과거를 어떻게 그리고 있는가」, 『창비어린이』 9, 창비.
- 윤기현(2005, 여름호), 「역사와 현실에 맞서 사회성 짙은 작품을 써라」, 『창비어린이』 9, 창비.
- 이오덕(2002), 『어린이책 이야기』, 소년한길.
- 이인식(2002), 『이인식의 과학생각』, 생각의나무.
- 정기철(2006), 『창의력 개발을 위한 독서지도법과 독서신문 만들기』, 역락.
- 조일제(2006), 『창의성 개발을 위한 활동중심 독서지도법』, 한국문화사.
- 최윤정(2001), 『책 밖의 어른, 책 속의 아이』, 문학과지성사.
- 박이정(2005), 『21세기 사회와 독서지도』, 한국독서학회 편.
- 유소영(2005), 『아동문학 어떻게 이용할까』, 건국대학교출판부.
- 특집 「지식정보책의 가능성을 찾는다」, 『창비어린이』, 2004 가을호.

제 8 장

아동의 발달 단계에
따른 독서지도(1)-유아

■ 학습목표

1. 유아의 인지, 언어, 사회 · 정서, 도덕성, 성역할의 발달적 특성과 문학에 대한 반응을 안다.
2. 독서력의 기초로서 문식성의 개념과 발달 원리, 과정 및 특성에 대해 이해한다.
3. 유아의 발달적 특성에 따른 독서목표를 안다.
4. 유아에게 적합한 독서지도 방법으로 문학에 대한 교육과 문학을 통한 교육을 안다.

■ 주요용어

동화(assimilation)-새로운 경험을 기존의 인지구조에 통합하는 과정

조절(accommodation)-새로운 경험을 이해하기 위해 인지구조를 수정하는 과정

평형화(equilibrium)-인지구조를 재조직함으로써 갈등이 해소된 지적 평형 상태

물활론적 사고-무생물에게 생명과 감정이 있다고 생각하는 것

문식성(literacy)-단순히 읽고 쓸 수 있는 능력 이상의 능력(Heath, 1983)으로, 실세계에서 의사소통을 목적으로 읽고 쓸 수 있는 능력

발생적 문식성(emergent literacy)-유아들은 형식적인 읽기, 쓰기지도를 받기 이전에 생활 속에서 자연스럽게 읽기와 쓰기를 배우게 되는데, 성인의 입장에서 보면 정확한 읽기와 쓰기가 아니지만 시각적인 상징들을 이용하여 의미를 이해하고 전달할 수 있는 유아 수준의 읽기, 쓰기 능력

경험적 접근법-동화를 읽어 준 후 동화에 대한 느낌과 생각을 이야기하고 등장인물과의 동일시를 통하여 유아로 하여금 동화 속의 일을 경험하는 등의 심미적인 감상에 의한 문학적 체험을 할 수 있게 하는 방법

분석적 접근법-동화를 듣고 동화에 대한 이야기를 나누는 과정에서 동화의 내용, 배경, 등장인물, 주제, 줄거리, 결말 등에 대한 분석을 통해서 동화의 구성요소를 분석하고 평가함으로써 이야기 속에 담긴 정보를 얻는 데 초점을 맞추는 방법

통합적 유아 문학교육-문학 그 자체를 포함하여 작품에 나타난 개념들을 문학을 통해 교육하는 방법으로서, 주제를 중심으로 여러 학문 간, 발달 영역 간, 활동 간을 통합하여 교육적 경험을 갖게 하는 유아 문학교육 방법

I 유아의 발달적 특성과 문학에 대한 반응

인간은 성장하면서 책에 대한 기호가 변한다. 그래서 바람직한 독서가로 성장하기 위해서는 무엇보다 유아기에 좋은 책을 경험하는 것이 중요한데, 이를 위해서 교사나 부모는 기본적으로 유아의 발달적 특성에 따라 문학에 대해 보이는 반응을 이해하여야 한다.

이에 따라 유아의 발달적 특성을 크게 인지, 언어, 사회·정서, 도덕성, 성역할 등으로 구분하여 각각에 대해 유아의 문학적 반응을 살펴보고자 한다.

1. 유아의 인지 발달과 문학에 대한 반응

현대의 인지 발달에 관한 연구는 유아의 마음은 수동적으로 정보를 받아들이는 것에 의해 성장하는 것이 아니라 세상에 대해 능동적으로 행동하고 그 결과로 일어나는 것을 배움으로써 성장하는 것으로 보고되어 왔다. 유아의 인지 발달은 유아들이 어떻게 생각하고, 그들의 사고가 어떻게 변화되는가에 관한 것이다.

(1) 피아제의 인지 발달과 유아의 문학적 반응

스위스의 심리학자인 피아제(J. Piaget)는 어린이가 성장함에 따라 경험을 구성하는 능력도 성장한다는 것을 발견하였다. 그러나 그 속도에는 개인차가 있다.

〈피아제의 인지 발달 단계〉
  ① 감각 운동기(sensorimotor period)
  ② 전조작기(preoperational period)
  ③ 구체적 조작기(concrete operational period)
  ④ 형식적 조작기(formal operational period)

각 단계를 거치면서 유아는 자신의 경험을 내적 구조로 조직, 도식화한다. 지식은 동화(assimilation)와 조절(accommodation)의 기능과 평형화(equilibrium)의 재조직 과정을 통해 점진적으로 구성된다.

〈표 8.1〉에서 피아제의 인지 발달단계에 따른 문학적 반응과 적합한 책 선택에 관한 내용을 제시한다.

〈표 8.1〉 피아제의 발달 단계에 따른 문화적 반응 및 적합한 책

단계		발달적 특성	문학적 반응	적합한 책(예시)
감각운동기 (0~2세)		· 감각과 운동능력을 통해 세계를 탐색	· 플라스틱이나 두꺼운 종이로 만든 책, 단순하고 친근한 그림으로 된 책	· 『잘자요 달님』 · 『손이 나왔네』 · 『난 갈 수 있어』
전조작기	전개념기 (2~4세)	· 현재에 초점을 둠 · 상상놀이의 발달 · 물활론적 사고 발달의 시작	· 분명한 플롯 구조를 가진 환상 그림책	· 『쾅글왕글의 모자』
	직관기 (4~7세)	· 자신의 관점에서 세상을 인식	· 다양한 경험의 기회를 제공하는 책, 전래동화, 환상동화, 사실동화, 동시 등	· 『아기 오리들한테 길을 비켜주세요』
구체적 조작기 (7~11세)		· 논리적 사고의 발전 · 과거와 미래의 이해	· 비교적 복잡한 이야기를 다룬 책 · 역사동화, 전기	· 『박제상의 전기』 · 『신사임당』

1) 감각 운동기

0세에서 2세까지로서, 이 시기의 유아들은 만지고, 냄새 맡고, 맛보는 감각과 움직임을 통해 발달하기 때문에 두꺼운 종이로 된 책이 적합하다. 내용은 실세계의 경험과 일치하는 단순하고 친근한 그림책이 좋다.

[적합한 책]

- 『잘자요 달님』(마거릿 와이즈 브라운)
  - 유아들의 경험과 관련되고 단순하고 친근한 그림으로 구성
- 『손이 나왔네』(하야시 아키코)
  - 유아들의 경험과 관련되고 단순하고 친근한 그림으로 구성

- 『난 갈 수 있어』(고미 타로)
  - 단순하고 친근한 그림으로 구성되어 있으며 두꺼운 종이의 작은 크기로 만들어져 있어서 영아들이 가지고 다니면서 즐겨 볼 수 있다.

마거릿 와이즈 브라운 글
클레먼트 허드 그림

2) 전조작기

① 전기 : 2세부터 4세까지의 전개념기
  - 유아들이 그들의 환경을 상징화하고 사물이나 사건을 내면화할 때 미숙한 개념이 발달
  - 한 종류의 대상을 일반화하기 때문에 각 대상을 그 특성에 따라 구분할 수 없다.
    - **예** 나무에서 발견할 수 있는 날개 달린 나는 것은 모두 '새'라고 함. 크리스마스 때 만나는 모든 산타클로스는 동일인으로 믿는 것 등
  - 무생물에게 생명과 감정을 부여하는 물활론적인 사고를 갖기 시작한다.
    - **예** 태양이 살아 있고 그것이 움직이는 것은 우리가 말하는 것을 듣기 위해서라는 것
  - 유아들이 나무와 돌 등 주변의 자연물에 생명을 부여하고 대화를 나누는 사고의 내용은 바로 공상의 세계이고 동화 그 자체가 되는 것이다.
  - 분명한 플롯 구조를 가지고 가상놀이를 자극하는 환상 그림책을 선택하는 것이 바람직하다.

[적합한 책]

- 『콰글왕글의 모자』(에드워드 리어)
  - 섬세한 터치와 화려한 색채의 그림, 상상력을 자극하는 문장은 동심의 세계를 풍부하게 해 준다. 영국에서 매년 가장 뛰어난 그림책에게 주는 케이트 그린어웨이 상(Kate Greenaway Award)을 수상한 작품
② 후기 : 4세부터 7세까지의 직관적 단계
  - 유아들은 자신의 관점에서만 세계를 인식하게 된다.

- 다른 사람과 사건 등을 경험하면서 탈중심화의 과정을 통해 극복되는
  데, 성인이 들려주는 이야기나 친구들과의 대화가 많은 도움이 된다.
- 실제 경험을 즐길 수 있고 풍부하고 다양한 기회를 제공하는 전래동
  화, 환상동화, 현실동화, 동시 등이 적당하다.

  [적합한 책]
  - 『아기 오리들한테 길을 비켜주세요』(로버트 맥클로스키)
  - 일상적인 일로부터 함께 사는 삶의 소중함과 미래에 대한 희망을 재미
    있게 묘사

3) 구체적 조작기

7세부터 11세까지로 논리적 사고가 발달되는 시기
- 가상과 현실, 과거와 현재를 이해하게 되고 타인의 관점을 수용할 수 있게 된다.
- 비교적 복잡한 이야기나 역사동화, 전기가 좋다.

  [적합한 책]
  - 『신사임당』, 『박제상의 전기』 등

4) 형식적 조작기

11세부터 15세까지로 이야기를 보다 논리적, 분석적으로 파악하게 되는 특
징을 갖는다.

(2) 비고츠키의 사회·문화적 발달과 유아의 문학적 반응

① 비고츠키는 시작부터 유아를 사회적 존재로 보고 개인의 고등 정신 과정
은 처음은 개인 간 심리적(interpsychological) 범주로서 사회적 국면에서
나타나고 그 다음에 개인 내 심리적(intrapsychological) 범주로서 심리적
국면으로 내면화되어 나타난다고 주장하였다.[1]

---

1) Vygotsky(1978)

- 유아들이 생각할 때 그들은 생각을 소리 내어 말하는 경향이 있고 유아의 사고는 이런 방식으로 구체화되어진다.
- 반면, 성인은 그들이 생각하는 것에 대해 그들에게 말해 줄 수 있고 유아들은 그것을 듣고 필요하면 자신의 아이디어를 수정할 수 있다. 후에 어린이들은 그들의 사고를 내면화한다.
- 유아들은 그들 자신을 표현할 많은 기회가 주어져야 한다. 그들에게 생각하는 것은 말하는 것, 움직이는 것, 노래하는 것, 그리는 것이다.
- 성인은 자주 어린이들과 대화를 하여야 한다. 그것은 유아들이 보다 더 교육을 많이 받은 사람이 세상의 현상에 대해 적합한 용어로 그들 자신의 이해를 말로써 표현하는 것을 듣는 것이 필요하기 때문이다.
② 비고츠키의 생각은 피아제의 생각과 상호 보완적이다.
- 어린이들이 학습하는 데 있어서 능동적인 발견이 필요하다는 피아제의 의견과 유아들이 사회적 상황에서 가장 잘 배운다는 비고츠키의 생각은 유아의 문학적 반응을 이해하고 격려하는 데 있어서 이론적 기초를 제시한다.

(3) 지적 발달과 문학에 대한 반응

지적 발달의 경향은 '유아의 사고는 처음에는 외적, 구체적 경험과 관계되다가 시간이 흐르면서 보다 내적, 심리적, 추상적 경험에 의존한다. 유아들은 초기에는 한 번에 문제의 한 면만 생각하다가 나중에는 한 쟁점에 대해서 한 가지 이상의 관점을 고려할 수 있게 된다. 이러한 경향은 유아의 사고에서뿐만 아니라 문학에 대한 반응에서도 나타난다.

1) Applebee(1975)의 문학에 대한 반응 연구
유아들은 구체적 조작기가 시작되는 시기쯤에는 가상과 현실을 구분하지 못한다.
7~8세보다 어린 유아들과 나눈 대화를 들어 보자.

교사 : 너희들이 신데렐라를 보러 갈 수 있니?

유아1 : 아니요.

교사 : 왜 보러갈 수 없을까?

유아1 : 신데렐라가 너무 멀리 떨어져 있기 때문에요.

유아2 : 신데렐라가 못된 언니들을 위해 청소를 하느라 바빠서 방문
할 시간을 낼 수 없을 거에요.

즉, 신데렐라가 현실에 존재하지 않는 인물로 믿고 반응한 것이 아니라 현실의 인물로 가정하고 반응하는 것을 볼 때 아직 가상과 현실을 확실하게 구분하지 못한다고 판단한 것이다.

2) Janet Hickman(1992)의 문학에 대한 반응 연구

유아들의 이야기에 대한 자연스러운 반응을 관찰하였다. 5세경의 유아들은 박수를 치거나 고함을 지르는 등 신체를 이용하여 반응을 보이고, 조금 나아가서는 예상을 하거나 긴장과 안도의 분명한 표시를 보이면서 플롯에 초점을 맞추게 된다. 9~10세 어린이들은 의미나 작가의 스타일에 대해 자유롭게 토의한다. 비교적 유아들은 이야기에 대해 풍부하고 재미있는 반응을 보인다.

2. 유아의 언어 발달과 문학에 대한 반응

〈표 8.2〉 연령별 단계에 따른 언어 발달적 특성과 문학적 반응 및 적합한 책

단계	발달적 특성	문학적 반응	적합한 책(예시)
0~2세	한 음절의 소리를 냄 - 단어로 의사 표현 - 단어만으로 구성된 전보문 사용	반복, 명명하는 책, 친근한 사물을 그린 책 등 단순한 이야기책에 대한 관심	『어흥 누구게?』 『구두 구두 걸어라』
2~3세	두세 단어로 구성된 문구를 사용, 대명사와 전치사의 사용 시작	극화될 수 있는 단순한 이야기에 대한 흥미	『사과와 나무』

단계	발달적 특성	문학적 반응	적합한 책(예시)
3세	문구에 단순한 문법을 적용, 이해력 증가	동시나 노래 부르기, 질문에 답하기, 매력 있는 문구 반복하기 등을 즐김	『코를 "킁킁"』
3~4세	조금 복잡한 문장과 질문 등을 하면서 대화	이야기를 회상하면서 사회극 놀이에서 등장인물과 상황을 적용	
5세 이상	글자나 단순한 단어를 인식	이야기를 탐색, 이야기의 구성이나 등장인물을 변화시키고 싶은 욕구가 생김	『거인 사냥꾼을 조심하세요』

〈표 8.2〉에서 연령별 단계에 따른 언어 발달적 특성과 문학적 반응 및 적합한 책에 관한 내용을 제시한다.

콜린 맥노튼 글·그림

① 『거인 사냥꾼을 조심하세요』(콜린 맥노튼)
 - 초록빛 큰 나무를 사람 모양으로 등장시켜 꼬마 사냥꾼과 흥미 있게 대화를 해 가며 환경 문제를 다루고 있다. 특히 거인의 말이 진하게 인쇄된 것이 인쇄 글자에 대한 관심을 더해 준다.

② 유아들은 인쇄된 글자들을 탐색하며 이해하게 된다.
 - 어린이들이 이야기를 들을 때 손으로 글자를 가린다거나, 그림이 없이 글자만 있는 책의 면을 빨리 넘기는 행동이 사라질 때 유아들이 인쇄된 글자가 어떤 메시지를 전달한다는 것을 이해한다.
 - 점차적으로 유아들은 성인이 읽어줌으로써 듣게 되는 글자와 책에 있는 글자를 맞추기 시작하고, 같은 이야기를 책을 보면서 반복해서 듣게 됨으로써 이야기를 가슴으로 받아들여 혼자 읽을 수 있게 되는 데 이런 과정이 인쇄된 글자에 대한 개념과 독서가로서의 성장에 도움을 주게 된다.

③ 좋은 문학 작품을 경험하는 것은 유아들의 언어와 문법 발달에 영향을
미친다. 어린이들은 책을 통해서 일상생활의 대화에서 듣지 못했던 다양
한 단어와 문장 구조를 경험하고, 언어가 어떻게 창의적으로 사용될 수
있는가를 알게 된다.

3. 유아의 사회·정서 발달과 문학에 대한 반응

유아들의 사회·정서 발달은 인지 발달과 관계가 있다. 나이가 들수록 상황
의 다양한 측면을 보고, 타인의 관점에서 이해하는 능력이 길러지게 된다. 그러
나 다른 영역의 발달에서와 마찬가지로 사회·정서 발달은 주변의 사람, 사물,
사건과의 다양한 경험을 통해 이루어진다.

특히 문학적인 경험을 통해 다른 사람들도 공포, 기쁨, 분노, 즐거움을 느낀
다는 것을 발견하고 등장인물과 동일시됨으로써 두려움이나 슬픔을 해소하고, 문
제 해결과 즐거움을 맛보게 된다.

1) 신뢰감 형성

생후 1년까지 예측 가능한 환경에서 지속적으로 일정한 양육자나 교사에 의
해 개별적인 보살핌을 받을 경우 신뢰감이 형성된다.

2) 자율의식의 형성

2~3세경에 자율의식이 형성되고 스스로 먹고 입는 것과 같은 자조 기술의
습득에 관한 이야기를 듣는 것을 좋아한다.

3) 주변 세계에 대한 호기심 발달

4~5세 경에는 상상력이 발휘되고 호기심이 많아지는 시기로서 일상생활
에서 만나는 사람, 놀잇감, 애완동물 등에 대한 이야기를 듣고 싶어 한다. 양심
도 발달하게 되는데 권선징악의 주제를 가진 이야기가 적합하다.

4) 책임감의 형성

6세 전후에는 공상에 잠기는 시기가 줄어들고 완수 가능한 사실적인 과업에 몰두하고 싶어 하게 된다. 책임감이 형성되는 매우 중요한 시기이며, 심리사회적 위험요인으로서 가장 대표적인 것은 무력감과 열등감을 야기시킬 상태가 출현할 수 있다는 것이다. 타인과 비교해서 자신을 열등하게 평가함으로써 비롯될 수도 있고 유아가 아직 자발의식을 성취하지 못했을 경우에 비롯될 수도 있다.

유아는 성장함에 따라 자신이 맡은 일의 중요성을 깨닫고 자신의 일을 게을 리 했을 때 일어나는 결과들을 보며 책임감과 의무감을 가지게 된다.

[적합한 책]

- 『말괄량이 기관차 치치』(버지니아 리 버튼)
  - 자신의 일에 싫증을 내고 책임을 회피하려고 했던 기관차 치치가 결국 자신의 경솔함을 뉘우치게 되고 자신의 역할의 중요성을 깨닫게 된다는 내용을 다루고 있다.

5) 가족 관계

가족은 유아가 처음 접하게 되는 사회적 세계인데, 여기에서 가족 구성원과 사랑을 나누며 확립된 신뢰감과 안정감을 기초로 하여 유아는 점차 사회적 구성 원으로 자라게 된다. 형제 사이는 친구이면서 경쟁 상대가 되는데, 새 아기는 기 대와 기쁨을 주지만 손윗 형제에게는 동생에 대한 질투심을 유발시킬 수 있다. 오빠, 형, 누나로서의 역할을 다룬 이야기를 좋아하고, 이러한 이야기를 통해 자 신의 역할에 대해 각성하게 되며, 결국은 동생을 수용할 수 있게 되는 것이다.

[적합한 책]

에즈라 잭 키츠 글·그림

- 『피터의 의자』(에즈라 잭 키츠)
  - 아기가 생겨서 물건이 하나 둘씩 동생에게로 넘어가고 부모의 관심도 멀어져 간다고 생각 하며 가출까지 하지만 자신의 아기 때 의자 에 앉으려다가 부쩍 자란 것을 발견하고 더 이상 아기가 아니라는 것을 깨닫게 된다.

6) 친구 관계

대부분의 어린이들은 절친한 친구 관계를 경험한다. 그 관계는 사회 기능을 연습하게 하고 자아 정체감의 발달을 도우며 집단 구성원으로부터 오는 안전감을 제공하므로 매우 중요하다. 그들은 갈등을 해결하는 것을 배우고 그들의 요구를 분명히 교환한다. 사회적 상호 작용은 어린이들의 성격 발달에 영향을 미치게 되고, 어린이들의 자아 개념 형성에 중요한 요인이 된다. 부모, 보호자, 교사, 친구가 그들에게 긍정적이거나 부정적으로 반응하는 데에 따라 그들의 자존심에도 영향을 미친다.

[적합한 책]

- 『바바빠빠』(탈루스 테일러)
  - 생김새와는 달리 타인을 위해 좋은 일을 많이 함으로써 친구를 만들어가는 과정을 주인공의 모습을 변형시켜 가며 재미있게 묘사하였다.

4. 유아의 도덕성 발달과 문학에 대한 반응

유아들은 성장함에 따라 선과 악, 진리와 거짓에 대한 차이를 배우게 된다. 어린이가 옳고 그름의 개념을 내면화해 가면서 그들의 행동이 자신뿐만 아니라 타인에게도 영향을 미친다는 것을 인식하게 된다.

1) 피아제(1932)의 도덕적 판단의 사고 발달

유아의 도덕적 판단에 대한 생각의 발달을 인지 발달과 맞추어 설정했다.

① 타율적 도덕성 단계
  - 외적인 보상이나 상벌에 의해 도덕성이 유지되고 유아가 규칙을 실행하는 형태는 자기 중심적이며 단순히 관찰에 의해서 이루어진다.
  - 협동놀이, 상호 작용 활동 등이 증대된다.

② 자율적 도덕성 단계
  - 자율성이 강해지는 7~8세에 이르면 자율적 도덕성으로 변화하게 된다.

2) 콜버그(Kohlberg)의 도덕성의 발달

3세까지는 규칙에 대해 의심할 여지없이 복종하는 단계이다. 3세부터 5세경까지는 규칙을 절대적으로 받아들이지 않고, 한 가지 이상의 측면이 있음을 알게 되고 교환적인 사고를 할 수 있는 단계이다.

- 피아제와 콜버그의 도덕성 발달에 대한 이론을 살펴볼 때 도덕성은 단순한 외부적 자극으로 주입식을 가르쳐서 발달되는 것이라기보다는 타인과의 상호 작용을 통해 이루어지는 것으로 해석된다.
- 문학은 유아들에게 타인의 사상이나 감정을 전달할 수 있고 유아들은 이러한 문학 작품의 주인공에 동일시되며 그의 사고방식이나 감정에 공감하고, 때로는 비판하는 과정에서 도덕성의 발달을 증진시킬 수 있다.

[적합한 책]

- 『마들린느와 쥬네비브』(루드비히 베멀먼즈)
  - '개를 기숙사에 들여놓지 못한다'는 규칙도 물에 빠진 마들린느를 구해 준 개에 대한 아이들의 사랑과 감사하는 마음 앞에서는 우선이 될 수 없음을 보여 준다.

5. 유아의 성역할 발달과 문학에 대한 반응

성역할은 사회 · 문화적인 힘에 의해 유형화될 수 있고, 그 시대의 남자와 여자들에게 어떤 역할을 기대한다.

유아들의 성역할에 대한 이해는 사회학습 이론과 인지적 관점을 합쳐서 설명하고 있다.[2] 즉, 유아들은 자신들의 행동이 부모나 사회가 각 성에 적합하다고 생각되는 것에 기반을 두고 강화나 처벌을 하는 것을 보고 배우고, 자신의 성이 무

---

2) Dworetzky, 1987

엇인가에 대해 인지적으로 깨달음으로써 자신의 행동을 사회가 요구하는 것에 맞추기 위해 변화하게 되는 것이다.

성역할 개념에 대한 발달은 자신이 살고 있는 사회와 주변 환경의 영향이 크다. 즉 부모, 형제, 자매, 교사, 또래, 책, TV 등이 성역할 유형화에 중요한 역할을 한다. 성역할에 대한 사회·문화적 기대는 시대에 따라 변화되고 있는데, 교육자들은 유아들이 외부의 기대에 얽매이지 않고 그들의 능력에 맞는 것을 선택하여 능동적으로 자신의 역할을 잘 수행할 수 있도록 도와야 할 것이다.

고정된 성역할을 벗어난 문학작품들이 유아에게 적합하다. 아빠가 아이를 목욕시키는 장면, 남자 주인공이 집안 청소나 요리를 하는 것, 여자가 큰 기계를 조종하는 것 등 현실에서 일반적으로 고정화된 역할들을 다르게 문학을 통해 경험함으로써 성역할을 보는 안목이 더욱 넓어지게 된다.

[적합한 책]

- 『소방관이 될 테야』(한국행동과학연구소)
  - 여자 아이가 편한 차림보다 치마를 입기를 원하는 엄마와 불자동차보다 인형을 갖고 놀기를 원하는 아빠에 대해 불만을 품어 오다가 유치원에서 연극을 통해 소방관이 되고 싶은 마음을 표현함으로써 부모의 마음을 변하게 한다.
- 『크릭터』(토미 웅게러)
  - 할머니가 선물로 받은 뱀을 기르는 과정을 상상력이 뛰어난 그림을 가미하여 흥미 있게 엮어낸 작품인데, 흔히 뱀은 여자보다 남자들 손에서 길들여진다는 고정된 생각을 변화시킬 수 있는 경험이 될 수 있다.

Ⅱ 독서력의 기초로서 문식성 발달의 이해

1. 문식성의 개념 및 발달의 원리

(1) 문식성의 개념

문식성(literacy)은 단순히 읽고 쓸 수 있는 능력 이상의 능력[3]으로, 실세계에서 의사소통을 목적으로 읽고 쓸 수 있는 능력을 뜻한다. 즉, 문식성은 단순히 문자기호를 음성기호로 바꾸는 능력에 국한하지 않고 읽기·쓰기를 활용하여 의사소통하는 넓은 범위까지를 포함한다.

(2) 문식성 발달의 원리

1) 유아의 문식성 발달은 생활 속에서 자연스럽게 습득된다

유아가 초등학교 입학하기 전에 가지게 되는 전형적인 독서 경험은 부모나 양육자와 함께 그림책을 읽는 것이다. 유아들은 같은 책을 되풀이해 읽어주기를 요구하면서 즐거워하게 된다. 유아들은 이런 경험 외에도 간접적인 경험으로서 부모나 형제, 자매들이 읽고 쓰는 것을 보는 경험을 통해 읽기가 생활에서 매우 중요하다는 사실을 자연스럽게 인식하고, 읽기를 배우는 데 관심을 가지게 된다.

독서가 매우 즐거운 활동이라는 인식을 하게 되면서 주변 환경 속의 여러 가지 표지들과 상표들을 읽을 수 있게 된다. 낱자와 낱자의 소리를 연결짓기도 하며 단어를 만들어 내기도 하는데, 이 모든 기능들은 형식적인 읽기 지도의 단계로 넘어가기 전에 생활 속에서 자연스럽게 습득되는 것이다.

---

3) Heath(1983).

2) 문식성 발달은 성인과 또래 간의 상호작용을 통해 이루어진다

유아는 부모나 형제, 자매와 그림책을 읽는다든지 다양한 문식 활동을 경험하다가, 마침내 여러 가지 이유로 가족들이나 친구들에게 쪽지나 초대장, 편지 등을 쓰기도 하고 그것을 읽기도 한다. 대부분의 유아들은 이처럼 교사나 부모, 또래와의 상호 작용을 통해 문식성이 발달되어 간다.

3) 읽기를 기능적으로 경험하면서 문식성이 발달된다

유아는 점차 읽기를 배우기 위해 읽기를 하는 것이 아니라 어떤 정보를 얻기 위해 읽기를 하게 된다. 독서를 기능적으로 하게 되면 더욱 능동적으로 참여하게 된다. 유아들은 동화책이나 정보를 알려주는 책들을 읽는 것을 즐기게 되고, 이를 통해 사회적 상호 작용이 더 활발해지게 된다.

4) 문식성은 사회적인 맥락을 고려하면서 작가가 전달하려는 의미를 구성해 내는 과정에서 발달하게 된다

유아들은 자신의 경험과 글을 처음부터 연결시킬 줄 아는 것은 아니다. 자신의 감정이나 생각에 관해 글로 표현하는 기회를 가지고, 성인이 읽어주는 이야기를 들으면서 이야기 속에서 발견되는 아이디어들과 자신의 것을 비교해 볼 수 있는 기회를 가질 수 있다. 이런 과정에서 작가가 전달하고자 하는 의미가 무엇인지 이해하려는 노력을 더욱 기울이게 되고 의미 구성적인 읽기 기능이 발달하게 된다.

5) 문식성은 통합적으로 발달된다

독서력은 읽기의 한 측면이 발달되면 되는 것이 아니라, 발음, 어휘, 문법, 낱자의 이름과 소리, 단어 재인 등이 통합적으로 발달되어야 한다. 독서의 목적은 독해이기 때문에 유아들은 글이 전달하고자 하는 의미를 이해해야 하고, 또 그 글이 자신과 사회를 어떻게 관계시키고 있는지 이해할 수 있어야 한다. 독서력은 복합적인 상황에서 읽기 과정에 필요한 다양한 기능들이 통합적으로 발달되면서 길러지게 된다.

6) 문식성은 점진적으로 발달된다

읽고 쓰는 능력은 어느 시점에 형식적인 교육으로 갑자기 길러지는 것이 아니라 출생 이후 점진적으로 이루어진다. 유아의 독서력은 어느 한순간 갑자기 출현하는 것이 아니라 자연스런 탐구와 읽기, 쓰기 활동에 참여할 수 있도록 지원해 주는 환경 속에서 점진적으로 이루어진다.

2. 문식성 발달의 과정과 특성

(1) 발생적 문식성(출생~유치원 입학 전)

1) 발생적 문식성의 개념

유아들은 형식적인 읽기, 쓰기지도를 받기 이전에 생활 속에서 자연스럽게 읽기와 쓰기를 배우게 된다. 성인의 입장에서 보면 정확한 읽기와 쓰기가 아니지만 유아들은 시각적인 상징들을 이용하여 의미를 이해하고 전달할 수 있는데, 이러한 수준의 읽기, 쓰기 능력을 발생적 문식성(emergent literacy)이라고 한다. Goodman(1986)은 이를 문식성의 뿌리라고도 하는데, 그 문화권에서 약속된 언어로서 이해할 수 있는 정확한 읽기와 쓰기는 아니지만 궁극적으로 그러한 수준으로 나아가는 기초가 형성되고 있다는 것을 의미한다.[4]

2) 발생적 문식성 발달 과정의 특성[5]

발생적 문식성의 발달은 매우 급속하게, 그리고 매우 복잡한 양상으로 일어난다. 또한 모든 유아가 똑같은 모습과 똑같은 속도로 정해진 순서에 따라 문식성을 발달시켜 나가지 않는다.

① 문자는 말로 바뀌어 질 수 있다는 것을 이해한다.

---

4) Goodman(1986).
5) 조정숙 · 이차숙 · 노명완(2005).

② 읽고 쓰는 척 한다. 즉 책장을 넘기고, 그림이나 기억하고 있는 이야기를 이용하여 이야기를 만들어 낸다.

③ 글자와 말소리를 맞추기 시작한다(예 : 냉방차 → 냉장고).

④ 낱자의 이름들을 알기 시작하고 어떤 낱자는 상응하는 말소리를 연결시켜 본다.

⑤ 상품에 있는 글자들이나 자주 보는 간판 글자들을 맥락이 함께 제시되면 읽을 줄 안다[예 : 서울우유 책에 써 있는 '서울우유'를 읽은 유아는 3세의 경우 반을 넘는 반면, 우유 팩 없이 정자로 쓴 '서울우유'를 읽은 경우는 3세가 20%도 되지 않았다는 연구결과가 있다(주영희, 1992)].

⑥ 자기 이름이나 가족의 이름 속에 있는 글자 등 쓸 줄 아는 글자가 더러 있다.

⑦ 간혹 글자의 방향을 반대로 쓰기도 한다(예 : ㅣㅈ ㅏㅂ ㅓㅇ).

⑧ 글자 모양 같은 낙서를 하기도 하고 실제로 뜻이 통하지는 않지만 글자들을 줄을 맞춰 써 놓기도 한다.

⑨ 한 단어와 단어 사이를 띄지 않고 죽 이어서 글자들을 열거한다.

⑩ 아무렇게나 써 놓고 의미를 부여해 가면서 읽기도 한다. 그러나 나중에 다시 읽을 때는 못 읽는 경우도 있다.

(2) 초기 문식성(유치원 입학~초등학교 1학년 초)

1) 초기 문식성의 개념

유치원이나 초등학교 입학초기에는, 더러 읽을 줄 아는 글자나 쓸 줄 아는 글자가 생기게 된다. 좋아하는 이야기나 노래들을 기억하기도 하고, 그것들을 중심으로 글을 읽는 척도 하게 된다. 자신이 경험한 것을 부모나 교사에게 도움을 청하여 써 보기도 하고 받아 적기도 한다.

어떤 유아들은 마치 3, 4학년 아이들처럼 제법 혼자서 글을 읽기도 하고 쓰기도 한다. 묵독으로 글을 읽기도 하고 큰 소리를 내어 읽기도 한다. 이 시기의 유아들이 가정에서 발생적 문식 활동의 경험이 없었다면, 유치원이나 학교에서의 읽기나 쓰기에 상당한 어려움을 경험하게 된다.

2) 초기 문식성 발달 과정의 특징[6)]

① 무엇인가를 알기 위해 글을 읽을 필요가 있다는 것을 안다.

② 글자에 주의를 많이 기울이며, 정확한 글자가 무엇인지에 대해 관심을 기울인다.

④ 알고 있는 글자들을 중심으로 자소·음소를 대응시키며 말을 만들기 시작한다.

⑤ 구두점의 기능에 대해 이해하기 시작한다.

⑥ 읽고 쓸 줄 아는 단어들이 있다.

⑦ 단어와 단어 사이의 띄어쓰기를 할 줄도 아는데 언제나 그런 것은 아니다.

⑧ 글자를 읽을 때 처음 글자가 아니라 가능하다면 자소와 음소를 대응시켜 가며 읽으려고 노력한다.

⑨ 단어를 완전하게 다 쓰기도 하고, 어떤 경우에는 부분적으로 써 놓고 그 단어라고 우기기도 한다.

⑩ 자신이 써 놓은 글을 되풀이하여 읽기도 한다.

⑪ 앞 단계와 마찬가지로 글자를 역방향으로 쓰기도 한다.

---

6) 조정숙 외(2005).

Ⅲ 유아의 발달적 특성에 따른 독서목표

1. 독서목표

　읽을거리, 즉 다양한 종류의 책에 대한 유아들의 태도나 이해력뿐만 아니라 지식과 기능을 형성하는 일도 포함된다. 유아들은 여러 가지 종류의 작품을 통해 문학적 경험을 하게 되고, 또래 간에 의견을 나누는 기회를 가짐으로써 서로를 잘 이해하고 주변의 사물, 사건, 사람들, 즉 세상에 대한 이해를 증진시킬 수 있다. 유아기에 독서지도는 형식적인 지도가 아닌 문학적 경험을 통해 독서력의 바탕을 형성하는 것이다.

2. 유아의 발달에 따른 문학적 반응과 연계한 독서목표

1) 문학작품을 감상하는 태도와 능력을 기른다
　① 문학 작품을 감상하는 바람직한 태도와 능력은 유아들이 이야기로부터 흥미를 느낄 때 싹트기 시작한다고 볼 수 있다.
　② 유아들이 재미있어 하고, 예술성과 교육성을 지닌 작품을 지속적으로 접하게 되면 문학을 사랑하게 되고 심미적 태도가 길러지게 된다.

2) 심신의 건전한 발달을 돕는다
　환상적인 이야기를 통해 일상생활에서 받을 수 있는 갈등적 요소가 해소되고 정서가 순화됨으로써 건강한 인격체로 성장할 수 있다.

3) 타인에 대한 이해를 돕는다
　① 유아들은 자기 중심적인 사고의 특성을 가지기 때문에 타인을 이해하는

데 한계가 있다.

② 문학을 통해 폭넓은 간접 체험을 함으로써 다른 나라와 문화, 다른 환경에서 자라는 사람들을 알고 이해하게 된다.

4) 도덕성 발달을 돕는다

전래동화는 등장인물의 성격을 대립시킴(선과 악, 미와 추 등)으로써 사회가 바라는 가치관이나 도덕적 기준을 자연스럽게 나타내는데, 이런 내용을 문학작품을 통해 경험함으로써 유아들은 도덕적인 기준을 발견할 수 있다.

5) 감정의 표현 및 창의성 신장을 돕는다

다양한 문학적 경험은 유아들이 받은 느낌을 자연스럽고 다양하게 표현하게 하는 원천을 제공한다. 이야기를 듣거나 읽은 후의 느낌을 이야기를 회상하며 그림, 말하기, 동작 등 여러가지 방법으로 표현하는 활동은 창의성을 증진시킬 수 있다.

6) 국어에 대한 이해를 돕는다

동화, 동시, 동요 등에서 표현되고 있는 아름답고 리듬감 있는 단어나 구절은 언어에 대한 감수성을 발달시킨다. 작품에 애정을 느끼게 하고 국어에 대한 이해를 높이기도 한다.

7) 유아의 언어 발달이 신장된다

이야기를 듣고 그림책을 보는 과정에서 말하고, 듣고, 읽고, 쓰는 능력이 자연스럽게 발달된다.

8) 일상생활에서 직면하는 문제에 대처할 능력을 기른다

유아들은 작품 속의 인물이 자신과 비슷한 상황에서 문제를 해결해 나가는 것을 보면서 위안을 얻고 그 과정에서 알게 된 방법을 자신의 생활에 적용할 수 있게 된다.

1. 유아에게 적합한 독서지도

유아들은 문학을 통해 즐거움을 얻고, 주변의 세계를 폭넓게 경험함으로써 자신과 세상을 보다 잘 이해하게 된다. 특히, 유아들은 신체적, 지적, 정서적, 사회적으로 발달이 급속한 시기에 있으므로 이 시기의 문학적 경험은 문학을 대하는 태도나 인격 형성에 중요한 영향을 미친다.

유아에게 적합한 독서지도는 유아가 좋은 작품을 통해 즐거움을 얻고, 작품을 바르게 이해하고 감상하는 능력과 태도를 갖도록 돕는 것을 목적으로 한다. 이를 위해서는 유아의 발달적 특성을 고려한 문학 작품을 선정하고, 이것을 유아에게 적합한 방법으로 제시하는 것이 중요하다.

따라서 유아에게 적합한 독서지도는 유아를 위한 문학 교육의 접근 방법에서 찾아볼 수 있는데, 그것은 크게 '문학에 대한 교육'과 '문학을 통한 교육'으로 구분된다.

(1) 문학에 대한 교육

유아들은 책을 혼자서 읽을 수 있기 이전부터 성인이 읽어주는 것을 들으면서 책에 대한 경험을 많이 하게 된다. 그런데 교사나 부모가 책을 들려주는 목적에 따라 책을 제시하는 방법이 달라질 수 있다. 그림책을 제시하는 방법에는 크게 경험적 접근법과 분석적 접근법이 있다(〈표 8.3〉 참조).

1) 경험적 접근법
동화를 읽어 준 후 동화에 대한 느낌과 생각을 이야기하고 등장인물과의 동일시를 통하여 유아로 하여금 동화 속의 일을 경험하는 등의 심미적인 감상에 의한 문학적 체험을 할 수 있게 하는 방법이다.

> **예** 이야기를 들려준 후에 "이 이야기 속의 등장인물은 어떻게 느꼈을
> 까?", "○○에게 일어난 일이 너희들에게 일어났다면 어떻게 했겠
> 니?" 등이다.

2) 분석적 접근법

동화를 듣고 동화에 대한 이야기를 나누는 과정에서 동화의 내용, 배경, 등장
인물, 주제, 줄거리, 결말 등에 대한 분석을 통해서 동화의 구성 요소를 분석하고
평가함으로써 이야기 속에 담긴 정보를 얻는 데 초점을 맞추는 방법이다.

> **예** "이 이야기 속에 누가 나왔니?", "이 이야기는 언제 일어난 일이니?"
> 등이다.

〈표 8.3〉 그림책 제시 방법에서 경험적 접근법과 분석적 접근법

경험적 접근법	분석적 접근법
· 이야기에서 무엇이 가장 재미있었니?	· 이야기 속에 누가 누가 나왔니?
· 이야기 속의 ○○는 어떤 기분이었을까?	· 언제 어디서 일어난 이야기일까?
· ○○에게 일어난 일이 너희들에게 일어났다면 어떻게 했겠니?	· 그들에게 어떤 일이 일어났니?
· 이 이야기를 다르게 만들어 볼 수 있을까?	· 몇 가지 일들이 일어났니?
· 이야기 속에 나온 사람(동물) 중 어떤 사람(동물)이 되고 싶니?	· 누가 해결했니?
	· 이야기가 어떻게 끝났니?

유아들은 문학을 경험하기 이전에는 문학에 대해 분석할 수 없고, 이야기를
읽고 듣고, 표현하는 과정에서 무의식적으로 문학작품의 전체 형식에 대한 감각
이 내면화되고 문학적 감상과 이해 능력이 발달되어 간다. 특히, 경험적 접근법
에 의해 동화를 제시할 때 유아들은 동화의 세계에 더욱 몰입하고 동화에 대한
심미적인 반응을 증진시킨다. 그러나 유아에게 책을 제시할 때 경험적 접근법만
이 최선이라고 할 수는 없고 활동에 따라 융통성 있게 활용해야 할 것이다.

> **예** 극화 활동이나 게임 활동을 하기 위해서 초기에는 이야기책 을 경험적
> 접근에 의해 읽어주고 반응 활동을 한 후 몇 번 반복해서 읽은 내용에

대해 익숙해지면 분석적 접근에 의해 들은 이야기를 회상함으로써 이야기 속의 등장인물, 사건의 전개, 줄거리를 파악할 수 있도록 도와야 할 것이다.

(2) 문학을 통한 교육

문학 그 자체를 포함하여 작품에 나타난 개념들을 문학을 통해 교육하는 방법이다. 주제를 중심으로 여러 학문 간, 발달 영역 간, 활동 간을 통합하여 교육적 경험을 갖게 하는 것으로서 통합적 접근에 의한 유아 문학교육이라고 말한다.

1) 통합적 유아 문학교육

문학 그 자체를 포함하여 작품에 나타난 개념들을 문학을 통해 교육하는 방법으로서, 주제를 중심으로 여러 학문 간, 발달 영역 간, 활동 간을 통합하여 교육적 경험을 갖게 하는 것이다. 통합적 접근에 의한 유아 문학 교육이라고 할 수 있는데, 통합적 접근은 유아에게는 흥미 있는 것을 주제로 하여 가르쳐야 한다는 Dewey의 교육 철학에서부터 시작한다. 그 이후에 Elkind(1988), Chard(1992), Raines와 Canady(1989) 등도 통합적 접근에 의한 교육을 강조했는데, 통합적 접근에 의한 교육은 유아로 하여금 모든 교육과정 영역에서 경험을 증가시킬 수 있는 장점이 있다. 또한, 유아들이 분리된 개념을 학습하는 것보다 생활과 관련하여 총체적으로 경험할 때 개념에 대한 학습이 잘 이루어진다는 유아의 발달적 특성도 반영하고 있다.

유아는 문학 속에서 더 쉽고 재미있게 진정으로 언어에 대한 호기심과 필요성을 경험하게 된다. 유아에게 흥미 있는 이야기나 동시 · 동요를 사용하여 총체적으로 접근하는 것은 유아의 독서력을 신장하는 데 있어서 중요하다. 문학작품은 언어 연습을 위한 인위적이고 재미없는 글이 아닌, 아동의 삶과 실제로 관련이 있는 다양한 작품이 활용되어야 할 것이다. 유아들에게 폭넓은 문학적 경험을 제공하여 독서력을 신장시키기 위해서는 유아 교육과정의 주제와 관련된 문학작품을 선정할 수 있어야 한다. 한 작품을 기초로 통합적 교육 계획안을 구성할 수 있어야 하고, 다양한 반응 활동으로 문학을 즐길 수 있도록 계획할 수 있어야 한다.

2) 통합적 유아 문학교육을 위한 독서지도의 예

먼저 통합적 유아 문학교육을 위해 주제와 관련되는 질 높은 작품과 독서지도의 예를 소개하면 다음과 같다.

① 언어교육
- 유아문학에서 가장 먼저 찾을 수 있는 교육적 요소는 언어이다.
- 유아들은 문학작품을 경험하면서 다양한 어휘와 구문을 접하게 되는데, 유아들은 그림책을 읽는 과정을 통해 글의 기능, 형태, 규약 등을 자연스럽게 깨달음으로써 글을 인식하게 된다.
- 책의 시작과 끝, 즉 책은 어느 지점에서 끝나고 시작하는지, 왼쪽에서 오른쪽 또는 책은 어떤 방향으로 읽어 나가는지를 손가락으로 표시하고, 구어체와 문어체가 다르다는 것을 알게 되며, 인쇄물은 의미를 가진다는 것 등을 알게 된다.

② 수학교육
- 유아 문학작품을 통한 수학교육은 먼저 문학 작품 속에 수학적 개념이나 어휘가 포함되어 있는 경우를 들 수 있다.
- 유아 문학작품의 내용을 수학적 개념과 연결하여 활동하게 한다.
- 『함께 세어 보아요』(미츠마사 안노)
  - 순서에 관한 내용을 포함하고 있다.
- 『매우 배고픈 애벌레』(에릭 칼)
  - 작은 알에서 애벌레가 태어나고, 그 애벌레가 번데기가 되었다가 번데기 껍질을 벗고 한 마리의 나비가 되기까지의 과정을 보여 주는 책이다.
  - 월요일부터 일요일까지의 요일 개념, 시간이 흐름에 따라 변화하는 애벌레의 모습 등을 보며 시간개념 등의 활동을 같이 전개할 만하다.

또한 월요일에는 사과 1개, 화요일에는 배 2개 등으로 숫자를 넣어 하나, 둘, 셋 세어 가면서 책을 읽을 수 있다.

- 수학영역뿐 아니라 과학영역에서도 알, 애벌레, 번데기, 나비 등의 성장과정을 관찰하는 활동을 전개할 수도 있다.
- 애벌레를 막대 인형으로 꾸미고 극놀이를 하며 수를 세고 요일의 순서를 아는 활동 등으로 활용하면 흥미로울 것이다.

③ 과학교육

- 유아들이 과학의 개념과 가정이 내포되어 있는 작품을 읽고 토의하는 과정에서 호기심이 생기게 되고 이러한 호기심이 과학활동으로 자연스럽게 연결될 수 있다.

• 『누가 해를 먹고 있어요』(루스 선본)

루스 선본 글, 에릭 거니 그림

- 동물들의 모습을 재미있고 사실적으로 표현하고 있어서 긴장감과 속도감을 느끼게 한다.
- 반복적이고 점층적인 이야기로 구성되어 있다.
- 어려운 천문학적인 사실을 재미있고 알기 쉽게 풀어 낸 책이다. 뒷면에는 일식에 대한 이해를 돕기 위해 설명글이 있어 부모나 교사가 먼저 읽고 일식에 관해 더 잘 알고 싶어 하는 어린이들에게 이야기해 주면 과학책으로 활용할 수 있는 책이다.
- 관련 활동으로 지구와 해·달의 위치를 일렬로 나란히 놓아 보는 활동을 연계하거나 OHP나 그림 자극으로 일식을 표현하는 활동을 해 볼 수도 있다.

• 『선인장 호텔』(브렌다 기버슨)

- 선인장의 생태를 잔잔하고 따뜻한 그림으로 그려 내어 한 생명체의 일대기를 보여 주고 있다.
- 움직이지 않는 식물도 생명의 소중함을 지니고 있음을 느끼며 볼

수 있는 책이고, 선인장의 생태, 환경, 성장한 선인장의 무게 등이
자세하게 표현되어 있어 관련 지식에 관한 흥미와 호기심을 자아내
게 한다.

－맨 뒷장의 사구아로 선인장에 관한 지식을 읽고 설명해 줄 수 있으며,
더 많은 지식과 사진 등을 인터넷이나 백과사전에서 직접 찾아보고 읽
어 볼 수 있다.

－다른 종류의 선인장을 찾아보고 사막의 환경이 어떠한지도 조사하여
신문 만들기를 해 보거나, 선인장과 일반 식물을 같이 직접 길러 보며
관찰, 비교하는 활동도 가능하다.

④ 미술교육

－미술 역시 유아 문학작품 속에서 찾을 수 있는 중요한 교육적 요소이다.

－유아들은 그림책 속 그림의 다양한 기법과 소재를 접하면서 미술에 대
한 시각적 인식 능력을 높일 수 있다.

3) 통합적 유아 문학교육의 실제

• 『곰 사냥을 떠나자』(마이클 로젠)의 통합적 접근

마이클 로젠 글
헬린 옥슨버리 그림

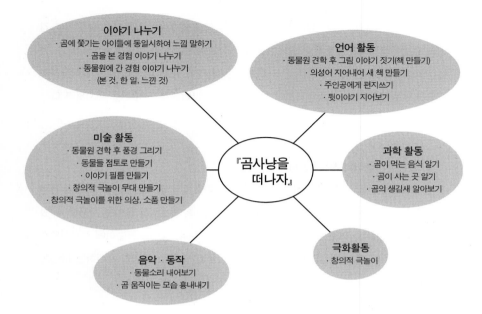

[그림 8.1] 통합적 교육과정 구성망

☾ 심화학습

창의적 극놀이

창의적 극놀이(creative dramatics)란, 이야기를 들은 후 유아들이 등장인물과 줄거리를 해석한 것을 창의적으로 언어와 동작을 사용하여 극으로 표현하는 극화 활동이다. 창의적 극놀이는 특히 등장인물의 성격과 주제로부터 끌어낼 줄거리에 초점을 둔다.

창의적 극놀이를 하기 위해서는 줄거리에서 에피소드의 연속을 회상할 수 있고, 등장인물을 잘 해석할 수 있으며, 실감나게 극화할 수 있도록 목소리와 동작을 사용할 수 있는 능력이 필요한데, 이것은 적합한 지도를 통해 발달된다.

창의적 극놀이의 가치는 유아들이 함께 극화활동을 함으로써 협동심이 길러지고, 긴장을 없애 주며, 이야기에 대한 즐거움을 주기 때문에 스스로를 유창하게 표현할 수 있는 기회를 제공하는 것이다. 이러한 가치가 있는 창의적 극놀이를 유아들에게 적합하게 지도하기 위한 유아의 창의적 극놀이 교수-학습 절차(박선희, 2002)를 제시하면 다음과 같다.

1. 창의적 극놀이의 지원활동의 실시

창의적 극놀이를 하기 위해서는, 줄거리에서 에피소드의 연속을 회상할 수 있고 등장인물을 잘 해석할 수 있으며, 실감나게 극화할 수 있도록 목소리와 동작을 사용할 수 있는 능력이 필요한데, 이것은 적합한 지도를 통해 발달된다. 창의적 극놀이에 적극적으로 참여시키기 위해 평소 대집단이나 소집단에서 적용할 수 있는 활동을 제시하면 다음과 같다.

(1) 목소리 탐색
다양한 목소리 탐색을 통해 등장인물에 맞는 소리를 만들어 낸다.
〈특성과 성격〉
놀람, 재미있음, 아픔, 행복함, 화가 남, 긴장됨, 친절함, 아주 무거움, 아주 가벼움, 사자, 기린, 악어, 여우, 쥐, 코끼리, 소, 로봇, 선생님, 아주 똑똑한 아이, 아주 강한 아이, 낮은 소리, 콧소리, 쉰 목소리, 빠른 목소리, 느린 목소리, 큰 소리, 조용한 소리 등

〈예〉
- (의심하듯이) "너 내 장난감 가졌니?"
- (화내며) "너 내 장난감 가졌지?"

〈문장〉
- 난 널 좋아해. 그러니 친구하자.
- 내 우유에 파리가 빠졌어.
- 네가 내 발을 밟았어.

(2) 신체 표현 탐색

창의적 극놀이에서 배역의 성격을 창조하고 느낌을 표현하기 위해 얼굴 표정뿐만 아니라 전체 몸을 사용하는 방법을 알 필요가 있다.

〈예〉

- 흉내내어 걷기 : 코끼리, 날개, 메뚜기, 요리된 스파게티, 요리 안 된 스파게티 면, 매우 조용한 쥐
- 비눗방울을 불어서 공기 중에서 잡기, 탁자 위에 조심스럽게 내려 앉기
- 주방으로 들어가서 냉장고에서 주스를 꺼내어 병뚜껑을 열고, 컵에 부어 마신다. 그 맛이 매우 시다.
- 아침에 칫솔질하기
- 방을 지나가다가 발에 풀이 묻은 것 표현하기
- 무거운(가벼운, 큰) 물건을 드는 모습 표현하기
- 목소리를 사용하지 않고 이야기해 주기
- 얼굴만 사용하여 화난 표정, 놀람, 잠 오는 모습, 두려운 모습, 우스운 것 묘사하기

(3) 등장인물의 성격 탐색과 상상해 보기

등장인물을 그럴듯하게 표현할 능력과 관계되는데, 특별한 등장인물의 특성에 대해 생각해 볼 수 있게 하는 활동이다. 흥미 있고 상상으로 짧은 장면을 창조해 내는 데 소리 없이 하거나 소리를 사용해도 된다.

〈예〉

- 너는 매우 배가 고픈 생쥐다. 치즈를 찾으러 다니다가 발바닥에 풀이 묻어 떨어지지 않는다. 그때 넌 어떻게 반응하고 문제를 해결할 것인가?
- 넌 더러워지는 것을 싫어하는 왕자(공주)이다. 그런데 실수로 옷에 진흙이 묻었다. 넌 어떻게 반응하고 문제를 해결할 것인가?
- 놀이터에서 놀고 있는데 마녀가 나타났다. 마녀는 네 신발이 요술을 부린다고 생각해서 그것을 갖기를 원해. 어떤 일이 벌어질 것인지 보여 줘.

(4) 소집단 활동

이야기를 들은 후 좋았던 장면, 극화해 보고 싶은 장면을 정해 소집단으로 나누어 교사가 참여하여 지도한 후 집단으로 진행하고 연습하게 한다.

이와 같은 창의적 극놀이 지원활동은 대·소집단 모임시간을 활용하여 창의적 극놀이가 실시되는 과정에서 수시로 실시한다.

2. 이야기 선정

이야기는 동화뿐만 아니라 동시, 일상적 생활에서 일어나는 일들을 주제로 선정할 수 있는데, 이야기에 적절한 갈등과 행동이 있어서 재미있고 등장인물의 성격이 뚜렷하게 구분되며 반복되는 구성일 때 이야기가 쉽게 이해되고 창의적 극놀이를 잘 할 수 있다 (박선희·김경중, 1999). 상상력과 창의적 사고를 높이는 작품들을 살펴볼 때 환상성의 정도가 높은 전래동화와 환상동화가 적합하다(Sidlovskaya, 2000). 특히 유아가 경험할 수 있는 생활의 보편적인 내용으로 시작하여 그에 바탕을 둔 환상적 내용으로 발전하다가 다시 현실세계로 돌아오는 회귀적인 구성을 하는 이야기가 유아들을 이야기의 세계로 쉽게 빠져들게 한다. 예를 들면『검피 아저씨의 뱃놀이』,『멋진 뼈다귀』,『혹부리 할아버지』등을 들 수 있다.

3. 이야기 들려주기

그림책을 대집단이나 소집단의 유아에게 원본 책이나 집단으로 감상하기에 좋은 매체인 큰 책이나 OHP 동화 자료로 제작하여 읽어 준다.

4. 이야기에 대한 토의 : 흥미 있는 장면에 대해 이야기 나누기

창의적 극놀이를 하기 전에 이야기에 관해 토의하는 것은 창의적 사고가 가장 많이 일어나기 때문에 중요한 부분이다. 창의적 극놀이는 이야기 줄거리 순서대로 극화 활동을 하는 것이 아니라 유아들이 좋아하고, 극화하고 싶어하는 장면을 선정하여 행동과 대사를 창의적으로 만들어 내어 극화한다. "어떤 부분(장면)이 가장 재미있었니(좋았니, 기억에 남니)?", "그 장면이 왜 재미있었니?", "누가 나오니?", "어떤 사람(동물)들인 것 같니?", "어디에서 일어났니?"와 같은 질문을 통해 해당 장면과 등장인물에 대해 이해하는 것을 돕는다.

5. 연계활동 영역의 구성

창의적 극놀이와 연계하여 극놀이를 할 수 있도록 OHP 영역에 동화 자료와 관련된 소품을 제공하고, 역할놀이 영역과 언어 영역에는 그림책과 이야기 속에 등장하는 인물이나 동물의 인형을 첨가한다. 창의적 극놀이에 더욱 몰입할 수 있도록 분장과 관련된 소품을 미술 영역, 컴퓨터 영역, 언어 영역 등에서 만들 수 있게 한다.

6. 소집단 구성

모든 유아들이 들은 이야기에 관해 토의하고 창의적 극놀이에 참여할 수 있도록 소집단(6~7명 정도)을 구성하여 자유 선택 활동 시간에 모인다.

7. 장면에 대한 토의 및 극놀이 장면 선정

흥미 있는 장면에 대해 이야기 나누고, 그 중에서 극놀이로 표현하고 싶은 장면을 선정한다. 유아들이 창의적 극놀이를 하고 싶어하는 장면에는 이야기에 등장하는 모든 장면이 나올 수도 있고 그렇지 않을 수도 있는데, 그것은 문제가 되지 않는다. 일단 흥미 있는 장면에서 창의적으로 표현할 수 있도록 지원하고, 각 장면을 모아 연결하여 창의적 극놀이를 하도록 한다.

8. 배역 선정

등장인물의 특성을 깊이 토의하고 유아들이 맡을 역할 배정을 돕는다. 등장인물과 배역을 정하는 도표를 게시하여 유아들이 하고 싶은 역할에 이름표를 붙인다. 배역이 한 곳에 몰리거나 전혀 선택되지 않을 경우에는 그에 대해 토의한다. "여기에서 돼지가 없어도 되겠니?", "토끼가 너무 많은데, 어떻게 하면 좋겠니?" 등의 질문을 통해 유아의 반응에 바탕을 둔 교사의 상호 조정에 따라 배역을 선정한다.

9. 다양한 극화 표현 활동

각 배역에 대해 무언으로 표현할 수 있는 시간을 제공한다. 교사의 개입을 통해 등장하는 유아들이 해당 장면을 분석하고 대사를 창조하도록 지원하며 스스로 극놀이를 계획하고 연습할 시간을 제공한다. 또한 배역을 바꾸어서 표현해 봄으로써 다양한 등장인물의 특성을 경험해 볼 수 있게 한다.

10. 소집단 발표 및 평가
교사가 해설을 하고 장면에 따라 소집단으로 발표한 후 관람자가 된 유아들이 공연을 평가한다.

11. 대집단 발표 및 평가
각 소집단이 표현해 보고 싶은 장면을 각각 선정한 후, 순차적으로 연결하여 동화의 전체 장면을 대집단으로 표현해 보는 시간을 갖는다. 이때 순서는 원본과 같지 않을 수도 있다. 연습한 것을 관람한 후 평가시간을 갖는다. 이때 무대 장치는 별도로 요구되지 않는다.

12. 심화활동 : 유아가 지은 이야기의 창의적 극놀이
그림책과 관련하여 소집단으로 이야기짓기 활동을 통해 유아들이 공동으로 새롭게 지은 이야기를 (7)번부터 (11)번까지의 순서로 창의적 극놀이로 표현한다.

요 약

1. 유아의 인지 발달과 문학에 대한 반응 : 비고츠키의 생각은 피아제의 생각과 상호 보완적이다. 어린이들이 학습하는 데 있어서 능동적인 발견이 필요하다는 피아제의 의견과 유아들이 사회적 상황에서 가장 잘 배운다는 비고츠키의 생각은 유아의 문학적 반응을 이해하고 격려하는 데 있어서 이론적 기초를 제시한다.

2. 유아의 언어 발달과 문학에 대한 반응 : 좋은 문학작품을 경험하는 것은 유아들의 언어와 문법 발달에 영향을 미친다. 어린이들은 책을 통해서 일상생활의 대화에서 듣지 못했던 다양한 단어와 문장 구조를 경험하고 언어가 어떻게 창의적으로 사용될 수 있는가를 알게 된다.

3. 유아의 사회 · 정서 발달과 문학에 대한 반응 : 문학적 경험을 통해 다른 사람들도 공포, 기쁨, 분노, 즐거움을 느낀다는 것을 발견하고 등장인물과 동일시됨으로써 두려움이나 슬픔을 해소하며 문제 해결과 즐거움을 맛보게 된다.

4. 유아의 도덕성 발달과 문학에 대한 반응 : 문학은 유아들에게 타인의 사상이나 감정을 전달할 수 있고 유아들은 이러한 문학 작품의 주인공에 동일시되며 그의 사고방식이나 감정에 공감하고, 때로는 비판하는 과정에서 도덕성의 발달을 증진시킬 수 있다.

5. 유아의 성역할 발달과 문학에 대한 반응 : 고정된 성역할을 벗어난 문학 작품들이 유아들에게 소개되어야 할 것이다. 현실에서 일반적으로 고정화된 역할들을 다르게 문학을 통해 경험함으로써 성역할을 보는 안목이 더욱 넓어지게 된다.

6. 독서력의 기초로서 문식성의 개념 : 문식성(literacy)은 단순히 읽고 쓸 수 있는 능력 그 이상의 능력으로, 실세계에서 의사소통을 목적으로 읽고 쓸 수 있는 능력을 뜻한다. 즉, 문식성은 단순히 문자기호를 음성기호로 바꾸는 능력에 국한하지 않고 읽기 · 쓰기를 활용하여 의사소통하는 넓은 범위까지를 포함한다.

7. 문식성 발달의 원리 : 유아의 문식성 발달은 생활 속에서 자연스럽게 습득되고, 성인과 또래 간의 상호작용을 통해 이루어지며 읽기를 기능적으로 경험하면서 문식성이 발달된다. 또한 문식성은 사회적인 맥락을 고려하면서 작가가 전달하려는 의미를 구성해 내는 과정에서 통합적, 점진적으로 발달된다.

8. 유아의 문식성은 출생에서 유치원 입학 전의 발생적 문식성과 유치원 입학 후 초등학교 1학년 초까지의 초기 문식성 단계를 거치며 발달한다.

9. 유아의 발달적 특성에 따른 독서목표 : 독서목표에는 읽을거리, 즉 다양한 종류의 책에 대한 유아들의 태도나 이해력뿐만 아니라 지식과 기능을 형성하는 일도 포함된다. 유아기의 독서지도는 문학작품을 감상하는 태도와 능력을 기르고, 심신의 건전한 발달과 타인에 대한 이해, 도덕성 발달, 감정의 표현 및 창의성 신장, 국어에 대한 이해를 돕고 언어 발달이 신장되며 일상생활에서 직면하는 문제에 대처할 능력을 기르는 것을 목표로 한다.

10. 유아에게 적합한 독서지도 : 유아에게 적합한 독서지도는 유아가 좋은 작품을 통해 즐거움을 얻고 작품을 바르게 이해하며 감상하는 능력과 태도를 갖도록 돕는 것을 목적으로 한다. 이를 위해서는 유아의 발달적 특성을 고려한 문학작품을 선정하고, 이것을 유아에게 적합한 방법으로 제시하는 것이 중요하다.

■ 연구과제 및 해설

1. 유아에게 환상동화가 필요한가에 대해 그 이유를 생각해 보고, 좋은 환상동화를 찾아보시오.

(해설) 언제부터 환상동화를 소개하는 것이 좋은지, 과연 환상동화를 많이 접하게 하는 것이 좋은가에 대해 의문스러워할 수 있다. 환상동화는 실제로 현실세계에서 일어날 수 없는 일이나 사건, 존재하지 않는 사람이나 초자연적인 소재나 대상에 관한 일로 꾸며진 이야기이다. 혹자는 환상동화를 어려서부터 접하게 하는 것은 현실감을 떨어뜨려 생활 적응력을 저해할 수 있다고 하는데, 이는 환상동화를 잘못 이해하기 때문이다. 환상동화는 터무니 없는 이야기가 아니고, 훌륭한 환상동화는 인물과 사건, 플롯 면에서 전체적으로 일관성이 있고, 독자로 하여금 믿을 수 있는 세계가 묘사되어 있는 것이다. 환상에도 논리가 있으며 이야기의 내적 논리를 전제해서 환상이 옆길로 벗어나지 않도록 하며, 좋은 환상적 이야기는 사적이지만 아주 강력하고 그 자체가 납득이 가는 현실을 내포하는 신비한 힘을 갖고 있

다. 좋은 환상동화는 유아에게 기쁨을 주고, 유아의 상상력을 발달시키며 경이에 빠지도록 격려한다. 또한 인간의 행동과 문제에 대한 통찰력을 기르고, 주인공과의 동일시를 통해 심리적인 안정감을 얻으며, 환상적인 세계와 현실 세계의 구분을 명확하게 해 준다. 우선적인 것은 좋은 환상동화를 선정하는 것이다.

좋은 환상동화는 모리스 센닥의 「괴물들이 사는 나라」, 윌리엄 스타이그의 「멋진 뼈다귀」, 레오 리오니의 「잠잠이」 등을 들 수 있다.

2. 그림책의 일러스트레이션의 우수성을 보고 작품을 선정하는 세계아동문학상을 기술하고 그 수상작을 찾아보시오.

1) 칼데콧 상(The Caldecott Medal)

http://www.ala.org/alsc/caldecott.html

칼데콧 상은 란돌프 칼데콧(Randolph Caldecott, 1846~1886)을 기념하기 위한 상으로서 미국의 도서관협회의 분과인 어린이를 위한 도서서비스협회(The Association for Library Services to Children)에서 미국에서 전년도에 출판된 그림책 가운데 가장 뛰어난 작품을 그린 일러스트레이터에게 주는 상이다.

칼데콧 상은 두 가지가 있는데, 최고상인 Caldecott Medal은 1938년부터 1권의 그림책에 수여하는 최우수상이고, 칼데콧 명예상(Caldecott Honor)은 1권부터 4, 5권의 그림책에 주는 차점상이다. 그런데 이 상은 그림책에서 그림의 우수성(이야기, 주제, 개념을 그림으로 얼마나 잘 표현했는가, 그림 양식의 적합성 등)으로만 결정되므로 차점상 중에서는 최우수상보다 문학성이 뛰어난 작품도 많이 발견된다.

칼데콧 상 수상작에는 『아기오리들에게 길을 비켜주세요』(로버트 맥클로스키), 『작은집 이야기』(버지니아 리 버튼), 『마들린느와 쥬네비브』(루드비히 베멀먼즈), 『눈 오는 날』(에즈라 잭 키츠), 『괴물들이 사는 나라』(모리스 샌닥), 『태양으로 날아간 화살』(제럴드 맥더멋) 등이 있다.

2) 케이트 그린어웨이 상(The Kate Greenaway Medal)

영국의 그림책 화가인 케이트 그린어웨이(Kate Greenaway, 1846~1901)를 기념하기 위하여 1956년에 영국 도서관협회가 창설하였다. 해마다 전년도에 영국에서 발행된 어린이책 중에서 그림이 가장 뛰어난 작품의 일러스트레이터에게 수여하고 있다. 『검피아저씨의 뱃놀이』(존 버닝햄), 『콩글왕글의 모자』(헬렌 옥슨버리) 등이 이 상을 수상한 책들이다.

■ 참고문헌

- 박선희 · 김현희(2006), 『유아문학』, 한국방송통신대학교출판부.
- 조정숙 · 이차숙 · 노명완(2005), 『유아언어교육』, 한국방송통신대학교출판부.
- Applebee, A.(1978), *The child's concept of story*, University of Chicago Press.
- Clay, M.(1975), *What did I write? Exeter*, Heinemann Educational Books.
- Dworetzky, J. P.(1987), *Introduction to child development*, West Publishing Company.
- Goodman, Y.(1986), Children coming to know literacy, In W. Teale, & Sulzby (Eds.), *Emergent literacy : Writing & reading*, Norwood, Ablex Publishing Company.
- Heath, S. B.(1983), *Ways with words*, Cambridge University Press.
- Hickman, J.(1992), What comes naturally : Growth and change in children's free response to literature, In C. Temple & P. Collins(Ed.), *Stories and readers*, Norwood, Christopher-Gordon.
- Morphett, V. & Washburne, C.(1931), When should children begin to read? *Elementary School Journal, 31*, pp.495~503.
- Piaget, J.(1923), *The language and thought of the child*, Harcout Brace.
- Vygotsky, L. S.(1978), *Mind in society: The development of psychological processes*, Harvard University Press.

제 **9** 장

아동의 발달 단계에 따른 독서지도(2)

─초등, 청소년

■ 학습목표

1. 독서흥미의 발달과 기술의 개발, 독서환경의 요인 등에 의해 독서능력이 형성됨을 알고 이를 독서지도에 적용할 수 있다.

2. 학령기 아동에서 청소년까지 주변 환경의 변화와 일반적 발달 특성에 대해 이해하고 적합한 도서를 선택할 수 있다.

3. 독서지도의 방법과 내용이 일반적인 발달 단계 및 독서능력의 발달에 따라 달라져야 한다는 것을 안다.

■ 주요용어

발달─시간에 따라 나타나는 육체적 성장 및 환경에 대처하는 개인의 사고 · 정서 및 전략의 진보적 변화

독서 준비성─읽기 학습에 필요한 몸과 마음의 성숙 발달 상태. 초등학교 입학 무렵인 6~7세경에 형성됨

독서능력─책의 의미를 빠르고 정확하게 이해하고 분석해 내는 종합능력

자존감─자아 존중감, 자신을 긍정적이거나 부정적으로 평가하여 자신에 대한 느낌을 형성하는 것

청년기─만 12세에서 19세에 이르는 시기로서, 신체에 집착하고 자아 중심적이며 어른으로 성장하기 위해 심리적인 유예기를 겪는 시기

I 독서 발달 이론

발달이란, 생물학적으로는 시간에 따라 나타나는 육체적 성장을 의미하며, 심리학적·교육학적으로는 생물적 요인과 환경적 요인의 상호 작용의 결과, 환경에 대처하는 개인의 사고·정서 및 전략의 진보적 변화를 의미한다.

1. 독서 준비성(reading readiness)[1]

독서 준비성이란, 읽기 학습에 필요한 몸과 마음의 성숙 발달 상태를 뜻하는 것으로, 독서 시작 전에 자연적으로 생기기도 하고 독서지도 과정에서 생겨나기도 한다. 부모의 생활적 독서지도와 교사의 교육적 독서지도를 만나면 독서 준비성이 한층 높아진다.

(1) 독서 준비성의 요인

1) 생물학적 요인

독서 준비성은 두뇌 발달과 밀접한 관련을 맺고 있고, 따라서 독서 준비성의 요인은 다양하고 복잡하다. 독서 준비성의 기초적인 요인은 지능적 요인, 신체적 요인이다. 정신적 성숙이나 지적 면모는 지능적 요인에 속하고, 시각의 조정력이나 청각적 판별력은 신체적 요인에 속한다. 두뇌 발달상 뇌의 형성이 6세에 85~90%에 이르고 7세에는 90~95%에 달하므로 지능이 활성화되는 6세 반 무렵을 독서 준비성의 시기로 보는 것이 일반적이다.

독서 준비성이 형성되기 위해서는 지능 외에도 시력, 청력, 발성기관 등의 건

---

1) 김혜영(2006: 35~44).

강 상태에 이상이 없어야 한다. 생리학적으로 생후 7세 정도가 되어야 시력이 안정된 상태를 유지한다. 따라서 7세 이전에는 청력을 사용하는 듣기 독서에 훨씬 더 익숙하다. 독서는 음독에서 묵독으로 이어지므로 기본적으로 언어적 결함도 없어야 한다. 발화에 문제가 없어야 스스로 소리 내어 읽는 음독 과정을 훈련할 수 있다. 이 외에 전반적으로 신체가 건강해야 안정적으로 독서에 집중할 수 있음을 유념하여야 한다.

2) 환경적 요인

독서 준비성 형성은 환경적 요인의 영향도 받는다. 독서 준비성을 판단할 때 아이가 협조적 태도를 보이기 시작하는가와 언어 능력과 기억력이 증진되고 있는가를 살핀다.

사회적으로는 학교 생활을 처음 시작하는 독서 개시기에 독서 준비성을 갖춘다고 본다. 그러나 취학 전부터 스토리텔링 방법을 이용한 준비성 지도가 이루어져야 한다. 교육적으로는 문자를 바르게 지각하고 이해하며, 생각하고 기억할 수 있는 언어 능력이 갖추어져야 한다. 언어 능력은 말하기, 듣기, 쓰기 등의 언어 활동을 병행해야 향상된다.

(2) 독서 준비성의 발달 단계

그림의 이해	신변 생활의 묘사화를 보고 의미를 이해하는 능력으로, 4~5세경에 급격히 발달하게 되며 6세에 발달곡선의 정점에 이르게 되고 8세 후 상승곡선이 정지한다. 따라서 8세 무렵은 그림책에서 이야기책으로 전환할 시기이다. * 8세 이후에도 만화책 읽기만 고집하는 것은 독서 준비성의 미비를 의미
도형 판별력	4세부터 발달하고 5~6세에 급속히 발달한다. 7세를 전후하여 정점에 이른다.
도형 기억력	도형을 순간적으로 기억했다가 재인식하는 능력으로, 도형판별력보다 반년 정도 빨리 발달한다. 7세 이후에도 이 능력은 계속 발달한다.
문자 인지력	5세경에 문자를 습득하는 경우는 전체의 18%, 6세에 49%, 7세에 93% 정도의 어린이가 해당된다. 이것으로 미루어 대강 6~7세경에 문자를 습득하는 것으로 보인다.
안구운동	안구운동의 조정은 5~6세경에 급속히 발달하고 그 후 계속 상승한다.

* 만 5세 이전에 문자를 학습시키려고 강요하는 것은 두뇌에 무리를 주는 것으로 좋지 않다. 또한 문자를 습득하기도 전에 읽기 독서를 서둘러 시키는 것도 바람직하지 못하다.

2. 독서능력 발달

독서지도의 목표는 독서능력의 향상에 있다. 독서능력이란, 책 내용의 의미를 빠르고 정확하게 이해하는 능력으로서, 사고를 확장하고 지능을 발달시킨다.

독서능력은 다독을 의미하지 않는다. 독서흥미와 자발적 독서행동, 깊이 있는 사고와 정확한 이해 과정을 의미한다. 이것은 선천적으로 타고나는 것이라기보다 후천적 학습과 훈련에 의해 길들여지는 것이다.

(1) 독서능력의 요소와 발달요인[2]

독서능력은 복합적 능력으로 모든 능력의 상위 개념이다. 곧 독서능력은 문자인지력, 어휘력, 독해력, 문법력, 문장력, 비판력, 감상력, 사고력의 복합 능력이다. 독서능력을 향상시키는 것은 이처럼 다양한 능력을 총체적으로 발달시키는 것이다.

독서능력은 다음과 같은 요인에 의해 발달된다.

① 지능적 요인 : 독서능력과 지능의 상관 관계는 학년별로 차이가 있는데, 다독기에 속하는 초등 3~4학년에 가장 큰 상승 효과를 보인다. 지능의 상승과 유지는 독서능력의 증진을 통해 이루어진다.

② 심리적 요인 : 신체적 건강과 정서적 안정은 독서에 집중하고 의욕을 잃지 않게 하는 매우 중요한 요인이다.

③ 경험적 요인 : 일상생활의 다양한 경험은 내용이해를 위한 지적 배경이 된다. 경험적 요인은 독서에 대한 흥미 요인이 되고, 독서는 다시 생활 경험에 영향을 미치며, 독서경험이 다시 독서흥미를 일으킨다. 실제로 자발적인 독서를 하도록 독서능력을 가장 많이 발달시키는 요인은 경험적 요인이다.

④ 환경적 요인 : 가정 환경(경제적 여건, 부모의 태도), 학교 환경, 사회적 환

---

2) 김혜영(2006: 46~51).

경은 모두 독서능력에 영향을 미친다.

(2) 독서능력의 발달 단계[3]

전독서기 (prereading stage)	출생 후부터 취학 전까지	책읽기에 필요한 여러 가지 생리적 또는 심리적 요인이 발달된다. 이 시기는 부모나 교사에 의존하는 독서시기이므로 자발적이기보다는 교육의 힘에 많이 좌우된다.
독서 개시기 (beginning- reading stage)	초등학교 1학년 정도까지	말을 바르게 인지하게 되고 간단한 문장은 혼자 읽을 수 있게 되며 혼자서도 책읽기에 흥미를 느낄 수 있는 시기이다. 곧 자발적이고 실질적인 독서능력의 발달 개시기이다
독립 독서 초기 (initial stage of independent reading)	초등학교 2학년 정도까지	음독, 묵독의 기초적인 기능이나 습관이 완성되어 주의를 집중하여 책을 읽을 수 있고 바르게 이해하면서 어느 정도 빠른 속도로 읽어 나간다. 이 시기에는 다독보다는 반복 확인과 정확한 이해를 강조하는 것이 좋다.
중등 독서기 (intermediate or low-maturity stage)	초등학교 4학년 에서 6학년까지	개인적인 경험이 증대하며 독서하는 방법에서도 이해력, 속도가 증가하고 독서기술이 발달한다. 다양한 분야를 접하거나 흥미 있는 전문 분야에 집중하려는 성향을 보인다. 따라서 일정한 동기만 부여하면 자발적으로 독서한다.
성숙 독서기 (advanced stage of reading)	중학교 1학년 이후부터	독서의 흥미가 깊어지면서 독서의 습관도 붙게 되고 태도가 세련된다. 독서자료를 효과적으로 선택하고 전문적 독서능력도 발달된다.

3. 독서흥미의 발달

독서흥미는 독서물에 대해 관심을 가지고 적극적으로 선택하려는 경향을 말한다. 독서흥미는 결정적 동기에 의해서 발생되기도 하지만 이를 위해서는 지속적인 노력이 필요하다.

책을 읽고 그저 재미있고 즐겁다는 생각을 하는 것에서 나아가 독서행위에

---

3) 독서능력의 발달 단계에 대해서는 다양한 주장이 있다. 더 알기 위해서는 한국독서학회(2006: 89
   ~108)의 독서 발달단계와 비교해 볼 것.

심취되고 독서를 통해 자신을 발견하려는 적극적 독서흥미를 가지도록 하는 것이 독서지도에서 중요하다.

(1) 독서흥미의 요인

1) 내적 요인

우연한 계기에 의해서 또는 칭찬을 받거나 누군가 권해서 독서에 흥미를 가질 수 있다. 여러 가지 요인에 의해 독서에서 충족감을 얻어 자발적으로 독서하게 되는 경우라면 매우 긍정적이지만 욕구불만에 대한 대체 또는 보상으로 도피적으로 독서하는 경우는 주의가 필요하다. 외부 자극에 의해 단순히 모방적으로 독서를 하게 될 때는 가정에서의 생활 독서나 집단 지도에 의해 긍정적인 방향으로 전환시킬 수 있다.

2) 외적 요인

지도 교사의 영향이나 대중문화(영화나 드라마의 방영)의 영향, TV나 라디오, 신문 등을 통해 선전된 책, 베스트셀러에 대한 관심, 책의 표지나 편집 자체의 호감, 독서자료 입수의 용이성 등이 독서흥미를 자극하기도 한다.

(2) 독서흥미의 발달 단계 [사카모토 이치로(阪本一郎)] [4]

그림기 (요람기, 생후 2개월~2세)	감각운동 단계 윤곽이 뚜렷한 그림, 단순한 내용의 장정이 튼튼하고 다양한 책

↓

구술동화기(2~4세)	・동시・동요의 낭송 ・움직임이 있는 그림, 반복되는 문장이나 의태어, 의성어가 효과적 ・짧고 간결한 이야기(듣는 아이를 주인공으로 대치)

↓

---

4) 황백현(1988: 54~60).

옛날이야기기 (4~6세)	• 전조작기, 자기 중심적, 질문기 • 물활론적 사고-상상력의 발달, 선과 악의 결과를 이해하기 시작 • 초현실적이거나 판타지, 동물 이야기, 줄거리가 간단하고 분량이 너무 많지 않은 것, 표현은 풍부하고 동작 묘사가 많은 것.

↓

우화기 (아동기 전기, 6~8세)	• 구체적 조작 단계(7~11세) • 그림책, 옛날이야기류, 우화(도덕성 가미된 단문 형식의 우화), 일화(위인들의 유년기의 모험)

↓

동화기 (아동기 중기, 8~10세)	• 구체적 조작 단계(7~11세) • 자타의 분별을 시작하는 과도기, 자주적인 판단으로 적극적 행동 • 책에 대한 관심과 독서수준의 개인차/편독 현상 • 자기 또래가 나오는 동화, 모험이야기, 만화에 대한 흥미가 절정

↓

이야기기 (아동기 후기, 10~12세)	• 구체적 조작단계(7~11세) • 성에 대한 호기심 시작, 자아 의식 생성, 친구 중심 • 남녀의 독서경향 차이/현실인식의 과도기(꿈과 환상 현실), 논리적인 제한 필요/지적 호기심, 다양한 소재의 다양한 이야기에 관심 확대

↓

전기기(12~14세)	• 형식적 조작 단계(11~16세) • 사춘기, 제2반항기, 외적 관계보다 내면에 몰입, 관심사가 세분 된다. 사회에 대한 관심이 높아진다. 성인세계에 대한 탐색 • 傳記, 혹은 중세 로망스와 같은 傳奇文學, 대중 소설

↓

문학기(14세~)	• 형식적 조작 단계(11~16세)
	• 사회적 관심이 강하고 현실사회에 참여하기를 바라며 자아에 대
	  한 긍정, 이성에 대한 충분한 이해
	• 대중문학-(여성의 경우 연애소설)
	• 순문학-내성력 발달에 따라 심리적 갈등을 해결하는 작품류 독서,
	  **연애소설

↓

사색기(17세~)	• 철학적, 사색적인 입장에서 원리를 규명하고 비판하며 그러한 태 도의식 속에서 자신의 이상을 추구하고 스스로의 의견을 펼침 • 사색서-단편적 에세이, 철학서(19세이후) • 종교서(19세~)/학술서(20세~)

독서흥미의 발달 단계는 성장과정에 따라 매우 체계적이다. 곧 단순한 구조를 선호하다가 복잡한 구조로, 개인적 내용에서 사회적 내용으로, 상상적 단계에서 과학적이고 논리적인 단계로, 구체적 현상에서 추상적 내면으로, 가볍고 즐거운 내용에서 심오하고 의식 있는 내용으로 나아감으로써 고급 독자로 성장한다. 독서흥미와 독서력의 발달 속도는 개인차가 있게 마련이다. 그러나 결과적으로 성인으로 성장하는 과정에서 독서력 역시 지속적으로 발달하여 고급의 종합 독서 능력을 지닌 자발적 독자가 되어야 한다. 이를 위해 독서지도와 생활지도가 매우 필요하다.

4. 독서기술의 발달[5]

(1) 제1수준 : 초급 독서(기본독서, 초보독서, elementary level)

읽기, 쓰기를 전혀 못하는 어린이가 초보의 읽기, 쓰기 기술을 습득하기 위한 과정. 이런 수준에서는 책을 읽고 '이 책은 무엇을 말하고 있는가'를 알아내는 정도가 된다.

1) 제1단계 : 출생 이전~6,7세. 읽기 준비기
시청력, 글자를 읽어내기 위한 인식능력, 주의력 등이 형성되는 시기로서 독서를 위한 심리적, 지적, 언어적, 인성적 준비기

2) 제2단계 : ~7세. 단어 습득기, 기초 독서기
간단한 것을 읽고, 말을 모아서 이해하고 문맥을 찾으며, 줄거리를 잡는 정도이다. 이때 아이들은 개별적인 차이는 있으나 1년에 300~400단어 정도를 익힌다.

---

5) 모티머 J. 애들러 & 찰스 반 도랜(1986).

3) 제3단계 : ~10세 전후. 기본 독서기

아는 용어가 증가하고, 모르는 단어를 스스로 문맥에 따라 알아낼 수 있는 정도이고, 점차 독서에 대한 호기심 증가하는 시기

4) 제4단계 : ~10대 초반. 성숙 독서기

읽기 능력의 완성기로서 어떤 독서물이든 대강의 것을 읽어낼 수 있는 정도이다. 이때, 독서체험을 자기의 것으로 할 수 있고, 주제에 따라 선택하여 읽고 비교할 수 있는 시기이다.

(2) 제2수준 : 점검 독서(골라 읽기, 예비독서, inspectional level)

계통을 세워서 띄엄띄엄 골라 읽는 기술, 즉 일정한 시간동안 할당된 분량을 읽는 것. 대개 정보를 얻기 위해 여행 정보책을 뒤지거나 오락을 위해 잡지책을 읽는 경우를 들 수 있다. 책의 표제나 서문을 보고 목차를 살피고, 색인을 살펴보며, 커버의 선전문구나 요점이 되는 몇 개의 장과 몇 페이지씩을 보는 '조직적인 골라 읽기', 또는 모르는 단어나 문맥을 무시하고 가능한 한 빨리 통독하는 '표면 읽기'를 말한다. 낯선 책을 앞에 놓고 5분 동안 책의 내용을 파악하는 훈련을 여러 번 하다 보면 책의 내용을 순식간에 파악하는 능력이 생기게 되며, 때로는 이런 독서를 위해 속독의 기술을 이용할 수도 있다.

(3) 제3수준 : 분석 독서(analytical level)

시간의 제약을 두지 않고 철저하게 읽어내는 것으로 내용의 완전한 이해를 위한 독서를 말한다. 적어도 고등학교에서 최저 한도의 분석 독서술을 습득하여야 한다.

분석독서는 '이 책은 어떤 종류의 책인가', '무엇을 말하려고 하는가', '저자는 개념이나 지식을 어떠한 구성으로 전개하고 있는가'를 찾아내어 책의 내용은 물론 서술방식, 중요한 개념 등을 이해하고 비판할 수 있는 정도까지 상세하고도

철저하게 읽어내는 것을 말한다. 분석 독서는 다음과 같은 순서로 이루어진다.

1) 제1단계 : 책의 구조 파악

① 제1규칙 : 어떤 종류의 책인가 가능한 한 빨리 파악한다.(도서명, 표제, 서문, 목차 등의 점검 독서를 통해서) 픽션인가, 교양서(철학, 역사, 과학 등) 인가, 이론적인 책인가 실천적 책인가(저자의 문제 접근 방식)를 파악한다.

② 제2규칙 : 책의 주제나 목적을 찾는다. 책의 통일성을 2~3줄 정도로 요약해 본다.

③ 제3규칙 : 책의 주된 부분을 말하고 그것이 어떻게 구성되었는가를 파악한다.

④ 제4규칙 : 저자가 문제삼고 있는 점이 무엇인지를 안다.

2) 제2단계 : 책의 내용 파악

① 제5규칙 : 저자의 언어사용 방식을 이해한다. 저자가 중요하게 사용하고 있는 말, 키워드를 찾아낸다. 전문용어, 특수한 용어를 이해한다. 단어의 의미를 파악한다.

② 제6규칙 : 저자의 명제나 판단을 찾는다.

③ 제7규칙 : 저자의 논증 방법을 찾는다.

④ 제8규칙 : 저자의 해결이 무엇인지 검토한다.

3) 제3단계 : 책에 대한 비평, 책의 전달의 문제

① 제9규칙 : 책을 완전히 해석하기 전에 비판에 착수하지 말 것

② 제10규칙 : 반론은 조리 있게, 충분한 근거를 가지고 한다. 지식과 개인적인 의견을 확실히 구별한다.

(4) 제4수준 : 종합 독서(동일 주제에 관한 독서, syntopical reading)

발달 단계상 최소한 대학에서 습득하는 독서의 수준으로, 이 독서는 가장 복

잡하고 조직적인 독서로서, 하나의 주제에 대하여 몇 권의 책을 서로 관련지어서 읽는 최고 수준의 독서능력을 말한다. 주제에 관한 자료를 도서관이나 서점에서 직접 찾고, 그 중에서 필요한 것을 고른 후에 때로는 점검 독서로, 때로는 분석 독서로 필요한 내용을 이해하고 관련지으며 이를 일관되게 연관시킬 수 있는 수준이다.

청년기에 이런 종합 독서 이전까지의 독서능력이 갖추어져야 진학 후에 자신의 전공분야를 공부하는 데 어려움이 없다. 하지만 우리나라나 미국이나 청소년기 이후 급격하게 독서를 기피하는 성향이 있어 전문적인 일을 하게 된 후에도 초급의 독서능력밖에 갖추지 못한 경우가 많다. 10대 초반에 독서능력이 정체되고 만 학생들은 겨우 교과서나 읽고 전공서적만 들추는 정도에서 독서를 끝내고 만다. 따라서 청소년기의 독서는 아동기보다도 더욱 중요하다는 것을 인지하여야 한다.

(5) 독서능력과 독서수준의 발달

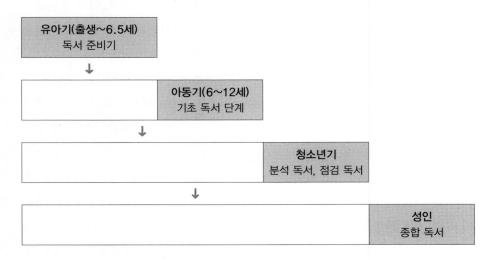

1. 학령기 아동의 이해

(1) 학령기 아동의 전반적 발달 특성

만 6세에서 11세에 이르는 초등학생 시기는 자기 중심적인 사고와 행동에서 점차 타인에 대한 이해와 자발적이고 주관적 판단 기준을 마련하게 되는 중요한 시기이다. 이 시기는 인지, 언어 발달이 이루어지면서 기본 학습 능력이 배양되고, 학교 생활에 적응하면서, 집단과 규율을 이해하고 협조하는 가운데 사회성, 도덕성 발달이 이루어진다.

피아제에 의하면 이 시기는 인지 발달상 구체적 조작기(7~11세)에 해당된다. 곧 가역적 사고, 보존 개념, 탈중심화, 분류와 위계, 서열화 등의 능력이 발달하는 단계이다. 또한 사회 정서상으로는 프로이트가 말하는 잠복기로서, 부모와 자신을 같다고 보는 동일시가 강해지고 그로 인해 초자아가 발달되는 단계이다.

무엇보다 가장 중요한 것은 자존감(자아 존중감 또는 자기 존중감)의 발달에 중요한 시기라는 것이다. 자아 존중감은 자신에 대해 긍정적이거나 부정적으로 평가하여 자신에 대한 느낌을 형성하는 것을 말한다. 아동기에는 여러 측면에서 자신을 평가하고 남들로부터 평가를 받게 되기 때문에 자아 존중감이 본격적으로 형성된다. 주로 부모, 교사, 또래와 함께 지내면서 그들로부터 받는 평가로 자아 존중감이 형성된다. 자아 존중감은 학습적 자아 존중감(읽기, 말하기, 기타 과목), 사회적 자아 존중감(또래 관계, 교사, 부모와의 관계), 신체적 자아 존중감(신체 능력, 외모*)에 의해 형성된다. 고학력이 될수록 학업 능력이 자아 존중감에 큰 부분을 차지한다. 자아존중감이 높을수록 자신의 능력에 자신을 가지며, 다른 사람들이 비평해도 화내지 않고 들을 수 있다. 이런 아동은 자기 자신에 대해 회의적이지 않고 자신이 설정한 목표를 성취할 수 있다고 믿는다. 곧 자기 자신에 대한 아동 스스로의 견해, 곧 자존감이 발달에 상당한 영향을 미치는 것이다. 에릭슨에 의하면 이 시기에 자신이 무능력하다고 느끼면 열등감을 갖게 되어 나중에 사회적으로 고립되기 쉽다고 한다. 따라서 이 시기 아이의 능력이나 가치에 대한 부모와 교사의 긍정적인 믿음, 계속적인 인정이 반드시 필요하다.

또한, 학령기의 아이들에게 또래 집단 사이에서 자신을 어떻게 지켜가고 책임져야 하는가는 중요한 문제이다. 어린이들에게는 학교에서의 지도력과 규율과 경쟁, 권위와 개인 사이의 충돌, 따돌림에 관한 시선, 위협과 커닝과 고자질과 같은 윤리적인 문제들이 관심거리가 된다. 이 시기는 성인의 행동을 모방하고 부모나 교사에 의해 정해진 규준에 따르는 타율적인 도덕시기에서 점차 자신의 도덕적 기준을 마련하고 자주적인 판단을 내릴 수 있는 자율적인 도덕 시기로 변화한다. 요컨대, 개인과 사회의 관계 속에서 자존감을 가지면서 건강한 사회성을 가지게 되는 것이 중요하다.

(2) 학령기 아동의 환경

1) 가정 환경

학령기에 아동이 부모와 보내는 시간은 점차 줄어든다. 그러나 부모는 아동 발달에 영향을 미치는 중요요인이다. 아동기 내내 부모는 때때로 아동에게 자율권을 부여하면서 끊임없이 자녀를 지도하고 외적 통제를 한다. 아동은 부모가 자신을 통제하는 이유를 받아들이나, 자라면서 일부 통제가 점차 부모에게서 아동 자신에게 이양된다. 이런 주요 자율성은 아동이 12세가 된 이후에야 아동에게 이양된다.

여성의 취업이 증가가면서 취업모가 아동 교육에 미치는 영향도 문제가 된다. 우선 취업모 가정은 부모의 역할 모델이 비슷하게 지각되므로 성역할 고정관념에서 벗어날 수 있고, 자아 통제력과 독립심이 일찍 발달되며, 인지 및 사회적 자극도 더 많이 받아서 높은 성취동기와 자신감을 가질 수 있다. 어머니가 직업에 대해 만족하고 자신감을 가지는 경우 아이들에게 긍정적인 영향을 준다. 그러나 비취업모의 자녀보다 적절한 지도를 받을 기회가 줄고 불규칙적인 일상생활을 하기 쉬워 조직화된 사회 활동에 참여할 기회가 줄어들 수 있다.

2) 학교 환경

에릭슨에 의하면 학교는 아동이 근면감과 열등감의 위기를 해결하게 되는 주 영역이다. 교사와의 상호 작용, 또래와의 상호 작용은 인지·사회 기술을 발달시키는 중요한 기회가 될 뿐 아니라 세상에 대한 지식을 제공하고, 아동기 자아 개념 발달의 핵심인 또래 관계를 형성하게 한다.

3) 또래 환경

가족 이외에 가장 중요한 대인 관계가 또래이다. 특히 초등 후반기에 들어서면 아동의 사회적 상호 작용 대상의 반을 차지하는 것이 또래이다. 또래들에게 인기가 있는 아동은 상대방의 이야기를 경청해 주면서 관심을 표현하고 스스로 행복해하며 열정적이고 자신감 있는 아동이다.

친구도 매우 중요한 기능을 가지는데, 친구는 시간을 함께하며 협동 활동을 하고 흥미로운 정보를 제공하고 즐거움과 흥분을 준다. 또한 시간, 자료, 도움을 주고 지지와 격려를 해 준다. 자신이 어떠한지 사회적으로 비교할 수 있게 해 주며 친밀감을 준다.

2. 초등 저학년의 특성과 독서지도

입학에 따라 사회 현장의 적응이 주된 문제가 된다. 아동은 자기 중심적인 심성을 벗어나지 못하지만 상당히 현실적이 된다. 규범에 대한 무조건적인 수용 경향을 보이므로 '도덕적 단계'라고 부른다. 명백한 도덕성을 보여 주기 위한 갈등을 그린 우화, 위인들의 일화 등에 흥미를 가지므로 '우화기'로도 불린다.

(1) 발달 특성

1) 인지 발달

구체적 조작기가 시작되어 신체적으로 수행한 행동을 사고를 통해 구체적으로 이해할 수 있다. 그러나 여전히 왼쪽, 오른쪽, 동서남북 방향에 대한 개념은 어려워한다. 또 시간에 대한 개념이 생겨서 사건을 순서대로 계열화하는 것이 가능하고 집단 놀이 등을 통해 새로운 규칙 체계를 개발할 수 있다. 호기심이 많아져 질문을 많이 하며 질문은 더 구체적이 된다. 그러나 논리적으로 사고하지는 못한다.

주변 생활 환경과 자기 중심적인 사고에서 벗어나지는 못하지만 상당히 현실적이 된다. 그러나 주의 집중 시간이 짧아 한 가지 작업을 지속하기 어렵다. 상상력과 창의적 표현 능력이 발달하지만 아직은 모방이 많다.

2) 언어 발달

언어의 유목화가 이루어져 분류와 구분, 중심과 세부를 구분할 수 있게 된다. 의성어, 의태어를 사용하며, 조건절, 부사절을 사용한다. 언어 사용의 새로운 즐거움을 느끼며, 단어의 의미에 대해 궁금해 한다. 철자와 음의 관계를 알며 구어와 문어의 구분을 통해 문자언어가 발달한다. 읽기와 쓰기를 배우고 자신의 이야기를 만들어 내기를 즐긴다.

3) 사회 정서 발달

생활 주변, 현실에 대해 흥미를 나타내며 문제를 풀어보려고 한다. 익숙해지면 협조적인 태도도 보인다. 부모나 교사의 모방을 잘 하고 지시에 잘 따른다. 정서 지속 시간이 짧아 감정이 잘 바뀐다. 곧 감정적으로 안정되어 있지 않다. 다른 사람의 입장에서 생각하기 어려워하여 친구와 사소한 일로 잘 다투고 고자질을 잘 한다. 남아와 여아의 흥미가 많이 달라지고 태도도 달라진다.

4) 도덕성 발달

선악의 가치 판단이 가능해지나 스스로 판단기준을 정하지 못하고 주위의 판단에 따르거나 학습되는 면이 많다(타율 도덕 시기). 선과 악, 진실과 허위, 현명과 우둔, 정의와 사악 등의 도덕성을 명백히 하고 그 갈등을 좋아한다.

(2) 독서흥미와 독서지도 목표

① 이 시기는 취학 전부터 시작된 독서 개시기에서 독립 독서 초기에 걸쳐 있다. 곧 말을 바르게 인지하게 되고 간단한 문장을 혼자 읽을 수 있게 되며, 혼자서도 책읽기에 흥미를 느낄 수 있는 시기이다. 나아가 음독, 묵독의 기초적인 기능이나 습관이 완성되어 주의를 집중하여 책을 읽을 수 있고 바르게 이해하면서 어느 정도 빠른 속도로 읽어 나간다. 음독에서 묵독으로 진행되는 단계이므로 유창성 훈련이 필요하다.

② 아동은 말뿐 아니라 글로도 의사소통할 수 있다는 것을 깨닫는 시기이다. 이때 아동은 글자와 소리의 관계를 인식하고 낱말을 소리 내어 읽는 해독에 치중하므로 이 단계의 독서에서 소리 내어 읽기 활동은 매우 중요한 독서활동이다. 초기 독서 단계의 읽기, 특히 소리 내어 읽기는 '문자 → 음성화 → 의미 파악'의 과정을 거친다. 책을 보면서 교사가 읽어주는 것을 듣는 과정은 음독에서 묵독으로 자연스레 이동하는 것을 도우며, 문자의 정확한 인식을 돕는다.

③ 아동은 그림과 글자를 구분하고 글자가 그림보다 추상적인 실체라는 사실, 글자는 소리와 일정한 관계를 맺고 있다는 사실, 기초 어휘에 대한 발음과 해독, 단어와 구절, 문장을 정확하게 끊어 읽기 등을 익힌다. 이때 교사는 독서가 의미 있는 과정이며 즐거움과 정보를 준다는 것을 알게 한다. 이를 통해 문맥적 독서가 가능해진다.

④ 이 시기는 특히 우화에 독서흥미를 가지므로 우화기로 불린다. 또한 현실적인 대상에 관심을 보인다. 물활론적 사고나 상상의 세계에서 뻗어 나아가기 시작하면서 생활 주변의 현실적인 대상에 흥미를 보이므로 다양한 문학 작품의 언어들을 경험할 기회를 풍부하게 제공해 주어야 한다.

⑤ 주로 성인의 판단을 모방하므로 독서의 장에서 모범을 보여야 한다. 올바른 도덕성을 갖출 수 있게 좋은 책을 선별해 주어야 한다.

⑥ 읽기 질문 방식은 다양한 언어적 사고를 고려한 질문이어야 한다. 즉, 본문에 실린 내용을 찾거나 기억해서 답하는 축어적 질문이 과용되고 있는데, 원인이나 결론을 추론하거나 그 까닭을 묻는 추론적 질문, 비판적 질문, 감상적 질문, 다양한 사고를 할 수 있도록 하는 확산적 사고 질문이 이루어져야 한다.

3. 초등 중학년의 특성과 독서지도

자타의 분별을 시작하는 과도기로서, 성인에게 전적으로 의존하던 것에서 벗어나 자주적인 판단으로 적극적인 행동을 하게 된다. 상상의 세계를 이해하고 즐기므로 '상상적 단계', '동화기'로 불리며, 지능 발달과 맞물려 독서능력이 효과적으로 상승하는 '다독기'이기도 하다.

(1) 발달 특성

1) 인지 발달

기초적인 논리, 추상적 사고가 발달하면서 분수 개념을 이해할 수 있다. 또한 유머를 만들어 낼 정도로 상황 판단력이 발달한다. 현실 세계와 상상의 세계, 사실과 허구를 구분하며, 사물을 객관적·분석적으로 이해하려고 한다. 대상 간의 차이를 파악하기도 하여 분석적 독서가 가능하다.

2) 언어 발달

어휘량이 급격히 늘어나서 다독기라 일컫는다. 어휘력과 논리적 사고력이 발달하면서 자기 주장을 논리적으로 펼친다. 생활 어휘에서 다양한 분야의 어휘로 확장된다.

3) 사회 정서 발달

남녀 구별 없이 잘 어울리지만, 이성 간에 대립하기도 하도 점차 동성끼리 어울리게 된다. 친구 관계를 중시하고 또래 집단을 형성하고 집단의 리더가 생긴다. 그러나 자기 중심성은 그대로 있어 또래 관계에서 다툼이 잦고 인정받기를 원한다.

부모와 교사 등 어른들의 행동이나 생각에 비판적 관점을 가지고 따지기도 한다. 아동의 생각이 사회화, 탈중심화가 되면서 자신의 시각뿐 아니라 타인의 시각에서 보는 것이 가능해진다. 이에 따라 욕구를 자제하고 점차 정서적으로 안정이 된다.

4) 도덕성 발달

자율적인 도덕성이 점차 발달하면서 스스로 죄책감을 느끼기도 한다. 나름대로 윤리관도 생겨 옳고 그름을 판단한다.

(2) 독서흥미와 독서지도 목표

① 해독에서 독해로, 음독에서 묵독으로 넘어가는 시기이다. 아동은 긴 문장을 의미 중심으로 끊어 읽기 시작한다. 글을 유창하게 소리 내어 읽을 수 있고, 글을 읽을 때 문자에 안구가 고착되는 것으로부터 점차 자유로워진다. 곧 낭독의 형태로 글을 읽을 수 있다.

② 학습 독서가 시작되고 다독기에 들어선다. 독서능력이 지능과 상관하여 가장 큰 상승 효과를 볼 수 있는 시기이다.

③ 상상의 세계를 이해하고 즐기게 되므로 모험적인 이야기나 친구간의 우정을 그린 이야기 등 생활동화를 좋아한다. 이 무렵에 권할 만한 것은 생활동화, 신화, 전설, 초보적인 과학 지식에 관한 글, 아라비안나이트와 같은 가공 이야기류이다.

④ 책에 대한 관심과 독서수준의 개인차가 심해진다. 따라서 개인적인 능력을 고려한 교수 전략이 필요하다.

⑤ 편독 현상이 나타난다. 특히 만화에 대한 흥미가 절정에 이른다. 다양한

책에 대한 흥미를 잃지 않도록 도와줄 필요가 있다.

⑥ 또래 집단을 형성하고 집단의 리더가 생긴다. 집단 독서지도에 유리하다

4. 초등 고학년의 특성과 독서지도

친구 간의 적응이 발달 과정의 중심이므로 우정이나 사회적 책임을 중요하게 여기는 때이다. 집단 생활에 협조적이고 공동체의 가치를 중시한다. 성에 대한 호기심이 시작되고 여아가 더 숙성하여 제2차 성징이 드러나는 아동도 있다. 성 역할에 대한 기대감을 가지며 이성 간의 관계에도 흥미를 가진다.

사물과 사건의 위계를 세울 수 있게 되면서 자연과 사회 환경에 대한 지적 이해의 요구가 높아지는 탐구적 단계이며, 시간의 전개를 이해하고 원인과 결과를 판단하게 되면서 역사서, 전기물, 통속물에 관심을 가진다.

(1) 발달 특성

1) 인지 발달

추상적 논리적인 사고가 조금씩 발달한다. 문제를 추상화하는 데 논리적인 규칙과 추론, 형식적인 조작이 가능해지며, 원인과 결과를 판단하는 능력이 상승한다. 따라서 초보적인 수준에서 실험을 계획하고 검증하는 활동을 할 수 있다.

합리성이 발달하면서 비현실적인 논리에 비판을 가하기도 한다. 또한 계획적 행동이 발달하여 목표를 세우고 집중하는 성향을 보인다. 과거 사건들의 시간적인 순서를 이해하게 되므로 역사에 대한 이해와 관심을 가진다.

2) 언어 발달

단어 하나하나를 읽는 것보다 글 자체의 내용 이해가 그 주된 목표가 되면서 긴 글로 된 텍스트를 무난히 읽어낸다. 집중력이 좋아져서 장시간 독서가 가능하다. 더러 문장은 잘 읽을 수 있으나 단어 뜻을 몰라 이해에 장애가 되는 일이 있다.

3) 사회 정서 발달

정서 표현을 잘 안 하고 숨기는 편이다. 우정과 사회적 책임, 독립심 등을 중시하며, 집단 행동과 자치적 활동에 관심을 가진다. 이성에 관심을 많이 가져 마음 속에 좋아하는 이성이 생긴다. 교사나 부모를 무조건적으로 모방하고 의존하기보다는 상위 인지적 지식을 갖추고 있으면 신뢰하고 존중한다. 정의감을 가지고 세상에 반항하기도 한다.

4) 도덕성 발달

윤리적 기준은 아직 미숙하지만 주관적 정의감으로 사회 생활에 관심을 가진다. 자율적인 도덕적 사고를 할 수 있으며, 타인의 도덕적 규범을 따르되 점차 사회 질서, 법, 정의, 의무 등에 근거하여 도덕적 판단을 하게 된다.

(2) 독서흥미와 독서지도 목표

① 중등 독서기로서 개인적인 경험이 증대하며 독서하는 방법에서도 이해력과 속도가 증가하고 독서기술이 발달한다.
② 초급 사고기로서 해독보다 독해에 더욱 큰 비중을 두고 글을 읽게 되며 묵독이 강조된다. 사실과 의견 구별하기, 정보를 축약하기, 생략된 정보 추론하기, 이어질 내용 예측하기, 비유적 표현의 의미 이해하기, 표현의 적절성 판단하기 등과 같은 기초 독해 기능을 기르는 단계이며, 의미 중심으로 글을 읽는 시기이기도 하다.
③ 지적인 면에서 과학적인 흥미가 증진하는 때이므로 사고의 범위가 우주까지도 확대된다. 그러므로 가공된 이야기로부터 소년문학, 모험이나 탐험 이야기, 과학 이야기 등을 즐긴다.
④ 정서 발달과 독서수준에 따라 위인의 인간적 고민을 다룬 전기, 역사소설, 통속문학 등을 즐겨 읽게 되기도 한다.
⑤ 남녀의 독서 경향에 성적인 차이가 현저해지며 성장소설류, 특히 우정이나 협동심, 사회적 정의를 주제로 다룬 책을 즐긴다.

⑥ 독서지도는 하향식 모형과 상향식 모형을 적절히 활용하여야 한다.

Ⅲ 청년기의 발달 특성과 독서목표

1. 청년기의 이해

청년기는 12살에서 19살(중1에서 고3)에 이르는 시기로 이는 다시 청년 전기 (12~15,16세, 중학생)와 청년 후기(15,16~19세, 고등학생)로 나눌 수 있다. 이 청년기에 대해 고대의 철학자 아리스토텔레스는 "격정적이고 성급하고 자기 충동에 따라 행동하기 쉽다. 젊은이가 잘못을 저지른다면, 그것은 언제나 절제하지 못하고 과장되었기 때문이다. 그들은 사랑이든 미움이든 아니면 그 어떤 것이든 간에 도에 지나친다. 그들은 자신이 모든 것을 잘 안다고 생각하며 자신의 주장이 언제나 옳다고 생각한다"고 말했다고 전한다. 청년은 이처럼 사회의 유일한 희망이면서 '내부의 적'으로 모순된 시기를 보내게 되는데, 이 시기는 바로 성숙을 위한 투쟁의 시기로서 매우 중요하다.

(1) 신체에 집착하는 시기

청년기는 '사춘기'를 겪고 어른으로 성장해 가는 혼란된 시기이다. "청년은 바로 신체 그 자체다"라고 말하는 사람도 있는데, 이는 청년들이 자신의 신체를 어떻게 지각하는가를 이해하는 것이 중요하기 때문이다. 이런 신체 지각에 있어서 성별의 차이가 있는데, 조숙한 남자는 미숙, 혹은 만숙한 청년에 비해 사회적 응력이 크고, 반면 조숙한 여자는 미숙, 혹은 만숙한 여자보다 더 문제가 많다고 한다. 어쨌든 이 시기에는 자신의 신체에 대해 긍정적일수록 자아 개념도 긍정적이다. 따라서 청년기의 아이들이 자신의 생물학적 특성을 인식하고 긍정적으로 수용할 수 있도록 도와주는 것이 심리적인 갈등을 최소화하는 길이다.

(2) 자아 중심적 시기

청소년은 타인과 어울려 지내고자 하는 친화 욕구를 가지는 동시에 자신을 중요하고 가치 있는 존재라고 생각하기 때문에 자신의 관념의 세계와 타인의 세계를 구별하지 못하는 자아 중심성을 가진다. 이런 성향을 가리켜 '개인적 우화'[6]라고 부르며, 또 '상상적 청중'(자신은 타인의 집중적 관심이 되고 있다는 과장된 자아 의식)이라고 부른다.

에릭슨에 의하면 청년기에는 정체감 대 역할혼란(roleconfusion)의 갈등을 극복해 내는 것이 중요한 과제이다. 이러한 역할혼란은 '자기 성에 대한 정체성(identity)과 깊이 관련된다. 청년기는 필연적으로 아동기와 성인기 사이의 심리 사회적 단계로서 결정에 대한 '심리적인 유예기'에 있다. 청년은 아동기에 배운 도덕성과 성인이 발달시킨 윤리 사이에서 방황한다. 또한 사회적으로 직업적인 자아를 확립하기 위해 시험적인 행동을 할 수도 있고, 이에 대한 자신의 능력을 불신하기도 한다. 청년들은 자기 또래들로부터 지지받기를 갈망하여 지도자적 역할을 수행할 수 있는가에 대해서도 갈등하며, 그 사회의 의례, 신조, 그리고 사회적 가치를 추구하는 데 있어서 이념적 갈등을 겪는다.

(3) 한국 청소년의 환경과 독서의 필요성

우리나라의 경우는 발육 상태가 점차 좋아져 초등학교 때 이미 사춘기를 겪

---

6) 다른 사람들은 자신의 사고, 감정을 경험하지 못한다고 생각하는 비합리적 신념, 이것이 심하면 과격하고 위험성이 내포된 행동을 할 수 있다. 이 현상은 현실 검증력이 생기면서 자신과 타인의 실체를 객관적으로 인식하고 타인과 친밀한 관계를 정립하면서 사라진다.

는 아이들까지 있어서 이전에 비해 사춘기가 일찍 시작된다고 말할 수 있다. 하지만 부모의 과잉 보호와 학교 제도, 취업난, 입대 문제 등에 의해 실제적으로 성인의 역할을 할 수 있는 연령은 점점 더 늦어지고 있다. 정작 성인의 신체를 가진 20세의 청년이 되어도 사회적으로나 가정에서는 여전히 아이 취급을 하고 보호하려 드는 사회 분위기에 의해 청년기는 훨씬 길어지고 있다고 보아야 한다. 뿐만 아니라 청소년기를 이르든 늦든 입시 준비기의 학생으로 보내는 실정을 생각할 때 우리나라에서 자아의식의 성장기로서 청년기는 성인이 되어 가는 과정이 아니라 대학생이 되어 가는 과정으로 대체되고 있다고 볼 수 있다.

따라서 한국의 청소년기의 독특한 특성과 환경에 대해 유념하여 살펴보고 지식정보화 사회의 특성과 관련하여 독서의 중요성을 더욱 강조할 필요가 있다.

2. 청년 전기(중학생)의 특성과 독서지도

(1) 발달 특성

① 중학생 시기는 청년 초기에서 중기, 즉 초반에 사춘기, 제2의 반항기를 거친다. 사춘기는 외적관계보다 내면, 곧 육체적 변화에 몰입하는 시기여서 생리적인 변화에 의한 수치심, 혐오감, 고독 등으로 자아 폐쇄적 태도를 지니기 쉽다. 따라서 청소년 특유의 정서적 동요를 조절하고 자아를 안정시키며 사회 현실에 적응할 수 있는 건전하고 객관적인 가치기준을 제시하는 독서가 요망된다.
또한 자칫 고독에 빠지기 쉽고 남녀 간에 반목하는 경향이 있는 때이므로 밝고 명랑한 태도를 형성시키도록 하고 상호 이해를 통해 서로 적응하기 쉽도록 유도할 필요가 있다.
② 이성에 대해 남다른 관심, 성적 호기심을 가지는 시기이다. 따라서 아름답고 슬픈 연애소설과 같은 것을 읽음으로써 그런 관심을 충족시킬 수 있다.
③ 사회적, 정치적인 문제에 관심을 보이기 시작하는 시기이다. 따라서 반항

적 이야기나, 혁명적 소설 등을 권해 본다.

④ 전문지식에 매력을 느낄 시기이다. 특별한 관심을 보이는 분야에 대해 유의하여 책을 선택하며, 이런 시도를 통해 전공하고 싶은 분야를 잠정적으로 결정할 수 있다.

⑤ 대중문화에 대한 관심이 증대된다. 또한 남자 중학생들은 통신문학, 특히 판타지 소설에 깊은 관심을 가지는데, 상업적이고 저급한 서사들을 통해 현실로부터 도피하고 저급한 언어와 표현에 마취되기 쉬우므로 각별한 관심이 요구된다. 따라서 순문학에 대한 관심을 높이는 독서지도가 필요하다. 요즘은 중학생 수준에 어울리는 내용의 좋은 책들이 많이 나오고 있어 약간만 신경을 쓴다면 관심을 돌리는 것이 어렵지 않다.

(2) 독서환경과 독서단계의 특성

① 성숙 독서기(advanced stage of reading) : 중 · 고등학교 시기부터이며 독서에도 깊이를 가지고 독서습관과 태도가 세련되어진다.

② 전기기(사실적 단계)에서 문학기(감성적 단계)에 걸쳐 있다.

  * 독서수준의 개인차

• 전기기(12~14세) : 자의식이 독립하는 시기여서 외적 관계보다 내적 가치에 더 치중하므로 단순한 위인의 일화 같은 것보다 인간적 고뇌를 다룬 전기형식에 더 영향을 받는다. 독서재료는 위인의 인간적 고민을 다룬 전기, 역사소설, 통속문학 등이다.

• 문학기(15~17세) : 사회적 관심이 강하고 현실 사회에 참여하기를 바라며 자아에 대한 긍정과 외부의 압력에 대한 부정을 나타내려 한다. 그러나 성인층이 그것을 허용하지 않으므로 비판적, 반항적인 태도를 취하는 시기이다. 통속문학과 함께 순수문학에 흥미를 갖는다.

③ 기성세대에 대한 비판이 강해지므로 신뢰 못하는 사실에 대한 반발심도 크다. 자신감을 가지고 사회 적응을 할 수 있게 객관적 가치를 담은 내용을 독서하는 것이 바람직하다.

④ 자의식 강화, 정서적 안정을 위해 내면적 세계를 들여다 볼 수 있는 순수 문학 독서로 이끌어야 한다. 고전 명작을 통해 자극적이고 화려한 세계보다 현실적이고 의식 있는 세계를 경험하도록 도와주어야 한다.

(3) 독서지도의 목표와 유의점

① 다가치적이고 말초적인 대중문화에 대한 노출로부터 읽기에 대한 진지한 흥미를 지속시킨다.
② 순문학에 대한 관심을 함양시켜 문학적 상상력을 기르고 의사소통 도구이면서 표현 매체로서 언어에 대한 미적 감성을 기르도록 한다.
③ 중급 정도의 독해능력을 기른다. 어휘력의 향상은 물론이고 다양한 문장의 짜임과 구조를 접함으로써 글에 대한 이해력과 분석력을 키우도록 한다.
• 문단과 문단의 연결 관계를 통해 글 전체의 짜임을 파악한다.
• 내용 전개 방식의 유형을 안다.
• 여러 종류의 사전을 활용하는 태도를 기른다
• 글의 중심 내용을 파악하고 요약할 수 있다.
• 글의 주제 파악이 서로 다를 수도 있음을 안다.
• 글의 내용을 알기 위해 다양한 매체를 스스로 찾아 조사, 활용하는 습관을 기른다.
④ 사회 현상에 관심을 가지게 함으로써 현실과 글쓰기, 글읽기의 관련성을 이해시킨다. 또한 글을 통해 사회에 대한 객관적이고 건전한 가치관을 정립시킬 수 있음을 안다.
⑤ 글의 다양한 형태를 접함으로써 장르에 따른 읽기의 차이를 이해한다.

3. 청년 후기의 특성과 독서지도

(1) 발달 특성

① 청년 중기에서 후기에 걸쳐 있는 시기로서, 후기에 이르면 지적이고 철학적 입장에서 원리를 규명하고 매사에 비판적이면서 그 이면에는 이상주의적인 경향이 두드러진다. 청년 후기, 빠르면 고등학교 고학년에서 대학생의 시기에 대부분의 아이들은 지적 호기심이 고조되고 사색적인 글에 관심을 보이는데, 이는 자아정체성의 확립을 위해 중요하다. 또한 사회 현실에 대한 관심을 보이지만 경험이 부족한 까닭에 자기 중심적으로 이해하고 성급하게 비판하는 경향을 보인다. 지속적으로 신문을 보면서 세상사에 대한 이해를 넓히고, 다양한 관점의 역사서나 사회 과학서를 통해 객관적으로 사고하도록 힘써야 한다.

② 개인과 사회 속의 자신을 제대로 조절하기 어려운 시기이다. 지나치게 개인화되어 자기 방에 처박혀 혼자 지내는 시간이 많은 경우나 친구들 모임 속에 자신을 내맡기는 경우를 모두 지양시켜야 한다. 또한 외적 성숙에 비해 지적, 사회적인 성숙이 따르지 않아 성인의 생활을 겉으로만 흉내 내려 하는 불안정한 시기이므로 진정한 의미의 '성숙'이 무엇인지를 생각하게 하는 성장소설류를 독서하는 것이 좋다.

③ 입시생으로서 과중한 학습의 압박감과 사회적 제한에 시달리고 있어 독서

제롬 데이비드 셀린 글

주인공 홀든 콜필드가 학교에서 퇴학을 당해 집에 돌아오기까지 겪는 며칠간의 일들이 독백 형식으로 서술된 소설. 성에 눈떠 가는 소년의 눈으로 본 세상과 인간 조건에 대한 예민한 성찰이 잘 나타나 있는 작품으로서, 퇴학당한 문제라는 소재와 거침없는 슬랭 때문에 미국에서 많은 중고등학교에서 금서로 지정된 바 있으나, 지금은 20세기 최고의 베스트셀러이면서 동시에 청소년들이 가장 많이 찾는 책 중의 하나이다. 공경희 역, 2001, 민음사.

시간이 매우 부족하다. 학습과 독서를 별개로 생각하는 부모의 편협한 사고도 매우 문제가 된다. 학습과 긴밀한 관계가 있는 책 외에도 문학작품들을 통해 다양한 삶을 대리 체험하고 정서적인 안정을 찾으며 더욱 성숙할 수 있게 도와주어야 한다.

④ 문학작품에 대해서는 특히, 교과서를 통해 다이제스트식 혹은 문제 풀이식으로 접한 작품에 대해 편견이 만들어져 있다. 우리의 고전이라고 불리는 작품을 교과서에서 먼저 보게 되면, 그것은 향유할 수 있는 작품으로 보기보다는 학습 대상으로만 생각하기 쉽다. 다양한 접근과 개인적인 의사를 존중함으로써 예술로서의 문학작품 감상에 의미를 둘 수 있게 도와주어야 한다.

⑤ 관심사가 세분화된다. 진로에 대한 탐색으로 여기고 보조해 준다. 10대 초기부터 대중문화에 대한 노출과 집단 신드롬이 지속적으로 문제가 된다. 대중문화에 대한 이해는 매우 중요한 부분이므로 적절한 거리를 두고 문제의식과 향유로 발전시킬 수 있도록 관심을 두어야 한다.

(2) 독서환경과 독서단계의 특성

① 문학기에서 사색기에 걸쳐 있다.

• 문학기(15~17세) : 사회적 관심이 강하고 현실 사회에 참여하기를 바라며 자아에 대한 긍정과 외부의 압력에 대한 부정을 나타내려 하지만 성인층이 그것을 허용하지 않으므로 비판적, 반항적인 태도를 취하는 시기이다. 통속문학과 함께 순수문학에 흥미를 갖는다.

• 사색기(17세 이후) : 객관적인 지성에 입각하려는 태도가 확고해 진다. 따라서 기존의 지성에 의심을 갖고 철학적, 사색적인 입장에서 원리를 규명하고 비판하며 그러한 태도의식 속에서 자신의 이상을 추구하고 스스로의 의견을 펼쳐 나간다.

② 타인의 견해를 통해 자신의 견해를 강화할 수 있는 수필 계열의 독서자료, 사색서, 종교서 등에 흥미를 느끼게 된다.

(3) 독서지도의 목표와 유의점

① 다가치적이고 말초적인 대중문화에 대한 가벼운 관심을 넘어 읽기에 대한 진지한 태도를 가진다.

② 순문학 장르에 대한 기본적인 이해는 물론 감상능력을 배양하여 지적, 예술적 관심을 고양시킨다.

③ 중급이상의 독해능력을 기른다. 어휘력의 향상은 물론이고, 다양하고 난해한 글의 논리와 짜임을 이해하고 분석하고 비판할 수 있다.

④ 사회현상에 관심을 가지고 관련된 다양한 글을 읽으면서 역사와 사회에 대한 자신의 가치관 정립은 물론이고 비판력을 기른다.

⑤ 독서물에 대한 능동적 탐색과 자발적이고 적극적인 독서를 한다.

⑥ 우리 문학에 대한 이해와 관심을 가진다.

김현진 글

1981년생으로 학교를 그만두고, 단편영화 〈셧 앤 시*Shut And See*〉(1997년) 감독, 청소년 대상 웹진 〈네가진〉(1997)의 최연소 편집장에 이어 한국예술종합학교 영상원(연출과) 최연소 입학생인 김현진의 성장 에세이. 평범하지 않은 자신의 생활에 대한 글을 비롯해 참교육의 필요성, 청소년들의 생각들이 자유롭게 담겨 있다. 1999, 한겨레출판.

단계별 독서지도의 예 – 학교 이야기와 집단 따돌림 문제[7]

요즘 창작되고 있는 한국동화의 대부분이 학교 이야기를 소재로 한다. 창작동화가 그 내포독자로 상정하고 있는 학령기의 아이들에게 또래 집단 사이에서 자신을 어떻게 지켜가고 책임져야 하는가가 큰 문제인 까닭이다. 어린이들에게는 학교에서의 지도력과 규율과 경쟁, 권위와 개인 사이의 충돌, 따돌림에 관한 시선, 위협과 커닝과 고자질과 같은 윤리적인 문제들이 관심거리가 된다. 학교 이야기를 다루는 창작동화들은 한결같이 '어떻게 등장인물들을 그들의 공동생활에 완전히 참가시킬 것인가' 하는 것에 초점을 두고 이의 해결방식을 제시한다.[8] 따라서 학교 이야기는 아이들에게 어떻게 학교생활을 잘 해나갈 수 있을지 함께 고민하게 하는 좋은 텍스트이며, 성인 독자들에게는 학교생활의 문제를 환기시키는 계기가 될 수 있다.

학교 이야기에서 최근에 가장 큰 문제로 떠오르고 있는 것이 집단 따돌림이다. 집단 따돌림은 학교라는 집단 내의 소외 문제에서 그치는 것이 아니라, 여러 가지 복합적인 문제를 파생시킨다. 우선은 학교생활에서 집단과 개인 간의 충돌, 적응의 문제, 그리고 학교 폭력 등 윤리적인 문제까지를 포함한다. 이를 학교 밖으로 확대시켜 볼 때, 소외의 원인 제공 요소로서 가족 문제, 계층 간, 지역 간의 갈등, 획일적인 제도권 교육의 문제가 복합적으로 작용하고 있음을 알 수 있다. 1998년 한 초등학교 학생 1,000여 명을 대상으로 설문조사한 결과에 의하면 따돌림을 받게 되는 까닭은 말을 잘 하지 못해서(18.9%), 꾸중과 지적을 많이 받아서(12.6%), 학습 준비물 미비(10.9%). 숙제나 공부를 잘 못해서(9.7%), 부모님 직업(9.7%), 부모가 계시지 않아서(8.0%), 잘생기거나 공부를 잘 해서(5.7%), 옷을 잘 입지 못해서(5.1%), 기타(19.4%)의 순이다.[9] 사실 이 문제의 해

---

7) 이 글은 이상진(2002. 12)의 내용을 변형. 요약한 것임.

8) 존 로 타운젠드, 강무홍 옮김(1996: 144).

9) (주)가우디 엮음(1999: 25).

결방식의 제시 또한 간단한 일이 아니다. 따라서 집단 따돌림을 초점으로 하는 학교 이야기를 제대로 쓴다면 그것은 중층적이고 복합적인 서사 구조와 내용을 가질 수밖에 없을 것이다.

하지만 어린이 문학에서 이런 문제를 제대로 다루기란 그리 쉽지 않은 일이다. 어린이 독자를 위해서는 단순하고 직선적인 구조, 평이하고 짧은 문장, 제한된 캐릭터 등을 충족시켜야 하기 때문이다.[10] 그렇다고 집단 따돌림의 양상이 연령이 어린 집단에서는 문제가 단순하고 연령이 높다고 해서 복합적이라고 성급한 판단을 내릴 수도 없는 일이다. 문제는 이야기를 풀어 가는 과정에 드러난 요소들이 어떻게 긴밀하게 연관되어 설득력을 지니는가이다. 지나치게 이상적인 해결 방식을 제시하는 것도 공허하고, 단순하고 일시적인 판단으로 생겨난 사건을 문제를 확대하거나 회피해서도 곤란하다. 또한 집단 따돌림에 직접적으로 관련되는 아이들 간의 문제를 일면적으로만 제시하여 교사와 가족의 역할을 미미하게 그리거나 아예 삭제하는 태도 또한 바람직하지 않다. 자아 형성기에 있는 학령기 아이들이 그 미숙성 때문에 겪게 되는 시행 착오를 조정하고 도와주기 위해서는 올바른 삶의 모델이 될 수 있는 성인, 곧 부모와 교사의 존재가 매우 중요하기 때문이며, 문제를 어른에게 노출시키지 않으려는 아이들의 자포자기적인 태도도 또한 해결을 어렵게 하기 때문이다.

여기에서는 학령기 아동의 발달 단계별로 나누어 집단 따돌림을 소재로 한 한국 창작동화를 살펴보기로 한다. 초등 저학년은 『내 짝꿍 최영대』(최인선), 초등 중학년은 『양파의 왕따일기』(문선이), 초등 고학년은 『괴상한 녀석』(남찬숙)를 대상으로 하여, 이에 나타난 집단따돌림의 양상을 살펴보고, 텍스트의 틈새를 통해 현실의 문제를 환기하고 해결하는 저항적인 독서의 방식을 제시해 볼 것이다. 이를 통해 한국창작동화의 문제점을 제시하는 동시에 개별 작품에 대한 올바른 독서지도 방향을 보여 주며, 나아가 집단따돌림 문제를 해결하는 실마리를 찾을 수 있기를 기대한다.

---

10) 마리아 니콜라예바, 김서정 옮김(1998: 77∼78) 참조.

1. 초등 저학년 : 『내 짝꿍 최영대』

『내 짝꿍 최영대』는 학교에서의 집단 따돌림 문제를 정면으로 다루고 있는 작품이다. 전체 48쪽에 정순희의 세밀한 수묵화가 아이들의 표정을 생동감 있게 포착하여 글과 잘 어울린다. 전체적으로 영대를 중심으로 한 단순 구성의 단일한 이야기로 되어 있어 초등 저학년이 읽기에 수월한 텍스트이다.

이 작품의 주인공인 최영대는 전학을 오자마자 친구들의 따돌림을 받는다. 더벅머리에 언제나 헐렁한 웃옷, 다 해어진 운동화를 신고 학교에 오며, 늘 지독한 냄새가 나고 굼벵이라는 별명이 붙을 만큼 행동이 조용하고 느리며, 엄마가 돌아가신 충격으로 정신의 일시적인 장애를 겪고 있어 말을 거의 못하며, 준비물은 하나도 안 챙겨 오는 아이이다. 한 마디로 초등학교에서 따돌림을 당하는 아이의 전형적인 예가 되고 있다. 물론 복합적인 문제이기는 하나 영대는 아이들이 싫어할 만한 요소를 너무 많이 가진 극단적인 인물로 설정되어 있고, 그것에 대한 개선 노력을 조금도 보이지 않고 있는 점은 이 작품이 지닌 심각한 문제이기는 하다.

아이들의 따돌림 양상 역시 전형성을 띠고 있다. 아이들은 영대가 전학오자마자 금세 영대의 약점을 발견하고 집단적으로 괴롭히기 시작하는데, 그것은 어른이 보기에도 섬뜩할 만큼 악의적이다. 집단에서 소외시키는 정도를 넘어 놀리고 고자질하고 누명을 씌우며, 욕하고 심지어 폭력을 행사하는 등 어이없는 아이들의 행동은 서술자를 통해 쉬지 않고 나열된다. 이런 양상은 초등학생 일반에게 나타나는 따돌림의 양상을 모두 포함할 만큼[11] 정도가 심하다. 물론 '나'와 몇몇 아이들은 그런 행동을 말리거나 사과하려고 노력하지만, 오히려 이로 하여 아이들의 폭력성은 더욱 강조되며 영대의 증오심은 표면화된다.

문제가 본격화되는 것은 이 작품의 후반부, 곧 2학기가 되어 수학여행을 떠나서이다. 수학여행지에서 친구의 놀림을 받은 영대가 갑자기 울음을 터뜨리고 화가 난 선생님은 아이들에게 벌을 주고, 이 벌을 받으면서 아이들은 완전히 울음의 도가니에서 하룻밤을

---

11) (주)가우디 엮음(1999: 26)에 의하면 따돌림의 양상은 함께 하는 활동에 끼워주지 않음, 흉보듯 소곤거림, 욕이나 별명을 부름, 발로 차거나 손으로 때림, 밀거나 꼬집기의 순으로 나타난다.

보낸다. 이 놀랍고도 감동적인 절정부에서 아이들 '집단'의 울음은 그간 따돌림으로 인해 정신적인 상처를 받은 것이 다만 영대만이 아니라는 것을 짐작하게 한다. 그리고 바로 집단적인 카타르시스를 향한다. 한밤 내내 울어대면서 모두 그간 마음에 앙금으로 남아있던 상처를 씻어내고 나자 아이들은 영대와 거짓말처럼 친해진다. 밤새 울고 난 다음날 견학을 가던 영대의 옷에는 같은 반 아이들이 달아 준 배지가 가득하고, 이후로 영대는 소중한 친구가 되는 것이다.

이 작품은 개인을 삭제하고 집단의 논리에 의한 화해를 시도하고 있는 점, 갑작스런 화해, 부모와 선생의 무기력함, 타율적인 해결 방식 등에서 문제가 있으나, 작품은 전형적 인물과 전형적인 상황의 설정, 단순하고 직선적인 구성과 군더더기 없이 깔끔한 문장, 시작에서 끝까지 한 치의 벗어남이 없이 주제를 실어 가는 힘이 매우 돋보인다. 따돌림의 문제 해결 방식과 서술자 '나'의 태도 등을 중심으로 독후지도를 한다면 생각 이상의 성과를 얻을 수도 있을 것이다.

2. 초등 중학년 : 『양파의 왕따일기』

『양파의 왕따일기』는 전체 144쪽 정도의 글과 그림이 잘 어울려진 작품으로서, 양미희라는 아이를 중심으로 한 초등 중학년 정도의 소규모 또래 집단에 의한 배타적인 교우 관계와 따돌림 문제를 함께 다루고 있으며, 1인칭 주인공 시점을 유지하면서 갈등을 통한 자아의 형성 과정을 깊이 파헤쳐 내고 있다.

우선 살펴볼 것은 10세 전후의 여자 아이들에게 흔히 형성되는 또래 집단 문제이다. 주인공은 양미희라는 인물의 외적인 몇 가지 특징을 모방하고 동일시하려는 경향을 보인다. 학급에서 남학생들 사이에 가장 인기가 있는 미희는 큰 눈에 유행을 주도하는 감각을 가졌으며, 공부도 운동도 잘 하며, 심지어 디지몽도 잘 키운다. '나'는 그런 미희와 친하게 되어서 마치 미희처럼 대단한 존재로 보이기를 희망하여 양파(양미희파)의 일원이 된다. 주인공은 한동안 똑같은 샤프펜슬을 쓰고, 미희가 하는 말을 하늘처럼 따르며, 양파끼리만 이야기를 하고, 양파가 입는 색깔의 옷을 입는 등 집단의 질서를 즐긴다. 하지만, 점차 양미희의 태도가 지닌 문제가 눈에 보이기 시작한다. 양파에 낌으로써 주인공은 돈 씀씀이가 많아져서 거짓말이 늘고, 옷 입는 것이 까다로워지고, 아버지의 직업을 속이고, 친구의 어려움을 외면하는 등 부정적으로 변모한다. 무엇보다도 이런 집단에서 흔히 발견되는 절대적인 주종 관계 형성 때문에 주인공은 반발감을 느끼고, 비도덕적인 사고나 행동에 대해 수치심이나 죄의식을 느끼면서 도덕적인 불안감에 시달린다.

이것은 학령기 아동이 흔히 빠질 수 있는 열등감(inferiority)을 드러내는 것이다. 에릭슨에 의하면 열등감은 자신의 가치가 능력과 동기에 의해 평가되지 않고, 사회·경제적 지위나 성별에 따라 결정된다고 인식하게 될 때 나타나는 것으로 학령기(6~11세) 아동이 열등감을 극복하기 위해서는 자신의 근면성과 능력이 온전한 학업적 성취로 드러나면서 자신이 사회에 긍정적 영향을 줄 수 있다는 믿음을 가져야 한다고 말한다.[12] 이 작품에서 주인공은 자신의 가치가 병원 이발사라는 아버지의 직업에 의해 평가되는 것을 두려워하지만, 결국 아버지가 남을 위해 봉사하는 자랑스러운 사람이라는 인식을 통해 열등감을 해소하는 데로 향한다. 그리고 그 도덕적 불안에서 벗어나는 결정적인 계기는 '글쓰기'에 있었다. 주인공은 자신의 죄의식을 떨쳐버리기 위해 먼저 따돌림을 당하는 친구에게 은밀한 편지를 보냈다. 주인공은 글의 힘을 믿고 있었기 때문이다. 그러나 1인칭의 글쓰기는 반성적인 각성을 동반하기 마련이다. 글쓰기 대회에 나간 주인공은 결국 공개적인 글쓰기를 통해 또래 집단과 따돌림 문제를 제기한다. 그러나 그것은 결국 자신에 대한 반성이었다.

『양파의 왕따일기』는 또래 집단의 적응과 도덕적 갈등을 통해 주인공이 스스로 문제를 해결해 가는 과정을 무리 없이 서사화하고 있다. 그런데 이러한 해결이 가능했던 것은 무엇보다 모범으로 삼을 수 있는 긍정적인 성인의 모습이 함께 그려졌기 때문이다.

3. 초등 고학년 : 『괴상한 녀석』

남찬숙의 『괴상한 녀석』은 관찰자적 1인칭 서술 시점으로 되어 있지만, 174쪽이나 되는 장편 동화인 까닭에 인물의 성격 제시나 서사 구조가 훨씬 구체적이고 입체적이어서 문제를 깊게 다루고 있다는 인상을 준다. 특히, 집단따돌림 문제와 학교 내의 권력화 문제, 초등학교 고학년의 남녀 문제를 둘러싼 성장기의 심리 변화까지 무리 없이 서사화하고 있어 다양한 각도에서 읽을 수 있는 텍스트이다.

초등학교 5학년인 나(찬이)는 아파트 옆 호에 이사 온 괴상한 아이 '석이'와 친구가

---

12) 조원호·송숙희(1999: 119).

된다. 학교를 휴학하고 특별 교육을 받는 그 아이에 대한 호감으로 친구가 되게 한 어머니는 석이가 학습지진아라는 사실을 알고 나서부터 석이를 만나지 못하게 한다. 석이가 엉뚱하기는 하나 착한 아이임을 알고 있는 나는 어머니의 말씀대로 석이를 피하지만, 마음이 불편하다. 같은 반으로 전학을 온 석이가 대번에 반 아이들 전체로부터 따돌림을 당하자, 나는 더욱 석이에게 냉정하게 대하나 갈등은 더 심해진다. 한편 윤아가 내게 특별한 관심을 보이는 것을 질투하는 경태가 나에게 누명을 씌워 나 역시 반 아이들 전체로부터 따돌림을 당한다. 참을 수 없어진 내가 경태에게 대들자 윤아와 석이가 내 편을 들며, 급기야 석이가 경태를 때려 부상을 입힌다. 이 일로 반 아이들의 오해가 풀리고, 나와 윤아는 관계를 회복하며, 석이는 사이좋은 친구가 된다. 하지만, 석이의 부모는 석이를 외국으로 유학 보낸다.

이 작품에서 가장 눈에 띄는 것은 관찰자인 '나'의 미묘한 심리 변화이다. 사실상, 이야기의 초점은 제목에 나온 대로 '괴상한 녀석'인 '석이'에게 가 있으나, 내용 전개로 보면 '나'의 관찰적 시선 이상으로 내면 심리 서술이 중요한 역할을 하여, 성장기 아동의 심리를 전달하는 데 성공하고 있다.

나의 갈등은 우선, 관찰 대상인 '석이'와의 순수한 관계 회복에 초점이 가 있다. 즉, 찬이(나)가 석이와 진정한 친구가 되기까지 이를 방해하는 온갖 외적인 요소들을 하나하나 해결해 가면서 느끼는 갈등과 혼란을 매우 그럴듯하게 보여 주고 있다. 찬이가 제일 먼저 경험하는 방해의 힘은 엄마의 편견이다. 엄마는 석이의 외적 조건이나 소문에 쉽게 마음이 변하며, 아이들의 교육과 교우 관계에 지나친 간섭을 하는 인물로 설정되어 있다. '나'는 이런 엄마의 편견과 간섭 때문에 석이와 좋은 친구가 되지 못한다. 엄마의 간섭에 적극적으로 대응하지도 못하고 그렇다고 순순히 따르는 것도 싫은 '나'의 갈등은 어린이들이 일상적으로 느끼는 가족 내의 권위와 가족원 사이의 갈등을 반영하고 있다. 두 번째 방해 요소는 학급 내의 분위기이다. 하필이면 같은 반으로 전학 온 석이를 보는 '나'의 태도는 냉랭하기만 하다. 석이는 학급에서 제일 힘이 센 경태의 주도로 이내 따돌림을 당하기 시작하는데, 이는 학급 내의 권력 관계를 암시하는 부분으로 읽힌다. 세 번째 방해 요소는 성장기 아동의 성적 관심이라는 요소이다. 학급에서 제일 인기가 있는 여자친구 윤아가 '나'에게 호감을 가지자, 경태의 질투가 나를 위기로 몰아넣는다. 가을 수련회에서 경태가 만든 함정에 빠져 누명을 쓰고, 아이들뿐 아니라 윤아마저 나를 외면하는 상황이 되자, 결국 문제는 다시 '나'를 향하게 된다.

엉뚱하게도 문제의 해결은 석이의 순수한 의지에서 나온 힘에 의해 이루어진다. 이 사건으로 결국 모든 관계는 정상적인 질서를 찾게 된다. '나'의 엄마는 편견을 버리고 석이의 상황을 이해하게 되며, 아이들은 경태를 더 이상 두려워하지 않으며, 윤아와 '나'는 관계를 회복한다. 그리고 무엇보다 '나'는 이제 석이의 진심을 어떤 방해 없이 받아들이게 된다.

『괴상한 녀석』의 장점은 여전히 문제를 남겨둔다는 데 있다. 즉 작가는, 아이들과 관계를 회복했는데도 '석이'가 조기 유학을 떠나는 것으로 결말을 지어, 집단따돌림의 심각성을 부각시킨다. '석이'의 학습 부진이나 '괴상한' 성격이 획일적인 한국의 제도권 교육 하에서는 결국 받아들여지지 못할 것이라는 생각, 그리고 요즘 사회적인 문제로 떠오르고 있는 조기 유학의 원인을 폭넓게 제시하는 것이다.

4. 생활동화, 사실동화 읽기 : 동일시와 저항적 독서

학교 이야기들의 대부분은 이른바 '생활동화' 혹은 '사실동화'로서 이는 어린이의 현재의 주변 세계 및 경험을 소재로 한 아동문학 작품을 말한다. 그런데 아이들은 가정과 학교와 친구들 간의 삶을 거의 그대로 그리고 있는 이들 텍스트에서 비판적 거리를 느끼기보다 동일시를 경험하기 쉽다. 만일 독서능력이 부족한 아이들이 그 텍스트의 틈새를 메우지 못한 채 메시지를 '있는 그대로' 읽고 수용한다면 그것은 매우 위험한 일이 될 것이다. 그렇다고 작품의 소재나 주제를 무시한 채 지나친 거리를 두고 바라보는 것도 바람직하지 못하다. 따라서 이런 작품을 지도할 때 개인의 경험과 확대된 토론을 통해 텍스트의 개연성을 검토하여 그 틈새를 읽어내고, 나아가 텍스트에 제시된 문제를 현실과 연관시키고 실천적 방안을 스스로 찾아내도록 유도하여야 한다.

또한 여기에서 제시한 세 작품을 지도하기 위해서는 집단 따돌림이라는 주제적 심각성과 창작동화로서 문학적 측면을 모두 고려하여야 한다. 사실동화로서 이 작품들은 문제제기와 해결 방식의 개연성에 대한 검토가 필요하며, 이를 통해 학생은 경험의 확대와 문제의 심각성에 대해 이해하며 실질적인 대안을 찾아 문학과 현실의 긴밀한 관계를 파악할 수 있을 것이다.

1. 독서지도의 최종 목표인 독서능력 개발은 아동의 생물학적인 변화에 따라 독서 준비성이 형성된 후 독서흥미의 발달과 기술의 개발, 독서환경 요인 등에 의해 주로 후천적으로 만들어진다.

   독서 준비성이란, 읽기 학습에 필요한 몸과 마음의 성숙 발달 상태를 뜻하는 말로, 초등학교 입학 무렵인 6~7세경에 형성된다. 책의 의미를 빠르고 정확하게 이해하고 분석해 내는 종합 능력으로서 독서능력은 경험적인 요인에 의해 가장 많이 발달한다. 아동 발달에 따라 독서의 흥미도 바뀌는데, 이에 따른 도서의 선택, 도서의 종류와 목적에 따른 적절한 독서기술의 개발은 자발적 독서를 이끌어 내기 위해 매우 중요하다.

2. 학령기 아동에서 청소년까지 주변 환경의 변화와 일반적 발달 특성에 대해 이해함으로써 이에 적합한 도서와 지도 방법을 찾아내는 것이 매우 중요하다. 초등학생 시기(만 6세~11세)는 인지 · 언어 발달이 이루어지면서 기본 학습 능력이 배양되고 학교 생활에 적응하면서 집단과 규율을 이해하고 협조하는 가운데 사회성, 도덕성 발달이 이루어진다.

   초등 저학년은 입학에 따라, 사회현장의 적응이 주된 문제가 되는데, 규범에 대한 무조건적인 수용경향을 보인다. 명백한 도덕성을 보여 주기 위한 갈등을 그린 우화, 위인들의 일화 등에 흥미를 가진다. 초등 중학년은 자타의 분별을 시작하는 과도기이며, 상상의 세계를 이해하고 즐기므로 '상상적 단계', '동화기'로 불린다. 지능 발달과 맞물려 독서능력이 효과적으로 상승하는 '다독기'이기도 하다. 초등 고학년은 우정이나 사회적 책임, 공동체의 가치를 중시하며, 성에 대한 호기심과 성역할에 대한 기대감이 생긴다. 자연과 사회 환경에 대한 지적 욕구가 높아지는 탐구적 단계이며, 시간의 전개를 이해하고 원인과 결과를 판단하게 되면서 역사서, 전기물, 통속물에 관심을 가진다.

3. 청년기(만 12세~19세)는 신체에 집착하고 자아 중심적이며 어른으로 성장하기 위해 심리적인 유예기를 겪는 시기이다.

청년 전기(중학생)부터는 독서자료 선택의 깊이와 취향이 생기고, 독서습관과 태도가 세련되어지며, 전문적 독서능력이 발달하기 시작한다. 전기기(사실적 단계)와 문학기(감성적 단계)에 걸쳐 있어, 인간의 고뇌를 다룬 전기, 역사소설 등과 순수문학에 흥미를 가지게 된다. 청년 후기(고등학생)에는 기존의 지성에 의심을 갖고 철학적, 사색적인 입장에서 원리 규명하려는 사색기에 접어들게 되어, 다양한 관점의 역사서, 사회과학서, 사색서, 종교서 등에 관심을 가진다. 개인과 사회 속의 자신을 제대로 조절하기 어려운 시기이므로 진정한 의미의 '성숙'에 대해 고민하는 순문학작품으로서 성장소설류가 좋다.

■ 연구과제 및 해설

1. 신체의 변화와 관련된 독서물은 언제부터 읽히는 것이 좋은가 생각해 보고, 이에 해당되는 독서물을 찾아보자.

   (해설) 아이들의 성장 속도가 빨라져서 현재 아이들의 2차 성징은 초등 고학년부터 나타나기 시작한다. 개인에 따라 성장 속도의 차이는 있으나 성에 대한 호기심은 이미 이 시기에 발달되므로 신체 변화를 긍정적으로 받아들이고 이를 건강하게 지켜나가기 위한 내용이 담긴 도서는 초등 고학년 정도부터 읽히는 것이 좋다. 여아들을 위한 『루나레나의 비밀편지』(안명옥 · 황미나), 『초경파티』(노지은 외), 남아들을 위한 『소년의 성─보이툰』(최황), 성과 관련된 청소년의 상담 내용과 성교육 지침을 담은 『니 잘못이 아니야』(구성애) 등 상당히 많은 성교육 관련 서적이 출판되고 있다. 연령과 성별, 신체 발달, 독서경험 및 태도 등을 고려하여 적합한 도서들이 무엇인지 생각해 보자.

2. 아동들이 관심을 가질 만한 독서의 외적 흥미 요인에는 어떤 것이 있는가. 주변에서 구체적인 사례를 찾아보고 이를 독서지도에 응용해 보자.

(해설) 독서흥미의 요인에는 내적인 흥미요인과 외적인 흥미요인이 있다. 내적인 것은 칭찬이나 권유, 취미 활동, 또는 우연한 계기에 의해서 스스로 독서에 흥미를 가지게 되는 것이고 외적인 것은 아이 자신이 아니라 외부의 여러 가지 영향, 곧 드라마나 영화, 매스컴에 의한 홍보물, 주변의 관심, 책 자체의 외양 등이 독서를 하도록 유도하는 경우를 말한다. 영화나 홍보물, 베스트셀러로서『해리포터』(조안 롤링) 시리즈에 흥미를 가지고 읽었다면 바로 이런 경우에 해당된다. 이 경우 장편의 서사물을 읽는 독서력을 배양하게 된다는 점, 유사한 판타지 작품에 관심을 가지고 흥미를 확대하게 한다는 점 등에서 상당히 긍정적이다. 서점에 가서 책의 장정을 보고, 또 또래의 아이들이 읽는 것을 보고 읽고 싶은 생각을 가지게 되는 것도 외적 흥미 요인이 된다.

독서지도 시, 잡지나 신문에서 도서 광고나 서평을 스크랩하거나 영화화된 독서물을 찾아내어 발표시킨다든가 도서관이나 서점에 가서 직접 책을 선택해 보도록 하는 것 등은 독서흥미를 높이는 일이 된다.

■ 참 고 문 헌

• 김혜영(2006),『독서지도방법론』, 경남대학교출판부.
• 마리아 니콜라예바, 김서정 옮김(1998),『용의 아이들』, 문학과지성사.
• 모티머 J. 애들러 & 찰스 반 도랜(1986), 민병덕 역,『독서의 기술』, 범우사.
• 신헌재(1995.5),「아동을 위한 서사문학 작품 선정의 기준 고찰-아동의 발달단계를 중심으로」,『국어국문학』, p.114.
• 유효순 · 이성진(2000),『아동발달』, 한국방송대학교출판부.
• 이경화(1999.6),「초등학교 저학년에서의 독서교육과 독서평가」,『독서연구』제4호, 한국독서학회.
• 이도영(1999.6),「초등학교 고학년에서의 독서교육과 독서평가」,『독서연구』제4호, 한국독서학회.
• 이상진(2002.12),「한국 창작동화에 나타난 집단 따돌림 문제」,『문학교육학』제8호, 한국문학교육학회.
• 조원호 · 송숙희(1999),『인간행동의 이해와 청년기 갈등』, 국민대출판부.
• (주)가우디 엮음(1999),『왕따 리포트』, 우리교육.

- 진선희(2006), 『문학체험연구』, 박이정.
- 천경록(1999.6), 「독서교육과 독서평가」, 『독서연구』 제4호, 한국독서학회.
- 최경숙(1989), 『아동심리학』, 민음사.
- 한국독서학회(2003), 『21세기 사회와 독서지도』, 박이정.
- 한국행동과학연구소(2005), 『아동발달의 이해』, 웅진씽크빅.
- 한우리독서문화운동본부 교재집필연구회(2005), 『독서교육론/독서논술지도론』, 위즈덤북.
- 황백현(1988), 『독서심리학 개론』, 국민독서운동회.
- D. E. Papalia, 이영 · 조연순 역(1993), 『아동의 세계』, 양서원.
- D. M. Gelfand 외, 양혜영 역(1996), 『아동발달과 정신병리』, 배영사.
- Erik H. Erikson, 윤진 · 김인경 역(1988), 『인간발달 8단계 이론-아동기와 사회』, 중앙 적성출판사.

■ 찾아 보기